Joseph Aug. Lux

Beethovens unsterbliche Geliebte

Joseph Aug. Lux

Beethovens unsterbliche Geliebte

Voltmedia

ISBN 3-937229-23-X

Gesamtherstellung: Oldenbourg Taschenbuch GmbH, Kirchheim

Einbandgestaltung: agilmedien, Köln

I. Kapitel

Es war einmal eine Zeit, da hatten die Musen und Grazien ihren Göttersitz noch auf Erden aufgeschlagen, und zwar dort, wo nach der Legende das Glück zu Hause gewesen sein soll: im alten aristokratischen Wien.

Hier war ja immer der Himmel offen und hing voller Geigen; in den Adelspalästen, bei Musikfesten allgemein zugänglich, dirigierte Vater Haydn seine «Schöpfung», wie Gottvater selber; Ritter Gluck veroperte den ganzen griechischen Olymp, und am höchsten in allen Himmeln tönte die Zauberflöte Mozartscher Musik, diese melodische Seele des barocken Wiens: Damen im Reifrock und Herren mit Degen und Haarzopf, Spitzenjabot und goldgestickter Seidenweste bewegten sich im höfisch-abgemessenen, galanten Schritt des Menuetts.

In diese kunstvoll verschnörkelte Welt des Barocks war der junge Genius vom Rhein, Herr Ludwig van Beethoven, als ein erfrischendes Lenzgewitter hereingebrochen, ein Naturelement, das wie Pan den erstaunten Götterkreis betritt und eine Revolution bewirkt, von der Musik aus. Der neue Mensch. Schon äußerlich wirkt er auffallend: sein unbekümmertes Gebaren, seine lässige Haltung auch in der Kleidung nach der «freieren Weise der überrheinischen Mode» - für die einen abstoßend, für die anderen «originell», jedenfalls höchst bedeutsam; eine Persönlichkeit, um die man nicht herumkann; ein Genius, der eine Sendung trägt, wenn man auch die Tragweite noch nicht abzuschätzen vermag. Eine Wende stand bevor. Und der Adel selbst, noch ganz von Barocktraditionen beherrscht, für Haydn und Mozart begeistert, jubelt dem jungen Stürmer und Dränger zu und wird damit zum Träger des Umsturzes - die Romantik erwacht. Die berühmten Freitagskonzerte im Palais Lichnowsky sind der Ausgangspunkt des neuen Ruhms: das Flügelrauschen des sich entfaltenden Genius ward hier von aufhorchenden und bezauberten Herzen vernommen; hier folgten bewundernde Blicke seinem Flug nach unbekannten Höhen -

Das Gefühlsbarometer stand auf Sturm an einem jener Freitagsmorgen, als der hochedelgeborene und in exklusiven Kreisen bereits viel gefeierte Herr Komponist und Klaviervirtuose sorgfältiger als sonst Toilette machte, um sich in das Palais Lichnowsky zu begeben, wo sich regelmäßig eine erlesene Gesellschaft zu den Freitagskonzerten einfand.

Der Diener war davongelaufen; der Meister hatte vergangene Nacht lange gearbeitet und das Abendessen vergessen; als er gegen Mitternacht sich endlich erhob und vergebens an dem Glockenzug riß, daß es gellend durchs Haus tönte, trat er selbst in die Küche hinaus. Hier fand er den Diener eingeschlafen und das Nachtmahl auf dem Herde kalt. Es gab einen heftigen Wortwechsel; der unwillige Herr versetzte in seiner Erregung dem Widerspenstigen eine Ohrfeige, die zwar sofort mit einem Pflaster von fünf Gulden geheilt wurde, aber der aufgebrachte Meister hatte bei dem unliebsamen Auftritt eine kleine Kratzwunde im Gesicht erhalten, die am Morgen noch nicht verschwunden war. Dafür war der Diener verschwunden, der sich in aller Frühe mit seinen Siebensachen auf und davon gemacht und den gewalttätigen Herrn im Stich gelassen hatte; der mochte nun läuten und schelten aus Leibeskräften, was er konnte, er mußte sehen, wie er nun allein fertig werden würde, und das war nicht einfach für den Künstler, der sich nur schwer mit dem Alltag abfand.

Das Frühstück zwar pflegte er selbst in einer Glasmaschine zu bereiten, er hielt auf guten starken Kaffee, wohlabgezählte sechzig Bohnen die Tasse, die er in eigener Verwahrung hielt, aus Furcht, bestohlen zu werden; er war mißtrauisch, und das nicht immer mit Unrecht.

Indessen der Kaffee kochte und in der Maschine brodelte bis zum schließlichen Überlaufen, indem er Wolken würzigen und belebenden Duftes in dem Raum verbreitete, begann der Meister seine gewohnten Wasserbegießungen über Kopf, Brust und den ganzen Körper hinunter, bis der Fußboden in Wasser schwamm; er stampfte wie ein Nilpferd unter dem wohligen Naß, heulend, singend, komponierend. Das gehörte zu seinen täglichen Morgenübungen. Dann rasch Seifenschaum ins Gesicht; der Bart hatte sich schon tagelanger Ungeschorenheit erfreut und umwucherte mit freiheitlicher Ungezügeltheit Kinn und Wangen des bräunlichen Gesichts, stachlig wie eine Kaktuswaldung. Aber mitten im Einseifen hatte der summende Meister eine hübsche musikalische Eingebung, die eiligst zu Papier gebracht werden wollte; also schnell ans Pult, wo er sich in die Idee vertiefte, und dann war auch schon die äußere Welt wieder vergessen: die überkochende Kaffeemaschine, der sprossende Bart, der Seifenschaum - als er sich wieder besann, war der Kaffee übergelaufen, die Seife im Gesicht vertrocknet - man mußte von neuem beginnen. Nun aber rasch! In der Übereile hantierte er etwas ungeschickt mit dem kleinen Wandspiegel, den er des besseren Lichtes wegen am

Fensterhaken befestigen wollte: patsch! lag das Ding am Boden - in Scherben.

Wütend riß er an der Klingelschnur; die Glocke gellte zwar wie zum jüngsten Gericht, aber kein Diener erschien. Richtig, der Kerl war ja ausgerissen! «Himmel, alle vierzehn Nothelfer, stehet mir bei!» In der Verzweiflung denkt er an seinen Freund, den Musikliebhaber Baron Zmeskall, der bei solchen Gelegenheiten immer den Nothelfer spielt, vierzehn in einer Person oder einer von den vierzehn: er behandelt seine Wiener Freunde als bloße Instrumente, auf denen er spielt, wie's ihm gefällt; eigentlich aber ist er in seiner Hilflosigkeit dem praktischen Leben gegenüber auf ihre Dienste angewiesen, und sie dienen ihm in Ehrfurcht vor seinem Genius.

Ein paar Zeilen an den Baron sind rasch hingeworfen; er muß ihm seinen Diener zur Aushilfe schicken, seinen Spiegel leihen, nachdem der eigene zerbrochen ist, ja, und dann noch eins: da die letzten fünf Gulden als Schadloshaltung für die Ohrfeige in die Hand des entwichenen Dieners geflossen sind, muß auch damit der Freund aushelfen. In launigen Worten und scherzhaft gemeinten Anreden, wie: geliebtester Conte di Musica - nicht Musikgraf, sondern Freßgraf - Dineen-Graf, Suppeen-Graf, Baron Dreckfahrer und ähnlichen Titulaturen, die er sich gegen den Getreuen angewöhnt hat - anders tut es der Meister nicht -, setzt er ihm die Lage auseinander: «- ja, liebster Conte, vertrauter Amico, die Zeiten sind schlecht, unsere Schatzkammer ausgeleert, die Einkünfte gehen schlecht ein, und wir, Euer gnädigster Herr, sind gezwungen, uns herabzulassen und Euch zu bitten um ein Darlehen von 5 Gulden, welches wir Euch binnen einigen Tägen wieder zufließen werden lassen -»

Das wäre also soweit gut getan - aber da ist wieder der Rat teuer: durch wen soll der Brief geschickt werden, da kein Diener zur Hand ist? Wo den Spiegel schnell hernehmen?

Seufzend fügt er sich in das Unvermeidliche; die Scherben werden mühsam aufgelesen und die größeren Stücke notdürftig in den Rahmen gesteckt; für den ersten Augenblick geht es ja. Die Erbärmlichkeiten des kleinen Alltagslebens pflegt der Meister wohl mit seinem grimmigen Humor zu quittieren, wie er es eben in den Zeilen an Zmeskall getan; aber eigentlich wird er sich jetzt recht tief seiner Verlassenheit bewußt, der Mißmut gewinnt Oberhand. Am liebsten wäre er nun gar nicht mehr in das Freitagskonzert gegangen und würde sich statt dessen in das Reich seiner Muse geflüchtet haben, wo ihm Trost und Vergessen über all die äußere Misere sicher zuteil wird. Nur der Umstand, daß heute bei Lichnowsky seine neuen Trios zur Aufführung gelangen, bestimmt ihn zu guter Letzt, sich doch fertig anzukleiden.

Aber da hat er erst recht seine liebe Not. Zwar hat er sich nach und nach auch in seiner Tracht ganz und gar der vornehmen Gesellschaft, in der er verkehrt, angepaßt; gegen seine frühere Gewohnheit hält er jetzt auf gewählte, ja elegante Kleidung mit einem Stich ins Neumodische. Er zeigt sich gern in Werther-Tracht, so hat ihn einer der Freunde, Herr von Mähler, ein Maler-Amateur, porträtiert, mit einer Lyra in der Hand - und wenn er in feine Gesellschaft geht, trägt er sich nach der herrschenden Sitte: blauer Frack, weiße Seidenstrümpfe, Schnallenschuhe; nur statt des Jabot eine große, kunstvoll geschlungene Halsbinde von lieber Hand. - Diese Halsbinde ist das Zeichen der neuen Zeit, zum Unterschied von Haydn, der noch ganz Rokoko ist mit gepuderter Perücke und Seitenlocken.

Der Anblick der schönen Halsbinde, mit der er nun Staat macht, erweckt Gefühle der Wehmut; Tränen entstürzen seinen Augen, eine unbeschreibliche Traurigkeit kommt über ihn. Leonore, die teuerste Freundin seiner Bonner Jugend! Sie hat das Kunstwerk gearbeitet, es ist ein Angebinde von ihrer Hand, das sie ihm in die Fremde nachgesandt hat. Wieviel zärtliche Gedanken hat sie in das Werk ihrer Nadel mitverwoben, welche teuren Schatten ruft das seidenweiche Ding in seiner Erinnerung -! Wie ein liebender Arm legt es sich zärtlich um den Hals, er fährt damit über die Wangen, eine verstohlene Träne abzuwischen; er lächelt fast, als spürte er eine linde, streichelnde Hand, die alle Trauer, alle Tränen fortnimmt. Bonn, seine Heimat, sein Rheinland ist nicht vergessen, und noch weniger vergessen ist der Engel Leonore. - Glühende Kohlen sammelt das Denken an sie auf Haupt und Herz. Im Zwist war er fortgegangen, mit bitterbösen Worten: junge Liebe; der Rest ist Leid. Nun ist alles weit, weit zurück: die Eifersucht, die ihn gequält, der Rivale Franz Wegeler, Medizinstudent, arm wie er und gleich ihm fast Kind im Hause der Hofrätin Breuning, der Mutter Leonorens; die stille Liebe, die ihm aus den Augen der Jugendfreundin, aus gelegentlichen scheuen Versen und hundert kleinen Aufmerksamkeiten entgegenblühen wollte, und die er zu wenig bedacht und bedankt hatte, als bis er fort war und schließlich erfahren mußte, daß der beargwöhnte Freund nach langem geduldigem Werben Erhörung gefunden und die ferne Geliebte heimzuführen im Begriffe sei. Da brach das Eis; er schrieb beiden rührende Briefe, in denen er sich seiner Heftigkeit anklagte; denn er liebte sie beide, den Freund und die Freundin, und mußte sich sagen, daß es seine eigene Schuld war, wenn alles so kam, und doch kaum Schuld, denn es war Bestimmung: er hatte zu wählen zwischen dieser Liebe und zwischen seiner Göttin Kunst, die ihn hinausdrängte ins Große und Weite, auf die Bahn des Ruhms, und so ward dem Herzen der bittere Verzicht.

Das war der Grund der plötzlichen Tränen und Wehmut, die ihn immer beschlich, wenn er Leonoren gedachte; die Weste, die sie ihm einmal gestickt, war unmodisch geworden, sie wurde als teures Andenken aufbewahrt. Er wollte ein Stück ihrer kunstfertigen Hände tragen wie einen Talisman, und so hatte sie ihm diese Binde geschickt. Das war Gruß aus der Ferne und doch fühlsame Nähe, ein Sinnbild entschwundenen Jugendglücks, alles was ihm davon geblieben war, und eigentlich noch etwas mehr: eine Leidensseligkeit im Herzen, darin das Idealbild Leonorens in nie verwelkender Jugendschöne und Verklärung thronte, nun schon selbst irgendwie Verkörperung seiner Muse, sein Engel Leonore.

Wenn er hätte wissen können, daß ihm heute bei Lichnowsky jene andere irdische Verkörperung seiner Muse entgegentreten würde, die noch tieferes Glück und tieferes Leid ihm bescheren und das Engelsbild Leonorens verdunkeln sollte, ja, daß ihm diese weibliche Schicksalsbotschaft in der Dreizahl der Grazien erschiene, um ihm eine folgenschwere Bedeutung zu künden - er hätte vielleicht erst recht gezaudert, in das Freitagskonzert zu gehen und wäre in seiner eigenwilligen, störrischen Laune daheimgeblieben. Denn er besaß ein stolzes Herz, das er der Göttin Kunst verschrieben, und fürchtete für seine mühsam behauptete Ruhe im Dienst dieser strengen Göttin. Ansonsten sagten ihm Frauen nicht viel, obzwar er viel umschwärmt war und sich mehr zu sanften, leidenden Frauennaturen wie der Fürstin Christiane Lichnowsky hingezogen fühlte, die gewissermaßen eine mütterliche Herrschaft über ihn führten.

Leise ging die Tür auf, ein schmaler blasser Jüngling glitt ins Zimmer, sein Schüler Ferdinand Ries. Unerwünschter Besuch!

Der Meister wandte sein Gesicht weg und drückte sich ganz an den zerbrochenen Spiegel heran, eifrig bemüht, die große Halsbinde zu einem kunstvollen Knoten zu schlingen; er nahm keine Notiz von dem jungen Menschen, der sich gleich am Klavier zu schaffen machte und in Notenheften blätterte; der Meister tat, als ob er sein Eintreten gar nicht bemerkt hätte, eigentlich aber wollte er seine Gemütsbewegung verbergen; der Junge sollte nicht sehen, daß er Tränen vergossen hatte.

Das Stundengeben war Frondienst für den Genius, in den Stunden der Muse war es ihm eine unerträgliche Qual; er hätte Ries längst zum Kuckuck geschickt, so lästig war er ihm, aber der Junge war ja der Sohn des alten Bonner Hausfreundes und Hofmusikers Franz Ries, der in den Tagen der Not, als die Mutter Beethoven starb und alle Habseligkeiten ins Leihhaus und auf den Trödelmarkt wanderten, die Familie wie ein sorgender Vater unterstützte, zumal der eigene Vater die Not noch vergrößerte und seinen Kummer in den Weinschenken ertränkte - oh, diese traurigen Bonner Tage, an die ihn nun auch der junge Ries gerade in der Stunde der Wehmut durch sein höchst ungelegenes Erscheinen erinnern mußte! Vater Ries hatte ihm den Sohn Franz zur weiteren Ausbildung geschickt; die Dankbarkeit für den alten Ries legte dem Meister eine Pflicht für den Sohn auf, die er heilig nahm, obzwar der Schüler die Launen und Eigenheiten des Meisters mit in Kauf nehmen mußte und keine ganz leichte Lehrzeit hatte.

«Ich kann Ihnen heute keine Stunde geben», brummte endlich der Meister, um sich die lästige Anwesenheit vom Halse zu schaffen.

«Ich gehe schon», sagte leise der Junge. Die Trauer der Stimme fiel dem Lehrer auf; er wandte sich um.

«Nein, bleiben Sie!» befahl er in einem barschen Ton, dahinter sich die Weichheit des Gefühls verschanzte, und plötzlich wieder ganz verändert, voll Teilnahme, fast erschrocken: «Ja, um Himmelswillen, wie sehen Sie nur aus? Sind Sie übernächtig, sind Sie krank, weil Sie so blaß aussehen?»

Der junge Mensch wurde plötzlich rot und sah scheu und verlegen zu Boden. «Nichts, nichts», hauchte er und griff nach einer Stuhllehne, als wollte er sich vor Schwäche stützen.

Der Meister schien zu erraten: «Haben Sie schon gefrühstückt?»

«Nein», kam die Antwort etwas zögernd.

«Ja, warum sagen Sie denn das nicht gleich, Sie Unglücklicher», fuhr ihn der Meister an, «hier ist Kaffee, Brot und Butter, greifen Sie zu und stärken Sie sich!» Und er schenkte dem Jungen gleich selbst die Tasse voll und bemerkte, daß sich Ries mit kaum beherrschtem Heißhunger über die Reste des Frühstücks herstürzte und rasch einige große Bissen hinunterschlang.

Der Lehrer beobachtete ihn eine Weile, und als der Junge sich gestärkt hatte, sagte er mit tiefem Ernst: «Ferdinand, Sie verbergen mir etwas!»

Nun ergoß sich eine neue Welle der Verlegenheit über das Gesicht des jungen Mannes, der zuerst beschämt schwieg.

«Ferdinand!» begann der Meister wieder mit mahnender Stimme: «Verstecken Sie sich nicht vor mir! Seien Sie aufrichtig! Ich bin der Freund Ihres Vaters und vertrete jetzt seine Stelle bei Ihnen. Reden Sie also offen, ich habe ein Recht, Sie zu fragen, und Sie haben die Pflicht, klar und offen zu antworten, als ob Sie beichten würden: Wann haben Sie zum letzten Male gegessen?»

Ries zögerte noch eine Weile und sagte dann mit niedergeschlagenen Augen: «Vorgestern.»

Da schlug auch schon der Meister mit der Faust dröhnend auf den Tisch: «Nun da haben wir's ja! Geht es Ihnen schlecht?! Haben Sie kein Geld? Heraus mit der Sprache!»

Nach einigem Hin und Her gestand der Junge, daß er von allen Mitteln entblößt sei und bereits seit einiger Zeit empfindlichen Mangel leide. Der Vater könne ihm nur wenig schicken, seit Monaten habe er nichts mehr von zu Hause erhalten, aber er wollte nicht mahnen, denn er wisse, daß es auch in Bonn nicht am besten stünde, seit der gute Fürst von den Franzosen verjagt und die Hofkapelle aufgelöst worden sei. Er habe dem Vater nicht zur Last fallen wollen, der durch den gewaltsamen Umsturz der Verhältnisse selbst in große Bedrängnis geraten sei und für eine große Familie zu sorgen habe; er habe den Vater darum in der Meinung gelassen, daß es ihm gut gehe und daß er durch Erteilung von Nebenunterricht genug für den eigenen Lebensunterhalt verdiene. Dem sei aber leider nicht so.

Nun brach erst recht das Unwetter los.

«Unseliger! Warum eröffnen Sie sich mir nicht? Verdiene ich kein Vertrauen?! Wenn Sie es nicht dem Vater sagen, um ihm unnötigen Kummer zu ersparen, so hätten Sie es doch mir sagen müssen, mir, der ich genau weiß, was Not ist, und der ich in solchen Zeiten selbst einen Helfer in Ihrem Vater gefunden habe. Bin doch ich jetzt der Erste und Nächste, der Ihnen beizuspringen hat, oder wollen Sie mir die höchst erwünschte Gelegenheit vorenthalten, eine Schuld an Ihrem Vater abzutragen? Sie Undankbarer, Sie Ungeratener, ei ja, Sie Nichtswürdiger, der Sie es jetzt verdienen würden, daß ich Sie nicht mehr meinen Schüler nenne, Sie - Sie - Sie -! Kennen Sie mich, Ihren Lehrer, den Freund Ihres Vaters, so schlecht?! Solange ich etwas habe, sollen meine Freunde nicht darben müssen!»

Aufschluchzend von Ergriffenheit und Dankbarkeit stürzte der Schüler vor dem Meister auf die Knie und wollte ihm die Hand küssen.

Unwillig wehrte ihn der Meister ab: «Dummes Zeug, lassen Sie diese Possen! Aber merken Sie sich: als ich so alt war wie Sie, ist es mir nicht besser gegangen. Ich hatte, als meine gute Mutter starb, nicht nur für meine Brüder zu sorgen, sondern auch für meinen Vater, Gott habe ihn selig! Ich war sozusagen Familienvater mit siebzehn Jahren. Indessen, hören Sie wohl, ein junger Mensch ist nicht arm, auch wenn er nichts zu beißen hat. Also Kopf hoch! Und wie mir Ihr Vater beistand, als wäre er mein eigener Vater gewesen, so will ich jetzt an Ihnen handeln. Sehen Sie den Brief hier? Gehen Sie damit ins Bürgerspital, Sie wissen ja, und sagen Sie dem Baron Zmeskall, daß ich ihm ganz teuflisch gewogen bin; Sie werden dort etwas empfangen, kommen Sie damit ins Palais Lichnowsky. Also Gott befohlen! Es war doch gut, daß Sie heute morgen erschienen sind; danken Sie dem Himmel, daß er Sie zur rechten Zeit hergeführt hat.»

Damit entließ er den hochbeglückten Schüler, der eilends davonstürzte und im Herzen den guten Meister pries, dem er fortan als treuester Famulus anhing.

Fertig angekleidet, verließ bald darauf der Meister seine Behausung. Den Kopf zurückgeworfen, Hut im Nacken, die Hände mit dem Elfenbeinstock auf dem Rücken gekreuzt, lenkte er seine Schritte nach dem Palais in der Alstergasse. Er ging nicht schnell und ging immer gradaus, ohne eines Haares Breite von seinem Weg abzuweichen. Die Passanten mußten zur Seite treten, er tat es nicht. Und sie wichen aus. Manch einer blieb stehen und sah ihm verwundert nach. Er war nicht groß und erschien doch mächtig. Der muß wer sein, dachte der eine oder andere, daß ihm die Leute Platz machten, obschon sie kaum wußten warum. «Der ist wer», das fühlte auch der Unbekannte.

Der Meister hatte es wirklich nicht eilig. Voll Selbstbewußtsein schritt er dahin. Keine Spur von Weichheit oder Wehmut war ihm anzumerken, wenn er unter die Leute ging. Er fühlte sich als Großer unter Großen, als Fürst unter Fürsten, mit denen er wie mit seinesgleichen verkehrte, wenn er sie nicht gar geringschätzig behandelte.

Nur wenn er ein hübsches Mädchen kommen sah, blieb er wohl stehen und sah ihm nach und ging dann still lächelnd weiter. Der Blick ging ein wenig nach oben und ruhte sinnend auf dem Horizont, in unbestimmter Ferne, wo wie eine leichte Vision der Engel Leonore schwebte. Dieser faszinierende, ideale Blick und dieses glückliche sonnenhafte Lächeln in dem trotzigen Gesicht, das man sonst häßlich nennen würde: es war ein eigentümliches Widerspiel, das den Reiz des Ungewöhnlichen hatte. «Der muß wer sein -«

Stürmisch hatte der Freitag begonnen, aber allmählich wendete er sich ins Rosenrote und Himmelblaue. Daß sich das Gewölk freundlich zerteilen und das liebliche Gestirn der Venus ihn holdselig anlächeln werde, konnte der Meister allerdings nicht voraussehen. Aber in der Regel ereignet sich das Unvorhergesehene. Das gehörte nun einmal zu seinem Schicksal.

II. Kapitel

Als der Meister das fürstliche Treppenhaus hinaufstieg, wo barocke Genien und Putti als Leuchterträger ihr künstlerisches Wesen trieben nach des Bildhauers Laune, kamen ihm schon mehrere Livreediener mit geleerten Servierbrettern entgegen, ein Zeichen, daß ein Teil des Konzertprogramms und die Erfrischungspause bereits vorüber waren.

Der Künstler eilte darum keineswegs. Die oben mußten auf ihn warten, nicht er auf sie; und er hatte Zeit. Die Freitagskonzerte waren, wie alle aristokratische Hausmusik jener Zeit, nicht nur Kunstereignis, wo alle Neuheiten «brühwarm von der Pfanne» gebracht wurden, sondern auch Gesellschaftsereignis, wo sich die vornehme Welt zu begegnen pflegte. Der Meister konnte den Anfang, der nichts Ungewöhnliches brachte und zugleich wegen der Unruhe der Begrüßungen und des Gesellschaftsklatsches, der *Chronique scandaleuse*, nur geteilte Aufmerksamkeit fand, ruhig versäumen; das eigentliche Interessante kam erst im Hauptteil, und das war er.

Die schweren gelbseidenen Brokatvorhänge rauschten auf, von dienstbeflissenen Händen gehoben; der Meister betrat den großen Musiksaal, dessen Fenster an dem trüben Tage von den Vorhängen geschlossen waren. An den Wänden schimmerten Kerzen in zahlreichen Leuchtern; farbensprühende Altmeistergemälde glänzten mit tiefen Reflexen in breiten geschnitzten Goldrahmen; ein erlesener Personenkreis erfüllte den Saal mit heiterem Lärm und bewegtem Leben, ein Flor von Damenschönheit und eine Galerie von männlichen Charakterköpfen, die mit den Ahnengesichtern in den Gemälden wetteiferten.

Mit seiner metallischen Stimme begrüßte Fürst Lichnowsky den ersehnten Meister und dankte mit etwas auffallender Betonung, daß der so ungeduldig Erwartete nun doch erschienen sei. Der Meister fühlte den Stachel des leisen Vorwurfs in der übertriebenen Form des Willkomms und wendete sich etwas brüsk ab; aber das war eben die Art des Fürsten, der sich einbildete, er müsse den eigensinnigen Künstler mit Anstand erziehen und zum Hofmanne machen. Aber der war und blieb naturhaft, und gerade das gefiel in dem hochkultivierten Kreis. Augenblickliche Stille war eingetreten, man ist gespannt auf den Künstler und beobachtet ihn wie ein Wundertier.

Der Meister hat sich zur Hausfrau gewendet, der blassen leidenden Fürstin Christiane, die am Klavier sitzt und dem Eintretenden mit dem huldvollsten Lächeln der Welt die Hand entgegenreicht, die der Künstler ehrerbietig küßt. Dieses schmerzensmüde Lächeln der Fürstin! Man munkelt, sie sei nicht glücklich. Die großen Ausgaben des Fürsten, seine kostspieligen Passionen -! Schöner noch ist ihre Schwester Elisabeth, die Gattin des stattlichen Fürsten Rasumoffsky, des russischen Staatsrates; sein Hausheiliger ist Haydn - jetzt hat er eine neue Mission gefunden, den Genius Beethoven: auch sie begrüßen ihn wie einen lieben Freund des Hauses; ja, die Mama der beiden Schwestern, die begeisterte Gräfin Thun, die das Andenken Mozarts hütet, löst sich sogleich von einer Gruppe von Damen und Herren los und steuert unbekümmert um alle Förmlichkeit auf den Künstler zu, den sie wie einen teuren Sohn fast umarmt. Sie war es doch, die vor Jahren den werdenden Meister, als er zum erstenmal nach Wien gekommen war, um bei dem damals noch lebenden Mozart Stunden zu nehmen, auf die Empfehlung des Grafen Waldstein hin liebevoll aufgenommen und ihn dem Kaiser Joseph vorgestellt hatte, der regelmäßig bei ihren Musikabenden zu erscheinen pflegte. Aristokratische Hausmusik - der gesellschaftliche Boden des musikliebenden Adels Wiens war die Pflanzstätte der ringenden Begabungen; aus der Hauskunstpflege des Hochadels und des Hofes waren die großen Meister hervorgegangen, als es noch keinen öffentlichen Konzertbetrieb gab - einen anderen Weg gab es nicht. Nach Mozart kam Beethoven; sie betrachtete ihn als ihr Werk. Kam er doch selbst von einem Hofe als Schützling des Bonner Kurfürsten Maximilian Franz, der gleich seinem Bruder Joseph II. die Förderung junger Talente als eine seiner Regentenpflichten erkannte, und seines Vertrauten, des Grafen Waldstein, der mit der Gräfin Thun verwandt war.

So war der Künstler von Haus aus aufs beste gesellschaftlich legitimiert; durch seinen Genie-Adel fühlte er sich übrigens dem Geburtsadel gleichgestellt: wenn nicht sogar überlegen.

Um die übrige anwesende Gesellschaft kümmerte er sich indessen blutwenig, sondern machte sich gleich an den Pulten zu schaffen, wo «Falstafferl» mit seiner kleinen Hauskapelle saß, der rundlich fette junge Schuppanzigh, den Rasumoffsky samt seinem Quartett als Privatkapelle fest in seine Dienste genommen hatte und abwechselnd dem Fürsten Lichnowsky und dem Fürsten Lobkowitz für ihre Aufführungen zur Verfügung stellte. Eigentlich war es aber die Privatkapelle des Meisters, der seine Schöpfungen, kaum daß die Tinte trocken war, gleich orchestral durchproben und jederzeit über den ganzen Musikapparat verfügen konnte. Die Fürsten selbst wirkten im Orchester mit wie bei den berühmten Kavalierkonzerten im Augarten, ja sie fühlten sich geehrt, die Diener des Genius sein zu dürfen, der sie alle mit seinem Taktstock beherrschte und der König dieses musikalischen Reiches war, wo die glänzendsten Geschlechternamen froh sein durften, neben dem Berufsmusiker zu sitzen: die Kunst galt alles, Geburt fast nichts.

Geflüster und Gemurmel erhob sich wieder, nachdem sich die erste schweigende Spannung gelöst hatte; die Unterhaltung nahm ihren Fortgang.

Auf einer der seidenen Polsterbänke der Fensterwand zwischen den gelben Damastvorhängen saß Frau von Bernhard, eine baltische Klavierlöwin, die auf der russischen Gesandtschaft wohnte; sie hatte durch ihr Lorgnon die Vorgänge beobachtet und wendete sich jetzt mit etwas enttäuschtem Gesicht zu ihrer Nachbarin, der Baronin Ertmann, die bereits angefangen hatte, durch ihren genialen Vortrag der Beethovenschen Klaviersachen in der Gesellschaft zu brillieren:

«Also das ist Euer berühmter Beethoven?! Hm! Habe ihn mir ganz anders vorgestellt!»

Die Ertmann sah sie fragend an: «Wie denn?»

«Nun - nicht so klein und unscheinbar. Eben anders.»

«Klein und unscheinbar?» Die Baronin schüttelte lächelnd den Kopf. «Gerade das finde ich nicht.»

«Dieses häßliche braune Gesicht voll Pockennarben! Und wie unmanierlich sein ganzes Gebaren und Benehmen ist! Dann die Kleidung! Ganz und gar unpassend für diesen gewählten Kreis. Sehen Sie doch den Altmeister Haydn dagegen!»

Richtig, da war Papa Haydn, der an der Schmalseite des Saales stand und in einem Gespräch mit einem zierlichen behenden, quecksilberartigen Männchen vertieft war, ein Grandseigneur dagegen, ganz Rokoko mit reich gestickter Weste, braunem Staatsrock, großen Silberschnallen an den Schuhen; auf einem Seitentischchen lagen seine tadellos weißen Handschuhe, gleichsam unentbehrliches Attribut neben dem Dreimaster.

«Und wer ist denn das exotische Männchen, mit dem sich Haydn so angelegentlich unterhält? Ja, der mit der Perücke und dem dünnen Zopfschwänzchen? Ein kleiner Diavolo, der lebhaft gestikuliert und die Augen überall hat?»

«Ach so, der Hofmusikkapellmeister Salieri?»

«Ah, der Italiener? Dachte mir's doch! Alle sind so sorgfältig nach der Hofmode gekleidet - nur Euer Beethoven scheint sich emanzipiert zu haben: fast vulgär; neben diesen großen Meistern sieht er doch wirklich sehr unscheinbar aus», wiederholte die kritische Baltin.

«Wenn Sie ihn spielen gehört haben, werden Sie ihn mit anderen Augen ansehen», gab die Ertmann zurück.

«Ich gestehe, daß ich nun doppelt neugierig bin - sehen Sie doch, wie die Fürstin die Hände zu ihm erhebt, als ob sie ihn bitten wollte, und er tut, als bemerkte er es nicht - ein ganzer Reigen von Damen, die auf einen Blick, auf ein Wort von ihm zu warten scheinen, aber er ist geizig damit, fürwahr, stolz ist er nicht wenig; ich finde das unerträglich -»

Tatsächlich schien die Fürstin Christiane auf den

Augenblick zu warten, da sich der Meister nach ihr umwenden würde; ein Kranz von Damen um sie harrte gleichfalls einer solchen gnädigen Audienz; augenscheinlich Enthusiastinnen, die ihm irgend etwas Schönes sagen wollten; aber er war in die Notenblätter vertieft und schien völlig entrückt.

Dann ging sein Blick verloren über den Saal - lauter bekannte Gesichter, bis sein Auge plötzlich in größerer Nähe an einigen Erscheinungen haften blieb, die ihm völlig neu und ungewöhnlich waren.

Die Hohe, Schlanke, mit dem römischen Gesicht, die schweren Flechten schlicht ums Haupt gewunden wie eine Krone, fesselte seine Aufmerksamkeit. Wer mag die sein?!

Blick tauchte in Blick - nur eine Sekunde lang. Zwei dunkle Strahlen, die sich rätselhaft ins Herz senkten und eine seltsame Unruhe weckten. Sie schlug die Augen nieder.

Fast verwirrt glitt sein Blick ab und wanderte zur Nachbarin. Himmel, wer ist diese Zarte mit den feuchtschimmernden, träumenden Mignon-Augen?!

Wieder sah er zur anderen hin und blickte bald auf die eine, bald auf die andere, indessen die beiden schönen Mädchen sich zulächelten und dann in anscheinend gutgespielter Unbefangenheit sich zur Fürstin wendeten, die nun einer älteren Dame mit hoher schneeweißer Frisur ein flüchtiges Wort gab.

Er glaubte zu bemerken, daß die beiden Mädchen sich im leisen Geflüster mit seiner Person beschäftigt hatten; er wollte schon unwillig werden und sich in den Hintergrund zu «Falstafferl» zurückziehen, denn er liebte das Begafftsein nicht - da bemerkte er endlich die Fürstin, die ihm mit dem Fächer einen leichten Wink gab.

Sofort stand er an ihrer Seite.

«Ich möchte Sie bekanntmachen, lieber Meister, neue Verehrerinnen Ihrer Kunst», sagte die Fürstin leichthin und deutete mit dem Fächer auf die Matrone und die beiden Mädchen: «Gräfin Brunszvik und ihre Töchter Theresa und Josephine - die jungen Damen sind mit der Eilpost hergereist von dem Landsitz in Ungarn und rechtzeitig erschienen, um das Konzert nicht zu versäumen -»

Der Künstler reichte etwas derb der alten Dame die Hand - nein, Hofmann war er wirklich nicht, trotz des kurkölnischen Hofes zu Bonn, wo er aufgewachsen war, dann schüttelte er Josephine und schließlich Theresa, jener mit der Haarkrone, ebenso stumm als kräftig die Hand.

Schmal und zart lag Theresens Hand in seiner starken Faust. Wieder ruhte Blick in Blick, ganz kurz; er wollte etwas sagen, aber die Worte versanken, und er wartete, daß sie ihre Lippen öffnen werde; aber sie senkte nur die langen Wimpern wie einen Schleier und stand hold verwirrt da, ohne die Hand zurückzuziehen, die er plötzlich losließ. Theresa lächelte. Ein leises, fast spöttisches Lächeln, das sich weghob zu Josephine hin. Er bemerkte es und kam sich recht plump und ungeschickt vor, eine ungemütliche Situation, der er damit ein Ende machte, indem er sich ziemlich brüsk umwendete, auf das niedrige Podium sprang und «Falstafferl» zurief: «Anfangen, anfangen!»

Dann nahm er selbst am Klavier Platz und schlug einen Ton an, für die anderen das Zeichen, daß es losging.

Man setzte sich zurecht: im Halbkreis saßen ihm zunächst, so daß sich ihre Blicke begegnen mußten, wenn er aufsah, Theresa und Josephine mit ihrer Mama und

Christiane. Aber er sah nicht auf. Den Löwenkopf mit der dichten ungeordneten Mähne gesenkt - er trug keine Perücke wie der alte Haydn oder wie der Satanskünstler von einem Salieri - das Gesicht verschlossen, finster, so saß er da und lauerte wie auf dem Sprung.

Atemlose Stille im Saal. Dann brach die Tonflut hervor, nie gehörte Klänge, die aus ungeahnten Urwelten zu quellen schienen, wildes Sehnsuchtsweh, das in Klüften und Felsen von Einsamkeiten hallte und schrie, höher und höher schwellend, als wollten sie Götterthrone stürmen und die Himmlischen bedrängen. Das Lächeln über den ungeschlachten Meister versiegte, der Olymp bebte in seinen Grundfesten, die herrliche Umwelt zerfloß, zerschmolz in einer einzigen Träne, die er an den Wimpern der Gräfin Theresa schimmern sah, als er geendet und plötzlich aufblickte.

Nun war an ihm die Reihe zu lächeln. Ein Lächeln so fremd, so wunderbar wie ein Strahl aus einer anderen fernen sagenhaften Welt; ein Lächeln von ergreifender tragischer Schönheit über der wilden heroischen Landschaft seines Gesichtes.

Die Ertmann hatte sich zu ihrer Nachbarin gebeugt: «Nun, was sagen Sie jetzt?»

«Was ich sage? Unbegreiflich, unbegreiflich! Es ist wahr, ich sehe ihn jetzt mit anderen Augen an. Ich war blind, jetzt bin ich sehend geworden!«

Und sie sah ihn jetzt noch neugieriger an als je zuvor.

Das erste, das zweite Trio rauschte vorüber. Aber am höchsten griff das dritte in c-Moll, der spezifisch Beethovenschen Tonart. Pathetisch, männlich kraftvoll, heroisch, voll ungebändigter Leidenschaft, voll auflehnendem Trotz. Eine neue, gänzlich unbekannte Empfindungswelt.

Die andächtige Ergriffenheit ließ es nicht zu, am Schlusse der Aufführung zu applaudieren. Man hätte es als eine Entwürdigung des Werkes und der weihevollen Stimmung empfunden, in die alle Hörer versunken waren. Nur ganz allmählich löste sich der Bann, und das Erwachen aus dem Traum der Musik war zunächst peinlich und voll Verlegenheit. Alle Worte waren schal, kein Ausdruck fand sich.

Der Hausherr machte der Ratlosigkeit entschlossen ein Ende, indem er mit lauter Stimme Papa Haydn anrief. Er, der Altmeister, sei berufen, dem jungen Genius den Dank und den schuldigen Zoll der Bewunderung im Namen aller auszudrücken. Er allein sei berechtigt, über das Opus 1 des Künstlers, der zwar schon viele rühmliche Proben seiner ungewöhnlichen Begabung geliefert, aber mit diesem Werk einen neuen Anfang setzen wolle, wie schon die Ziffer 1 besagt, ein Urteil zu fällen.

Man atmete wie befreit auf und jubelte von allen Seiten: «Ja, ja, Papa Haydn!» Es erschien als das rechte Wort zur rechten Zeit.

Papa Haydn, dem Salieri eifrig zugetuschelt hatte, kam langsam und gravitätisch näher, umarmte den Künstler und sagte, daß er stolz darauf sei, den jungen Meister einst zu seinen Schülern zählen gedurft zu haben.

«Er hat uns ein unbestreitbares Meisterwerk beschert», erklärte er neidlos; «das haben ihn nicht seine Lehrer gelehrt; das hat ihm ein Höherer geschenkt!»

«Bravo, bravo, Papa Haydn!» Der Fürst klatschte in die Hände voll Vergnügen über das rückhaltlose Lob, das aus so berufenem Munde seinem Freund und Schützling zuteil wurde; er fühlte den Ehrgeiz eines Sportmannes, der ein gutes Pferd laufen läßt und damit den ersten Preis erringt. Der Lorbeer des Künstlers gehörte sonach auch ihm.

Alle klatschten aus Leibeskräften mit und jubelten Papa Haydn zu; der Beifall, der eigentlich dem Künstler galt und vorhin durch eine unerklärliche Scheu gehemmt war, ergoß sich jetzt über das greise Haupt des würdigen Lobredners. Es schien, als sollten die anderen die Ehren einstreichen, die sich der Meister verdient hatte. Der saß indessen mit trotzig gesenktem Haupt am Klavier; das Ganze erschien ihm als eine überflüssige und unangenehme Komödie.

«Unser junger Meister ist weit über seine älteren Meister und Lehrer hinausgeschritten», ließ sich Papa Haydn wieder vernehmen, «und das ist sein gutes Recht, das Recht der Jugend und der neuen Kraft; auch wir haben es nicht anders gemacht -»

«Bravo, bravo!» rief da und dort eine Stimme.

«Aber er ist zugleich auch seiner Zeit weit vorausgeeilt», setzte Haydn fort, «und die Menge wird ihn darum nicht verstehen. Ich meine damit insbesondere das dritte Trio in c-Moll, gewiß das herrlichste von den dreien. Aber auch das geheimnisvollste. Diese leidenschaftlich aufrüttelnde Musik wird mißverstanden werden, weil sie mit unserer Geschmacks-Ästhetik nicht zu messen ist. Mein wohlmeinender Rat geht darum dahin, der geniale Schöpfer möge dieses dritte Stück nicht veröffentlichen, wenigstens vorläufig nicht.»

Dieser Ausspruch wirkte wie eine kalte Dusche. Nur eine feine spitze Stimme rief: «Bravissimo!»

Salieri, natürlich.

Alle waren betreten über diese unerwartete Wendung, besonders der hochgesinnte Fürst, der bereits beschlossen hatte, die drei Kompositionen bei Artaria auf eigene Kosten stechen zu lassen und dem Künstler nebst einer Anzahl von Subskriptionsexemplaren auch eine ansehnliche Ehrengabe zuzuwenden, die als Verlegerhonorar gelten sollte.

«Aber, Papa Haydn!» rief der Fürst ganz betroffen, der von Salieri und Haydn in ein abseits geführtes Gespräch gezogen wurde.

Und von allen Seiten erhob sich jetzt ein verwundertes Fragen:

«Ja, warum nicht?! Warum nicht?! Warum sollte die Musikwelt dieses dritte Trio nicht zu hören bekommen?!»

«Warum nicht -», antwortete der junge Meister jetzt selbst auf diese Frage, indem er sich erhob und zu «Falstafferl» hinübersagte, daß es die Umstehenden hören mußten, «weil er es mir nicht gönnt. Es ist Neid!»

«Nein, aber das müssen Sie jetzt wirklich nicht glauben, lieber Meister Ludwig», mischte sich die alte Gräfin Thun in die Debatte, indem sie auf den Künstler einredete und immer beteuerte: «Neid ist es wahrhaftig nicht, das liegt dem reinen Charakter des grundgütigen Haydn völlig fern! Es ist ihm vielleicht nur zu neu, zu kühn, zu revolutionär!» Und treuherzig fügte sie hinzu: «Na ja, wir alten Leut können halt net immer mit; das müssen S' doch einsehen!»

Der gemütliche Ton entspannte ein wenig und rief ein Gelächter hervor; das befreit immer.

Aber die Unmutsfalte saß zu tief auf des Meisters Stirn, und das unfreiwillige Geständnis der Gräfin war auch nicht dazu angetan, diese dräuende Wolke zu zerstreuen. Da legte sich eine Hand ganz leicht und flüchtig auf seinen Arm; er zuckte ein wenig zusammen und wandte sich hastig um.

Gräfin Theresa stand vor ihm, sie sah ihn mit ihren ernsten dunklen Augen an, und wieder ruhte Blick in Blick, als sie langsam und leise sagte: «Ich danke Ihnen für so viel unaussprechlich Schönes und bitte Sie um das eine: bleiben Sie sich treu und lassen Sie sich nicht beirren von den anderen!»

«O mein Gott!» murmelte er und griff sich an die Stirn, als ob er eine Vision geschaut und eine Stimme aus höherer Welt oder auch nur die Eingebung seiner idealen Muse vernommen hätte. Er wollte seinen Dank stammeln und fühlte sich förmlich überschüttet von einem hochgelinden Regen des Trostes und der inneren Stärkung; doch als er die Hand von Stirn und Augen wegzog, war die Holde wie eine engelhafte Erscheinung verschwunden und mit ihr die schwärmerisch blickende Schwester Josephine und die stolze weißhaarige Mama. Er konnte sie, wie er auch in dem Gewühl umherspähte, nirgends erblicken, und in dem Lärm um ihn mußte er sich mehrmals fragen: «Wach' ich oder träum' ich?!»

Der Fürst Lichnowsky nahm ihn denn auch sofort in Beschlag, um ihm zu erklären, wie Papa Haydn das mit der Nichtveröffentlichung gemeint habe; aber der Meister, noch immer mißtrauisch und ärgerlich, obschon auch wieder übermütig und angriffslustig, rief mit starker Stimme:

«Papa Haydn meint, ich solle das dritte Trio nicht veröffentlichen; infolgedessen werde ich es veröffentlichen!»

Nun brach erst der donnernde Applaus los, dessen Ausbleiben vorhin den Künstler doch einigermaßen verstimmt hatte; aber der gutmütige alte Haydn selbst lachte und applaudierte am lautesten mit und bekräftigte seinen Beifall mit den Worten: «Recht so; das sind wir schon gewöhnt - mein lieber Großmogul!»

Nun hatte Haydn wieder die Lacher auf seiner Seite; der Spitzname «Großmogul», womit der Alte die selbstbewußte Art des einstigen Schülers geißelte, der ihm ein unlösbares Rätsel, ein ewiger Aufruhr war, blieb sitzen; der Junge war eben schon zu sehr Meister gewesen, als er nach Wien kam und bei ihm Stunden nehmen wollte, und der Lehrer war auch schon zu alt, als daß der Schüler noch etwas hätte von ihm lernen können: sie zankten sich und liebten einander, aber ihr Widerspruch war der Zeiten Widerspruch; der Alte war Vergangenheit, Barock, Klassizismus - der Junge war Zukunft, Romantik.

Der Künstler, der vergebens nach Theresa ausgeblickt hatte, die ihm nun statt Leonore wie ein Sinnbild seiner Muse erschienen war, fand plötzlich, daß die Seele entflohen war, seit die Schöne unsichtbar geworden. Die Pracht des Saales dünkte ihn mit einmal leer und nichtssagend, die Menschen als Masken, ihre Worte bloßer Lärm ohne Sinn und Inhalt.

Unbemerkt entschlüpfte er durch eine der großen Portieren; ließ sich von dem Diener Hut und Stock geben und stürmte eilends davon, die Treppe hinunter, so schnell ihn die Füße trugen. Nicht einmal von der Fürstin hatte er sich verabschiedet, die es doch so gut mit ihm meinte; aber gerade darum mußte sie ihn verstehen und ihm verzeihen.

Und sie hatte schon so vieles in fein mütterlicher Weise verstanden und verziehen, wenn es überhaupt etwas zu verzeihen gab.

Der Meister kehrte nicht sogleich heim. Er lief aus der Enge der hohen Gassen hinaus durch das Basteitor ins Freie. Draußen auf dem Glacis, wo drüben der umbuschte Wienfluß sich hinwindet und über den Bäumen sich die Karlskirche mit Kuppel und Säulen erhebt, eine Madonna im Grünen, atmete er tief auf. Der Wind fuhr in grimmigen Stößen über den weiten Plan und peitschte die hohen Pappeln der Alleen, daß sie sich wie Gerten niederbogen; das tat ihm wohl. Er brauchte die Einsamkeit, die freie Natur; er brauchte den Sturm. Der bot seinem inneren Aufruhr ein Gegengewicht. Nur jetzt keinen Menschen sehen, nur nicht reden müssen - er mußte allein sein, um Zwiesprach zu halten mit den widerstreitenden Mächten in seiner Brust und fertig zu werden mit den wogenden Gedanken und Empfindungen. Er mußte sich rühren nach dem Rhythmus des allzu stark bewegten Herzens und tollte dahin wie ein Vollblutpferd, daß die Schöße flogen, und heulte und sang in den Sturm, der seine heiße Stirn kühlte und die Haare wie eine Mähne flattern ließ. So kam er daher wie ein ossianisch wilder Natursänger oder Barde mit wetterleuchtendem Antlitz von eigentümlicher, fast dämonischer Schönheit. Ab und zu blieb er stehen, zog aus den Frackschößen ein dickes Zimmermannsblei und ein beträchtlich großes Skizzenheft hervor und notierte sich den einen oder anderen Notensatz in ein paar hieroglyphischen Zeichen. So spazierte oder rannte er arbeiten, nach alter Gewohnheit. Und stapfte dann wieder ungestüm drauflos, brummend, taktierend, singend, heulend. Zuweilen murmelte er ein paar abgerissene Sätze oder Worte oder schrie sie wie im Streit mit einem unsichtbaren Gegner oder lachte hell auf, daß es ganz schauerlich war. Und wenn er lachte, zog sich das Gesicht breit und grinsend in Falten, daß es anzusehen war wie eine Fratze. Dann hatte er etwas von einem mythischen Fabelwesen, von einem Naturgeist wie Pan, der hinter den Nymphen, luftigen Phantasiegebilde einhertollte. Oder etwas von einem Kaliban, der ein verwandtes Elementarwesen ist. Dann aber trat wieder jenes eigentümliche, wehmütige Lächeln wundersam verklärend über sein Antlitz, das sich himmlisch verschönte, als ob der Lichtgeist Ariel in die Erscheinung treten wollte. Kaliban und Ariel, er vereinigte beider Wesen in sich und mochte sich so recht als der Magier Prospero fühlen, der über beide Genien herrschte, und nicht zufällig gehörte Shakespeares «Sturm» zu seinen Lieblingsdichtungen; der Meister mochte eine innere Verwandtschaft fühlen.

«Wie sagte sie? Bleiben Sie sich treu und lassen Sie sich nicht von den andern -» Er lächelte still und selig in sich hinein. «Theresa, du Holde, Himmlische!»

Ihr mildes Bild umschwebte ihn; selbst Leonore war verblaßt; eine andere hatte den verlassenen Thron seines Herzens eingenommen, die größer, königlicher, engelhafter war als selbst die vergötterte Seelenfreundin der Jugend, und diese andere war Theresa.

Jetzt konnte selbst der Ärger über den alten Lehrer Haydn keine rechte Macht mehr gewinnen, die schlimmen Schatten des Argwohns waren in Schranken gehalten.

«Oh, ich lasse mich nicht beirren», wiederholte er im Selbstgespräch nach Art der einsamen Naturen, «nie, nie, nie! - Aber das waren Worte, die dir die Himmlischen eingegeben haben, du gute Theresa! Haydn - er mochte wohl fühlen, daß alle andere Musik daneben zahm und geistlos erscheinen mußte; darum wollte er nicht, daß ich das Trio veröffentliche. - Ich, sein Schüler -» Er mußte bei diesem Gedanken hellauf lachen, daß es schallte. «So scheint es wohl in den Augen der Welt, und der kindische Alte ist wohl stolz darauf. - Nur weiß es die Welt nicht, daß er mir so wenig geben konnte wie Mozart; sind die Menschen blind oder taub, daß sie nicht merken, wie unähnlich beiden mein Werk ist?! Theresa, du fühlst es - dein Blick sagte es mir, deine Tränen sagten es, mehr als es deine Worte sagen konnten. - Oh, ich spüre diesen Blick, der warm in meiner Seele ruht, unvergeßlich; ich spüre deine Tränen wie einen sanften Regen, der die Fruchtbarkeit des Herzens weckt, die Liebe; ich spüre deine Worte und bewahre sie tief da drinnen wie ein heiliges Vermächtnis, ein Unterpfand. - Ach, ein Mensch, der wirklich versteht in der ganzen Menge, ist das nicht genug? Eine Seele, die ein Echo gibt, ist das nicht alles? Ist das nicht unendlich mehr als der Beifallslärm aller übrigen?! Fürwahr, die Musen haben den Tag und das Werk gesegnet durch diese eine - bin ich nicht glücklich? Aber war es wirklich nur diese eine?!»

Das Gefühl wollte sich verwirren. Neben dem Idealbild Theresas tauchte der schwärmerische Zauberblick ihrer Schwester Josephine auf. Oh, die unergründliche blausamtene Nacht dieser wundersamen Augen, kindlich und zugleich verführerisch wie das Gesicht Mignons, das dunkle Sehnsuchtsgewalten weckt und die Gedanken fortzieht, daß man ganz hilflos wird.

Der Meister wehrte sich gegen die Sinnenmacht dieser Augen, die behexen und Leidenschaften wecken konnten, aber nicht die erlösende, erhebende, beseelende Kraft hatten, die von Theresa ausging und rein, wunschlos, glücklich machte.

«Fort, fort, unbeherrschte, wilde Wünsche», stieß der Meister hervor, «o Gott, wo gerate ich hin!» Und er rannte querfeldein, als wollte er seinen eigenen Gedanken entfliehen. «Man könnte ganz unglücklich dabei werden», dachte er, «und das soll nicht sein! Bleibe du mir, Theresa, himmlische Liebe, das macht mich fromm und gut! So will ich es, so muß es bleiben!»

Er hielt inne und zog Heft und Bleistift hervor. Rasch zog er ein paar Notenlinien, ein grauses Gemengsel von Punkten und Strichen war im Nu hingeworfen, ein musikalischer Gedanke, der ihm durch den Sinn ging. Dazu summte er ein paar Verse seines Lieblingsdichters Matthisson, die ihm gerade einfielen und die er unter das Notengestrüpp setzte. «Einsam wandelt dein Freund -»

Dann schrieb er seitlich das eine Wort «Adelaide» und entwickelte daraus den Sehnsuchtslaut der Melodie, lang hingezogen in allen Modulationen, bis sie dem inneren Klang, den er in der Seele spürte, entsprach.

Aus den Worten, die er rasch hinwarf, rankte blühend der Gesang hervor: «Vieles ist auf Erden zu tun, tue es bald. - Zeige mir die Laufbahn, wo an dem fernen Ziel die Palme steht! - Meinen erhabensten Gedanken leihe Hoheit, führe ihnen Wahrheiten zu, die es ewig bleiben -»

Die Muse segnete ihn. Sie gab ihm den Namen «Adelaide» zum Phantasiegeschenk und nahm die sanft-ernsten Züge Theresas an. Ihr mochten die Schlußzeilen des Liedes gelten, an sie dachte er, sie schwebte ihm vor, als sich die Worte fanden und zu den Worten die Töne:

Einst, o Wunder! entblüht auf meinem Grabe
Eine Blume der Asche meines Herzens;
Deutlich schimmert auf jedem Purpurblättchen:
Adelaide!

Was der Künstler empfand, strömte in Tönen aus; daß er gerade diese Verse wählte, daß sie ihm zwangsläufig in den Sinn kamen wie ein Orakelspruch, das ist ein Geheimnis seiner Muse. Dabei ist alles folgerichtig, nichts ist zufällig. War es eine Schicksalsahnung, ein prophetisches Gefühl, das ihn diese Verse aus der Erinnerung finden ließ? War es ein Gelöbnis an Theresa, ein Seelenband, das sich schier von selbst geschlungen hatte und sanft hinleitete zu dem Erfühlen dessen, was möglich und zugleich heimlich oder unterbewußt empfunden war? Der Tondichter wußte es nicht und dachte auch darüber nicht nach. Aber insgeheim wußte es seine Seele, was ihm noch verborgen und höchstens unbestimmtes Sehnen blieb, und diese Seele wußte alles Kommende und Künftige; in ihr lag Schicksal und Bestimmung. Dieses Geheimnis lag in seiner Kunst und wirkte in dem Lied. Es war Leben geworden und hatte seinen eigenen Sinn. Darüber zu grübeln war nicht Sache des Meisters.

Eine neue Schöpfung war ihm geworden; der Sturm war beschworen, er fühlte, daß er ruhig wurde in der Brust. Sterne zogen am dunkel gewordenen Himmel auf; es war Nacht, als der Meister in seine arme turmhohe Behausung am Petersplatz heimkehrte.

Arm, arm, arm war diese trostlose Wohnung. Welch ein Kontrast zur Palastherrlichkeit der Fürsten, die ihn verhätschelten und mit ihrer Freundschaft auszeichneten! Daß sie sich gar nicht um ihn kümmerten, wie er wohnte und lebte!

Oh, er hätte es so haben können wie sie! Er dachte jetzt daran, als ihm selber der krasse Unterschied im äußeren Leben zum Bewußtsein kam. Er erinnerte sich der ersten Zeit in Wien, da er im Hause Lichnowsky wohnte, Diener und Reitpferd hatte und für alles gesorgt war. Und hatte sich doch nur gefühlt wie der Vogel im goldenen Käfig, wo er nur eines entbehrte zum vollen Glück, dieses eine, das freilich alles andere weitaus aufwog: die Freiheit! Unmöglich, die Mittagszeit, die im Hause Lichnowsky um 1/2 4 Uhr festgesetzt ist, einzuhalten! Unmöglich, pünktlich zu Hause zu sein, sich umzukleiden, für den Bart zu sorgen! Das ergab immer Mißhelligkeiten; er pflegte einfach auszubleiben und im Gasthaus zu speisen, wenn es ihm paßte. Die Fürstin zwar vergab die Unart, aber auch sie versuchte ihn mit mütterlicher Liebe zu erziehen, und das ging so weit, daß sie schier eine Glasglocke über ihn machen ließ, damit kein Unwürdiger ihn berühre oder anhauche. Das war erst recht eine Unmöglichkeit für den Meister. Auch das Reitpferd war eine Unmöglichkeit. Anfangs hatte es ihm Spaß gemacht, es den Kavalieren gleichzutun. Aber bei der Arbeit vergaß er darauf und ward erst daran erinnert, als der Reitknecht die Futterrechnung brachte. Dann war es zu Ende mit der edlen Passion.

Nein also, die Freiheit war nicht zu teuer erkauft. Wenn er daran dachte, dann war ihm seine ärmliche Behausung doppelt lieb und wert, wenn auch heute nicht einmal ein dienstbarer Geist seiner wartete und noch alles in der greulichen Verwüstung lag, wie er es am Morgen verlassen hatte. Diese Bettelarmut war aber zugleich Freiheit. Und Freiheit war zugleich Muse. Er konnte nicht schaffen inmitten eines üppigen gesellschaftlichen Lebens. Und darum hatte er die fürstliche Wohnung preisgegeben, leichten Herzens, und die Mietmisere vorgezogen. Hier hatte er außer des hohen Gutes der persönlichen Freiheit noch etwas anderes, das ihm unschätzbar war: Fenster, die weit über die Dächer in die Landschaft und in die Ferne blicken ließen. Das brauchte er, darum wohnte er so hoch. Auf Luxus machte er keinen Anspruch, er störte ihn nur. Seine Wohnung war ein Arbeitsraum. Er wohnte den Wolken nah, und die Glocken von Sankt Peter und Sankt Stephan waren seine lieben Nachbarn.

«Mit dem Adel ist gut leben», dachte er nun mit dankbarem Gefühl, als er die dunkle Wendeltreppe hinaufstieg und des verlaufenen Tages und aller früheren Wohltaten sich erinnerte, die er empfangen. «Aber man muß etwas haben, womit man ihm imponieren kann!»

Als er sich die Treppe hinaufgetastet hatte und an seine Wohnungstür trat, stieß sein Fuß an etwas Weiches, Lebendiges, das sich sofort rührte.

«Holla, was ist das?» Er strich rasch ein Wachshölzchen an und leuchtete einem Menschen ins Gesicht, der vor der Tür gelegen und eingeschlafen war.

«Was zum Kuckuck, sind Sie es, Ries?»

«Ja», erwiderte der junge Mensch, «ich kam zu spät zu Lichnowsky, nachdem ich Zmeskall nicht zu Hause fand und erst nachmittags erreichen konnte. Da Sie noch nicht daheim waren, hielt ich es für das beste, hier zu warten, und wäre beinahe eingeschlafen. Es ist wohl spät geworden -»

Der Meister mußte lachen, aber insgeheim war er doch gerührt über diesen Beweis dankbarer Anhänglichkeit. Also hatte doch ein menschliches Wesen auf ihn gewartet.

«Hier bringe ich die gewünschten Sachen, den Spiegel, das Geld; und morgen wird sich Herzog, ein alter Diener mit guten Zeugnissen, vorstellen.»

«Nun kommen Sie herein, Ries», sagte der Meister, indem er aufschloß, «wir wollen sehen, ob sich noch ein Tropfen Wein in der Flasche und ein kleiner Imbiß vorfindet. Ich habe Hunger, und Sie werden auch ein paar Bissen nicht verschmähen.»

Mit ein paar Handgriffen hatte Ries das Zimmer halbwegs in Ordnung gebracht und die Spuren der Morgentoilette hinausgeschafft, indem der Meister seine Vorräte musterte. Da standen noch ein paar halbgeleerte Weinflaschen umher, die Reste früherer Mahlzeiten, zwischen den Fenstern lag ein halber Laib Strachinokäse; ein tüchtiges Überbleibsel echter Veroneser Salami, eine ausreichende Krume Brot, wenn auch schon ziemlich hart geworden, fand sich vor, aber man hatte gute Zähne, und es dauerte nicht lange, so hieben die beiden wacker ein - es dünkte ihnen ein Göttermahl und schmeckte weitaus beser als an der reich bestellten Fürstentafel. Nach beendeter Mahlzeit erhob sich der Künstler und trat an das Klavier. Er vertiefte sich sofort in seine Notizen über die «Adelaide» und arbeitete die Komposition rein heraus.

Als er nach einer Stunde aufsah, saß Ries noch immer da, aufmerksam und treu wie ein Hund. «Ja, zum Teufel, jetzt machen Sie aber, daß Sie fortkommen und sich tüchtig ausschlafen! Das Geld von Zmeskall können Sie behalten;

morgen springen neue Quellen!» Er merkte gar nicht, daß Ries sich empfahl, denn er war schon wieder tief in seine Arbeit versenkt, die sein königlicher Reichtum und sein Segen war.

III. Kapitel

Das Wiener Absteigequartier der gräflichen Familie Brunszvik war das kleine Adelshotel, das den Namen «Zum goldenen Greifen» führte und in der Kärntnerstraße lag, wo sich heute ungefähr das Hotel Erzherzog Karl befindet.

Die Gräfin-Mutter saß in diesen traulichen Gemächern, die mit ihren weißen Tapeten und sparsamen Goldleisten, mit bestickten Klingelzügen und blumigen Sofas, mit den Glasschränken voll alten Porzellans und den unerdenklichen Tischchen in allen Formen, mit Vasen und kostbaren Uhren einen überaus behaglichen, vornehm fraulichen Eindruck machten.

Die Menschen sahen gut aus in solchen Räumen, besonders wenn sie Stil hatten. Und Stil hatte die weißhaarige Gräfin, wie ihre beiden Töchter Theresa und Josephine, die in langen, fließenden Gewändern eine geradezu klassisch-griechische Linie aufwiesen. Die Damen waren mit Handarbeiten beschäftigt, dabei floß das Gespräch munter hin.

Besuch war da, eine Kusine, die junge Komtesse Giulietta Guicciardi, eine hochblonde Teufelsschönheit, die erst kürzlich nach Wien gekommen war, als der Vater, Graf Guicciardi, von Triest hierher versetzt worden war und die böhmische Hofkanzlei zu leiten hatte.

Auch der junge Graf Gallenberg war erschienen, trotz seiner großen Jugend schon sehr blasiert und durch seine Ballettmusik im Mozartstil, die sich in Paris großer Beliebtheit erfreute, bereits berühmt geworden. Er bildete sich nicht wenig darauf ein, obschon er sehr verächtlich von der

Kunst und den Künstlern sprach. Er glaubte dies seinem Adelsrang schuldig zu sein, der zwei Klassen unterschied: eine, die in Musikenthusiasmus aufging, und eine andere, die alles Geistige verachtete und als nicht standesgemäß empfand. Hier galt nur das Pferd, die Jagd und das Weib. Der blutjunge Gallenberg hielt es mit beiden Gruppen.

Er war augenscheinlich nur wegen der Gräfin Giulietta erschienen, der er wie ein Schatten folgte und auffallend den Hof machte. Sie behandelte ihn dafür ebenso auffallend schlecht und widerlegte damit aufs schlagendste das immer wieder auftauchende Gerücht einer bevorstehenden Verlobung.

Theresa und Josephine erzählten von der anstrengenden Tag- und Nachtfahrt, die sie von ihrem Familienschloß Martonvásár in Ungarn nach Wien gemacht hatten; Giulietta und Gallenberg hörten zerstreut zu.

«Die Straßen waren grundlos nach den letzten gewitterartigen Wolkenbrüchen», erzählte Theresa, «die Erde ein See, alles unter Wasser - Wiesen, Äcker, Ödland; wir gondelten mit vier Pferden dahin, daß es unter den Hufen spritzte und schäumte, als ob wir mit neptunischen Rossen dahinsausten. Aber schön war der Abendhimmel über Land und Wasser wie nach der versickernden Sintflut: purpurn bis türkisgrün, schön, wie er nur in Ungarn sein kann oder in der Campagna. - Dann diese Monotonie der Ebenen und der Ödländer: hie und da ein einsames Strohdach, ein verlorner Brunnen mit hohem Gestänge; dann wieder gepflegte Parkbezirke mit weißem Schloßantlitz, halbverhüllt von dunklem Geäst -»

«Hören Sie auf, Gräfin, Sie werden mir zu poetisch», warf Gallenberg näselnd ein, «das hält man nicht aus.»

«Es war auch poetisch», sagte kühl Theresa.

«Als es finster wurde, traute sich der Kutscher János nicht durch den Wald; er fürchtete sich vor den Räubern», spann jetzt Josephine den Faden der Erzählung weiter, «da nahm ihm Theresa kurzerhand die Zügel aus der Hand, und fort ging's durch die pechschwarze Finsternis und über Wurzelknoten, daß man meinte, die Räder gingen entzwei; mir liegt die holperige Fahrt noch in allen Gliedern. Mir ist es immer ein Vergnügen, wenn etwas glücklich überstanden ist, und hinterher lachten wir den János tüchtig aus, der sich recht geschämt hat.»

«Das lasse ich mir schon eher gefallen», näselte wieder Gallenberg. «So hätte ich es auch gemacht.»

«Sie hätten es gemacht wie János, des bin ich sicher, Gallenberg», spottete Josephine.

Und Giulietta rief fast sehnsüchtig: «O du! Das muß ja herrlich gewesen sein! Weißt du: je größer die Gefahr, desto lieber das Abenteuer! Das wäre mein Geschmack. Habt ihr keine Räuber gesehen? Nein?! Oh, wie schade!» Sie dehnte das Wort mit dem Ausdruck einer solchen Enttäuschung, daß man glauben konnte, es ginge ihr von Herzen. Alle mußten lachen.

Die Gräfin-Mutter entsetzte sich über die Beschwerden solcher Reise; sie war seit einem Jahr nicht auf das Gut zurückgekehrt und hatte tausend Fragen. In dem graufließenden Gewand glich sie der fadenabschneidenden Parze; das weiße Spitzentuch um Hals und Schulter, die weiße Frisur, die feinen Linien und Fältchen des Gesichts, die brennend schwarzen Augen in der aschenhaften Blässe des Antlitzes, die strenge und doch schier ungezwungene Haltung gaben ihr die traditionelle Erscheinung eines wandelnden Ahnenbildes; in ihrer etwas eisigen Erstarrung schien sie übrigens älter, als sie sein mochte.

Ob sich der alte slowakische Schäfer noch immer so betrinke, wollte sie wissen; und ob ihm der Schnaps endlich entzogen worden sei. Ob die Pfauenkücken wohl gedeihen und wie die Wintersaat stehe. Ob die Kübelpflanzen aus dem Glashaus ins Freie geschafft und auf dem Kiesweg zur Schloßauffahrt aufgestellt seien. Der März lasse sich warm und sonnig an, Schnee war diesen Winter wenig und kaum mehr zu befürchten. Dann, ob der beschädigte Wetterhahn ausgebessert und das Dach beim Sturm nicht Schaden gelitten. Und die feuchte Mauer im Erdgeschoß trockengelegt und die Schattenbilder unter Glas im Eßzimmer sich noch immer wellen, wie sie es wegen der Feuchtigkeit getan. Ferner, was die Öfen machen, ob sie gut brennen, und ob der Hofhund, der in eine Mausefalle getreten war, schon die kranke Pfote wieder heil und gesund habe. Ob sich die neue Rasse englischer Zuchtschweine bewähre und ob die Weinbergsarbeiten schon begonnen hätten. Endlich ob die Kinder der Gemeinde ordentlich die Schule besuchen und wie die neu angestellte Dorfschullehrerin ihr Amt versehe. Ob das alte Spinett im Gartenhaus zum Unterricht für die Söhne und Töchter der Gutsbeamten fleißig benützt und der strikte Auftrag befolgt werde, das Klavier und die sonstigen Instrumente des großen Musikzimmers zu schonen und in Ordnung zu halten für den Fall, daß man doch mit Sommers Beginn ungeachtet der Reisestrapazen draußen erscheinen und mit guten Freunden Musikfeste feiern wolle ...

Die Töchter hatten auf alle Fragen abwechselnd nur mit

einem einsilbigen: «Ja; Mama!» geantwortet oder mit einem ausweichenden Hinweis auf den Bruder Franz, der näheren Bescheid wisse; die Fragen hatten eine sehr einschläfernde Wirkung, nur die letzte Bemerkung über die Musikfeste machte alle lebendig und gesprächig.

«Aber Mama, das wäre herrlich! Wie kommst du nur plötzlich auf diesen Gedanken?!» rief Josephine fröhlich aus. «Und weißt du, Theresa, wen wir dann einladen?!»

Theresa beugte sich tiefer auf ihre Handarbeit und erwiderte nichts.

«Ach, wenn's nur mit meinem Klavierspiel besser ginge», seufzte Josephine. Und dann rasch, wie von einer Erleuchtung betroffen: «Mama, mir fällt etwas ein! Du hast gesagt, ich darf mir zu meinem kommenden Namenstag in vierzehn Tagen etwas wünschen - ich weiß jetzt was! Wirst du ja sagen, Mama?»

«Wenn es nichts Unmögliches ist.»

«Es ist gar nichts Unmögliches! Es ist vielmehr etwas höchst Einfaches.»

«Nun, dann ist es schon gewährt.»

«Dank, Dank, liebe Mama!»

«Dürfen wir nicht wissen, was es ist», fragte die Kusine Giulietta.

«Ja freilich, Kind, wie soll ich dir denn sonst deinen Wunsch erfüllen», fügte Mama hinzu.

«Ach, den erfülle ich selber, nachdem ich nun einmal deine Erlaubnis habe», lachte der Schelm, «aber ich will kein Geheimnis daraus machen: ich möchte bei Beethoven Klavierunterricht nehmen!»

Die Eröffnung war verblüffend. Theresa ließ ihre Handarbeit fallen und sah die unternehmende Josephine fragend an: «Pepi, du bist aber eine!»

Josephine warf den Kopf auf: «Warum denn nicht? Du kannst ja mitkommen und auch Stunden nehmen, wenn du willst.»

Das war einleuchtend.

«Ich fürchte, er wird uns nicht nehmen», meinte Theresa plötzlich zaghaft.

«Wir laden ihn einfach zu uns ein», entschied die resolute Pepi. Darauf Theresa eifrig:

«Nein, das ist ganz vergebens; und wenn er nicht kommt? Dann haben wir das Spiel verloren. Er nimmt keine Einladungen an, wie ich gehört habe. Drum ist es am besten, wir gehen selbst zu ihm!»

«Du hast Courage, Theresa! Mehr wie ich!»

Mama geriet ganz außer sich.

«Aber, Kinder, Kinder, das geht ja nicht! So hab ich es nicht gemeint! Ich kann meine Erlaubnis unmöglich dazu geben. Wenn ihr de Olivera als Klavierlehrer haben wollt, meinetwegen, er gibt in aristokratischen Häusern Unterricht und ist ein Mann von guten Manieren.»

«Ach, Olivera ist nichts. Du hast übrigens dein Wort gegeben, Mama; und ich bleibe dabei: Beethoven und kein anderer!»

«Überdies, Mama, ist Erzherzog Rudolf Schüler Beethovens geworden», warf Theresa ein. «Wo bleibt da Olivera in diesem Vergleich?»

Giulietta verfolgte mit wachsendem Interesse die Debatte. «Beethoven, sagt mir, wer ist denn das? Habe den Namen nie gehört.»

Gallenberg neigte sich zur schönen Kusine: «Komtesse, er verdient Ihr Interesse gar nicht. Ein neuerer, sehr häßlicher Musiker, der augenblicks in Wien von sich reden macht.»

«Oh, häßlich also ist er?» wandte sich Giulietta fragend an ihre Kusinen, «das interessiert mich aber. Wo kann man den Mann sehen?»

«Häßlich?!» riefen Theresa und Josephine jetzt wie aus einem Munde. «Nein - interessant ist er!»

«Die Häßlichkeit würde ich ihm gerne verzeihen», sagte die alte Gräfin, «aber er ist anmaßend, arrogant, fast brutal und gewöhnlich. Ich finde ihn abstoßend. Er nennt sich ‹van›, ist er denn von Adel?»

«Er ist von Adel», erklärte aufs entschiedenste Theresa, «ganz gewiß durch sein Genie.»

«Die Frau Gräfin hat recht», zeterte jetzt Gallenberg, der etwas nervös geworden war, «er ist anmaßend, brutal, gewöhnlich. Das ‹van› ist kein Adel.»

«Gallenberg!» sagte Giulietta leise und etwas irritiert, «unterdrücken Sie Ihre Beredsamkeit!» Eine verächtliche Handbewegung der ungnädigen Schönen, und er sank sofort seufzend auf seinem Stuhl zusammen.

«Wo habt ihr diesen - Beethoven kennengelernt?» wollte Giulietta wissen.

Und nun ging es an ein lebhaftes Erzählen der Eindrücke vom letzten Freitagskonzert bei Lichnowsky, wobei Theresa und Josephine einander an begeisterten Schilderungen überboten.

«Ach schade, Giulietta, daß du nicht dabei warst! Wenn du ihn gesehen hättest, wenn er am Klavier spielt und phantasiert - das vergißt man nicht mehr!» Josephine begann zu schwärmen: «Was dann auf seinem Gesicht vorgeht, ist gar nicht zu beschreiben. Es ist wie ein prachtvolles Gewitter, ganz wie seine Musik; aber auch zum Fürchten. Ich habe förmlich Angst vor ihm! Ich glaube, er kann recht zornig und böse sein.»

«Nein», entgegnete Theresa, «er ist herzensgut, ich weiß es. Das sagt schon sein idealer Blick!»

«Er hat dich auch lange genug angeschaut», bemerkte Josephine, der Racker, und lachte dazu.

«Oh, im Gegenteil», protestierte Theresa errötend, «ich habe immer nur bemerkt, daß er dich angeschaut hat, Josephine!»

«Nun, dann hat er halt uns alle zwei angeschaut», gab Josephine zu.

«Shocking», sagte die alte Gräfin und erhob sich. Die Jugend blieb allein im Zimmer.

«Ich möchte aber wissen, warum er euch nicht hätt' anschauen sollen», wunderte sich Giulietta, «das ist doch ganz natürlich; ich wenigstens täte mich furchtbar ärgern, wenn er mich nicht anschauen würde!»

Gallenberg räusperte sich. «Hm!»

«Aber die Theresa hat er länger angeschaut als mich», eiferte Josephine.

«Du beobachtest viel zu viel, Pepi!»

«Ihr habt ja auch geredet miteinander; darf man wissen, was?»

«Oh, das weiß ich selber nimmer!»

«Und was hat denn er gesagt?»

«Er? Ich glaube, er hat überhaupt nichts geredet. Er ist sehr wortkarg. Er war nur sehr ärgerlich über Haydn. Die

Gräfin Thun hat's ihm ausreden wollen und hat's erst recht verdorben. Es war auch zu dumm!»

«So, was hat sie denn gesagt?» forschte Giulietta.

«Nun ungefähr, daß man seine Musik nicht versteht.»

«Da hat sie recht gehabt», ließ sich Gallenberg wieder hören. Aber die energische Giulietta schnitt ihm ungeduldig das Wort ab:

«Gallenberg, schweigen Sie, wenn Sie reden wollen!»

«Gut, dann rede ich, wenn ich schweigen will!»

Die Hochblonde würdigte ihn überhaupt keiner Antwort mehr. «Aber sagt mir: ist er wirklich so häßlich? Wie sieht er denn eigentlich aus?»

«Von häßlich keine Spur. Eher schön, nicht wahr, Josephine?»

«Na ja - die Nase etwas verunglückt...»

Dagegen Theresa: «Kann ich nicht finden. Ich könnte mir eine andere Nase in diesem Löwengesicht gar nicht denken. - Sie erinnert vielleicht etwas an Michelangelo - ich glaube, da liegt irgendeine Ähnlichkeit. Und die Stirn, diese gewaltige offene Stirn!»

«Du hast ihn dir aber gut angeschaut, Theresa.»

«Oh, gar nicht. Eigentlich weiß ich gar nicht mehr, wie er aussieht. Ich habe nur so eine ungefähre Idee.»

«Groß, schlank?» fragte Giulietta.

«Klein, derb!» konnte sich Gallenberg nicht enthalten einzuwerfen.

Theresa mußte sich besinnen: «Klein? Bestimmt nicht. Imponierend. Riesenmäßig!»

«Wie interessant!» kam es von den Lippen Giuliettas. «Elegant, gut gekleidet?»

«Salopp, plebejisch, wie seine Manieren», fuhr Gallenberg heraus.

Giulietta stampfte zornig mit dem Fuß: Gallenberg -!»

Und Josephine: «Er ist freilich in allen Stücken anders wie Sie, Graf!»

«Gott sei Dank!» rief Giulietta, «ich will es hoffen. Ihr macht mich furchtbar neugierig!»

Und Theresa ergänzte: «Er ist eben in allem bedeutend, originell und neuartig, ungewöhnlich. Ganz wie seine Musik. Drum hat er Gegner und Feinde.»

«Aber auch Freunde!» betonte Josephine.

«Ein Bär!» piepste der etwas verlebte Jüngling.

«Besser ein Bär als ein Stutzer», gab Giulietta zurück. «Schade, daß ich ihn nicht kenne.» Das eigensinnige Köpfchen, von der Prachtfülle des rotblonden Haares umwellt, warf sich zurück, eine verwegene Idee blitzte in dem pikanten Gesicht auf, darin allerhand Teufeleien ihr verführerisches Wesen trieben. Giulietta fühlte sich jederzeit zu verwegenen Schelmenstreichen aufgelegt; sie spielte gern mit dem Feuer und wußte ihre Koketterie in vollendete Unschuld zu kleiden. Nur einen Augenblick lang tauchte der lose Schalksgeist in dem Antlitz der reizenden jungen Hexe auf. Dann bezwang sie sich auch schon zu einer gut geheuchelten Unbefangenheit. «Ach!» seufzte sie, «ich sollte auch eigentlich etwas tun für mein arg vernachlässigtes Klavierspiel. Es ist doch jammerschade darum!»

Gallenberg ergriff lebhaft die kostbare Gelegenheit: «Gräfin, bei Ihrem bewundernswerten Talent - ich würde mich glücklich schätzen, wenn ich Ihnen dabei nützlich sein könnte -»

Giulietta lachte spöttisch und warf sich in den Sessel weit zurück, indem sie ihn durch die gesenkten Wimpern ziemlich hochmütig anblickte. Geringschätzung lag in ihrer Gebärde und in ihren Worten: «Sie wollen mir Unterricht geben, hahaha! Es klingt wirklich komisch. Ich fürchte außerdem, daß ich bei Ihnen gar nichts lernen würde. - Warum? Weil ich mir von Ihnen gar nichts sagen ließe und stolz auf meine alten Fehler wäre, nur um Sie zu ärgern.»

Der Gehänselte war jetzt gekränkt und schwieg. Das blasse faltige Gesicht nahm den Ausdruck eines ungezogenen, trotzenden Knäbleins an. Es rührte die Grausame nicht im mindesten; sie freute sich vielmehr, daß sie seine Eitelkeit verwundet hatte.

«Nein», sagte Giulietta, «ich habe eine andere Idee. Wie wäre es, meine Geliebten, wenn ihr mich mitnehmen würdet zu Beethoven. Wenn wir zu dritt kommen und ihm recht schön tun, dann kann er nicht nein sagen. Und wenn es ihm zuviel ist, dann kann er ja wählen: eine von uns dreien!»

Jetzt war die Überraschung und Betretenheit auf Seite der Schwestern.

«Ja - wenn du glaubst», sagte etwas gedehnt Josephine. Und nach einer Pause Theresa: «Übrigens: warum auch nicht? Wenn er uns nur nicht alle wegschickt.»

Giulietta lachte spitzbübisch auf: «Nun, nun, ich will euch nicht eifersüchtig machen.»

«O durchaus nicht», sagten die beiden Schwestern etwas verlegen; «es steht ja jedem frei, ihn zu bitten - wir haben nicht mehr Recht auf ihn als jede andere -»

«Nein, nein, es war nur so eine Laune», sagte Giulietta, die sich an der Verwirrung aller drei weidete. «Es ist besser, ihr geht allein. Ich habe mir's schon wieder anders überlegt!»

Der Graf hatte sich erhoben, um sich förmlich zu verabschieden. Zu Giulietta gewendet, sagte er : «Gräfin, wenn Sie den Rivalen vorziehen, dann werde ich ihn zum Duell herausfordern.»

Ganz bestürzt und erschrocken suchten die Schwestern den Grafen umzustimmen: «Wie, Sie wollen ihm ein Leid antun? Ja, warum denn eigentlich? Was hat er Ihnen denn getan? Weshalb wollen Sie ihn denn fordern?»

«Ich werde ihn fordern!» betonte der junge Graf und stellte sich in Positur. «Ich oder er!»

«Ach Sie!» sagte Giulietta wegwerfend. «Sie sind viel zu schwach, einen Säbel zu führen!»

«Ich sprach nicht von Säbeln, auch nicht von Pistolen», erwiderte der Graf mit düsterer Entschlossenheit; «ich werde ihn zu einem Klavierwettkampf herausfordern und ihn besiegen. Und der Sieger wird Ihr Meister werden! Gilt es?»

«Es gilt!» rief Giulietta übermütig. «Ich schlage ein in die Wette und bin selbst der Kampfpreis!» Und sie schlug in die Hand ein, die ihr der Anbeter hinreichte.

«Ach so!» atmeten die Schwestern erleichtert auf, «wenn's das ist, dann ist uns nicht mehr bange!»

«Auf Wiedersehen also beim Grafen Fries!» Eine Verbeugung, und der Graf ging.

Der Graf gehörte zur Partei der Mozartianer, die sich gegen das Spiel der Neuerer verschworen hatten. Die Gegensätze unter den Virtuosen wurden durch Klavierwettkämpfe ausgetragen, das gehörte zur musikalischen Mode der Zeit. Das Palais des Grafen Fries war der Schauplatz, wo solche Kämpfe der Klaviermatadoren mit besonderer Vorliebe veranstaltet wurden und immer von einem großen Kreis von Kunstfreunden besucht waren.

Kaum war Gallenberg fort, kam Franz Graf von Brunszvik heim, der Bruder Theresas und Josephinens. Der stattliche Kavalier mit offenen sympathischen Gesichtszügen, in der kleidsamen ungarischen Attila prächtig anzusehen, war als guter Cellospieler in seinen Kreisen berühmt; er gehörte zu den stillen Verehrern des Meisters, ohne ihm noch persönlich nähergetreten zu sein, und freute sich über die Absicht der Schwestern, bei dem Künstler Unterricht zu nehmen. Das Widerstreben der Mama, die wieder erschienen war, war bald besiegt; daß auch der Sohn dafür war, der alles bei ihr galt, hatte wenigstens ihren lauten Protest verstummen gemacht. Innerlich war sie nicht überzeugt, sie war zu adelsstolz, um an dem Gehaben des Meisters Gefallen zu finden; da sie nun Grund hatte zu zweifeln, ob das «van» wirklich Adelsprädikat war, wie viele stillschweigend annahmen, war sie erst recht in ihrem Widerwillen bestärkt.

«Er mag ja ein guter Künstler sein, das will ich nicht leugnen», meinte sie, «aber er ist nicht ebenbürtig, und weil er so tut, ist er mir doppelt unangenehm.»

Als nun die Jugend um sie her hell auflachte, fügte sie seufzend hinzu: «Ich bin eine alte Frau und kann mich in den verkehrten Zeitgeist durchaus nicht finden; ich fürchte, die Welt steht nicht mehr lang, wenn es so fortgeht», was neues Gelächter auslöste.

Natürlich wurde dem Bruder Franz brühwarm die Geschichte mit der beabsichtigten Herausforderung Beethovens durch Gallenberg zu einem Klavierwettkampf erzählt.

Franz meinte, Gallenberg sei ein nicht zu unterschätzender Virtuose, der Beethoven vielleicht an Präzision in der Wiedergabe gedruckter Noten überträfe, während der Meister eben Musik mache und durch das wundervolle Legato, den beseelten Ton, der seine besondere Stärke ist, alles Dagewesene überträfe. Aber das wichtigste bei solchem Klavierwettspiel sei eben das freie Phantasieren, und darin habe Beethoven überhaupt noch nicht seinesgleichen gefunden. «Also mit dem neuen Löwenritter anzubandeln, der auf allen Turnierplätzen seine Gegner ausgestochen und zusammengedroschen, ist eine gewagte Sache», fuhr Franz fort und gab das köstliche Stückchen mit dem Abbé Gelinek, einem der berühmtesten Klaviervirtuosen Wiens, zum Beweis, der auch einmal gemeint hatte, den «Neuling» Beethoven «zusammenhauen» zu können und am anderen Tage, als er befragt wurde, wie die Sache abgelaufen, trübselig zugab: «Der Kerl hat den Satan im Leib; so spielen hab ich noch nicht gehört - es ist einfach nicht aufzukommen dagegen!»

«So ist es bisher allen gegangen mit ihm», schloß Franz; «nun, ich wünsche Gallenberg, daß er nicht mit einer tüchtigen Schlappe abzieht.»

Die schöne Kusine hatte währenddessen mit eigentümlichem Lächeln zur Decke geblickt, sie schien in Träumereien verloren, ihre Gedanken gingen geheime, ungewöhnliche, vielleicht gefährliche Wege, und sie wußte wohl, daß sie diesen Gedanken auf solchen Wegen nachziehen werde.

Nur auf die letzte Bemerkung Franz von Brunszviks gab sie ein Echo, indem sie, obschon halb im Selbstgespräch, plötzlich sagte:

«Nun, mir kann es ja recht sein!»

«Ist dir nichts aufgefallen an der Guicciardi», fragte Josephine, als Giulietta fort war.

«Daß sie ihren Bräutigam schlecht behandelt», erwiderte Theresa.

«Nein», entrüstete sich Josephine, «daß sie neidisch und eifersüchtig ist auf uns!»

«Auf uns?!»

«Ja, auf uns! Beethoven wegen!»

«Aber Pepi!»

«Das laß ich mir nicht nehmen! Gefallsüchtig ist sie! Mannstoll! Die ist zu allem fähig! Du wirst sehen, mit der werden wir noch was erleben!»

«Du träumst, Pepi! Ein guter Kerl ist sie. Sie mag halt den faden Gallenberg nicht, das kann ich verstehen.»

«Nein, Theresa, das ist es nicht! Den möcht' ich auch nicht. Aber siehst du nicht, daß sie nach allem lüstern ist, was sie nicht hat? Auf Abenteuer ist sie erpicht; hast du das nicht bemerkt?»

«Ach, Kindereien!»

Theresa war an den Flügel herangetreten und blätterte in den Noten. Der lange Faltenwurf des blauen Gewandes, in der Mitte von einem breiten Silbergürtel umschlossen, ließ sie größer erscheinen, als sie war, und verhüllte den etwas verwachsenen Rücken, die Folge eines Sturzes vom Pferde, den sie als Kind erlitten, so vollkommen, daß nichts davon zu merken war. So bildete die Gestalt in dem weichen Spiel des Gewandes eine klingende Linie voll unbewußten Adels vom Fuß bis zum stolzen Nacken unter der dunklen Haarkrone. Die sanfte Schönheit der großen Gesichtszüge war trotz der heiteren Stirn von leiser Schwermut gehoben, die sinnend über den kühn zusammenschließenden Augenbrauen thronte. Melancholisch, fast schmerzlich war der Mund, der Schweigen verhieß und doch beredt war und nur das eine unausgesprochene Wort zu verraten schien: Entsagen. Man konnte sie nicht ansehen, ohne von Teilnahme und Rührung ergriffen zu sein.

Anders war Josephine. Beweglicher, lebensfroher, temperamentvoller. Sie konnte nicht leicht hinterm Berg halten, wenn sie etwas auf dem Herzen hatte. Sie war ganz Gefühl und sehr entschieden in ihren Zu- und Abneigungen. Auf die Guicciardi hatte sie nun einmal einen Pik. Ganz aufgeregt war sie mit einem Male.

«Falsch ist sie, sage ich dir! Oh, die ist falsch! Wir nehmen sie nicht mit, hörst du? Sie führt etwas im Schild, was sie natürlich nicht sagt. Oh, ich traue ihr nicht. Nimm dich nur in acht vor ihr. Sie ist gefährlich. Weißt du was?»

Sie trat nahe an Theresa heran, und im Ton eines großen Geheimnisses: «Verliebt ist sie!»

«So», sagte Theresa ziemlich gleichmütig, «verliebt ist sie? Etwa in Gallenberg?»

«Ach was, du bist aber fischblütig, Theresa, merkst du denn gar nichts?!» Ganz ärgerlich konnte Josephine über die allzu kühle Schwester werden. «Natürlich nicht in Gallenberg, den sie erbarmungslos zappeln läßt wie eine Fliege, die sich in einem Spinnennetz verfangen hat.»

«In wen denn sonst? Etwa in Franz?»

«Ganz gefehlt!» Und nun leise, ganz geheimnisvoll: «In Beethoven!» Jetzt mußte Theresa wirklich lachen.

«Ich glaube, du siehst Gespenster, Pepi! Den kennt sie ja gar nicht!»

«Nun eben drum!»

«Das verstehe ich nicht.»

«Ach!» Ganz ungeduldig konnte Josephine werden. «Sie hat uns ausgefragt und sich ein Bild gemacht. Aber das allein ist es natürlich nicht. Die Wahrheit ist die: sie vergönnt uns ihn nicht!»

«Uns?!» Nein, die Pepi war wirklich drollig. Theresa traute ihren Ohren nicht. Und sie betonte nochmals «Uns?! Ja, was geht er uns an? Wir kennen ihn doch selber kaum! Mir scheint, Pepi, du bist mehr eifersüchtig auf die Guicciardi als sie auf uns, wenn sie es überhaupt ist!»

«Geh, du verstellst dich nur! Das ist nicht schön von dir, Theresa! Aber jetzt sag' ich dir auch nichts mehr!» Josephine konnte es nicht fassen: «Entweder bist du wirklich so ahnungslos, oder -»

Theresa streifte die Schwester mit einem raschen fragenden Blick, als wollte sie sagen: hat die wirklich auch Feuer gefangen - Liebe auf den ersten Blick? Sie schüttelte den Argwohn alsogleich ab und lächelte schon wieder: «Kinder seid ihr, alle zwei! Närrische Kinder.»

«Kindische Narren, alle drei!» erwiderte Josephine und lachte.

Theresa hatte sich ans Klavier gesetzt und sang mit wohlklingender Stimme eine der beliebten Mode-Arien:

Mich heute noch von dir zu trennen
Und dieses nicht verhindern können,
Ist zu empfindlich für mein Herz!

IV. Kapitel

Schon von frühem Morgen an war der Meister mit wahrem Bienenfleiß tätig; der Vormittag brachte allerlei Besuche, das Vorzimmer war von Menschen angefüllt, sechs bis acht Personen, die geduldig warteten, bis sie der alte Diener in das Allerheiligste vorließ, nachdem sie angemeldet waren: Orchesterdirektoren, der Mozartschüler Süßmayer, Schuppanzigh; mancher mußte unverrichteter Dinge wieder abziehen, wenn der Meister nicht bei Laune war.

Nur der alte Krumpholz, Violinist im alten Hoftheater, hatte jederzeit Zutritt. Er hatte ein feines, richtiges Gefühl für Tonkunst, ein untrügliches Gehör; in der Lehrzeit bei Haydn war er der eigentliche heimliche Berater, dem Beethoven, der sonst sehr zurückhaltend war mit seinen neuen Schöpfungen, alles vorspielte und jede Idee mitteilte. Ihm war der Meister von Herzen zugetan als seinem musikalischen Intimus; wogegen er erklärte, daß er von Haydn eigentlich nichts lernen konnte, und daher den Wunsch Haydns, er möge auf seine durch Lichnowskys Vermittlung bei Artaria erschienenen Trios unter seinem Namen die Bemerkung «Schüler Haydns» setzen, rundweg ablehnte. Das war zugleich auch die Antwort auf den bekannten Vorbehalt des Altmeisters gegen das dritte Trio. Krumpholz, sein Narr, wie ihn der Meister wegen seiner Verzückung und Anhänglichkeit nannte, war mit dem Musiker und Sänger Czerny erschienen, der seinen begabten Sohn Karl mitgebracht hatte; der Meister sollte diesen in die Lehre nehmen.

Als sie in das Zimmer eintraten, kam ihnen Beethoven

entgegen, in langhaariges, dunkelgraues Zeug gehüllt, so daß der junge Karl Czerny glaubte, Robinson Crusoe vor sich zu sehen, der eben seine Knabenlektüre bildete und seine Phantasie mächtig anregte. Wattebausche steckten in seinen Ohren, der Meister klagte über Sausen im Ohr, dann über Koliken, die ihm zusetzten. Die Kompositionen zu seiner ersten öffentlichen Akademie seien knapp vor der Aufführung fertig geworden, während er unter heftigen Leibschmerzen, seinem alten Übel, litt; ein Arzt habe ihm Landaufenthalt verschrieben, ein anderer Pillen; dieser kalte Bäder, jener lauwarme.

Nach den Klagen über die verschiedenen Miseren führte der Meister seine Besucher ans Klavier heran und bedeutete dem Vater Czerny, indem er ihm ein Manuskript reichte: «Ich hab's kürzlich niedergeschrieben - eben jetzt brennt ein lustiges Feuer im Ofen, sehen Sie, und da soll es hinein.»

«Nun wir wollen einmal sehen», sagte Krumpholz, der Narr, und las mit dem alten Czerny das Blatt durch und las es immer wieder.

«Du gütiger Gott!» jammerte der Narr, «in den Ofen! Welche Sünde!»

«Ich will's mal probieren» meinte Czerny, «wenn es der Meister hören will.»

«Nun, so probiert es, wenn Ihr wollt», war die Antwort.

Der Sänger begann, und Beethoven, eben noch finster und unruhig, wurde ernst; als das Lied zu Ende war und Czerny mit Krumpholz vor Begeisterung überfloß, sagte er ganz heiter:

«Nein, nein, lieber Alter; die ‹Adelaide› werden wir schon nicht verbrennen!»

Der junge Czerny hatte unterdessen Zeit, sich in dem Zimmer umzusehen. Es kam ihm recht wüst und zyklopenhaft vor. Ein wunderliches Durcheinander von Büchern, Musikalien und Briefen in allen Ecken und Enden, auf dem Klavier, am Fußboden und in den Winkeln. In einer Zimmerecke war ein kleiner häßlicher, rothaariger Mensch beschäftigt, in das Chaos Ordnung zu bringen; kostbare Originalmanuskripte, flüchtige musikalische Notizen, die Niederschriften unsterblicher Gedanken, gedruckte Noten, Korrekturbogen, die der Erledigung harrten, lagen wirr durcheinander und waren nun halbwegs gesichtet; aber der Meister, der ein bestimmtes Manuskript suchte, warf wieder alles kunterbunt durcheinander, darüber der kleine rote Kerl in unbändige Wut geriet und schrie, daß alles vergebliche Arbeit sei und daß er sich einen anderen suchen möge, der ihm den Narren abgebe. Der Meister wieder beschuldigte den Famulus, daß er alles Wichtige und Kostbare verräume, so daß sich überhaupt kein Mensch mehr auskenne und daß die scheinbare Unordnung nur eine Art höhere Ordnung sei, die Karl eben durch seinen blinden Eifer gestört habe. Es gab heftige Worte auf beiden Seiten mit dem Resultat, daß der Rothaarige davonlief.

Aus dem Zusammenhang der Debatte und den aufklärenden Äußerungen des Meisters ging hervor, daß dieser Karl sein Bruder sei, Musiker und nun auch Beamter in der Staatsschuldenkassa; er habe ihn, ebenso wie den Bruder Johann, der in einer Apotheke untergekommen sei, nach Wien kommen lassen, um besser für beide sorgen zu können, nachdem er, der Meister, als der Älteste, schon in Bonn gleichsam die Vaterstelle an ihnen vertreten und für die

Ausbildung und Erziehung sich bemüht habe. Aber es sei ein rechtes Kreuz mit den Brüdern. Er habe gehofft, dankbare Hilfe an ihnen zu finden, er brauche eben jemand zur Erledigung der Korrespondenz und der geschäftlichen Angelegenheiten, für die ihm weder Zeit noch Geduld bliebe, so wichtig sie auch seien; zuerst habe ihm Johann Sekretärsdienste geleistet, aber mit ihm ging's gar nicht, und jetzt sei Karl eingesprungen, dieser nervöse, aufgeregte Mensch, mit dem auf die Dauer ebensowenig auszukommen sei. Er müsse doch wieder selbst auf alle Dinge sehen, sonst ginge alles schief; das eine oder andere verschwände, man wisse gar nicht wie - kurzum nichts als Ärger!

«Das hat man von den lieben Brüdern! Eigentlich kann ich keinem vertrauen.» Mit diesem bitteren Wort schloß der Meister seine Klage. «Und ich brauche doch jemanden; der Alltag zerstört mich!»

Der Meister, im übrigen wohl befriedigt von dem guten Eindruck, den «Adelaide» auf die begeisterten Zuhörer machte, war gnädig gestimmt und nahm den jungen Czerny als Schüler auf, obwohl er hinzufügte, daß der Unterricht für ihn eine harte Fron sei. «Was hat sich doch die gute Hofrätin Breuning in Bonn für redliche Mühe gegeben, mich in der Jugend bei der Stange zu halten», äußerte er erinnerungsselig, «wenn ich beim Grafen Westphal, wo ich Stunden zu geben hatte, vor der Haustür wieder umkehrte, weil es eben manchmal beim besten Willen nicht ging. Aber sie beobachtete mich vom Fenster aus, und dann gab's immer eine Strafpredigt. Wenn aber manchmal gar nichts half, dann pflegte sie zu sagen: er hat eben heute wieder seinen Raptus! Das ist mir aus der Jugend geblieben, der

Raptus; damit man es nur weiß, wenn ich ab und zu meinen Schüler unverrichteter Dinge wegschicken muß. Nun setz dich her, mein Junge!»

Der Knabe spielte etwas vor aus Mozarts großem D-Dur-Konzert; der Meister rückte näher, spielte mit der linken Hand bei den akkompagnierenden Passagen die Orchestermelodie mit und äußerte sich wohl zufrieden.

«Der Knabe hat Talent, schicken Sie ihn wöchentlich einigemal zu mir.»

Krumpholz, sein Narr, war entzückt über den Ausspruch: drei Beglückte verließen das Haus.

Nachmittags kam Bruder Karl wieder zurück, etwas kleinlaut. Aber es war schon Ferdinand Ries da und hatte sich, wie sooft schon, über den Haufen hergemacht, um halbwegs Ordnung zu schaffen, eine reine Sisyphusarbeit, denn alsbald war ja doch alles wieder durcheinandergeworfen. Meister Ludwig schickte den Bruder weg.

«Laß das; das macht jetzt schon ein anderer!»

Wieder ging Karl wütend davon.

«Du kommst schon wieder», rief er unter der Tür, «wenn du mich brauchst, aber dann kannst lange warten, bis ich nochmals einen Narren abgebe.» Und schlug die Tür krachend hinter sich zu.

«Der betrügt mich doch nur, wie mich Johann betrogen hat», äußerte der Meister mit schlimmem Verdacht; «nie mehr über meine Schwelle!» Er rang förmlich die Hände: «Ach wohin wird das noch führen, wenn man sich nicht einmal auf die eigenen Brüder verlassen darf!»

Der Meister tat sich wirklich schwer mit dem Alltag.

Einige Tage später war Bruder Karl wieder da. Ganz

verändert; grinsend freundlich, schmeichlerisch. «Lieber Ludwig, wie geht's dir? Ich hab's gar nicht mehr ausgehalten vor Sehnsucht, dich zu sehen!»

Gerührt über soviel Liebe schloß, Ludwig seinen Bruder in die Arme.

«Herzensbruder, daß du nur wieder da bist! Du siehst ganz schlecht aus; fehlt dir etwas?»

«Ach Ludwig, ich wollte dir eigentlich gar nichts sagen, um dir das Herz nicht unnötig schwer zu machen - aber, aufrichtig gestanden, freilich fehlt mir etwas: du weißt, das kleine Gehalt, und bis zum Monatsende ist weit; ich getraue mich gar nicht zu fragen: könntest du mir mit einer Kleinigkeit aushelfen?»

«Aber natürlich, Herzensbruder! Ich bin zwar gerade auch nicht bei Kasse, und siehe, der Hauswirt hat einen Zettel heraufgeschickt wegen der schuldigen Miete; die 600 Gulden Jahresrente, die mir Fürst Lichnowsky ausgeworfen, erlauben auch keine allzu großen Sprünge - aber das tut alles nichts; abends kommt Freund Amenda, da wollen wir sehen, was sich vorläufig tun läßt.»

Karl war schlau; er wußte, wie er den Bruder zu nehmen hatte, der dankbar war für ein bißchen Liebe, wenn es auch nur eine sehr interessierte Liebe war; er nahm sie für echt.

«Aber dem Johann geht's doch gut in seiner Apotheke; hat dir der nicht beispringen können?» fragte der Meister.

«Lieber Ludwig», beteuerte Karl, «du weißt doch, was Johann für ein selbstsüchtiger, aufgeblasener Mensch ist. Dem um etwas zu kommen, da ist man schon beim Rechten!» Und nun legte er los und schimpfte in einem Atem über den abwesenden Bruder. Er wußte, daß auch Ludwig auf ihn nicht gut zu sprechen war; und redete dem Meister zu Gefallen.

«Ja, ja», sagte Ludwig, «ich kenne ihn; und in einigem hast du recht. Ein undankbares Geschöpf ist er, und das kränkt mich!»

«Und gegen dich hat er es scharf», schürte Karl, «daß du nichts Rechtes bist und auch nichts Rechtes werden wirst: er beurteilt eben alles vom Geldstandpunkt; wer nichts hat, der gilt ihm nichts!»

Das brachte Ludwig erst recht gegen Johann auf: «So, also das ist seine Meinung! Der Elende, der alles, was er ist, mir zu verdanken hat! Seine Stellung, sein Einkommen, alles, was er ist und hat! Oh, dieser Mißratene! Sei nur guten Muts, Karl, du brauchst dich nicht erniedrigen vor ihm, ich werde für dich sorgen, wie ich früher gesorgt habe für euch beide!»

Der Familiensinn und das Pflichtgefühl, ein großväterliches Erbe, waren stark in dem Meister, und Karl verstand es vortrefflich, diese Tugenden für sich auszubeuten.

Abends kam wirklich der junge kurländische Theologe Amenda, der in Wien einige Studienjahre verbrachte und im Hause des Fürsten Lobkowitz Vorleser war. Dort hatte ihn der Meister kennengelernt und sofort eine warme Freundschaft zu ihm gefaßt. Amenda begleitete ihn oft auf Spaziergängen, verbrachte halbe Nächte in seinem Quartier, wo gemeinschaftlich musiziert wurde, denn Amenda war auch ein guter Violin- und Cellospieler; nebstbei war er Lehrer bei Mozarts Kindern, nachdem die Witwe Mozarts wieder geheiratet hatte und sich in guten Verhältnissen befand.

Fast sprichwörtlich war die Unzertrennlichkeit der beiden

Freunde geworden, daß man rief: «Wo ist der andere?», sobald man den einen sah.

In dem freundschaftlichen Beisammensein des Abends wurde fleißig musiziert, und der Meister phantasierte wundervoll auf dem Klavier.

Schließlich sagte Amenda: «Jammerschade, daß solche herrliche Musik mit dem Augenblick verschwindet, in dem sie geboren.»

«Du irrst», sagte Meister Ludwig und wiederholte die extemporierte Phantasie ohne jede Abweichung.

Im Vorzimmer wurde heftiger Wortwechsel hörbar, der Diener wollte einen robusten Mann abweisen, der indessen den Alten beiseite schob und mit kurzem Anklopfen ungestüm hereintrat: «Mein Geld muß ich haben, sonst haben Sie morgen die Kündigung.»

Der Hausherr. Ach, daß diese gemeine Prosa den hochbeschwingten Augenblick stören muß!

«Geld, Geld! Das ist leicht gesagt! Woher nehmen, wenn man's just nicht hat!»

«Nun, das wird doch nicht schwer sein», meinte Amenda, der sich ins Mittel legte, um einen unliebsamen Auftritt zu verhüten. Denn der Meister wollte Grobheit mit Grobheit erwidern und den ungebärdigen Mahner vor die Tür setzen. Amenda hieß den Mann, im Vorzimmer zu warten oder in einer Viertelstunde wiederzukommen.

«Nun?!» wandte sich Meister Ludwig fragend und erwartungsvoll an Amenda.

«Nichts leichter als das», erwiderte dieser kaltblütig. «Ich gebe dir ein Thema auf: Freudvoll und leidvoll. Du hast eine Viertelstunde Zeit zur Variation.»

Der Meister begriff nicht, was Amenda wollte, aber er ahnte einen dunklen Sinn und fügte sich.

Als die Zeit um war, gab er ihm mürrisch das Blatt: «Da ist der Wisch!» So begann die Bekanntschaft mit Goethes Dichtung.

Amenda ließ den Wirt wiederkommen und gab ihm das Blatt mit der Anweisung, sich das Geld bei den Verlegern Beethovens, Steiner und Haslinger, den «Paternostergäßlern», einzukassieren. Etwas mißtrauisch nahm der Hauswirt diesen sonderbaren Schein in Empfang; es war kurz nach sieben Uhr, wenn er sich beeilte, so konnte er den einen oder anderen Chef der Verlagsfirma noch antreffen.

Es dauerte gar nicht lange, so kam der Mann hocherfreut zurück und entschuldigte sich wegen seines vorigen allzu aufdringlichen Benehmens; dabei tat er die Frage, ob er noch mehr solcher «Zettel» haben könne.

Dem Bruder Karl glänzten gierig die Augen, als er eine solche schnell funktionierende «Notenpresse» sah.

Ludwig erinnerte sich, daß ihn Karl angepumpt hatte; er ließ sich ein neues Thema aufgeben, und in einer weiteren halben Stunde hatte auch Karl seinen «Zettel». «Das muß ich mir merken», dachte er und empfahl sich eilends, in der Hoffnung, den Laden in der Paternostergasse noch offen zu finden. Die Freunde waren allein. Amenda machte eine betrübende Eröffnung.

«Habe ich dir schon gesagt», begann er, «daß ich im Begriffe bin, Wien zu verlassen?»

«Nein, das darf nicht sein», erwiderte der Meister erschrocken; «du kannst mich nicht allein zurücklassen in der großen fremden Stadt.»

«Ich habe eine Anstellung in der Heimat», erwiderte der junge Theologe, der dem Meister merkwürdig ähnlich sah, besonders wenn er lachte. Ähnliche Züge, ähnliche Seelen - das mochte der geheime Grund der tiefen Sympathie und des Vertrauens sein, das der sonst so leicht mißtrauische Meister für Amenda empfand.

«Du bist nicht allein», sagte der Theologe, «du hast viele Freunde, die größer und mächtiger sind als ich; was konnte ich armer Student denn dir sein, dem anerkannten, viel umworbenen Künstler, außer daß ich ein Empfangender war und dir dankbar bin dafür.»

«Ich habe viele Bekannte, aber keine Freunde außer dir und etwa Stephan Breuning, Leonorens Bruder, der seit einiger Zeit auch hier ist, wie du weißt, und mir Wegeler, den Bonner Jugendfreund, ersetzt, der nun schon wieder in Bonn ist und mich verlassen hat wie du jetzt, der Glückliche!» Der Gedanke an Leonore stahl sich durch sein Gemüt, als er den Namen Wegelers und Steffens genannt hatte; sie waren ja ein unzertrennliches Bonnsches Kleeblatt gewesen. Und ein noch tieferer Schatten von Trauer senkte sich über ihn. «Jetzt bin ich arm und verlassen!»

«Wieso, Freund?» tröstete ihn Amenda, «du sitzest mitten im Glück, verwöhnt von den Großen, ein Liebling der Frauen - ich wollte, ich wäre an deiner Stelle!»

«Ach, unter diesen elenden egoistischen Menschen», greinte der unzufriedene Künstler, der leicht zur Misanthropie neigte, «da ist allenfalls der Fürst Lichnowsky, der mir noch der liebste ist; er hat sich wenigstens generös gezeigt. Aber was sie tun, das geschieht doch auch wieder aus Eigennutz, und da kennen sie keine Rücksicht; wenn einem schon das Blut aus den Fingern spritzt, da heißt es trotzdem noch immer spielen, spielen, spielen, und schließlich trotzen sie es einem durch Bitten und Schmeicheln ab. Sie kümmern sich gar nicht darum, daß Phantasieren heißt: die Seele bloßlegen, daß man sich oft dabei wund und elend am ganzen Körper fühlt; für sie ist es ein bloßer Genuß - oh, wie ich diesen Genießerstandpunkt in der Kunst hasse, wie ich ihn verachte!»

Und da er schon im Zuge war, so goß er gleich die ganze Schale seines Unmuts aus, gleichviel ob er im Recht war oder nicht.

«Und was die anderen betrifft, wie etwa den Zmeskall, so weißt du, daß er mir ebensowenig wie alle übrigen gefallen kann, sie sind und bleiben zu schwach zur Freundschaft. Ich betrachte sie als bloße Instrumente, auf denen ich spiele, wie's mir gefällt; ich taxiere sie nach dem, was sie mir leisten. Seit ich mein Vaterland verlassen habe, bist du einer, den mein Herz erwählt hat und mit dem ich wie mit meinen Jugendfreunden das Vergnügen des Umgangs und der uneigennützigen Freundschaft teilen kann. Und nun gehst auch du, aber das muß eben sein - es ist nun mein Los, und das heißt allein sein!»

Arnenda wunderte sich ein wenig über das harte Urteil, das der Meister über seine Wiener Freunde fällte; doch er wußte, daß er die Übertreibung liebte und daß ihm jene doch mehr waren als bloße «Instrumente»; es war eben Seelenbekümmernis über das Scheiden des Freundes, die aus ihm sprach: sein Gemüt war verfinstert. Ihn auf freundlichere Gedanken zu lenken, brachte Amenda das Gespräch nochmals auf die Frauen; Wegeler wollte wissen, daß der

Meister «immer in Liebesverhältnissen» war und mitunter Eroberungen machte, die manchem Adonis, wo nicht unmöglich, so doch sehr erschwert gewesen wären.

Er erinnerte ihn jetzt daran.

Der Meister lächelte wehmütig. «Du weißt; wie ich über diese Dinge denke: die längste Liebe hat nicht sieben Monate gedauert, und betrachtet man's genau, so war's nicht einmal eine Liebe. Die müßte kommen im Sturm, wie eine Katastrophe, die den ganzen Menschen um und um stürzt, das Innerste nach außen - aber ich fürchte, ich bin zu vernünftig dazu, vielleicht auch zu bedenklich und zu sehr an die eine Frau Kunst verschworen, als daß ich den Kopf an eine andere verlieren könnte. Es müßte denn sein, daß sie mich inspiriert und selbst so eine Art Muse wird - aber das gibt es wohl nicht!»

Er sann eine Weile nach und fügte in Erinnerungen verloren hinzu: «Einmal allerdings habe ich eine geliebt; die mir Herzensfreundin und Muse zugleich war: mit ihr wäre ich vielleicht glücklich geworden - vielleicht bilde ich mir das nur ein - genug an dem, sie gehört einem andern, du weißt ja: Leonore ... Wegeler irrt sich; seitdem ist mir Frau Venus beharrlich aus dem Wege gegangen; ist auch besser so -»

Eine Pause entstand.

«Kennst du die Komtessen Brunszvik?» fragte er plötzlich und ganz unvermittelt. «Ich glaube Theresa heißt die eine, Josephine die andere, die mit den Teufelsaugen.»

Amenda verneinte; er kannte wohl den Bruder Franz Brunszvik und erzählte, daß er bei Lobkowitz viel geschwärmt habe von Meister Ludwig; übrigens sei er selten in Wien, meistens in Ungarn auf seinem Gut und in dem kleinen Palais in Ofen-Pest.

«Das hat mich neulich gepackt bei Lichnowsky; als ich sie zum erstenmal sah», gestand Ludwig. «Ich dachte unwillkürlich an Leonore - ich bin immer ein wenig unglücklich, wenn ich an sie denke -, diesmal aber war ich wie verzaubert, ganz getröstet: ich hatte das Gefühl, die könnte mir ersetzen, was die Jugendliebe war; vielleicht mehr als das; zum erstenmal, daß Leonore in meinem Gefühl ausgelöscht war; aber dann war ich erst recht unglücklich: ich sah die ganze Hoffnungslosigkeit; diese stolzen Gräfinnen, auch wenn sie liebe Augen machen und gar süß und vertraulich tun -, es gibt eine Schranke, du kommst nicht hinüber, man braucht nur die hochgeborene Gräfin-Mutter anzusehen, liebenswürdig und eiskalt! Und wenn ich mich jetzt genau erinnern will, weiß ich gar nicht mehr recht, welche mich mehr bezaubert hat, die Theresa oder die Josephine; beide fließen mir jetzt in eine zusammen: die mit der Haarkrone und dem wunderbar schönen, fast traurigen Gesicht und die andere mit den brennenden Augen, die wie dunkles Feuer lodern: nein, Amenda, ich bin froh, daß ich sie nicht kenne und wahrscheinlich nicht mehr sehe, es wäre geschehen um meinen Frieden: freudvoll und leidvoll, das wäre jetzt mein Los; besonders aber leidvoll - es war schon das richtige Thema, das du mir aufgegeben hast.»

Der Meister trat ans Klavier, er war aufs neue angeregt, immer wenn er im Herzen Sturm fühlte, und begann zu phantasieren. Der Schmerz, der Freund, die Liebe, sie waren vergessen, oder sie traten in anderer Gestalt hervor, als Klangerscheinung, eine geisthafte Existenz, in der etwas wie Schicksal lag, eine Ankündigung.

Unheimliche, düstere Klopfmotive melden sich, ein dämonischer Anfang, dem bald ein Ausbruch von Leidenschaft folgt, ein tönendes Gewoge, wie wenn die See heult. Dann ein traumhaftes, gebetartiges Thema, wie eine himmlische Erscheinung, engelmild. Und wieder der Aufschrei der Leidenschaft, verzweifeltes Ringen nach dem Licht und dem Frieden, nach der Engelgleichen, im Kampf mit Dämonen, wahre Seelenstürme bis zur grausigen Wildheit gesteigert.

Es waren Ahnungen von Dingen, die möglich sind oder gar unvermeidlich.

Ab und zu machte der Meister Notizen, um diesen oder jenen Gedanken der Improvisation festzuhalten. «Das könnte ich brauchen», sagte er wie zu sich selbst, «das könnte was werden!» Und dann fiel das Wort: ‹Appassionata› müßte man's nennen...»

Zum endgültigen Abschied Amendas sollte ein Festschmaus veranstaltet werden, den Meister Ludwig in seiner Wohnung gab. Es war damit kein Ohrenschmaus gemeint, der die Gäste entzückt hätte, sondern ein richtiger Küchenschmaus; der Künstler liebte es, sich auch als Kochkünstler zu zeigen, was freilich weniger Entzücken weckte. Der ewigen Gasthausküche - beim «Schwanen» oder im «Fischtrüherl» oder im «Jägerhorn» oder beim «Römischen Kaiser», beim «Schwarzen Kamel», im «Blumenstöckl», in der «Eiche» auf der Brandstatt und wie sie alle hießen, die bevorzugten Altwiener Lokale, wo gerne Musiker verkehrten - überdrüssig geworden, kam er auf die barocke Idee, zu der ihn sein Unabhängigkeitssinn trieb, gelegentlich sein eigener Küchenchef zu sein. Der Diener verstand nichts von der Kocherei, also hieß es eigenhändig zupacken; der Meister wollte den Freunden beweisen, daß er auch auf diesem Gebiete seinen Mann stellen könne. Um nicht betrogen zu werden, was seine ewige Furcht war, begab er sich schon am frühen Morgen in eigener Person auf den Markt, wählte mit großer Umsicht und Kennermiene, schimpfte über die Preise, feilschte - und kaufte schließlich schlecht und teuer.

Die Freunde wußten schon, was ihrer bei Meister «Mehlschöberl» - das war sein Spitzname als Koch - harrte. Es waren nur die Intimsten geladen: außer Amenda als dem Gefeierten das «Falstafferl», «Baron Dreckfahrer», nämlich Zmeskall, der Kapellmeister Hummel, kurz «Natzl» genannt, und Steffen Breuning, der Bonner Jugendfreund, der in der Hofkriegskanzlei tätig war. Die Freunde hatten verabredet, vorher insgesamt in einer Gastwirtschaft ein tüchtiges Frühstück zu nehmen und von dort aus zum Diner in des Meisters Wohnung zu ziehen, wo man die Speisen als bloße «Schaugerichte» unbehelligt vorüberspazieren zu lassen entschlossen war. Man war gewitzigt. Nur durfte man es «Mehlschöberl» ja nicht merken lassen.

Alles kam, wie man es bei solchen Anlässen schon gewohnt war: der Hausherr empfing seine Gäste als Koch im Nachtjäckchen, eine stattliche Schlafmütze auf dem struppigen Kopf, eine blaue Schürze um die Lenden gebunden, das braune Gesicht brandrot erhitzt wie Meister Vulkan von der emsigen Tätigkeit am Feuerherde.

Die Vorbereitungen zogen sich wie gewöhnlich in die Länge; schon anderthalb Stunden harrten die Gäste der Dinge, die da kommen sollten, geduldig zwar, aber doch mit dem bangen Wunsche, daß die Prüfung gnädig vorübergehen sollte.

Endlich schlug die große Stunde; der Diener begann zu servieren. Man wußte es schon von früher und hatte sich auch diesmal nicht getäuscht: die Suppe war mager wie die Bettelsuppe der Gasthöfe; das Rindfleisch halb gar und zäh, etwa für einen Straußenmagen berechnet; das Gemüse ein Gemengsel von Zellstoff, Fett und Wasser, unvermengt, der Braten halb verkohlt.

Am besten schmeckte es dem Festgeber; der höfliche Beifall der Gäste würzte das Mahl und versetzte ihn in rosigste Laune; aufgemuntert, selbst tüchtig zuzugreifen, würgte jeder ein paar Bissen hinunter und beteuerte, schon übersatt zu sein; im übrigen hielten sie sich wacker an das frische Brot, Obst und Backwerk und besonders an den süffigen Ofener Wein, die Hausmarke des Meisters, und ließen «Mehlschöberl», die komische Person in der Burleske «Das lustige Beilager», hochleben. Meister Ludwig war kein Kostverächter, er verschmähte keineswegs einen guten Tropfen; in der Regel aber hielt er sich an klares Brunnenwasser, das er freilich übermäßig und in Strömen trank. Der tüchtige Zug lag schon in der Familie; der Großvater, Hofmusikkapellmeister in Bonn, aus Belgien eingewandert, führte nebenher einen Weinhandel, seine Frau, die Großmutter, erlag der Trunksucht, und leider auch der Vater war ein Trinker und hatte dadurch sich und die Familie ruiniert. Der göttlichen Natur des Meisters lag der Mißbrauch fern; Wassertrinken war kein Laster.

Nur der Kaffee war seine Leidenschaft, den er selbst braute, sechzig Bohnen auf jede Tasse, und der unter seinen

Gästen mit Recht berühmt war. Waren auch die lukullischen Genüsse bei solcher Tafel mehr als mäßig, so ersetzten gute Laune und heitere Reden reichlich das Fehlende, und schließlich wurden die Gäste herrlich entschädigt durch das musikalische Nachgericht, das der Meister seinen Freunden bot und das allen die Hauptsache war. Auch das durfte man natürlich nicht merken lassen, denn im Hinblick auf seine Kochkünste war der Meister empfindlicher als auf seine Klavierkünste, darin er viel eher eine Kritik vertrug. Zum Glück ergriff er nur selten das Küchenzepter und entsagte alsbald den Ausflügen auf dieses entlegene Gebiet, durch Magenverstimmungen nachdrücklich gewarnt, die sich regelmäßig nach einem solchen Symposion einzustellen pflegten.

So war allmählich der Nachmittag im schönsten Verein verflogen, man wußte kaum wie; abends entschloß man sich doch, gemeinsam in den «Schwan» zu gehen und dort erst den Scheidenden zu feien. Das Abschiedsweh wurde in Wein ertränkt, bis endlich spät nachts so ziemlich alle Absterbens Amen waren. Die Narkose erleichterte den Trennungsschmerz, und als man doch am nächsten oder vielmehr übernächsten Tag das bürgerliche Gleichmaß wieder gefunden hatte, war Amenda im Postwagen schon viele Meilen fern, und man konnte kaum mehr denken, daß das Leben die beiden Freunde, die eine Strecke weit so einträchtig miteinander gewandert waren, je wieder zusammenführen werde. Aber gerade die Ferne und Trennung wirkte festigend auf diese eigenartige Freundschaft. Das hatte der Meister schon mit seinen Bonner Jugendfreunden erfahren. Er blieb ihnen treu, weil sie fern waren. Dadurch rückten sie in eine ideale Zone, die keine Trübung durch die sonst unvermeidlichen täglichen Reibungen erleiden konnte. Die Nähe, der tägliche Umgang, war viel gefährlicher. Und der Meister war alles, nur kein bequemer Freund.

Das Frühjahr lockte hinaus; Meister Ludwig entschloß sich auf ärztlichen Rat, einige Wochen eine Badekur in Baden zu machen. Aber auch der kurze Badeaufenthalt war für ihn keine Arbeitspause, sondern erst recht eine ungestörte Gelegenheit zu neuem emsigem Schaffen.

Dem entsprachen auch die umfänglichen Anstalten, die zu solchem Zwecke gemacht wurden.

Eines Morgens schwankte ein vierspänniger Lastwagen mit einem turmhohen Bau von Musikalien, Manuskripten, Notizheften, Büchern und etlichen Gerätschaften zum Linienwall hinaus nach den elysischen Bezirken des lieblichen Badens am Südostrande des Wiener Waldes, wo die Quellennymphe unter klassizistischen Badetempeln ein arkadisches Idyll gefunden hat. Ernste Tannenwälder ziehen die Höhen hinauf, von droben schauen Burgruinen talwärts. Klassizismus und Romantik. So liebt es der Meister, denn beides ist ihm verwandt.

Ferdinand Ries, der Schüler und Famulus, soll binnen wenigen Tagen nachkommen und mit Meister Ludwig die Einsamkeit teilen. Er selbst wandert zu Fuß dem Wagen voraus, seelenvergnügt. Lerchenjubel, sanfte Lüfte, schaukelnde Kornfelder. Ideen schwirren heran, wetterleuchten durchs Gemüt; das dicke Zimmermannsblei hat zu tun im flüchtigen Festhalten der Eingebungen. Vergessen ist die Welt, der Sänger schwebt schon halb im Elysium. Vergessen auch der Möbelwagen.

Todmüde, staubbedeckt, schweißtriefend kommt der Meister spät abends ans Ziel. Nirgends der Lastwagen zu sehen. Endlich, am Kirchenplatz findet er seine Sachen abgeladen, zu einem Haufen aufgestapelt, eine Rotte Buben herum. Der Kutscher, der sein Geld im voraus empfangen hatte, ist längst heimgefahren.

Zuerst Wut, dann schallendes Gelächter, und schließlich mit Hilfe der Buben ein stundenlanges Bergen der Habseligkeiten in den Mietzimmern, wo dann alles kunterbunt durcheinanderliegt, in gewohnter Weise. Aber, Gott sei Dank, man ist endlich glücklich installiert.

Am übernächsten Tag kommt Ries an, und nun geht das Leben seinen geregelten Gang. Ries ist sozusagen Verbindungsoffizier mit der Außenwelt, er besorgt alles Nötige, begleitet Meister Ludwig auf den ausgedehnten Spaziergängen, macht auch gelegentlich die Kopiatur der neuen Kompositionen, ist Gesellschafter, vernünftig, bescheiden, diskret; er empfängt dafür Unterricht und freie Station.

Eines Abends kommt Ries heim und tritt in das Zimmer des Meisters, prallt aber sofort zurück, als er eine dichtverschleierte, anscheinend junge schöne, jedenfalls aber sehr elegante Dame bei ihm auf dem Sofa sitzen sieht.

Ries fürchtet, daß er ungelegen käme, und will sich sofort unauffällig entfernen. Aber da winkt ihm schon der Meister zu und fordert ihn auf: «Bleiben Sie nur, und spielen Sie einstweilen!» Ries setzte sich hin und spielte, indessen hinter seinem Rücken der Meister mit der Dame plauderte. Es dauerte sehr lange.

In einer zufälligen Kunstpause hört der Junge seinen Herrn und Meister zur Fremden sagen: «Lüften Sie doch

Ihren Schleier! Ich komme mir vor wie auf einem Maskenball. Und ich gestehe, daß ich begierig bin -»

«Und ich war ebenso begierig auf Sie - ich interessierte mich für den berühmten Künstler; finden Sie das ungewöhnlich oder unrecht? Denken Sie nicht schlecht von mir -»

Ries hatte unwillkürlich die Pause verlängert, und der Meister rief ihm sofort zu: «Ries, spielen Sie etwas Verliebtes!» Und dann zur Schönen: «Was ich denke, kann Ihnen ja gleich sein - ich kenne Sie leider gar nicht!» Das Gespräch ging unverständlich fort.

Der Schüler hielt inne.

«Ries, etwas Melancholisches!» befahl der Meister.

«Sie werden mich vielleicht eines Tages kennen», sagte die Schöne hinter ihm, «aber Sie sollen dann nicht wissen, daß ich es war, die bei Ihnen war. Vielleicht werde ich es Ihnen einmal sagen, vielleicht auch nicht, das hängt von Umständen ab, die ich nicht voraussehen kann.»

Der Meister mußte plötzlich etwas Ungeschicktes gesagt haben, wodurch die Dame beleidigt schien; denn Ries hörte sie plötzlich sagen: «Als Kavalier wissen Sie, daß ich in Ihrem Schutz stehe, besonders in dieser Lage, in die mich mein romantischer Fürwitz und meine Verehrung geführt hat; wenn Sie meinem Ruf schaden, so schaden Sie Ihrem noch mehr, und die Gesellschaft würde Ihnen das nie verzeihen.»

Der Meister suchte nun durch gute Laune wieder gutzumachen, was er verdorben zu haben schien, und schrie dem Klavierspieler, der wieder nachließ, übermütig zu: «Vorwärts, Ries, etwas Leidenschaftliches!»

«Woran soll ich Sie wiedererkennen; schöne Unbekannte!»

«Sie sollen mich nicht wiedererkennen! Ich bin Ihnen eine Unbekannte und will es bleiben. Ob ich schön bin, können Sie nicht wissen.»

«Werde ich Sie je kennen? Ich habe den Wunsch, das Unbekannte lockt, es ist das Romantische! Und man sagt mir nach, daß ich Romantiker bin.»

«Dann wird Sie diese Episode freuen und Ihrer Kunst vielleicht von einigem Gewinn sein.»

«Sie weichen meiner Frage aus, Verehrte. Ob Sie mir ewig Geheimnis bleiben wollen -»

«Ja und nein - Sie werden mich kennen als eine andere; mehr kann ich Ihnen nicht versprechen -»

Der Meister horchte ein wenig auf den Spieler, sprang dann auf und schrie: «Ja Mensch, das sind ja lauter Sachen von mir!»

In der Tat hatte Ries Motive aus des Meisters Ludwig Arbeiten aneinandergereiht und durch kurze Übergänge verbunden, bei der Wahl immer auf die allgemeine Charakteristik bedacht: etwas Verliebtes, etwas Melancholisches, etwas Leidenschaftliches - es fand sich alles und stimmte vortrefflich.

Die Dame hatte sich erhoben, dankte mit wenigen gewählten Worten für die köstlichen Augenblicke und bat, nicht auf des Rätsels Lösung zu drängen, es würde sich eines Tages vielleicht ganz mühelos ergeben. Sie sagte noch «Auf Wiedersehen!», machte eine graziöse Bewegung und schwebte hinaus.

Meister und Schüler sahen sich verdutzt an.

«Ries, kennen Sie die Dame?»

Der Gefragte verneinte und gab die Gegenfrage zurück

«Ja, kennen Sie sie selbst nicht?»

«Keine Ahnung; sie ist wenige Augenblicke vor Ihnen erschienen und erklärte, sie wolle ungenannt und ungekannt bleiben. Ich möge mir auch keine Mühe geben und nicht auf irgend jemand aus dem Gesellschaftskreis schließen, denn sie gehöre nicht dem Personenkreis an, in dem ich bisher verkehrte, und ich sei ihr bis nun auch da nie begegnet.»

«Hm», lächelte Ries etwas knabenhaft und sagte großartig: «Galantes Abenteuer!»

«Können Sie sich ungefähr denken, wer sie sein mag?» fragte der Meister. «Kommt sie Ihnen nicht irgendwie bekannt vor?»

«Nicht im mindesten, aber daß sie den vornehmen Ständen angehört, glaube ich durchaus; es muß doch wenigstens eine Gräfin sein, um sich solche Kaprice in den Kopf zu setzen. Eine andere wagt das gar nicht. Vielleicht ist sie eine Ausländerin, eine Russin oder Engländerin, die sind so emanzipiert!»

«Jedenfalls scheint sie jung und schön, zweifellos vornehm. Kommen Sie, Ries, wir müssen herausbekommen, wer sie ist; wir folgen ihr unauffällig nach, und haben wir ihre Wohnung, dann wird sich auch Name und Stand erforschen lassen.»

Sagte es und stürmte hinaus, Ries ihm nach.

Die Nacht war mondhell; von weitem sahen die beiden ihre dunkle Gestalt, dann war sie plötzlich verschwunden.

Sie liefen, so schnell sie konnten, ein Gewirr von ländlichen Gassen und Gärten; die Geheimnisvolle war nirgends zu entdecken.

Silberhell und tannenschwarz öffnete sich das Helenental, Wasser rauschte und plauderte neben der mondweißen Straße. An ein Nach-Hause-Gehen war jetzt nicht zu denken. Unter allerlei Gesprächen und Vermutungen verging die Zeit, sie wanderten noch gut anderthalb Stunden umher, auf das lebhafteste angeregt.

Beim Heimweg sagte der Meister noch zu seinem Getreuen: «Ich muß herausfinden, wer sie ist, und Sie müssen mir helfen, Ries.»

Noch bis tief in die Nacht saß der Meister am Klavier. Es war ja sein urpersönliches Instrument, sein Seelenorgan, mit dem er vertrauteste Zwiesprache hielt. Was er dem treuesten Freund nicht zu sagen vermochte, weil Worte schließlich unzulänglich werden, das vertraute er dem Klavier an. Sein freies Phantasieren und seine Klaviersonaten waren intimes Bekenntnis, gleichsam Tagebuch. Nur daß niemand recht wußte, was er sich bei seiner Musik dachte. Es war sein tiefstes Geheimnis. Die anderen mochten ahnen; ganz verstehen niemand. Indem er eine verstehende Seele zu ergreifen glaubte, war es schon wieder mehr ihr eigenes Wesen, das sich in dem Tonbild spiegelte und ihr eigenes Gleichnis suchte, als jenes des Meisters, der seine Seele hineingelegt hatte. So blieb es undurchdringliches Mysterium; nur eines wußte man, und das war das unerhört Neue und Bezaubernde: es war Ausdruck des persönlichen Seelenlebens wie nie vor ihm.

Was nun unter seinen Händen am Klavier erblühte, war traumhaft wie die Mondnacht draußen mit ihren lockenden Werbungen und ihrer unerfüllten Sehnsucht. Zerfließende Harfenakkorde in schwermütigen Adagioharmonien, aufschäumende Presti, fiebernde Erregung und darüber schwebender Gesang mit melancholischer Grundstimmung. Ein musikalisches Gleichnis auf das seltsame Erlebnis dieses Abends, darüber der Schleier des Geheimnisses gebreitet war, und das eben deshalb um so aufwühlender wirkte. In flüchtigen Umrissen entstand die sogenannte Mondschein-Sonate.

Als der Meister inmitten der einstürmenden Eingebungen innehielt und bemerkte, daß Ries noch immer wartend dasaß, sagte er nur kurz: «Ich kann Ihnen heute keine Stunde geben», und vertiefte sich sofort wieder in seine Arbeit. Das war für den Schüler das Zeichen, daß er für diesmal entlassen war und sich stillschweigend entfernen sollte, um den Besuch der Muse, nicht weniger geheimnisvoll als jene schöne Unbekannte, nicht länger zu stören. Immer wieder kehrten die Gedanken zu der Fremden zurück; sie war fast schon unwirklich geworden, eine flüchtige reale Verkörperung der Göttin Phantasie. Keine andere Spur ihrer Anwesenheit war geblieben als jene Skizzen und Entwürfe der neuen Sonate, die aus diesem eigenartigen Vorkommnis entsprossen waren, die geistige Frucht jener mysteriösen Annäherung. Ob sich das Rätsel jemals lösen werde?

Meister Ludwig war bald darauf nach Wien zurückgekehrt. Eines Tages kam Ries in heller Aufregung, er habe die Fremde wiedergesehen. Sie sei in einer Karosse gefahren; er lief hinterdrein, so schnell er konnte; aber alsbald sei der Wagen seinem Gesichtskreis entschwunden. Zufällig sei ihm Zmeskall begegnet, dem er den entschwindenden Wagen habe im letzten Augenblicke zeigen können. Zmeskall, der nur einen flüchtigen Blick erhaschte, meinte, sie sei die Geliebte eines ausländischen Prinzen, wenn ihn der Augenschein nicht täusche. Es sei allerdings fraglich, ob er recht gesehen habe.

Der Meister zweifelte. Es war ihm fast zur inneren Gewißheit geworden, daß er die Geheimnisvolle wiedersehen werde. «Sie kommt wieder», meinte er, «wer weiß, als was sie sich dann entpuppen wird!»

Und zugleich hatte er das unbestimmte Gefühl, als ob es besser wäre, ihr nicht wieder zu begegnen. Ob sie nicht die Verkörperung eines Verhängnisses sei, das sich ihm in dieser verführerischen Form näherte? Er war eine zu gerade, sittlich gesunde Natur, um an einem so dunklen Spiel sein Gefallen zu haben. Leichtfertige, frivole oder auch nur ungeklärte Verhältnisse waren ihm ein Greuel. «Was hatte die Unbekannte zu verbergen; warum gab sie sich nicht zu erkennen? Hatte sie etwas zu verbergen? Um so schlimmer für sie!» Das waren die Erwägungen, die sich immer wieder einstellten. Eigensinnig liefen die Gedanken zu ihr zurück und ließen ihn Theresa und Josephine fast vergessen. Selbst das Bild Leonorens war entschwunden. Stets drängte sich die Geheimnisvolle vor. Der Meister war schon ärgerlich über sich selbst geworden. «Sie ist wie ein Dämon, der mich unsichtbar verfolgt! Hätte ich sie doch nie gesehen! Was stört sie meine Ruhe?» Und er beschloß, sie hart und abweisend zu behandeln, wenn sie ihm je wieder begegnen würde.

V. Kapitel

Der alte Diener Herzog hatte seine liebe Not. Er wußte, sein Herr liebte Damenbesuche nicht, und nun standen zwei blitzsaubere Frauenzimmer da und wollten durchaus vorgelassen werden. Sie gingen dem alten Grantian so liebreich um den Bart, daß er nicht umhin konnte, in seiner Frostigkeit einige Grade aufzutauen und ein wenig gesprächiger zu werden.

«Werden sehen, Euer Gnaden, auf mich geht das Donnerwetter nieder, wenn ich Euer Gnaden hinein laß!» beteuerte er. «Er hat mir's streng verboten; er will heut ganz ungestört sein. Nicht einmal den Fürsten Lichnowsky hat er empfangen; Seine Exzellenz ist ganz umsonst die vier Stiegen heraufgestiegen. Und der Fürst ist doch eine gewaltige Respektsperson und außerdem ein guter Freund meines Herrn - aber es hat alles nichts g'nutzt! Ich hab' auch nur den Kopf hineingesteckt bei der Tür, aber kaum hab' ich g'sagt: es ist wer da, gnädiger Herr! hab' ich schon einen solchen Binkel Grobheiten auf meinem grauen Schädel gehabt, daß ich g'schwind wieder retiriert bin. Nicht einmal Zeit hab' ich g'habt zu sagen: der Fürst ist draußen; vielleicht wär' er dann ein bisserl gnädiger umg'sprungen, aber ich glaub's nöt. I glaub's nöt! Da kennt er kein' Spaß, mein Herr; 's ist ihm alles eins, wer's is! Der Fürst ist ein guter Herr, der hat gelacht, hat mir schöne Grüße auf'geben und ist halt wieder gegangen. 's ist wohl möglich, daß mein Herr freundliche Saiten aufziehen tät, wenn er wüßt, daß ein paar so saubere Frauenzimmer da sind - aber i trau mich nöt, i trau mich halt nöt! Und i glaub, er ist schief g'wickelt heut! Da ist er g'fährlich! Ich bin kein Hasenfuß, aber i trau mi nöt; er kann soviel schiach sein!»

«Es ist auch wahr», sagte die größere, schlankere der beiden Besucherinnen, «wir können nicht zudringlich sein. So gehen wir halt wieder in Gottes Namen!»

«Pfui, Herzog», sagte die andere lebhaft, «da haben wir Frauenzimmer wirklich mehr Courage als ihr Männer. Ich fürchte mich gar nicht. Und wenn Sie sich nicht trauen, so gehe ich selber und melde uns beide an; ich bin überzeugt, er wird uns nichts tun.»

«Das ist wohl möglich», entgegnete Herzog bedächtig, «aber es muß doch wieder ich das Bad ausgießen. Ich hab' schon bei vielen gestrengen Herren gedient, aber was ich hier alles hab' anhören müssen - es ist nur ein Glück, daß ich eine Ehre im Leib hab', die hieb- und stichfest ist. Und er ist ja kehr-um-die-Hand wieder ein recht guter Herr, nein, da gibt's nichts zu sagen; mein Gott, Eigenheiten hat ein jeder Mensch; und wenn man lang gedient hat, lernt man allerhand kennen -»

«Nun seien Sie nur beruhigt, Herzog», tröstete die Entschiedene, «wir werden schon ein gutes Wort für Sie einlegen und alles auf uns nehmen.»

«Ich bitte dich, gehen wir», sagte die andere. «Wir würden uns nur alles verderben; mir zittert sowieso schon das Herz!»

«Fällt mir gar nicht ein», behauptete die erstere, «so nahe am Ziel und wieder umkehren? Dann wär's erst recht verloren! Ich habe es mir nun einmal in den Kopf gesetzt: jetzt oder nie!»

Der brave Herzog war schwankend geworden und überlegte, ob er's nicht doch wagen sollte, nachdem er dieses Beispiel von Mut und Entschlossenheit sah. Er stellte die übliche Vorfrage, die schon den Entschluß verkündete, daß er die Damen nun doch anmelden wolle.

«Mit wem hab' ich eigentlich die Ehr'?!»

«Sagen Sie nur, die beiden Damen Brunszvik -»

Den Diener riß es sofort zu einer tiefen Verbeugung zusammen:

«Ich bitt' tausendmal um Verzeihung, gnädigste Komtessinnen, daß ich vorhin so ungeschickt war und hab' von sauberen Frauenzimmern geredet; ich hab' nämlich gemeint, es wären vielleicht Damen vom Theater. - Aber die durchlauchtigsten Frau Gräfinnen, halten zu Gnaden, ich hab' noch den seligen Herrn Großvater gekannt, sind doch nicht saubere Frauenzimmer - das heißt -»

«Aber Herzog», lachte die Lebhaftere, «sind wir also wirklich nicht sauber?»

«Aber ja, freilich, oh, was das betrifft», beeilte sich der Alte zu sagen, «ich meine ja auch nur, weil ich mich so despektierlich ausgedrückt hab'; Frau Gräfin verzeihen mir's schon - dafür aber geh' ich gleich, Sie anzumelden, koste es, was es wolle!»

Schon nach wenigen Augenblicken kehrte der Alte freudestrahlend wieder und bat die beiden Komtessen, Theresa und Josephine, einzutreten.

Der standhaften Josephine war jetzt aller Mut entsunken, sie fühlte sich mit einem Male als kleines Schulmädchen, das vor einer Prüfung steht. Auch Theresa, die gefaßter war, kämpfte mit Befangenheit. Vierspännig durch einen finsteren Wald von Räubern zu fahren, erschien ihr eine Kleinigkeit gegen das jetzige Unternehmen; János konnte sich damals nicht mehr fürchten, als sie es nun tat.

Meister Ludwig war selbst in einiger Verlegenheit. Er sah fast erschreckt aus, als ob er plötzlich eine himmlische Erscheinung erblickte; und wenn ihm auch war, als ob unvermutet das Glück in eigener Person sein Zimmer beträte und mit goldenem Sonnenglanz erfüllte, so war er doch im ersten Augenblick viel zu sehr überrascht, um die innere Freude, die er gleichwohl zutiefst empfand, so recht genießen zu können. Er war wie gelähmt und fand nicht gleich die rechten Worte des Willkomms; es sah aus, als sei er mißmutig und gar nicht erbaut über den ungewöhnlichen Besuch. So verlief die Unterhaltung anfangs steif und konventionell.

Der Meister hatte in der Eile ein paar Stühle zurechtgeschoben; auf dem einen lagen Kleider, die er kurzerhand auf den Boden warf; der andere hatte zerrissenes Strohgeflecht.

Die jungen Gräfinnen waren sichtlich berührt von dem Eindruck der Armut, den die unordentliche Behausung auf Frauengemüter machen mußte, die obendrein an vornehme häusliche Umgebung gewöhnt waren; Theresa schnitt es ins Herz, den gefeierten Meister, um den sich der kunstliebende Hochadel drängte, in solcher Dürftigkeit zu sehen, die nicht einmal in der schlechtesten Dienerwohnung anzutreffen war. Sie war von Mitleid ergriffen und doch zugleich voll Bewunderung über den Reichtum des Genius, der in solcher äußerer Entsagung sich so königlich zu verschenken wußte.

Josephine hatte indessen recht artig ihren Spruch aufgesagt, den sie schulmädelhaft sich zurechtgelegt.

Sie habe sich von Mama ein Namenstagsgeschenk erbettelt, nämlich die Erlaubnis, den Meister bitten zu dürfen, daß er ihren Musikunterricht übernehme. Das gelte auch für Theresa. Es wäre beider Herzenswunsch. Ob der Meister nicht ungehalten wäre über die Keckheit?

«Jetzt sag' du auch was!» fuhr sie heraus, zu Theresa gewendet.

Theresa wußte nichts zu sagen. Sie meinte nur, Josephine habe nach ihrem eigenen Herzen gesprochen. Das heißt, auch nach Theresas Herzen.

Meister Ludwig lächelte. Zwei edle Frauenwesen, die ihm in den glänzenden Rahmen der aristokratischen Gesellschaft so hoheitsvoll erschienen waren, als hätten nur sie Gnaden zu vergeben, so daß seine Seele zu ihnen im stillen beten ging, konnten nun in so bescheidener kindlicher Art bitten um etwas, das von vornherein gewährt war, wenn sie sich nur herablassen wollten, es zu nehmen. Nichts Lieberes konnte ihm ja geschehen, als sich ihnen nähern zu dürfen und sie an der Tafel seiner Kunst zu bewirten! Und was er in seinen kühnsten Träumen nicht zu hoffen wagte, das verlangten sie nun selbst, und wie demütig sie es verlangen, die nur zu befehlen brauchten!

Aber er sagte nicht, was er dachte, denn er war selbst viel zu befangen in seiner Verwunderung und seinem glücklichen Erschrecken.

Josephine wollte es bedünken, als ob dieses Lächeln nichts Gutes bedeute und er sich lustig mache, um sie für ihre Verwegenheit zu strafen. Sie ärgerte sich schon, jemals einen solchen törichten Wunsch gehegt zu haben, und dachte schon an den Rückzug.

Aber da sagte Meister Ludwig wieder zum höchsten Erstaunen der beiden Bittstellerinnen, die auf alles andere gefaßt waren:

«Also, fangen wir gleich an!» Indem er Theresa anblickte, die fast wie ein Schulmädel eine Musiktasche unterm Arm trug: «Was haben Sie denn da?»

Sie zog eine Sonate Beethovens hervor, die für Klavier, Violine und Cello gesetzt war. Er ließ sie sofort an den Flügel setzen; sie wunderte sich insgeheim darüber, daß das Instrument so verstimmt war, und spielte darauf los. Und sang unbekümmert die Violin- und Cellobegleitung dazu. Dabei schwand alle Furcht und Befangenheit. Als sie geendet hatte, dachte sie ängstlich:

«Mein Gott, was wird er wohl denken! Es war doch eine recht große Stümperei, mit der ich den anspruchsvollen Meister gequält habe! Schon viel zu viel kostbare Zeit habe ich ihm geraubt!»

Aber er war sehr liebreich und gut und lobte Spiel und Gesang; und als auch Josephine ihren Part vorgespielt hatte, erklärte er, daß er von beiden Leistungen entzückt sei und gern ins Haus kommen wolle.

Darüber war unbändige Freude, und beide Mädchen erzählten nun, wie sehr sie sich vor der Probe gefürchtet hätten, und wie sie im Vorzimmer schon alle Hoffnung begraben hätten, ans Ziel ihrer Wünsche zu kommen. Dann lachten alle zusammen über die Szene im Vorzimmer und über den guten Herzog, der sie in treuer Besorgnis für seinen Herrn weggeschickt hätte.

«Das wäre ihm übel bekommen», äußerte der Meister. Das mit den «sauberen Frauenzimmern» machte ihnen den größten Spaß.

Es war beschlossen, daß der Meister schon am nächsten Tag, etwa um 12 Uhr mittags, im Hause Brunszvik erscheinen sollte, die Woche ein- oder zweimal, je nachdem er Zeit und Lust habe.

Zum Schluß schieden sie wie alte Freunde, die seit vielen Jahren miteinander vertraut sind.

Die gräfliche Mama, die sich mit der romantischen Idee ihrer Töchter noch gar nicht abgefunden hatte und im stillen hoffte, der Künstler werde hochmütig ablehnen, sah sich sehr enttäuscht. Die Töchter konnten nicht genug rühmen, wie freundlich und zuvorkommend der Meister war.

Giulietta, die auf einen Fünfminutenbesuch gekommen war, weil sie gerade «zufällig» vorbeigegangen war und nun schon seit fünf Viertelstunden auf die Rückkehr der Kusinen harrte, hörte alles ruhig an. Je mehr die beiden Glücklichen schwärmten, desto schweigsamer wurde sie.

Josephine konnte sich nicht versagen, der schönen Kusine einen Stachel zu versetzen:

«Aber es war doch recht albern von dir, daß du nicht mitgekommen bist.»

«Du weißt doch, daß ich mich nicht interessiere! War übrigens sein Schüler da?»

Josephine stutzte. «Sein Schüler? Was für ein Schüler?»

Giulietta verbesserte rasch: «Wer sagt denn sein Schüler? Er ist doch Klavierlehrer und hat gewiß viele Schüler. Ich meinte nur, ob überhaupt noch ein anderer Schüler außer euch anwesend war.»

«Nun aber, Klavierlehrer in diesem Sinne kann man doch nicht sagen!» entrüstete sich Josephine. «Es ist eine besondere Gunst oder Auszeichnung für jeden, dem er gestattet, sich Schüler zu nennen; er ist kein Professionist.»

«Wenn du mitgekommen wärest, würdest du ihn besser kennen, Giulietta», sagte sanft verweisend Theresa.

«Aber ich kenne ihn ja», entgegnete die Giucciardi.

«Du kennst ihn?» Josephine sah sie gespannt an.

«Nun ja, durch euch!» erwiderte der Neckteufel mit der unschuldigsten Miene.

Als die Kusine fort war, meinte Josephine: «Du wirst sehen, sie kommt jetzt jedesmal, wenn wir Stunde haben. Sie ist ja geplatzt vor Neugier, sonst wär' sie nicht um jeden Preis so lange dagesessen, bis wir kommen!»

Josephine hatte sich geirrt. Giulietta kam nicht während der nächsten vierzehn Tage, als der Unterricht bereits im Gang war.

«Du hast ihr Unrecht getan, Pepi», sagte Theresa vorwurfsvoll.

«Sie schmollt, weil wir sie nicht mitgenommen haben», erwiderte wegwerfend Josephine. «Laß sie trotzen.»

«Wir müssen sie wieder gutstimmen», war Theresas Absicht.

Josephine dachte anders.

«Laß sie nur selber kommen. Du wirst sehen, sie kommt zuckersüß, ohne daß du sie rufst.»

Meister Ludwig war auf Tag und Stunde pünktlich erschienen, war aber statt einer Stunde deren vier bis fünf geblieben. Und auf die Frage Theresas: «Wann dürfen wir Sie wieder erwarten?» sagte er, statt in einer Woche, mit größter Bestimmtheit: «Selbstverständlich morgen!»

Die Gräfin-Mutter wollte etwas einwenden; aber Josephine klatschte freudig in die Hände, und Theresa dankte mit solcher Emphase, daß ihr selbst nichts anderes übrigblieb, als mit süßsaurer Miene ihre Freude über den Eifer auszudrücken, der ihre Töchter in der Klavierkunst so rasch vorwärtsbringen sollte.

Er kam denn auch durch Wochen fast jeden Tag um die festgesetzte Stunde und blieb bis zum späten Nachmittag oder Abend.

Der eigentliche Unterricht nahm die geringste Zeit in Anspruch und trat immer mehr in den Hintergrund. In der Hauptsache wurde gemeinsam musiziert; Franz, der Bruder, nahm häufig daran Anteil und wurde mit dem Meister eng befreundet; oft aber phantasierte der Künstler allein auf dem Klavier, und das waren die Stunden der höchsten musikalischen Erbauung. In dem gräflichen Hause, umhegt von der Verehrung der beiden Mädchenseelen und von der Freundschaft ihres Bruders, fühlte sich der Künstler, stets angeregt zur Aussprache in Tönen, zu jener geheimnisvollen Zwiesprache der Seelen, die so unbeschwert nur in der Musik möglich ist.

Die Mama saß anfangs steif da im Bewußtsein ihrer Verantwortung als Mutter und Gardedame; allmählich wurde sie geschmeidiger; ihre vorgefaßte Abneigung gegen den Meister wich einer freundlicheren Auffassung, sie gestand, daß er, je mehr man ihn kenne, desto mehr gewinne; die orphische Kunst des Meisters hatte auch dieses versteinerte Herz bezwungen; sie wachte jetzt nicht mehr so argwöhnisch auf die Etikette, sondern ließ die jungen Leute oft allein, und es schien, als betrachtete sie Ludwig gewissermaßen zum Familienkreise gehörig - so kam es, daß der Meister oft mit den beiden Mädchen oder auch nur mit Josephine oder Theresa allein war.

Selbstverständlich wurde auch nicht immer Musik gemacht, sondern von allerlei Dingen geplaudert, wie es unter Menschen geschieht, die sich liebhaben und einander entdecken wollen, um voneinander seelisch mehr und mehr Besitz zu nehmen. Dann will man gern auch das Vergangene wissen, alles was vorher oder jenseits des Beginns der Bekanntschaft liegt. Josephine erzählte mehr von sich und von dem Leben und Treiben auf dem Schloß Martonvásár, wo die Familie größtenteils lebte, von den Gutsherrlichkeiten und Vergnügungen auf dem Lande; Theresa hingegen war für alles interessiert, was den Meister und seine Jugend betraf, und war unermüdlich in ihren unauffällig zudringlichen Fragen, die gerne beantwortet wurden, weil der Künstler stets mit Vorliebe in Erinnerungen an seine Bonner Jugend, die selige Insel der Kindheit, schwelgte, die nun, ewig entrückt, im Verklärungslicht lag, höchstens von dem hohen Flug der Sehnsucht heimgesucht.

«Erzählen Sie mir doch etwas von Ihrer Frau Mutter», bat Theresa mit sanfter, fast zärtlicher Stimme, als ihre Hände am Klavier ruhten.

Das war das rechte Thema für Ludwig.

«Meine liebe, gute Mutter», begann der Meister, der von ihr immer mit großer Liebe und Verehrung redete, «war eine schöne, stille Frau, die das Leben einer Dulderin führte. Ich habe sie fast niemals lachen gesehen. Das besorgte schon der Vater, der immer guter Dinge war, wenn auch oft recht barsch und aufbrausend.» Vom Vater erzählte Ludwig übrigens nicht viel; es lag wie ein Schatten in seinem Gemüt, daß der Vater oft betrunken war und daß die Kinder dann häßliche Szenen mit ansehen mußten. Schon als Knabe hatte sich Ludwig geschämt, wenn der Vater dem Wein mehr zugesprochen hatte, als ihm gut tat, und dann zu tollen Streichen aufgelegt war. Er erinnerte sich, wie er mit den Brüdern oft den Vater Johann aus lustiger Weingesellschaft fortgeschmeichelt und nach Hause gebracht hatte unter fortwährenden liebreichen Anrufungen: «O Papächen! Papächen!», und wie er später nach dem Tode der Mutter, als es mit dem Manne immer mehr bergab ging, ihn aus den Händen der Polizei entriß, die den lärmenden Trunkenbold wegen nächtlicher Ruhestörung verhaften wollte. Die Sache hatte damals ein böses Nachspiel gehabt; der Vater, der schließlich auch den Hofdienst vernachlässigte, hatte seine Entlassung erhalten, nachdem seine Stimme als Tenorist unbrauchbar geworden war; die Hälfte seiner Pension wurde Ludwig zugesprochen, der für die Erziehung seiner Brüder zu sorgen hatte und gleichsam die Vaterstelle an ihnen vertrat; aber auch diese Hälfte des Jahresgehaltes hatte der Vater unterschlagen und vertrunken. - Oh, es waren bittere Zeiten! Er wischt sich über die Stirn, um eine flüchtige Trübnis fortzuscheuchen, die sich immer ungerufen einstellt, sobald seine Gedanken in das Elternhaus zurückkehren.

Es war eine Jugend im Schatten. Trotzdem findet er sie nicht unglücklich. Jugend kann nicht eigentlich unglücklich sein. Sie hat ein Glück in sich, ein Himmelsgeschenk, unabhängig von allem Äußeren. Und dieses geheime Glück hat auch der kleine Ludwig genossen. Musik und Natur waren die Genien seiner Kindereinsamkeit. Einsam war er wohl, denn die Mutter nähte und strickte von früh bis abends, sie verfertigte kunstvollen Kopfputz, den vornehme Damen schätzten, ein unentbehrlicher Wirtschaftsposten, damit sie das Notwendigste bestritt, daran es der lebenslustige Vater nur zu oft fehlen ließ. Nur daß leider die Anstrengungen, auch Gram und Sorge, ihre Gesundheit erschütterten und Grund legten zu dem Lungenübel, daran sie litt. So blieb der Knabe Ludwig meistens sich selbst überlassen, was übrigens seinem Hang zur Einsamkeit recht entsprach. Es fehlte trotzdem nicht an freundlichen Nachbarn, die ein Auge auf den Jungen hatten. Das waren der Bäckermeister Gottfried Fischer und seine ältere Schwester Cäcilie, in deren Hause in der Rheingasse zu Bonn die Eltern Beethovens wohnten und Ludwig den größten Teil seiner Jugend verbrachte. Die Fischers führten eine Hauschronik, darin viel von Ludwig und seinen Knabenstreichen die Rede war, denn der Vater Johann hatte früh die Aufmerksamkeit seiner Umwelt auf seinen Ältesten gelenkt, den er durchaus zum Wunderkind nach Art des Knaben Mozart stempeln wollte, was indessen nicht nach Wunsch gelungen ist. In allen Tonarten rühmte er den Sohn und sagte oft voll Stolz den Fischers: «Mein Ludwig wird von allen bewundernswürdig angesehen. Die wir hier versammelt sind, werden es noch erleben -» Die Fischers vermerkten alles getreulich in ihrer Hauschronik. Eine angehende Berühmtheit im Hause zu haben, war doch auch eine Sache, auf die man als Hauseigentümer sich was einbilden durfte. Der Bäckermeister zog darum auch immer wieder die Wohnungskündigung zurück, mit der er jedesmal drohte, wenn Vater Johann es mit seiner Hausmusik zu arg trieb und bis in die Nacht hinein fiedelte, wozu meistens Gäste geladen waren, die seinen Ludwig gebührend bewundern sollten. Das war indessen gar nicht nach dem Sinn des scheuen Knaben, dem es das liebste war, wenn er allein sein konnte. Dann war er ganz er selbst. Langeweile fühlte er nicht. Oft lag er morgens im Fenster, den Kopf in beide Hände gestützt, den Blick starr auf einen Punkt gerichtet, ohne auf Cäcilie Fischer zu reagieren, die über den Hof ging und ihn vergeblich anrief.

«Nun schön», sagte sie, «keine Antwort ist auch eine Antwort.»

«O nein, das nicht», hatte der kleine Ludwig sich entschuldigend geantwortet, «ich war da in einem so schönen tiefen Gedanken versunken, da konnte ich mich gar nicht stören lassen.»

Es steckte in dem kleinen Ludwig eben schon der große Ludwig. Was der alte Diener Herzog mit Besuchern wie den Fürsten Lichnowsky, den Brunszviks und anderen erlebte, das zeigte sich schon in jungen Tagen als die wurzelhafte Anlage, die alle äußere Welt um sich her vergessen und versinken ließ, wenn die Muse ihren Liebling segnete und mit «schönen tiefen Gedanken» heimsuchte.

Der Meister mußte kindhaft lächeln, als ihm die kleinen Kindererlebnisse einfielen, die er nun zum besten gab.

«Eines Tages war es uns eingefallen, das Eiernest im Hühnerstall auszuheben. Das trieben wir, meine beiden Brüder und ich, eine Weile fort, bis mich Cäcilie Fischer im Stall ertappte. Ich tat, als wäre mein Taschentuch hineingefallen, das ich suchen wollte. ‹Also darum sind so wenig Eier da?› meinte die Bäckerin. Und ich: ‹Es gibt Füchse, die die Eier holen.› Darauf sie: ‹Ich glaube, du bist einer der Füchse!› ‹Ja›, sagte ich, ‹ein Notenfuchs!› Und sie flink: ‹Nein, ein Eierfuchs!› Aber sie nahm die Sache nicht weiter tragisch, und wir ließen das Geschäft künftig sein.»

Der Meister sann eine Weile nach: «Habe ich die Geschichte von dem Hahn schon erzählt?»

Theresa, die nicht genug hören konnte, bat darum.

«Wir hatten einmal einen verflogenen Hahn abgefangen. Meine Brüder hielten ihm den Hals zu, daß er nicht schreien konnte, und brachten ihn auf den Speicher. Ich hatte indessen die Magd ins Vertrauen gezogen und angeordnet, daß er für Papa und Mama gebraten werden sollte, die nicht wenig überrascht waren über das unerwartete Geschenk. Ich war übrigens der Meinung, es sei ein altes Recht, daß man behalten darf, was einem morgens früh auf dem Hofe zufliegt. Der Haussohn Johann Fischer meinte allerdings am anderen Tag, der Hahn müsse ein Musiker gewesen sein, denn er habe mit Altstimme gesungen. Nun denn, als er genug gebraten war, ist er auch der Altstimme müde gewesen.»

Am liebsten erzählt er von der Mutter, zu ihr kehren die Erinnerungen im Kreise immer wieder zurück.

«Der Magdalenentag war wohl der schönste Tag im Jahre. Es war Mutters Namenstag. Der einzige im Jahre, wo sie zu gebührenden Ehren kam. Da ließ der Vater am Vorabend die Notenpulte herbeischaffen; die beiden Zimmer nach der Straße wurden festlich geschmückt mit Lorbeerbäumen, Blumen und sonstigem Laubwerk; an der Wand, wo das Porträt meines seligen Großvaters hing - Sie haben es in meinem Zimmer gesehen, Theresa, das Brustbild im grünen Pelzkostüm, ein Notenheft in der Hand - an der Wand also wurde ein Baldachin aufgeschlagen und ein Prunksessel darunter gesetzt. Mutter war inzwischen schlafen geschickt worden, in größter Stille und Eile wurde alles fertiggemacht. Um zehn Uhr abends war der Thron fertig, die Mutter mußte sich erheben und schön anziehen, dann wurde sie als Königin des Festes zu dem Thronsessel geführt. Ein herrliches Musizieren fing dann an, die Nachbarschaft, aufgeweckt und ermuntert, fand sich ein, es wurde getafelt und getrunken und schließlich auf bloßen Strümpfen getanzt, damit der Lärm nicht zu groß wurde. Oh, man verstand es, fröhlich zu sein und Feste zu feiern bei uns am Rhein, wenn auch die Zeiten manchmal gar ernst und traurig waren.»

Der Meister machte eine kleine Pause, er verlor sich in nachdenkliches Sinnen und fügte dann hinzu: «Wieviel die große sanfte Frau mit den schwermütigen dunklen Augen als der gute Genius des Hauses bedeutete, war uns freilich erst nach ihrem Tode klar. Ich war damals gerade einige Monate in Wien und versuchte, einiges bei Mozart zu lernen - wir waren leider zu verschiedene Naturen, oder soll ich sagen: glücklicherweise -, als mich die Nachricht von ihrer schweren Erkrankung erreichte. Hals über Kopf reiste ich über Augsburg heim, wo mir das Reisegeld ausging; indessen waren Freunde da, der Klavierfabrikant Stein, seine Tochter Nannette ist jetzt nach Wien verheiratet, die Frau des Klaviermachers Streicher; wenige Tage später traf ich die Mutter sterbend an - ich selber fühlte mich krank und litt an Engbrüstigkeit, an körperlicher und seelischer Not. Von Wien habe ich damals wenig gewonnen, das den

Aufwand an Mühen, Zeit und Kosten lohnte, außer daß ich durch die liebe Gräfin Thun einige Freunde kennenlernte und eben auch mit Mozart in Berührung kam. Sein Spiel kam mir abgehackt vor; er hinwiederum fand auch an dem meinigen wenig Gefallen, als ich ihm vorphantasierte, er hielt das Ganze für ein eingelerntes Paradestück. Darüber geriet ich in Wallung und bat ihn um ein Thema für eine freie Phantasie. Da spitzte er aber doch und meinte während des Spiels zu seinen Freunden, die im Nebenzimmer saßen, indem er auf den Zehen durch die Tür schlich: ‹Auf den gebt acht, der wird in der Welt von sich reden machen!› Ich ging leichten Herzens von Wien fort; aber kaum war ich abermals in der Heimat, da stand die Stadt wieder leuchtend vor meinen Augen wie eine ferne geheimnisvolle Geliebte voll unwiderstehlicher Lockung, sirenenhaft, und ich kannte nichts als die Sehnsucht und die Melancholie, die mich damals überfiel und nicht losließ - sie ist meine treueste Gefährtin geblieben -»

«Haben Sie denn nicht Freunde gehabt?» fragte Josephine, die den Rest der Erzählung voll Teilnahme angehört hatte, und das Gespräch klug zu lenken wußte, damit sie auf seine persönlichen Beziehungen kam. Sie interessierte sich für die Menschen, die sein Vertrauen und vielleicht seine Liebe hatten.

Er erzählte von der Hofrätin Breuning, in deren Hause er ein zweites Heim gefunden hatte, besonders nach dem Tode der Mutter, und von den geselligen Freunden in diesem Freundeskreis, zu denen außer den Kindern Breuning, der Leonore und ihren Brüdern, auch Wegeler gehörte, und von den Fernerstehenden Graf Waldstein, der Ratgeber des

Fürsten, der selber komponierte und dem jungen Meister in aufrichtiger Freundschaft anhing. Waldstein war es ja, der ihm einige Jahre später vom Fürsten den neuerlichen unbeschränkten Aufenthalt in Wien und die Mittel dazu erwirkte, ein Glück für den Künstler, denn kaum hatte er 1792 Bonn auf Nimmerwiedersehen verlassen, als dort schon die Franzosen einzogen, durch deren Besatzungsheere er mit der letzten Eilpost gereist und glücklich durchgekommen war. Leider waren mit der Bonner Fürstenherrlichkeit auch die Zuschüsse versiegt, aber der Meister stand in Wien inzwischen schon auf eigenen Füßen.

Besonders viel mußte er von Leonore erzählen, die glühende Kohlen auf sein Herz gesammelt hatte, denn nun ging die Sehnsucht wieder heim nach der Vaterstadt, und jetzt war Leonore die ferne Geliebte. Josephine wußte immer und immer wieder zu fragen, bis sie die ganze Herzensgeschichte wußte. Theresa war still geworden.

«Glückliche Leonore!» rief Josephine empfindsam aus und dann, als sie von deren Verlobung mit Wegeler hörte: «Oh, die Undankbare!» und war so ehrlich entrüstet, daß auch Theresa lachen mußte.

«Das war nicht schön von Leonore», ereiferte sich Josephine, «an ihrer Stelle hätte ich gewiß anders gehandelt!»

Sie erntete damit neues Lachen, aber sie blieb ganz ernsthaft und beharrte dabei: «Da gibt es doch nichts zu lachen, es ist mein voller Ernst!»

Das unfreiwillige Geständnis war nun eine etwas gefährliche Klippe und hätte leicht verhängnisvoll werden können, zumal der Künstler rasch entflammt war; aber in dem hurtigen Geplauder der kleinen Gesellschaft wog es nicht allzu schwer, und Theresa griff jetzt in die Zügel und lenkte vorsichtig um, wobei es freilich wieder auf eine Huldigung in anderer Form hinauslief:

«Wir müssen Leonore dankbar sein, denn sie hat ganz folgerichtig gehandelt; sonst säße übrigens unser Meister Ludwig nicht hier, sondern wäre vielleicht Hofkapellmeister in Bonn!»

«Ohne Amt und Gehalt», fügte Ludwig hinzu; «nach der Flucht des Fürsten wurde der ganze Hofstaat aufgelöst. Danken wir also dem Himmel, daß es so gekommen ist, obzwar ich manchmal recht unglücklich darüber war.»

Und mit unbefangenem Freimut erzählte er von den Herzenswirren, in der die junge Seele verstrickt war.

«Eigentlich waren es damals drei Grazien, denen die Huldigungen galten», und er berichtete von der «Werther-Liebe» zu dem schönen Fräulein Wilhelmine von Westerholt, der Tochter des Oberstallmeisters, und zur Jeannette d'Horvath, einer Freundin Leonorens, der koketten Blondine, die sein betrübtes Herz mit Brandpfeilen der Liebe spickte. «Werther» war ja Zeitstimmung; Neigungen und Verliebtheiten jugendlicher Übergangszeit stilisierten sich gern in diesem Spiegel.

«Arme Leonore!» seufzte Theresa.

Josephine mußte plötzlich an Giulietta denken, als von der koketten Blondine die Rede war; es wären wieder drei Grazien hier, wenn sie etwa die Verwegenheit hätte, plötzlich zu erscheinen; wer von uns wäre sodann die arme Leonore?

«Ich würde mich für eine solche Freundin bedanken, wie diese Blondine», bemerkte Josephine spitz; «aber was sagte denn Leonore dazu, als sie sah, daß Sie sich in fremde Netze verstrickten?! Da war sie am Ende doch im Rechte, als sie -»

«Nun, nun, die kleine Jugendschwärmerei war auch nicht länger als ein Sommernachtstraum», beruhigte Ludwig, «und hoch über all diesen vorübergehenden Begegnungen stand Leonore, das immer und unverändert verehrte Ideal der Seele -»

Mit solchen und ähnlichen Gesprächen flogen die Stunden dahin, ohne daß dabei der Unterricht zu kurz kam; zwischendurch wurde stets ein wenig geübt, und so blieb man immer aufnahmefähig und frisch bei der Sache. Mit unermüdlicher Geduld bemühte sich der sonst so leicht ungeduldige Meister, die Finger Theresas niederzudrücken, die sie ihrer früheren Schule gemäß emporzustrecken und flachzuhalten gewohnt war, und er wurde es nicht müde. Die Zeit war nicht fruchtlos; das Spiel der Schwestern wurde ausdrucksvoller, tiefer, beseelter, und das kam nicht bloß von der Fingerhaltung und nicht bloß von dem berühmten Legato, sondern war wohl auch die Folge der Verinnerlichung durch den geistigen und menschlichen Einfluß des Meisters, der innere Entfaltungen reifte. Psyche wollte erwachen. Die Stunden waren nicht unnütz verplaudert.

Eine neue Welt hatte sich den Schwestern aufgetan, von der sie in ihren bisherigen Kreisen nichts ahnen konnten. Eine Welt der Empfindungen, der Ideen, der Gestaltungen. Voll Neugier, voll Staunen, aber auch voll persönlicher Teilnahme sahen sie ein Schicksal vor sich, das nach und nach den Schleier hob. Sie durften in das Seelenleben eines bedeutenden Menschen und großen Künstlers blicken, und ehe sie daran dachten, waren sie darin verflochten.

Eine eigentümliche süße Unruhe kam über Theresa. Wenn Ludwig ging, war der Rest des Tages dem Nachgenuß der allzu flüchtigen Stunden gewidmet und der Sehnsucht nach Morgen. Die Erwartung seines Kommens war stille Vorbereitung, aber auch leise Ungeduld, die oft und oft nach der Uhr sah und die trägen Stunden gerne beflügelt hätte. Sie steigerte sich zur peinigenden Spannung, die sich erst in dem Augenblick wohlig löste, wo sie ihn die Treppe heraufkommen hörte, die er wie gewöhnlich im Sturm nahm. Und wie ein Windstoß trat er in die Tür und hin zum Klavier, wo die erste halbe Stunde ziemlich schweigsam mit strengen Übungen verlief; dann erst kam nach und nach das Gespräch in Fluß, und alsbald entwickelte sich ein lebhaftes Kreuzfeuer, oft in halben Worten, in bloßen Andeutungen, die im Kontakt der Seelen aufgefangen und sogleich verstanden wurden und einen neuen, vertieften Sinn bekamen.

Solange Ludwig zugegen war, fühlte Theresa eine große Ruhe, ja fast eine Wunschlosigkeit; nur wenn er ging, begann das alte Spiel von neuem. Ganz schlimm war es, wenn er einmal nicht um die gewohnte Zeit kam oder gar einen oder zwei Tage fernblieb, was indessen nur selten der Fall war. Dann war sie wie traumverloren, ganz zerflattert, unstet; sie nahm bald dieses, bald jenes Ding zur Hand, ein Buch, eine kleine Arbeit, und legte sie wieder hin; selbst beim Klavier hielt sie nicht lange aus; sie fühlte sich hin und her getrieben und war sich selbst zur Last. Aber was sie sich auch mit Selbstvorwürfen peinigte, es half nichts, und alle guten Vorsätze waren vergeblich.

In dieser Not nahm sie Zuflucht zu ihrem Tagebuch, es wurde Spiegel ihrer geheimsten Seelenvorgänge. Sie mußte sich über ihren rätselvollen Zustand aussprechen können, aber zu wem? Zur Mama? Undenkbar! Sie würde alles falsch verstehen, Gefahren wittern, vielleicht gar die so kostbaren Stunden verbieten - nein, nein, das darf nicht sein, niemals! Mama muß ahnungslos bleiben!

Also zur Schwester! Die Schwestern hatten keine Geheimnisse voreinander, sie waren gewohnt, sich voreinander rückhaltlos auszusprechen; was sie taten, unternahmen sie gemeinsam; was sie dachten oder fühlten, war gemeinsam gedacht und gefühlt.

Und merkwürdig! Diesmal konnte sie sich auch nicht vor der Schwester aussprechen. Zum erstenmal, daß sie sich vor der Josephine verbarg! Zum erstenmal, daß sie ein Geheimnis vor ihr hatte! Ja, daß sie sie ängstlich beobachtete, ob Pepi von ihrer Unruhe nichts bemerke. Gott sei Dank, die Schwester bemerkt nichts! Natürlich, noch weniger hätte sie dem Bruder sich entdecken können. Er hätte sie höchstens ausgelacht. Was überhaupt könnte sie ihm oder der Mama oder auch der Schwester sagen? Es gibt keine Worte dafür. Und wenn man es in Worten versucht, ist es nichts, nichts, absolut nichts, was man überhaupt sagen könnte. Nichts als Grillen, Grillen, Grillen! Und doch!

Nur dem Tagebuch, dem geduldigen stillen Zeugen ihres Herzens, konnte sie sich anvertrauen. Das Tagebuch war ihre Zuflucht, ihr Trost, ihre Stärkung. Hier brauchte es keines gesprochenen Wortes, vor dessen Ton man erschrecken müßte, und das sie um keinen Preis über die Lippen brächte; stumm wie sinnende Gedanken flossen die Geständnisse aufs Papier, leicht und sonder Müh übertrug sich die süße und doch so schwer zu tragende Seelenlast auf diesen schweigsamen Vertrauten; und sieh da, die Unrast wich, die Seele fühlte sich wie befreit, solange sie vor dem Heft saß und Zug um Zug ihre Stimmungen niederschrieb. War es doch, als ob sie geheime Zwiesprach hielte mit ihm, dem Freunde Ludwig! Nun hatte sie das Heilmittel gefunden, das tiefe und sensible Naturen immer für sich entdecken und bald als unentbehrliche Ergänzung ihres Innenlebens empfinden, ein Tagebuch, mit dem sie sich ihrer Geheimnisse entlasten; ein Tagebuch, darin sie ihr Selbst verlieren konnte, um es wieder zu finden und damit alle Ruhe, Beherrschtheit und Befreiung. So hatte das Leben jetzt zwei Takte: einen, der durch die Anwesenheit Ludwigs bestimmt war, und den anderen, der den Kontakt mit ihm durch das Tagebuch fortsetzte und einigermaßen wenigstens das Gleichgewicht zu wahren half.

Aber Josephine hatte doch etwas bemerkt. Denn sie selber litt an dem gleichen Übel. Aber auch sie verbarg sich vor der Schwester; auch sie hatte zum erstenmal ein Geheimnis vor ihr. Auch sie beobachtete Theresa und fühlte sich zugleich von ihr beobachtet. Und nahm sich vor, sich nicht zu verraten.

Doch Josephine beobachtete in doppelter Weise. Einmal, um sich zu überzeugen, daß Theresa keinen Verdacht gegen sie schöpfte, und zum anderen Mal, um zu wissen, wie es mit Theresa stand. Zu fragen, wie sie es sonst gewohnt war, schien ihr unmöglich. Es fehlte ihr dazu jede Unbefangenheit. Lieber hätte sie sich die Zunge abgebissen. Aber ein klein wenig auch spürte sie eine keimende Eifersucht gegen die Schwester. Wie kommt es doch, daß Theresa plötzlich ruhiger schien?

Sie stand vor einem neuen Rätsel. Sollte die Schwester etwa eine Aussprache mit ihm gehabt haben? Nein, nein, daran war nicht zu denken. Ludwig war ja auch mit beiden gleich kameradschaftlich, gleich vertraut und doch wieder gleich zurückhaltend. Der gute, liebe Louis! Wie aber brachte Theresa es fertig, anscheinend wieder ihren Gleichmut zu finden, der ihr stetes sanftes Wesen bestimmte, während Josephine immer nervöser, aggressiver, launenhafter wurde? Nicht einmal das schien Theresa zu bemerken. Oder vielleicht bemerkte sie es und war aus Mitwissen und Mitleid um so nachsichtiger? Dieser Argwohn erhöhte nur ihre Mißstimmung und Seelenpein.

Eines Tages aber sollte Josephine doch des Rätsels Lösung finden und noch etwas mehr, eine Entdeckung, die sie in einen Abgrund von Verwirrung und Seelenaufruhr stürzte.

Sie trat in das Zimmer Theresas, fand aber das Gemach leer; die Schwester war ausgegangen.

Josephine sah sich in dem keuschen Raum um, der ganz auf weiß gestimmt war, darin die Blumen in den Vasen um so farbiger und frischer wirkten. Der verschließbare Schreibtisch stand offen, ganz gegen alle Gewohnheit, was die scharfsinnige Josephine sofort bemerkte. Sie trat näher, um ihn zu schließen, schon wegen der Dienerschaft, die indiskret genug wäre, neugierig herumzukramen; ihr selbst fiel es keinen Augenblick ein, in den Sachen der Schwester nach irgendwelchen Geheimnissen zu forschen.

Aber da lag ein artig in Leder gebundener Band auf dem Pult, aufgeschlagen, ein Album mit handschriftlichen Aufzeichnungen in den großen klaren Schriftzügen Theresas. Das Tagebuch. Die aufgeschlagene Seite war nur halb beschrieben, die Tinte noch ganz frisch; die Schwester mußte eben noch vor ihrem Weggang Eintragungen gemacht haben; offenbar hatte sie vergessen, das sorgfältig gehütete Tagebuch zu verwahren und den Schreibtisch zu schließen.

Wie gebannt blieb Josephine stehen. Mechanisch, fast wider Willen, gleichsam unter einem unwiderstehlichen Zwang las sie die Schrift der aufgeschlagenen Seite. Was sie nie getan hätte und auch tief verabscheute, als unbefugten Eingriff in fremde Angelegenheit, das tat sie jetzt unter dem Verdacht, den sie schon lange hegte und der ihr wie eine innere dämonische Stimme zuflüsterte, daß sie vor der Enträtselung des so lange gesuchten Geheimnisses stehe. Hier war der Schlüssel zu dem Herzensschrein Theresas. Durfte sie hier eindringen? Sie kam sich wie eine Diebin vor. Und doch ließen ihre Augen die Schriftzüge nicht mehr los, sie saugten sich an dem Blatte fest und tranken gierig die Lettern, Worte, Sätze in sich hinein, einen Strom von glühenden Gedanken, daß es ihr heiß wurde ums Herz und rot im Gesicht aufstieg.

Hastig wendete sie Blatt um Blatt um und las und las:

«Gestern erzählte uns der liebe unsterbliche Louis viel von seiner Jugendfreundin Leonore. Ach, wie ich diese Leonore um eine so einzigartige Freundschaft beneide! Wie glücklich wäre ich, wenn ich hoffen könnte, je so hoch in seiner Wertschätzung zu stehen. Jedes Wort dieses seltenen Mannes ist mir ein kostbares Geschenk und prägt sich unverlöschlich in meine Seele ein. Daß er seine Mutter so verehrt, ist mir ein Zeichen, daß er gut und edel ist, wenn ich nicht soviel andere Zeichen seiner Güte hätte. Er ist wohl oft heftig und aufbrausend, ach, sein Zorn ist erhaben wie ein prachtvolles Gewitter, aber er ist auch gleich wieder sanftmütig und fromm wie ein Lamm. Man nannte ihn anmaßend; aber er könnte in Wirklichkeit nicht bescheidener und demütiger sein. Sein Unabhängigkeitssinn ist es und das Bewußtsein seiner künstlerischen Würde, die so viele mißverstehen. Er ist zugleich stolz und zieht die Armut einem bequemen Wohlleben vor, wie er es bei Lichnowsky gehabt hat. Als ich mit Pepi zum erstenmal seine Behausung betrat, hätte ich weinen mögen vor Schmerz, den begnadeten Künstler in solcher Dürftigkeit leben zu sehen ... Und habe mich nachher geschämt über die Pracht der Wohnungen, in denen wir leben. Ist es nicht ein Unrecht, daß er, der so hoch über uns steht, alles entbehren soll, was wir an Annehmlichkeiten für selbstverständlich empfinden? Ach, es ist doch eine verkehrte Welt. Mama ist freilich anderer Meinung. Neulich berührte Mama diskret die Honorarfrage. Ich zitterte schon, denn er wurde ernstlich böse und war ganz beleidigt über die Zumutung, daß er Geld nehmen solle für einen Freundschaftsdienst, der ihm ein Vergnügen und eine Erholung sei. Wie dankbar und glücklich war ich über dieses schöne, stolze Wort. Wie arm sind wir gegen ihn, der uns so reich beschenkt! So arm, daß wir seine Güte gar nicht erwidern können, außer durch Geld. Wie aber sollen wir ihm zeigen, welchen Schatz von Dankbarkeit wir ihm in unserem Herzen hinterlegen?! Es ist der Schatz, den er selbst in uns aufspeichert: seine guten Werke sind es. Neulich zeigte er mir die schöne Halsbinde, die ihm seine Leonore beschert hat. Ich fragte, ob ich ihm nicht auch ein solches Angebinde bescheren dürfe. O ja, erwiderte er lebhaft, wenn Sie mir etwas Liebes erweisen wollen, dann nähen Sie mir schöne Wäsche, ich kann mich selbst um solche Dinge nicht kümmern! Wie glücklich war ich, einen Wunsch von ihm zu wissen, obzwar ich wieder in tausend Verlegenheiten bin und nicht weiß, wie ich es anfangen soll. Ich müßte Pepi ins Vertrauen ziehen, aber ich scheue mich davor und fürchte, daß sie mich verlachen werde oder weiß Gott sonst was denkt -»

«- Recht wehe hat es mir getan, als der Edle von seinen Herzensbeziehungen zur Westerholt und zur blonden Horvath erzählte. Die Horvath dürfte eine Ungarin sein. Ich habe recht lebhaft gefühlt, wie traurig es für Leonore sein mußte. Sonderbar, daß ich mich ganz eins weiß mit Leonore, die ich gar nicht kenne. Ich sollte doch eigentlich gleichgültig sein und bin es nicht. Als Ludwig gestern nicht erschien, war ich unglücklich, halb gelähmt, zu nichts fähig. Was ist das? Es ist doch recht dumm von mir. Ich hatte die größte Mühe, mir vor Mama und Pepi nichts anmerken zu lassen -»

«Pepi ahnt glücklicherweise nichts davon, wie sehr ich mich innerlich mit ihm beschäftige. Sie ist burschikos wie immer, und seit einiger Zeit recht kurz angebunden mit mir. Ich bin froh darüber und ertrage ihre Kapricen recht gern, um so besser kann ich mein Inneres verbergen. Ich fühle es immer mehr, er ist mir nicht gleichgültig. Ich verehre ihn als Künstler; ein bißchen Schwärmerei ist wohl erlaubt. Aber ich fürchte, es ist mehr ... Mein Gott, wohin soll das noch führen?! Manchmal möchte ich fliehen und denke mir, wie schön es draußen sein muß in Martonvásár. Und sehne mich nach dem Landfrieden und der Stille in der freien Natur. Aber Ludwig müßte mit uns kommen. Sonst würde ich auch draußen den Frieden nicht finden, den ich so dringend nötig habe. Ich möchte auf die Knie sinken und ihn bitten und anflehen: gib mir die Ruhe, den Frieden zurück! Und wenn er zugegen ist, erscheint mir das alles töricht, dann bin ich so ruhig wie je und begreife nicht, daß ich mir je solche Gedanken machen konnte. Ich verehre ihn, das ist wohl erlaubt, ja ich empfinde eine aufrichtige Freundschaft für ihn - aber man kann dabei doch nicht von Liebe reden ... Dazu bin ich auch viel zu vernünftig. Nein, nein, Gott sei Dank; ich bin nun einmal nicht verliebter Natur -»

«- Es hat mir einen Stich ins Herz gegeben, als Mama heute beim Frühstück über Künstlerehen sprach, von denen sie meinte, daß sie notwendig unglücklich sein müßten. Sie nannte den Grafen Gallenberg einen Künstler und behauptete, wenn Giulietta ihn wirklich heirate, wie es der Wunsch der Eltern sei, sie es noch sehr zu bedauern haben werde. Pepi meinte darauf, das könne nicht stimmen; Gallenberg sei kein Künstler, wenn er auch Ballettmusik mache; ganz bestimmt verdiene er neben Beethoven nicht den Namen Künstler. Die Mutter entgegnete, sie spräche in diesem Zusammenhang nicht von Beethoven, weil er für eine Verbindung mit unseren Kreisen doch überhaupt nie in Frage käme. Warum nicht? war Pepis Frage. Ich bin der Schwester dankbar für diese Frage, die mir selbst auf der Zunge lag; aber ich war unfähig, ein Wort hervorzubringen; es schnürte mir die Kehle zu. Ich fühlte mich den ganzen Tag elend. Die Antwort Mamas machte mich unglücklich. Sie sagte: Ganz abgesehen von seinem Charakter, der ihn überhaupt zur Ehe untauglich mache, und auch abgesehen von seiner Häßlichkeit, die ihn ohnehin aus der Reihe der möglichen Kandidaten ausschließe, würde eine Dame von Stand sich nie so tief erniedrigen und einem Manne die Hand reichen, der so weit unter dem Range stehe und ungeachtet seiner Kunst als Virtuose doch nur eine bessere Art unsteten Zigeunertums verkörpere, das ganz außerhalb der Gesellschaft stehe und hier niemals aufgenommen werden würde, wie groß auch der Kult sei, den man mit dem Künstler als solchem treibe -»

«Mir geht das Gespräch nicht mehr aus dem Sinn. Der edle Mensch, dem Gott den höchsten Adel des Geistes und Talents verliehen hat, soll uns nicht ebenbürtig sein? Was haben wir ihm eigentlich entgegenzusetzen als unsere angemaßten Vorrechte und etwa unseren Reichtum? Ist sein Reichtum und sein Adel nicht zehnmal, hundertmal größer? Wenn man ihn mit der oberflächlichen und oft rohen Gesellschaft unseres Landadels oder auch unserer nur durch Sitte und Konvention übertünchten Hocharistokratie vergleicht, müssen wir uns da nicht vor ihm geradezu schämen? Ist nicht vielmehr er der eigentliche Aristokrat?! Aber ich mag mit Mama über diesen Punkt nicht streiten; sie hält nun einmal an ihrer Ansicht fest, die wir ohnehin seit jeher kennen, und ich möchte nicht alles preisgeben, was ich für meine Person empfinde und denke. Aber ich könnte mir eine Ehe mit Ludwig sehr wohl denken; ich meine, es müßte für eine Frau das größte Glück sein, mit dem Genius durch das Band der Liebe und Ehe dauernd verbunden zu sein und sein Los mit ihm zu teilen -»

«Ich bin nie auf den Gedanken einer möglichen Heirat

mit B. gekommen; aber jetzt fange ich an, die Sache zu erwägen. Sie beschäftigt mich Tag und Nacht. Daran ist Mama schuld. Warum mußte sie auch ihre unzeitgemäßen Anschauungen wieder aufs Tapet bringen? Es hat praktisch freilich keinen Sinn, wenn ich mich in solchen Träumereien wiege, schon deshalb nicht, weil ich mir gar nicht einbilden darf, daß B. mich überhaupt lieben könnte - er ist lieb und gut zu mir, aber auch weiter schon gar nichts. Eher glaube ich, daß er Pepi verehrt; die ist immer lustiger Dinge mit ihm, neckt ihn und scherzt; wenn er sie auf die Finger klopft, gibt sie ihm den Schlag zurück; er hält ihre Hände fest - sie spielen wie zwei artig-unartige Kinder -, und ich sitze dabei und werde immer trauriger, je lustiger es die zwei treiben. Sooft er mir die Finger auf dem Klavier niederdrückt oder meine Hand nimmt, um mir die gekrümmte Hammerstellung der Finger zu zeigen, die ich mir gar nicht angewöhnen kann, vergehen mir fast die Sinne, daß es mir ganz dunkel vor Augen wird. Aber gerade, weil ich nie hoffen kann, die Seine zu werden, ist es mir ein desto ungefährlicheres, müßiges Gedankenspiel, mich als seine Frau zu fühlen und zu denken, was ich in diesem oder jenem Fall tun würde. Ich finde eine eigentümliche Beruhigung und ein wahres Vergnügen in diesem gedachten idealen Zustand, der mich in der Phantasie mit einer neuen Würde bekleidet. Aber leider erwache ich immer alsbald aus diesem glücklichen Traumzustand und fühle mich dann doppelt einsam und verlassen. Und kann es doch niemand klagen als diesem verschwiegenen Buch und meinem Nachtkissen, das ganz feucht ist von den vergossenen Tränen -»

«Zwei Tage war Louis nicht dagewesen. Ich kenne mich

selbst nicht mehr. Es wird mit jedem Tag schlimmer. Hundertmal frage ich Pepi: Vielleicht ist er krank? Sollen wir hinschicken? Vielleicht wartet er, daß wir kommen und ihn pflegen?! Wie gern, o wie gern eilte ich auf der Stelle zu ihm - Aber Pepi will nichts wissen davon und meint ganz unwirsch, das seien Einbildungen. - Ich wage nun auch gar nichts mehr zu sagen -»

«Glücklicher Tag heute. Der liebe B. ist wieder dagewesen. Er blieb bis über die Essenszeit hinaus. Wir haben ihn fast den ganzen Tag genossen. Er sah so frisch und gesund aus, das braune Gesicht heiter und zufrieden, wie ich selten gesehen habe. Er lachte, als ich meine Befürchtungen, er sei etwa krank gewesen, äußerte. Gott sei Dank, er war es nicht. Die Proben zur bevorstehenden Aufführung seines Septetts haben ihn hingehalten; eine neue Komposition hat er gemacht, die er mitgebracht und uns vorgespielt hat: Sonate pathétique. Unmöglich zu schildern, wie mich seine Musik ergreift und erregt. Ich konnte die ganze Nacht nicht schlafen. Es war mir immer, als ob ich seine Stimme hörte, seinen dröhnenden Schritt, seinen heroischen Gang. Deutlich hatte ich das Gefühl, als wollte er durch die Töne zu mir sprechen, als wollte er mir etwas sagen, wofür sich nicht Worte finden, sondern nur Klänge, die unmittelbar aus seiner Seele quellen und die, obschon sie nichts Bestimmtes, Begreifliches auszudrücken scheinen, doch einen ganz bestimmten Gefühlsinhalt haben und dann eine klare, eindringliche Sprache führen. Es pochte und rüttelte etwas darinnen, das direkt ans Herz greift und tragisch berührt, etwas sehr Schmerzliches, das er mir klagen will mit diesem dumpfen Wirbel der Bässe; dann aber wird er bittend, stürmisch, leidenschaftlich wie ein feuriger Werber, seine Ekstase tritt ins Unermeßliche - und plötzlich ist es, als ob er sich selbst ein donnerndes Halt zuriefe und mit einem klagenden Zucken Abschied nehmen wollte. - Zwar braust er noch einmal jäh auf, wie um noch einmal zu fordern, und dann ist seine Stimme wieder fern und ganz erfüllt von weher Entsagung. Ich bin ganz ergriffen und möchte ihn trösten und zurückrufen: umsonst! Mein Mund hat keine Überredungskunst - ich müßte in Tönen, in Klängen, durch den holden Mund der Kunst erwidern können, um mit seiner Seele vertraute Zwiesprache zu halten und sie zu mir herzuziehen - aber ach! ich bin ja in dieser Seelensprache stumm geboren und kann, was ich auch ringe und weine, nicht zu ihm, und er, weil er mein Inneres nicht kennt, nicht zu mir -»

«Was verberge ich mich denn feige vor mir selbst? Es hilft kein Sträuben, kein Leugnen, kein Nichtwissenwollen vor mir selbst: ich kann es nicht länger vor mir verstecken, weil es ja meine Lippen flüstern, meine Zunge formt, meine Sinne und Gedanken bei Tag und Nacht zurufen und eines Tages hinausschreien würden, wenn ich länger so täte, als ginge das eigentlich mich nichts an, ja ich muß es vor mir selber gestehen: - ich liebe ihn wahnsinnig -»

Josephine hatte atemlos gelesen, flammenden Gesichts, hochklopfenden Herzens. Plötzlich hielt sie erschrocken inne und horchte gespannt auf. Sie glaubte ein Geräusch vernommen zu haben. In fiebernder Eile legte sie das Tagebuch mit der aufgeschlagenen Seite an den Platz, genau so, wie es vorhin dort gelegen war, und flüchtete ganz leise, auf den Zehenspitzen, hinein in ihr eigenes Zimmer, wo sie sich abschloß und sich aufs Bett warf, in Tränen aufgelöst.

Wie unglücklich war sie doch vorhin, wo sie von dem Geheimnis der Schwester gar nichts wußte; und wie unglücklich fühlte sie sich erst jetzt, wo sie alles wußte! Sie schämte sich zugleich, daß sie auf eine so unerlaubte, eigenmächtige Weise Mitwisserin geworden sei.

Sie hörte die Schwester heimkommen und rührte sich nicht. Sie lauschte. «Wahrscheinlich schreibt Theresa wieder an ihrem Tagebuch», dachte sie, «und setzt ihren Liebeserguß fort.» Fast entrüstete sie sich darüber. «Ein Tagebuch führe ich freilich nicht», haderte sie, «ich muß alles hübsch drin behalten in der Brust und kann es nicht ausbreiten vor mir, aber darum fühle ich nicht weniger tief und warm; ich bin doch auch kein Eisstock! Warum versteckt sie sich denn vor mir, wenn sie es nicht als ungehörig empfindet, die Falsche, die Scheinheilige! Aber darüber werden wir noch zur Sprache kommen! Schau, schau, die eigene Schwester, die sich in den verliebt, der eigentlich von Rechts wegen mir gehört!»

Freilich, mit welchem Rechte sie die Schwester zur Rede stellen sollte, war ihr selbst nicht klar. Sie dachte nach.

«Soll ich ihr sagen, daß ich das Tagebuch gelesen? Nein, unmöglich; denn eigentlich war es eine Gemeinheit von mir. Also schweigen, schweigen, reinen Mund! Und beobachten! Aber was nützt denn das alles!»

Sie warf sich wieder hin und wollte schier verzweifeln. Allmählich gewannen ruhigere Gedanken die Oberhand.

«Warum soll ihn Theresa nicht lieben, wie ich ihn liebe? Sie wußte ja gar nichts von meinem Schwarm! So wenig, wie ich etwas von dem ihrigen wußte! Aber recht ist mir geschehen! Was hab' ich es auch nötig gehabt, meine Nase in fremde Sachen hineinzustecken und das dumme Büchel zu lesen! Jetzt bleibt mir doch nichts anderes übrig, als gute Miene zum bösen Spiel zu machen und mir den ganzen Unsinn aus dem Kopf zu schlagen. Wie das möglich sein wird, weiß ich noch nicht!»

Sie erhob sich und trocknete die Tränen. Sie mußte sich unbefangen zeigen, aber im Spiegel merkte sie die verweinten Augen. So konnte sie nicht vor den Ihrigen erscheinen.

Sie hörte, wie die Schwester nebenan den Schreibtisch verschloß und über die Treppe hinab ins Musikzimmer ging.

Josephine blieb noch oben, bis die Spuren der Tränen ganz verwischt waren.

«Ach», seufzte sie ein übers andere Mal, «was sind wir doch für unglückliche Geschöpfe!»

Sie blieb in ihrem Zimmer sitzen, in stumpfem Hinbrüten versunken, bis die Dämmerung kam.

Nun war es Zeit, hinunterzugehen und sich der Mama oder der Schwester zu zeigen, ehe noch eins heraufkäme, um sich nach ihr umzusehen. Ihr Elend durfte niemand bemerken.

Sie hörte ein Kleiderrauschen vor der Tür und erhob sich rasch. Doch ehe sie noch einen bis zwei Schritte getan, stand schon Theresa im Zimmer. Ein Glück, daß es schon dunkelte; so konnte man wenigstens die noch immer geröteten Augen nicht bemerken. Aber Theresa erriet es sofort mit angeborenem Feingefühl. Die Stimme Josephinens klang umflort. «Du hast geweint», sagte Theresa.

Statt aller Antwort sank ihr Josephine schluchzend um den Hals.

Theresa tröstete sie liebreich. «Armes Kind!»

Eigentlich bedurfte sie selbst des Trostes und hielt nur mit größter Mühe ihre eigenen Tränen zurück.

So standen sie eine Weile und hielten sich in tiefer Rührung umarmt, indessen es die arme Josephine schüttelte.

Theresa hob ihr tränenüberströmtes Gesicht empor, küßte sie auf den Mund und sagte weich und zärtlich:

«Pepi, sag' mir aufrichtig: liebst du ihn?»

Sofort hörte das Schluchzen auf, überrascht sah Josephine der Schwester voll ins Gesicht, schüttelte den Kopf und sagte dann mit großer Bestimmtheit:

«Nein; Theresa, du liebst ihn!»

Theresa ließ sie sofort los, trat einen Schritt zurück und tat etwas betroffen mit abgewendetem Gesicht die Frage:

«Wieso? was weißt du?»

«Theresa, ich weiß es!»

«Du hast in meinem Tagebuch gelesen!» Fast drohend war Theresa auf die Schwester zugetreten, so voll empörtem Unwillen und beleidigter Würde, daß Josephine scheu zurücktrat und eine Ausflucht suchte. «Du warst in meinem Zimmer! Ich habe vergessen, das Buch einzuschließen und den Schreibtisch abzusperren - ich habe es gleich gefühlt, daß jemand im Zimmer war: du warst es!»

«Nein», leugnete die Schwester, «du verrätst dich ja eben selbst. Gestehe nur, daß du ihn liebst!» Theresa ließ den Kopf sinken. «Nein», hauchte sie tonlos, «nicht so!»

«Du lügst!» schrie Josephine.

«Was soll ich dir sagen?» Bittend hob Theresa die Hände: «Schone mich!»

«Ich will nicht lügen, Theresa», rief die Schwester mit

starkem Entschluß aus: «ja, ich habe dein Tagebuch gelesen! Ich kam zufällig in dein Zimmer, um dich zu suchen; du warst nicht da, das Buch lag offen auf dem Tisch. Ich wollte nicht lesen - nur ein Wort fiel mir auf, eine ganze Reihe von Worten, da stand es - ich wußte nicht mehr, was ich tat und blätterte und las, aber nicht alles, doch genug! Verzeihe mir, es war häßlich; ich schämte mich darüber, aber es ist nicht mehr zu ändern: ich weiß es nun, du liebst ihn!»

«Ich weiß es nicht; wenn ich es auch niederschrieb. Aber was geht es dich an, Pepi! Es ist mein Geheimnis und soll es bleiben!»

Josephine schloß nun Theresa in die Arme

«Arme Theresa! Mit deinem Geheimnis weißt du auch meinst. Ich bin so unglücklich wie du!»

«Du liebst ihn also, Pepi?»

«Mm!» bejahte die Schwester, lebhaft mit dem Kopf nickend, «wozu es noch leugnen!» Beide lachten und weinten vor Leid und Seligkeit.

«Nun bin ich nicht mehr so unglücklich wie zuvor; ich habe ja eine Leidensgefährtin», scherzte Josephine.

«Du sollst nicht unglücklich sein, Pepi, ich werde dir nie im Wege stehen!»

«Nein, Theresa, so ist es nicht gemeint! Daß du ihn liebst, das ist gut und recht; nur eine andere dürfte es nicht sein, da würde ich rabiat! Du paßt ohnehin besser zu ihm als ich; dich verehrt er, nicht mich!»

«Aber Pepi, das kann gar nicht sein; dich liebt er, mich nicht!»

«Theresa, was sind wir doch für alberne Dinger! Ich fürchte, er macht sich aus uns beiden nicht viel. Und wir verlieren schon beide den Kopf!»

«Vielleicht hast du recht, Pepi! Aber das hindert nicht, daß wir ihn lieben und verehren! Ich meine, er verdient es doch auch um uns!»

«Ach ja», seufzte die Schwester, «ich kann mir ohnedies nicht anders helfen! Aber er soll es nie merken von meiner Seite!»

«Du hast dich ganz gut verstellt, Pepi; ich hatte keine Ahnung bis jetzt, wo ich heraufkam zu dir und plötzlich der Gedanke in mir aufstieg. Da wußt' ich schon -»

«Dich hab' ich wohl längst im Verdacht gehabt, Theresa; du kannst dich halt gar nicht verbergen. Ich hab' dir's immer gleich angemerkt, die Unruhe und die Sorge um ihn, wenn er einmal nicht gekommen ist. Aber, daß es so schlimm steht, hab ich mir freilich nicht gedacht!»

So brachte ein Geständnis das andere, und was viele Wochen hindurch versäumt war, wurde nun nachgeholt. Ganz glücklich und getröstet waren nun beide und lachten und schwatzten durcheinander.

«Sind wir nicht ohnedies glücklich?» meinte Josephine.
«Ja, warum haben wir denn geweint?» fragte Theresa.

Und Josephine, die um eine Antwort selten verlegen war: «Weißt du, das ist halt beim Glück immer so!»

VI. Kapitel

Liebliche Schalmeienklänge ertönen, eine Bläsergruppe vereinigt sich mit Streichern zu einem anmutigen Spiel. Sie ziehen wie eine fröhliche, übermütige Gesellschaft durch eine parkähnliche Landschaft im Gebirge, in deren Hintergrund ein barockes Schloß einladend steht. Der Violine begegnet die Klarinette im munteren Reigen, der Bratsche das Horn, dem Cello das Fagott, der Kontrabaß brummt dazu und gibt dem Tanz einen kräftig führenden Takt.

Zu traumhaften Höhen rufen die Bläser, die erste Geige schwebt selig empor nach einem seligen Ziel. Und dann wiegen sich alle im Menuett; eine sehnsuchtsvolle Melodie ertönt, dazwischen schäkert feiner behaglicher Humor; was die Klarinette singt, wird von der Violine aufgenommen und weitergetragen, ein reizendes Geplauder entsteht, ein Schwärmen, Flüstern und Kosen von Gruppe zu Gruppe wie in einem Parkfest des Ancien régime: das Abbild des aristokratischen Gesellschaftslebens, an dem der Meister so vielfach teilgenommen.

Es ist das Septett, das als liebliches Intermezzo durch das ernste, gewaltige Beethovensche Tongebirge zieht, die Erinnerung an eine sorglose, leicht beschwingte Kavalierzeit, ein Abschluß vielleicht und zugleich ein neuer Anfang, der den Ruhm des Komponisten, nicht nur des Virtuosen, in die weite Öffentlichkeit trägt. Es ist das erste eigene Konzert des Künstlers, das der Dreißigjährige im Hoftheater aufführt. Der Erfolg ist glänzend. Ganz Wien spricht von dem Kunstereignis.

Ziemlich um dieselbe Zeit wird eine Ballettmusik von ihm: «Geschöpfe des Prometheus», zur Aufführung gebracht. Es gibt Begeisterung, aber auch Neid und Gegnerschaft.

Der englische Pianist Cramer, der auch von den Trios begeistert ist, ruft emphatisch aus: «Das ist der Mann, der uns über den Verlust Mozarts trösten wird.» Allerdings witzelt er auch schon über die beginnende Beethovenbegeisterung: «Wenn Beethoven sein Tintenfaß über ein Stück Notenpapier ausschüttete, so würden sie es bewundern!»

Gallenberg wurde grün und gelb, mit ihm das ganze Chor von Wiener Klaviervirtuosen und Pädagogen, dreihundert an der Zahl, die sich früher hinter Mozart, jetzt hinter Haydn verschanzten und gegen den kühnen Neuerer Front machten.

Haydn indessen, der sich immer wieder erkundigte, was «unser Großmogul» mache, und gleichzeitig über dessen Selbstgefühl ärgerlich ist, hat doch alle Anerkennung für ihn. Er zetert zwar: «Ich werde bald aufhören müssen, selber zu komponieren; der glaubt rein, daß ihm keiner mehr gleichkommt - dieser Großmogul!»

Aber er hält es doch nicht mit den Gegnern, deren Häupter außer Gallenberg die böhmischen Musiker Dolezalek und Kozeluch sind; als Kozeluch über das Trio bemerkt: «Nicht wahr, Papa, wir hätten das ganz anders gemacht», fertigt ihn der Altmeister mit feiner Ironie ab:

«Ja, *wir* hätten das anders gemacht !»

Er hat gehört, daß Meister Ludwig sich über die kurz vorher stattgefundene Erstaufführung von Haydns «Schöpfung» mißfällig geäußert habe. Der Alte ist verletzt.

«Das ist nicht recht von unserm Großmogul! Was hat er denn eigentlich geschrieben? Etwa das Septett?! Aber freilich, das ist schön, ja herrlich!»

Und er spricht sich nach dem Konzert mit unverhohlener Bewunderung zu dem jungen Meister aus.

Meister Ludwig tut die etwas selbstgefällige Äußerung: «Das ist meine Schöpfung!»

Das verletzt wieder den Altmeister. Doch verwindet er den Ärger und sagt: «Nun; gestern habe ich auch Ihr Ballett gehört, es hat mir sehr gefallen.»

Ludwig will sich wieder verbessern: «Oh; lieber Papa, Sie sind zu gütig! Aber es ist noch lange keine Schöpfung!»

Das klingt beinahe wieder wie Hänselei.

«Das ist wahr», meint Haydn, «es ist noch keine Schöpfung, glaube auch schwerlich, daß es dieselbe je erreichen wird.»

Jetzt ist wieder an dem jungen Meister die Reihe, ärgerlich zu sein. Einlenkend meint Papa Haydn: «Nun ja; das habe ich schon bei den Trios anerkannt, daß die Instrumente nicht mehr unselbständig vom Klavier abhängen. Das Akkompagnement ist unstreitig neuartig. Aber das haben Sie in Wien gelernt; Sie haben unstreitig große Fortschritte gemacht!»

«Aber lieber Papa Haydn», erwidert der junge Meister wieder mit großartigem Ichbewußtsein: «Ich bin gewissermaßen mit dem Akkompagnement geboren!»

Da hatte er's wieder. Der Alte und der Junge sind eben zu verschieden.

Die Umstehenden, lauter Todfeinde, wie Meister Ludwig sagt, haben das Gespräch mit angehört.

«Dieser Beethoven hat ein furchtbares Maul», sagt einer von ihnen, «seine Kritik ist zu fürchten!»

«Nichts ist zu fürchten», erwidert Gallenberg, «es kommt der Tag, wo unsere Sache glänzend zum Sieg geführt wird gegen diesen Günstling. Gebt acht, bei Philippi sehen wir uns wieder.»

Die Verschwörung ist längst im Gange, die auf den Sturz des viel Beneideten abzielt. Und die Gegner reiben sich schon vergnügt die Hände.

Trotzdem, zwischen den Großen gibt es keine Feindschaft. Sie sind einander wohl unähnlich, aber sie achten die Geniemarke und erweisen sich die schuldige Ehre. Es sind nur die Kleinen und die Mitläufer, die unablässig schüren und Parteien bilden.

Bei der Festaufführung der «Schöpfung», wo der 76jährige Haydn Gegenstand großer Ovationen ist und in einer Sänfte von den Adeligen eigenhändig in den Universitätssaal getragen wird, ist Meister Ludwig unter jenen, die ihm solche Ehre erzeigen.

In der großen Gesellschaft werden beide, der Vertreter der alten Zeit und jener der neuen Zeit, mit gleicher Auszeichnung behandelt. Bei Lichnowsky spielt indessen die junge Kraft die erste Violine.

Der eine oder andere Abend in der Woche gehört den fürstlichen Freunden. Christiane als mütterliche Freundin will den unartigen Liebling der Musen wenigstens einmal die Woche bei sich sehen; es sind die schönsten Stunden der leidenden Frau, die sie am Klavier verbringt und unter der Anleitung und Aufsicht Meister Ludwigs seine Sachen spielt. Oft aber vergeht die Zeit in Gesprächen; wenn Ludwig in entsprechender Stimmung ist, dann ist es auf alle Fälle ein großer Gewinn, seine Ansichten über Kunstdinge zu hören. Ohne eigentliche Schulbildung, die in der Jugend über der Beschäftigung mit der Musik ziemlich ins Hintertreffen geriet, ist er doch sehr belesen und hat über die mannigfachen Zweige des Wissens, besonders aber auch über Literatur, ein selbständiges treffendes Urteil. Das bewundert die Fürstin, die in ihren Kreisen gerade in dieser Hinsicht nicht allzu verwöhnt ist.

Es sind dann in der Regel nur ganz wenige Intime anwesend, die solche kleine musikalische Hausandachten oder gelegentliche Gespräche über Kunst und Philosophie lieben.

Die Mama, Gräfin Thun, ist gewöhnlich anwesend; zuweilen auch ihre andere Tochter Elisabeth, Fürstin Rasumoffsky, neuestens auch die Brunszviks. Man fühlt sich im engsten Familien- und Freundeskreis; demgemäß ist die Unterhaltung ungezwungen und vertraut.

Wenn nicht gerade der Fürst anwesend ist, der die Geige leidlich streicht, und ein kleines Trio oder Quartett zustande kommt, an dem sich Rasumoffsky beteiligt und Baron Zmeskall, der «Musikgraf», zugezogen wird, dann erfreut Meister Ludwig zuweilen die Anwesenden durch seine freien Variationen auf dem Klavier, darin er unerreicht ist. Aber freilich muß er bei Laune sein und es aus eigenem Antrieb tun können, und das ist nicht immer der Fall. Er schenkt frei, dann aber königlich, und für die Anwesenden ist es dann immer ein Fest. Aber man weiß, daß man ihn nicht nötigen darf.

Was nur heute der Gräfin Thun einfällt, daß sie sich

durchaus einbildet, der Künstler müßte ihr etwas vorphantasieren!

Theresa merkt es schon, daß Ludwig nicht bei Stimmung ist; vielleicht ist er müde oder auch nur verdrießlich, kurz, er verhält sich schweigsam und finster und schenkt der alten Thun, die immer wieder von neuem einen Anlauf unternimmt, kaum Beachtung. Mit einer entschiedenen Handbewegung wehrt er ab.

«Der Meister bedarf heute der Schonung», flüstert sie der Gräfin zu. Aber die alte Dame hat auch ihren Eigensinn und will ihren Kopf durchsetzen.

«Nun, mir wird er es nicht abschlagen», entgegnet sie im Bewußtsein ihrer besonderen Anrechte auf dankbare Willfährigkeit, die sie bei ihrem Schützling zu haben glaubt; sie meint wirklich, ohne sie wäre der Meister gar nicht ans Ziel gekommen. Sie war es ja, die ihn zuerst eingeführt hatte.

«Aber Mama», ruft ihr Christiane abwehrend zu; doch Mama will nicht verstehen.

Josephine sieht interessiert zu und sagt bloß: «Da wäre ich doch neugierig!»

«Oh, Sie werden gleich sehen!» meint die Gräfin siegesbewußt.

Der Meister sitzt ahnungslos auf der einen Seite des Sofas in dem kleinen blauen Musikzimmer an der Stelle, die früher Haydn einzunehmen pflegte; er merkte kaum etwas von dem Geflüster der Damen, die das Klavier umstehen, als er plötzlich die exzentrische Thun vor sich sieht, die sich auf den Knien vor ihm niederläßt und ihn mit hocherhobenen Händen bittet, ihrem Wunsche gnädigst zu willfahren.

Sie tut es in einer halb ernsten, halb komischen Weise und meint, Künstler sind eben hohe Herren, die sich gerne bitten lassen.

Das war nun weit gefehlt. Der Kleister empfand es als Hohn, und überhaupt: schon seit seiner Kindheit hatte er den Zwang zum Vorspielen gehaßt, und wenn er sich dem gewalttätigen Vater fügen mußte, der manchmal Gäste zu diesem Zwecke empfing und sich dafür von ihnen gut bezahlen ließ, dann geschah es nur mit Widerwillen und ohne eigentliche Inspiration, so daß niemand etwas Rechtes davon hatte. Denn die Muse läßt sich nicht nötigen. Um so herrlicher war es freilich, wenn der innere Antrieb dazu da war.

In die Ecke des Sofas gedrückt saß Ludwig starr da und entgegnete mit einem schroffen «Nein!»

Die alte Dame, etwas überspannt, wie sie war, erhob sich nicht aus ihrer knienden Stellung. Die Hände emporgestreckt, verharrte sie unbeweglich wie ein lebendiges Bild des Flehens.

Theresa und Josephine sahen unruhig auf die ebenso komisch wie peinlich wirkende Szene; auch Christiane sah besorgt hin und ließ wieder ihren Warnruf ertönen:

«Aber Mama!»

Doch Mama wollte nicht hören.

Der Ausgang war ungewiß, und die Schroffheit des Meisters, dessen Kanten und Rauheiten eben allen bekannt waren, ließ ein unerquickliches Ende fürchten.

Und richtig, da hatte man alsbald die Bescherung.

Der Meister erhob sich mit einem Ruck, schritt fast über die kniende Gräfin hinweg und ging mit raschen Schritten zur Tür, um sich zu entfernen. Ganz bestürzt erhob sich die Gräfin; auch die übrigen Anwesenden waren so konsterniert, daß niemand wußte, was in der allgemeinen stummen Verlegenheit zu tun war.

An der Tür wandte sich der Meister um, machte schweigend eine leichte Verbeugung gegen Christiane, die hilflos die Hände erhob, wie um den Enteilendes zurückzuhalten und übrigens keines Wortes fähig war.

Theresa stand aufrecht hinter ihrem Stuhl, ganz dicht beim Klavier; ihr Gesicht war geradezu eine antike Maske tragischen Schmerzes geworden. Und ohne daß sie überlegte, was sie tat, schlug sie mit der linken Hand auf dem Klavier ein kleines Motiv aus der «Adelaide» an, das ihr zufällig haften geblieben war.

Der Meister, eben schon im Gehen, wandte sich plötzlich um, sah sie groß und verwundert an und trat einen Schritt ins Zimmer zurück.

Ein unbeschreibliches Lächeln verschönte sein Gesicht, auf dem eben noch die finsteren Geister des Unmuts, des Trotzes und Widerwillens gethront hatten.

Sanft, fast demütig schritt er auf das Klavier zu und nahm dort Platz.

Seine Finger glitten über die Tasten und fingen zunächst das von Theresa angeschlagene Motiv auf. Allmählich blühten und sprühten feurige Garben von Tönen hervor, ein goldener Strom von zarten und leidenschaftlichen Klängen wand sich sinnberauschend um die Häupter der Zuhörer, über denen sich der Himmel öffnete mit all seinen niederstürzenden Wonnen, mit seinen Donnern und Stürmen, mit seinen Engelchören und jubelnden Ekstasen.

Frau Muse hatte ihn gerufen und gesegnet. Wohl über eine Stunde dauerte die tönende Ätherflut der dichterischen Eingebung; seine Seele hatte sich weit geöffnet und ungeahnte verborgene Schätze an Schönheit und tragischer Lust geoffenbart.

Alle Anwesenden waren in der Überzeugung einig, daß sie den Meister, wie hinreißend er auch sonst zu spielen vermochte, noch niemals, selbst in seinen besten Stunden nicht, so überwältigend phantasieren gehört hatten. Alle saßen in Tränen da, von einem geheimnisvollen, glückseligen Weh übermannt.

Der Meister sagte nichts. Er sah zu Theresa hinauf, die ihm zunächst stand. Es war ein Blick voll Dankbarkeit und Verehrung.

«Nur dir zuliebe, und für dich allein», wollte er damit sagen.

Ob sie verstand?

Oh, sie mußte verstehen, dachte der Meister.

Sie sagte nichts, sondern drückte ihm stumm die Hand. Die Fürstin Christiane zog Theresa zu sich heran und küßte sie.

«Du Wunderbare», flüsterte sie ihr ins Ohr, «welche Zaubermacht hast du doch über den Meister Ludwig? Das hat noch niemand über ihn vermocht! Ich könnte eifersüchtig auf dich werden, wenn ich mich nicht so freuen würde darüber, daß alles so herrlich sich gewendet hat - durch dich. Aber, sag' mir, Liebste, was geht eigentlich vor zwischen euch?» Sie drohte lächelnd mit denn Finger. «Du mußt mich morgen besuchen, wenn ich allein bin; gegen elf Uhr vormittags, ich erwarte dich!»

Die Sache hatte nicht nur Eindruck gemacht, sondern auch weithin Aufsehen. Man begann zu munkeln. Der gesellschaftliche Klatsch, der immer auf neue Nahrung erpicht ist, hing allerhand Kombinationen daran; die Geschichte wurde pikant.

Schließlich aber hatte auch Christiane nichts anderes herausbekommen, als daß eben Meister Ludwig ebenfalls den Schwestern Brunszvik Unterricht erteile, weiter nichts.

Theresa blieb ihrem Tagebuch treu. Fast jeden Tag machte sie ihre Aufzeichnungen, die größtenteils den geliebten Meister betrafen. Jedes kleinste Vorkommnis wurde notiert, nichts erschien ihr unbedeutend in seinem Leben.

«In dem Dasein eines Genies ist nichts zufällig», schrieb sie nieder, «alles hat irgendwie einen Sinn, und was bei gewöhnlichen Sterblichen alltäglich ist, scheint hier in eine Sphäre des Ungewöhnlichen erhoben, das immer interessant ist.»

Sie hatte ihm in ihrem Herzen einen Altar errichtet, vor dem sie täglich ihre Andachten feierte. Sie war bedeutend ruhiger geworden seit der Aussprache mit der Schwester; hatte sie nun doch einen Menschen, mit dem sie wieder über ihn reden und sich das übervolle Herz erleichtern konnte. Und wenn sie auch zuhörte und auf die Ergüsse der Schwester horchte, so war dies schon ein Labsal; das Tagebuch wies fortab weniger Reflexionen über die eigenen Seelenzustände auf. In ihren Gesprächen über Ludwig hielten sich indessen beide gern an das Tatsächliche, das ihnen der Tag zutrug; sie vermieden es, in einen allzu schwärmerischen Ton der Begeisterung zu geraten. Doch redeten sie fast ausschließlich von ihm, und das gab beiden eine tiefe Befriedigung; war er doch auf diese Weise unter ihnen, auch in den Stunden, wo er nicht persönlich anwesend war.

Es gibt freilich Dinge, die man nicht mit der Freundin, nicht mit der Schwester, nicht einmal mit dem vertrautesten Herzen zur Sprache bringt und die man auch nicht vor sich selber aussprechen und kaum denken würde, sondern die man nur der Verschwiegenheit des Tagebuchs anvertraut, das fortan sorgfältig versperrt blieb.

«Es ist eine Freude zu sehen und mit zu erleben, wie der Ruhm des lieben B. täglich wächst; Fürsten und Prinzen wetteifern um seine Gunst; der regierende Fürst von Lobkowitz macht alle Anstrengungen, ihn den Lichnowkys streitig zu machen und sein Palais zum ersten Kunstzentrum des Musiklebens zu erheben, trotz Rasumoffsky; er gibt wahnsinnige Summen aus, man sagt, daß es zuweilen seine reichen Einkünfte übersteigt. Der arme Lobkowitz! Von Jugend an auf beiden Beinen gelähmt, humpelt er auf zwei Krücken hin und her, und zwar schneller als andere mit gesunden Beinen. Aber er ist ein so guter, edler Mensch, voll Begeisterung für unsern lieben B. Trotz seines Gebrechens ist alles Bewegung an dem kunstsinnigen Fürsten, und der große Musiksaal seines Palais ist neben dem berühmten Canova-Saal Rasumoffskys auf der Landstraße einer der schönsten der Residenz. L. ließ sich's nicht nehmen, in seinem Hause einen Ball zu veranstalten, vielleicht wegen Ludwig, dessen Ballettmusik es ihm angetan hatte, und weil er wußte, daß Ludwig leidenschaftlich gern tanzt. Freilich nicht gut, obschon er bei einem Tanzmeister Unterricht genommen hat; der eintönige Rhythmus ist seiner

Natur zuwider; ich machte einige Runden mit ihm, aber wir kamen immer wieder aus dem Takt. Er tanzte hauptsächlich mit Pepi, die es besser verstand; ich begnügte mich mit der Rolle der Zuschauerin und schlug alle anderen Tänzer aus, indem ich vorgab, schwindlig zu sein. Pepi schien ganz glücklich; o wie ich es ihr gönne! Ich saß neben der Gräfin Erdödy; die Arme kann sich auf ihren geschwollenen Beinen kaum fortbewegen und mußte dem Tanzvergnügen ganz entsagen; sie ist seit ihrer Verheiratung leidend und lebt nur ihren drei herzigen Kindern, die wie Kletten an ihr hängen; ich empfinde großes Mitleid für sie. Ich glaube, ihre Ehe ist nicht glücklich; vom Grafen sieht und hört man nicht viel. Er verbringt die meiste Zeit auf seinen Gütern in Ungarn. Wir beide zogen es vor, still in einer Nische auf schwellenden Kissen zu sitzen und uns an dem munteren Gesellschaftsbild in dem kerzenschimmernden Saal zu ergötzen. Von unserem Versteck aus konnten wir ungestört alle Vorgänge beobachten und die Menschen studieren; die feinen Bemerkungen der Erdödy machten mir viel Spaß!»

Einige Tage später.

«Die Sonne seines Ruhms, die höher und höher steigt, beginnt auch auf mich einen Abglanz zu werfen. Seit jenem Vorfall bei Lichnowsky, der sich rasch herumredete, bin ich der Gegenstand allgemeiner Aufmerksamkeit. Ich bin fast stolz und glücklich darüber; aber es macht mich auch ängstlich. Ich möchte mir um Himmels willen mein Geheimnis nicht entreißen lassen! Alle kommen zu mir, wenn sie über Beethoven etwas wissen wollen: was er für Arbeiten vorhabe; ob die neue Oper, die Schikaneder vom Theater an der Wien bei ihm bestellt habe, bald fertig sei; ob er viel bei uns verkehre; wie seine Lebensgewohnheiten seien. Sind doch diese Menschen neugierig! Bin ich denn seine Vertraute? Man tut so, als ob ich alles wissen müßte. Ich komme mir freilich groß und wichtig dabei vor, aber ich werde mich hüten, allzuviel zu verraten. Wenn nur Mama nichts erfährt! Sie ist furchtbar auf Prestige! Und hat ohnehin bald dieses, bald jenes an unserem Ludwig zu bemängeln, dessen frische natürliche Art der ihrigen geradezu entgegengesetzt ist. Diese Gesellschaft ist obendrein schrecklich indiskret und klatschsüchtig -»

Es folgt eine ganze Zeile mit Gedankenstrichen.

Und dann heißt es weiter: «Seit meinem Triumph bei Lichnowsky gegen die Gräfin Thun hat mich die Fürstin Christiane zu ihrer Freundin erwählt. Ich liebe sie; sie ist voll mütterlicher Sorge für B., das gefällt mir an ihr so sehr. Immer kommt sie auf ihn zu sprechen und fragt mich, ob ihm nichts fehle, ob er glücklich sei usw. Sie beneidet uns um seine häufige Gesellschaft. Aber sie ist ohne Falsch; sie möchte nur, daß der Meister nach Verdienst anerkannt und geliebt werde. Der Fürst sorgt überdies für ihn mit großer Freigebigkeit. Neulich hat er ihm einen Quartettsatz von alten italienischen Instrumenten geschenkt, Cello, Violine und so weiter. Auch die Gräfin Erdödy hat mich in ihr Herz geschlossen. Sie bewohnt ein Stockwerk im Palais Lichnowsky, doch scheint sie sich mit Christiane nicht gut zu verstehen; ich kenne den Grund des Zerwürfnisses nicht und getraue mich auch nicht zu fragen. Sie ist wie eine gute Mutter zu mir, die für alles Verständnis und Interesse hat. Ihr gegenüber habe ich oft das Gefühl, daß ich meinem Herzen Luft machen könnte, es drängt mich förmlich dazu;

dann aber heißt mich wieder eine innere Stimme schweigen. Es ist besser so. Vielleicht kommt eine Zeit, da ich bei ihr Zuflucht suchen muß. Es ist gut zu wissen, daß es eine verstehende Seele gibt, an die man sich wenden darf, wenn es nicht anders mehr geht. Ich sitze oft in ihrem kleinen hübschen Salon, wo sie vom Sofa zum Pianoforte hinkt und häufig Ludwig empfängt, der besonderes Vertrauen zu ihr hat und ganze Abende bei ihr verbringt. Meist sind ihre reizenden Kinder um uns. Da sitzen wir zusammen und plaudern - von ihm! Sie weiß so hübsch zu erzählen. Auch spielt sie seine Sachen recht gut und singt mit angenehmer Stimme. Bei einem Lied: ‹Freudvoll und leidvoll -›, das sie mit innigem Ausdruck vortrug, entquollen mir plötzlich heiße Tränen; ich hing an ihrem Halse und fand keine Worte, mein inniges Entzücken auszudrücken. Sie glaubte, mich trösten zu müssen, und streichelte mich, indem sie sagte: «Sie liebes, gutes Kind! Es wird noch alles gut werden! Mein Gott, was sie nur denken mag!»

Wieder einige Tage später.

«Der arme Louis! Er war ganz außer sich. Er spricht immer mit kindlicher Verehrung von Erzherzog Rudolf, seinem Schüler, der sich dem geistlichen Stande zugewendet hat. Nur das Warten im Vorzimmer, wenn er kam, um seinem erzherzoglichen Zögling Unterricht zu geben, ist ihm unerträglich. Er war voll Entrüstung, als er uns heute die Geschichte erzählte, die ihm passiert ist. Der Haushofmeister und sonstige Personen des Hofstaates wollten ihn belehren, welche Rücksichten er zu beobachten habe und daß er einfach warten müsse, bis er angemeldet und Seine Kaiserliche Hoheit bereit sei, ihn zu empfangen. Er erklärte, zum Antichambrieren sei er nicht gekommen, die Hoheit wisse, wann Stunde sei, er habe Rücksichten nicht zu beobachten, sondern zu fordern, kurz es gab einen Wortwechsel; aber Ludwig, im Bewußtsein seines guten Rechtes und seiner Würde, schob einfach das Personal weg und stürmte unangemeldet in die Gemächer des Erzherzogs, der ihn denn ohne weiteres freundlich empfing. Also war es nur eine Schikane des Haushofmeisters und der Bedienten. Während der Unterrichtsstunde konnte der Meister allerdings seine Ungeduld nicht bezähmen; der erlauchte Schüler spielte unaufmerksam und wurde dafür tüchtig auf die Finger geklopft. Das war nun freilich Seine Hoheit nicht gewöhnt und verwies ihm ernst, aber immerhin freundlich solches Gehaben, indem er ihn zur Geduld mahnte. Kaiserliche Hoheit, hatte ihn darauf der Meister belehrt, ich bin nicht gekommen, um hier strenge Etikette zu lernen, sondern dafür zu sorgen, daß Sie ein tüchtiger Klavierspieler werden. Wo aber soll ich noch Geduld hernehmen, wenn sie fast schon ganz mit dem Warten im Vorzimmer aufgebraucht ist! Er habe für die erzherzogliche Person gewiß alle mögliche Ehrfurcht, aber man solle ihn um Gottes willen mit all den Vorschriften in Ruhe lassen, die man ihm im Vorzimmer täglich zur strengen Beobachtung gebe; sie seien durchaus nicht seine Sache!

Der Erzherzog mußte ihm schließlich recht geben und belobte ihn auch noch wegen seiner Offenheit. Er lachte noch recht herzlich dazu, als ihm der Meister die Vorzimmergeschichte erzählte, und gab sogleich Befehl, man solle ihn künftig unbehelligt lassen; der Meister sei nun einmal so und nicht anders, und wenn der Erzherzog es zufrieden sei, dann können es wohl auch seine Untergebenen sein.

Mama schien es freilich weniger zufrieden, sie entsetzte sich über den Vorfall, und als Ludwig uns verlassen hatte, ging es über ihn her in ihrer gewohnten Weise: das sei wieder ein Beweis seiner Überheblichkeit und so weiter. Wir waren fein still und gingen bald aus dem Zimmer. Als ich mit Pepi allein war, freuten wir uns innig über die ganze Sache; ich muß ihn nur noch mehr bewundern, daß er die Menschen alle gleich behandelt, das heißt nach ihrem Verdienst, und auch vor den Größten nicht unterwürfig dienert. Wahrhaftig, er ist der Größte unter den Großen!»

Einige Tage verstrichen ereignislos; nur kurze Anmerkungen wurden gemacht, die Unwesentliches betrafen; dann aber kam folgende längere Aufzeichnung:

«Welche abscheuliche Szene mußten wir doch gestern bei Lobkowitz erleben! Dieser taktlose sächsische Gesandtschaftsattaché, der zufällig zu Besuch anwesend war! Man redete über Dichter, Künstler und über die Fragen des Einkommens, da beklagte sich unser lieber B. über seine Verlegersorgen. Er deutete auf Goethe und Händel hin, denen die Verleger ein bestimmtes Einkommen hätten bezahlen müssen. Da hatte der Attaché die Vermessenheit, dem Künstler einen Verweis erteilen zu wollen: Mein lieber junger Mann, begann er hochmütig, Sie müssen nicht klagen; denn Sie sind weder ein Goethe noch ein Händel, und es ist nicht zu erwarten, daß Sie es je werden. Solche Meister werden nicht wieder geboren! Ich sah schon, wie sich infolge dieser Insolenz die Augenbrauen des Meisters zornig zusammenzogen; sein dunkles Gesicht wurde noch einen Schatten dunkler. Er stand wortlos auf und rief sofort den Fürsten, mit dem er im Nebenzimmer sich über den Attaché so laut beklagte, daß dieser es unbedingt hören mußte, obzwar er keine Miene verzog. Der Fürst suchte den Meister zu beruhigen, indem er meinte, daß man augenblicklich wohl vielfach der Ansicht sei, solche gewaltige Menschen würden nicht wieder geboren. Um so schlimmer, antwortete der aufgebrachte Meister; aber mit Menschen, die keinen Glauben und kein Vertrauen zu mir haben, kann ich keinen Umgang haben! - Vom Herzen mußte ich ihm wieder recht geben, und ich freute mich über seinen Ausspruch, der mir so wohl tat, obschon ich darunter litt, daß dem edlen Manne ein solches Unbill angetan werden konnte.»

Theresa unterbrach für einige Zeit die gewohnten Eintragungen, sie kam nicht dazu. Jetzt hatten beide Schwestern die Hände vollauf zu tun. Sie saßen oben in Josephinens Zimmer und nähten und stickten ohne Unterlaß. Feine Wäsche. Es soll eine Freude werden für den lieben Meister.

Viel träumerische Gedanken wurden in die Leinwand hineingenäht und hineingestickt, Stich um Stich, Wünsche, Hoffnungen, liebendes Gedenken.

Theresa zuckte mit der Hand und preßte aus dem Finger ein Tröpfchen Blut.

«Ich habe mich gestochen!»

«Dann wirst du Braut!» sagte Josephine; «Ein Sprichwort sagt es.»

Theresa beugte sich tiefer auf die Arbeit nieder; sie war rot geworden.

In diesem Augenblick schrie Josephine auf:

«Au! Jetzt hab' ich mich selber gestochen!»

«Siehst du!» lachte Theresa. «Auch du wirst Braut!»

«Zwei Bräute, statt einer! Wie soll das zugehen?!»

Jede hing schweigend ihren Gedanken nach.

«Sonderbar!» sagte nach einer Weile die eine. Und darauf die andere: «Allerdings, sonderbar!»

Sie hatten sich damit verraten, daß beide das gleiche gedacht hatten. An ihn hatten sie gedacht.

Immer dasselbe Spiel! dachte Theresa. Was ich bin, ist auch sie. Immer steht sie an meiner Stelle! Denselben Gedanken hatte Josephine. Ich orakle für mich, und sie trifft es.

«Wenn es sich darum handelt: ich oder du», bemerkte jetzt Theresa, «dann stehe ich gern und freiwillig zurück.»

«Du irrst dich, Theresa, wenn du glaubst, daß ich das zugeben würde. Wenn es sich darum handelt: ich oder du, dann versteht es sich von selbst, daß ich zurückstehe.»

So ging es im edlen Wettstreit eine Weile hin und her, ohne daß damit die Schicksalsfrage auch nur um ein Haarbreit der Entwirrung näher kam.

Die Situation blieb immer annähernd die gleiche.

Bald darauf trat ein neues Ereignis ein, das Theresa mit zitternder Schrift in ihrem Tagebuch verewigte. In lapidarer Kürze stand die Tatsache schwarz auf weiß:

«Heute, als Ludwig bei uns war, erschien plötzlich unangemeldet Giulietta. Um meine kürzlich wiedergefundene, mühsam bewahrte Ruhe ist es nun geschehen!»

Keine Reflexionen, keine Selbstbetrachtungen hatte Theresa daran geknüpft; nur die Tatsache vermerkte sie. Aber die Schrift verriet mehr als Worte.

VII. Kapitel

Als Giulietta unvermutet auftauchte, spielte Meister Ludwig den Schwestern gerade einige Teile einer neuen Komposition vor, die auf Anregung des französischen Generals Bernadotte entstehen und dem Konsul Buonaparte zugedacht werden sollte. Der musikliebende General war vor einigen Jahren in Wien und hatte Beethoven gehört, mit dem er darüber zur Sprache kam. Der Künstler hatte Sinn für große Persönlichkeiten, und trotzdem die Franzosen sein liebes Bonn besetzt und seinen guten Fürsten vertrieben hatten, hegte er Verehrung für Buonaparte, den mächtigsten Mann Europas, der den Krater der französischen Revolution geschlossen hatte. Er war daher Feuer und Flamme für die Idee, und alsbald entstanden einige Entwürfe, die wieder liegenblieben bis zur Zeit, da der heroische Tod des englischen Generals Abercromby in der Schlacht bei Alexandrina bekannt wurde. Der Tondichter nahm die liegengebliebene Arbeit wieder auf und vermehrte sie um einige neue Entwürfe; unter anderem entstand unter dem Eindruck der Todesnachricht über den Seehelden die erste Niederschrift des Trauermarsches.

Theresa, die er über alle seine musikalischen Pläne ins Vertrauen zog, gewann dabei einen tiefen Einblick in seine Werkstatt und seine Arbeitsweise, die an einer Sache oft mit vielen Unterbrechungen und langen Pausen schuf und sie nur allmählich der Vollendung zuführte. Bei seiner Gewissenhaftigkeit und Gründlichkeit schuf er verhältnismäßig langsam und mit äußerster Bedachtsamkeit, bis alles so war, daß es in jedem Klangverhältnis und jedem Ideenausdruck seiner inneren Tonvorstellung entsprach.

Während er sonst aus seinen Entwürfen und schöpferischen Absichten ein großes Geheimnis machte und selbst seinem vertrauten Schüler Ferdinand Ries nicht alles offenbarte, liebte er es, Theresa zur intimen Mitwisserin als seine zweite Muse zu machen. Ihr brachte er alles Neue, selbst Unfertige zu Gehör, und wenn sie auch nicht ein großes musikgelehrtes Wissen hatte, so besaß sie doch ein feines, richtiges Gefühl und wußte klug zuzuhören, was dem Meister das Wertvollste war, wenn er auch nachträglich immer wieder änderte und verbesserte.

Er brauchte Seelengemeinschaft, und hier fand er sie. Fast unhörbar war Giulietta ins Zimmer geglitten, zart und behend wie eine Elfe, und blieb an der Tür stehen. Josephine warf Theresa einen Blick zu, der alles besagte.

Aber sie war zu gut erzogen, um sich bei der Begrüßung, als der Meister geendet hatte, etwas anmerken zu lassen. Die vollkommene Beherrschung der Form machte es ihr und besonders Theresa unschwer, den Sturm der Gefühle zu verbergen, die der unerwünschte Besuch hervorgerufen.

Giulietta war von bezaubernder Liebenswürdigkeit.

Der Meister indessen nahm kaum Notiz von ihr, als sie vorgestellt wurde, es war ihm unbequem, wenn eine neue, unbekannte Person die geistige Atmosphäre störte. Das wirkte immer wie Zugluft, der man gern aus dem Wege geht. Er erhob sich vom Klavier und setzte sich in eine Sofaecke.

Das Gespräch entspann sich zwischen dreien, Ludwig und beiden Schwestern; Giulietta blieb unbeteiligte Zuhörerin. Sie schien wie vergessen, ausgelöscht, nicht vorhanden.

Sie merkte es - und blieb.

«Der gute Haydn meint immer, was Wunder ich bei ihm hätte lernen können», sagte der Meister, «aber ich bin bei einem Meister in die Schule gegangen, dem auch er sein Pfund verdankt, nämlich bei dem, der uns die Gabe mit auf den Lebensweg gegeben, und diese Gabe ist eben ein von oben Gegebenes. Das ist die Ähnlichkeit bei aller Grundverschiedenheit. Es heißt meine Musik schlecht verstehen, wenn man nicht erkennt, daß sie nur das eine will und nichts anderes: nämlich Ausdruck des Seelenlebens. Das ist es, was so viele nicht begreifen wollen, und was auf alle so ungeheuer neuartig wirkt. Die ältere Musik kennt nicht dieses persönliche Prinzip des durchaus persönlichen Eigenlebens, das gleichwohl tief genug erfaßt wieder ans Absolute reicht, wo Gottes Grund ist. Die Gnade baut eben auf der persönlichen Natur auf. Hier ist der Weg, der weiter führt, alles andere ist Vergangenheit und Tod. Freilich muß Tiefe und Erlebnisfähigkeit da sein. Und vor allem Handwerk!»

Theresa war neugierig, wann und wie der Meister zu dieser fruchtbaren Erkenntnis gekommen sei. Sie meinte, daß der Genius wohl schon in der Kindheit alle seine Gaben gleichsam spielend beherrscht habe, ähnlich wie Mozart.

Sie wußte so verständig zu fragen, daß Ludwig sich immer zu neuen Erklärungen angeregt fühlte; es gab nie tote Punkte in ihrem Gedankenaustausch.

«Nichts weniger als das», bekannte der Meister. «Ich habe eine bittere Lehrzeit hinter mir. Und war immer ein etwas eigenwilliger Schüler. Allerdings wurde schon seit meinem vierten Jahre die Musik meine Beschäftigung. Ich konnte kaum noch das Klavier erreichen und mußte auf einem Schemel stehen, um die Klaviatur zu überblicken. Ich habe jahrelang Tag und Nacht geübt, mein Vater war ein strenger Lehrmeister. Nachts, wenn er mit seinem Freund Tobias Pfeiffer, dem Sänger und Hoboisten des Hoftheaters, der den Unterricht in die Hand genommen hatte - er wohnte in unserem Hause -, aus lustiger Gesellschaft heimgekommen war, wurde ich unerbittlich aus dem Schlafe gerissen, obschon ich weinte und mich sträubte, und nun ging's ans Klavierüben bis gegen Morgen. So fast ein ganzes Jahr hindurch. Es war eine harte Schule.»

Die Schwestern entsetzten sich.

«Aber sie hatte doch auch ihren Wert», fuhr der Meister fort. «Man verwuchs mit dem Instrument. In meinem zwölften Jahre wurden die ersten Kompositionen von mir gedruckt, die dem Fürsten gewidmet waren. Damals war der Hoforganist Neefe mein Lehrer, dem ich geistig das meiste verdanke. Er war es, der mich zu der Erkenntnis führte: Ausdruck des Seelenlebens! Es war kein großer Musiker, aber er ahnte bereits den neuen Weg. Jetzt hatte ich festen Boden unter mir und bin fortan allein weitergeschritten, nur auf das achtend, was mir meine Eingebung sagte. Mozart und Haydn hoch in Ehren, sie sind unsterbliche Meister, aber sie konnten nicht meine Muse sein, denn sie ist himmlischen Ursprungs und wählt andere Gestalten, wenn sie sich irdischer Sendboten bedient: früher Leonore, und jetzt, wenn Sie erlauben, Theresa und Josephine und -»

Er konnte den Satz nicht vollenden, der unwillkürlich zu einer Huldigung für das Schwesternpaar wurde, das darüber in eine glückselige Verlegenheit geriet; er war vom Klavier her unterbrochen worden, wo sich Giulietta zu schaffen machte und eine bekannte Melodie aus einer italienischen Oper nur mit einem Finger anschlug, bloß ein, zwei Takte:

«Nel cor non più mi sento -»

Der Meister merkte auf und trat ans Klavier.

«Aus der Oper ‹La Molinara› », sagte er.

«Ich habe einmal Variationen über diese Stelle gehabt», bemerkte Giulietta, halb für sich.

Der Meister stutzte bei dem Klang ihrer Stimme und sah sie nun erst eigentlich an. Die Stimme schien ihm bekannt; doch die Person war ihm vollkommen fremd.

Nur soviel erkannte er: «Hübsches Frauenzimmer», sein Auge war empfänglich dafür. Die schlanke und doch volle Gestalt, das üppige, wellige Haar in rotgoldenen Fluten, das graublaue Auge mit einem blitzenden Feuer, wie es in solchen Augen selten zu finden war, die blühenden, schön gezeichneten Lippen, die lächelnd halb geöffnet weiße Perlenzähne sichtbar werden ließen, die übermütigen Schalksgeister um die Augen, Wangen und den koketten Mund - eine Prachthexe.

Der Meister sah nur flüchtig an ihr vorbei, aber er hatte trotzdem das sinnverwirrende Bild in den wesentlichen Zügen aufgefangen.

Er ließ sich sofort am Flügel nieder und versenkte sich in das angeschlagene Motiv. In immer kühneren, lockenderen, sehnsüchtigen und leidenschaftlichen Klängen entwickelte er die empfangene Anregung zu freien Variationen; eine Augenblicksschöpfung, in der sich immer wieder der Eindruck spiegelte, den er von dem schönen Mädchen empfangen, ohne daß er sie wieder ansah. Ja, er vermied es geflissentlich, sie nochmals anzublicken, und hielt sich bloß an das, was er empfand. Auch später, im Gespräch, redete er an Giulietta vorbei; er sah sie und sah sie nicht.

Sie war ganz entzückt und äußerte immer wieder: «Schade, schade; wenn man das nur besitzen könnte! Wie schmerzlich, wenn es heißt: im Augenblick begrüßt und schon verloren!»

Dann setzte sie sich ans Klavier und versuchte, einige Passagen des soeben Gehörten aus dem Gedächtnis nachzuspielen, indem sie die Art des Meisters so verblüffend nachahmte, daß nicht nur die Schwestern, sondern auch der Meister selbst ganz überrascht waren.

«Wo hast du denn das her?» rief Josephine voller Verwunderung aus, «nie habe ich dich so spielen hören!»

«Ich kann es auch nicht», erwiderte Giulietta, «ich bin nur eine Stümperin; morgen ist alles vergessen und dahin, was mir jetzt ein glücklicher Moment gibt, den ich selbst nicht verstehe!»

«Sie haben Talent», rief Ludwig, «ein ganz ungewöhnliches Talent! Es mangelt Ihnen nur an Technik, aber das ist eine Sache des Fleißes und des Studiums, doch haben Sie die Grundvoraussetzung: musikalisches Temperament und Ausdrucksvermögen.»

«Ach, mir fehlt so viel», seufzte sie mit sentimentalem Anflug. «Vielleicht könnte ich es noch zu was Rechtem bringen, wenn Sie mir helfen würden; würden Sie das?!»

«Ei, warum nicht, es könnte mir nur ein Vergnügen sein», erwiderte er, der sonst gar spröde tat, wenn sich eine neue Schülerin meldete und schon so viele Körbe ausgeteilt hatte. «Sie spielen eben gar nicht wie sonst die Gräfinnen und Prinzessinnen!»

«Wirklich, wirklich?! Sie würden mich als Ihre Schülerin annehmen?» Ein triumphierender Ton lag in der Frage. «Wie sehnlich habe ich mir das gewünscht!»

«Theresa!» rief jetzt Josephine scherzhaft, obwohl ihr das Weinen näher lag, «die Gräfinnen, das sind wir! Weh' uns!»

«Nicht so! Nicht so!» wehrte sich der Meister, «Sie sind mehr, viel mehr!»

Man lachte und war guter Dinge; ein Scherzo, das der Meister sofort in Musik umsetzte, aber immer klang ein tragischer Grundton hinein, der hell und dunkel gegeneinander abhob und immer durchschlug. Besser hätte es durch nichts ausgedrückt werden können, was die Seele Theresas und auch Josephinen bewegte, so lustig auch gerade diese erschien.

So plötzlich Giulietta erschienen war, ebenso unvermittelt empfahl sie sich. Noch eine kleine Wendung an der Tür, ein rascher Blick, fast schadenfroh herausfordernd und siegesbewußt, auf die Schwestern hin, dann war sie enteilt. «Auf Wiedersehen!» klang es fast spöttisch zurück.

Ludwig hatte diese Bewegung erhascht und war betroffen.

«Diese Gestalt, diese Gebärde und die Stimme - das alles ist mir nicht fremd, und doch kenne ich sie nicht! Ich muß sie schon gesehen haben, obschon ich nicht weiß, wo ich sie hintun soll.»

«Das ist wohl nur eine Täuschung», meinten die Schwestern und bedeuteten dem Meister, daß er ihr noch nicht begegnet sein könne, da sie erst seit kurzer Zeit mit ihren Eltern in Wien weile und an dem Gesellschaftsleben so gut wie noch gar nicht teilgenommen habe. Wenigstens sei sie bisher in den Kreisen, wo der Künstler sich bewegte, noch nicht erschienen.

Er wollte Näheres über sie hören, aber die Freundinnen deuteten nur das Notwendigste über die Kusine an und schwenkten auf ein anderes Thema über.

«Sonderbar, recht sonderbar», wiederholte der Meister, der immer noch nachgrübelte; «sie scheint ein Kobold, wenn auch ein schöner Kobold!»

Zum erstenmal seit Wochen, daß die Schwestern abends vor dem Schlafengehen die Ereignisse des Tages nicht mehr berührten. Sonst waren sie noch so gesprächig und erörterten jedes Wort, das er gesagt, und tauschten ihre Gedanken und Empfindungen aus. Immer war noch lange von «ihm» die Rede; Liebe und Verehrung konnten sich nicht genug tun.

Heute gingen sie einsilbig, fast schweigsam, mir einem flüchtigen Gute-Nacht-Kuß auseinander. Sie mieden es, von «ihm» oder gar von «ihr» zu reden, als ob sich ihre Gedanken voreinander scheuten oder schämten.

Und doch wußte eine von der andern, daß sie nichts anderes dachte und eine schlaflose Nacht haben würde.

Warum, warum?! Es ist doch alles töricht! Was auch die Vernunft sagen mochte, das Herz wußte es irgendwie anders und konnte es nicht sagen. Bleischwer und tot lag es in der Brust.

Nicht einmal das verschwiegene Tagebuch durfte es erfahren, außer diesem einen kurzen Vermerk, der zugleich so vielsagend war.

Am anderen Tag brachte der Meister die Variationen mit, fein säuberlich geschrieben. Er wollte sie Giulietta überreichen. Aber Giulietta kam nicht. Auch in den nächsten Tagen war sie nicht erschienen. Dem Meister ging sie ab. Er wünschte sie herbei und konnte sich nicht enthalten, mehrmals die Frage nach ihrem Verbleib zu tun. Er erhielt keinen rechten Bescheid; schließlich kam nicht mehr die Rede auf sie. Die Stunden nahmen ihren gewohnten Verlauf, nur daß der Meister nicht immer so lange verblieb. Eine Unruhe war über ihn gekommen, die ihn früher als sonst forttrieb. Die Variationen blieben hübsch in der Tasche. Es war das erstemal, daß er etwas vor Theresa verschwieg. Alles schien nach wie vor, das Leben ging seinen Gang, die kleine Verwirrung lag fernab wie Wölkchen am Horizont.

«Ich habe Giulietta unrecht getan», schrieb Theresa in ihr Tagebuch, «und schäme mich meines unwürdigen Verdachtes gegen sie. Ich habe viel abzubitten vor dem edlen B.»

Unter den Schwestern war nicht mehr die Rede von der Sache.

Nur daß zuweilen Josephine ängstlich nach der Tür blickte, wenn während Ludwigs Anwesenheit irgendein Geräusch im Hause von der Ankunft eines Besuches hörbar wurde. Sie atmete auf, wenn keine Störung eintrat, die höchst unerwünscht war, von wem immer sie sei.

Die Wäsche war fertig geworden und wurde dem Meister mit einem zierlichen Briefchen als Dedikation in die Wohnung geschickt. Er kam alsogleich überströmenden Herzens und brachte zum Dank einen Sack voll Musik mit Gegendedikationen für Theresa und Josephine. Sie empfingen die kostbaren handschriftlichen Blätter wie Weihegeschenke. Es war ein Tag ungetrübten Glücks, die frühere

Herzlichkeit und Unbefangenheit war wiedergekehrt; Giulietta schien vergessen.

Bei Lobkowitz war einer der gewöhnlichen intimen musikalischen Hausabende, an denen der Künstler häufig teilnahm. Es waren nur wenige Menschen zugezogen; der Fürst wollte seinen wöchentlichen Quartettabend, wo er selbst mitspielte, für sich genießen; er zog es mitunter vor, mit seinen Musikern allein zu bleiben.

Der Meister war etwas verfrüht erschienen, die Räume waren halbdunkel, nur in dem kleinen Musikzimmer, wo solche Hausmusik gepflegt wurde, brannte Kerzenlicht. Es schien noch niemand anwesend.

Als er eintrat, sah er zu seiner Überraschung Giulietta am Klavier stehen. Sie empfing ihn mit einem glückseligen Lächeln.

«Warum haben Sie sich nicht mehr blicken lassen», fuhr er sie etwas unsanft an, «sind Sie mir untreu geworden?!»

«Im Gegenteil», lächelte sie, «ich habe mich nur nicht getraut, weil ich fürchtete, meinen Kusinen lästig zu fallen. Ich habe gewußt, daß ich Sie hier treffen werde, darum bin ich da!»

«Ich habe an Sie gedacht», erwiderte er und griff in die Tasche: «Seit acht Tagen trage ich das hier in der Tasche herum, Ihre Variationen!»

Sie nahm das kostbare Geschenk freudestrahlend entgegen und ergriff seine Hand: «Sie wissen nicht, wie glücklich Sie mich machen -»

Stimmen wurden im Nebensaal laut, der Fürst humpelte auf seinen Krücken herein, begleitet von den Eltern Giuliettas, Graf und Gräfin Guicciardi, und mit ihnen der Graf de Fries und Gallenberg. Giulietta verbarg ängstlich die empfangene Notenrolle und plauderte in heiterster Unbefangenheit, das Gespräch nahm eine allgemeine Wendung. Graf de Fries machte seine Einladung für eine musikalische Soiree für nächste Woche und bat in zuvorkommendster Form den Künstler um sein Erscheinen. Meister Ludwig war etwas unentschieden; er blickte um sich, wie einen Entschluß zu finden, da begegnete sein Blick dem Giuliettens, die mit Gallenberg, der ihm den Rücken zugekehrt hatte, sich lachend unterhielt; es schien ihm, als hätte sie ihm zugenickt; sofort nahm er die Einladung an. Zmeskall war mit dem Kapellmeister Hummel erschienen, der im Hausquartett mitspielte; man nahm sofort an den Pulten Platz, Ludwig verfügte sich an das Klavier, ein hurtiges Gebrodel und Gefiedel erhob sich alsbald; der Fürst und seine Quartettfreunde waren in ihrem Element.

Gespielt wurden einige neue Quartettsätze des Meisters, die er für solche Gelegenheiten schuf. Diente das Klavier seiner persönlichen Aussprache, darin er sein Innerstes aufschloß, wie in den Sonaten, so bildeten seine Kammermusiken, Klavier mit Streichern oder Bläserensemble mit Streichinstrumenten oder Streicher allein, seine Trios, Quartette, Quintette, das Sextett oder das berühmte Septett sein Gesellschaftsleben. Hier wurden keine schweren Probleme gewälzt; man wollte sich unterhalten im Zwiegespräch der Instrumente; die Fragen des Lebens und der Kampf wurden in spielender Gesprächsform erledigt.

Darum war die Gattung so beliebt, Liebhaber und Verleger rissen sich darum.

Die wenigen zuhörenden Kunstfreunde hatten im Hintergrund des Zimmers Platz genommen. In einer Ecke, ganz im Halbdunkel, hatte Giulietta Platz genommen, Graf Gallenberg saß neben ihr.

Er hatte an dem Spiel Beethovens allerlei auszusetzen.

«Dieser Mensch malträtiert das Klavier», flüsterte er seiner Nachbarin zu. «Schrecklich, schrecklich! Er tritt geheiligte Traditionen mit Füßen, der Barbar! Hören Sie nur, Giulietta! Er hämmert wie mit Zyklopenfäusten! Wie unrein dieses Spiel klingt! O heiliger Mozart, du müßtest dich im Grabe umwenden, wenn du hören würdest, was aus deiner Kunst geworden ist! Dieser Mensch hat ja keine Ahnung von der graziösen Eleganz, der leichten Anmut des Anschlages, die uns der große Wolfgang Amadeus vererbt hat! Alles schwer, massig, wie in einer Grobschmiede! Und Sie wollten sich in die Hände dieses Grobschmieds begeben? Nimmermehr!»

Giulietta lächelte ihm ihr süßestes Lächeln zu. Sie widersprach nicht. Er nahm es für Zustimmung.

«In nächster Woche, Graf!» Ihr Blick, ihr Lächeln, das Spiel ihrer Hände - sie war freigebig mit Gnaden und Verheißungen. Sie war heute in der rechten Laune, den verliebten jungen Mann warm zu machen; ihre Koketterie nahm ihn ganz gefangen.

«Sie bleiben mir im Wort, Giulietta?!»

«Aber natürlich! Was ich versprochen habe, halte ich!» «Ich danke Ihnen, Gräfin, Sie werden meine Schülerin!»

«Ja, vorausgesetzt -»

«Vorausgesetzt, daß ich siege in dem Klavierkampf mit ihm! Können Sie daran zweifeln?»

«Nicht im mindesten!» Sie lachte still in sich hinein.

«Dann ist die Sache so gut wie abgemacht. Ich habe mit Ihren Eltern schon gesprochen.»

«Halt, Graf, nicht so eilig! Ich bin des Siegers Preis!»

«Ich muß diesen Preis haben, Giulietta!» flüsterte er heiß, indem er sich ganz zu ihr hinbeugte. «Ich muß! Mein Glück, meine Seligkeit hängt daran!»

«Geduld, lieber Graf! Doch erst müssen Sie den Sieg über ihn gewinnen, denken Sie vor allem daran! Es geht um Ruhm und Ehre. Meine Schülerschaft ist nur die Draufgabe, und das ist nur Plage für Sie!»

«Nicht die Schülerschaft allein, Giulietta, mein Hoffen und Wünschen zielt höher», brachte er heißer hervor.

Sie lehnte sich zurück, indem sie mit der Hand abwinkte und ihre Aufmerksamkeit fortab der Musik zuwendete.

Er schwieg gehorsam.

Als man sich nach dem Konzert trennte, gingen der Meister, Baron Zmeskall und Kapellmeister Hummel gemeinsam weg.

«Freunde», schlug Ludwig vor, «wir gehen noch auf eine Stunde in den Schwanen! Ich bin heute übermütig, ganz ausgelassen - nein, geliebtester Conte di Musica, Eure Zmeskallität werden die Gewogenheit haben, mir bei einem Glas Wein Gesellschaft zu leisten!»

Und dem Hummel rief er zu: «Nazerl, nimm ihn auf der einen Seite, ich auf der anderen und hinein in den Schwan, daß die Federn fliegen!»

Sie packten den Widerstrebenden, dem alles Sträuben nichts half; so zogen sie in das beliebte Stammbeisel ein, wo sie sich in einem der Hinterzinuner zu einem gemütlichen Abendtrunk niederließen.

Sie waren alle drei guter Dinge und ließen zunächst Musikereignisse und Personen Revue passieren. Im Verlauf der Unterhaltung bemerkte Hummel, daß sich Graf Gallenberg in nächster Woche beim Grafen de Fries hören lassen werde und daß man beabsichtige, Beethoven zu einem Turnier herauszufordern.

«Also ein Komplott!» rief der Meister unwillig und schlug auf den Tisch. «Aber da hat mir der Fries nichts gesagt! Keine Silbe! Ich wollte schon ablehnen - hol' mich dieser oder jener, ich war schwach genug, anzunehmen!»

«Nun, du wirst deinen Mann stellen», stachelte Hummel.

«Wenn du glaubst, daß ich mich mit dem grünen Jungen messe, dann bist du auf dem Holzweg!» polterte der Meister, der seiner Laune wild die Zügel schießen ließ. Um Augen und Lippen wetterleuchtete es bereits. Das Barometer kündete eben Sturm. «Da ist Falschheit im Spiel! Der gallengrüne Gallenberg soll erst zu mir in die Schule gehen, und wenn dann was Ordentliches aus ihm geworden ist, dann darf er sich erst zu Wort melden!»

«Nun, nun», meinte Hummel, «er ist ein tüchtiger Klavierspieler und Komponist, ein Schüler Mozarts!»

«Das sagen alle von sich, aber das imponiert mir nicht!»

Hummel war etwas verletzt durch diese wegwerfende Bemerkung, denn er war selbst Mozartschüler und begann die Klaviertechnik seiner Schule gegen den Meister zu verteidigen, dabei gerieten beide immer mehr in Hitze, und Zmeskall suchte vergebens die Streithähne zu beruhigen.

«Gallenbergs Vortrag ist das Muster von Reinheit und Deutlichkeit, von Eleganz und Zartheit, Vorzüge, die allgemein anerkannt sind», behauptete Hummel. Eigentlich meinte er seinen eigenen Vortrag, der allgemein diese Anerkennung fand; indem er Gallenberg lobte, verteidigte er seine eigene Festung. Das wollte Meister Ludwig keinesfalls gelten lassen.

«Gehacke», rief er. «Monoton wie ein Leierkasten, keine Spur von Phantasie. Und seine Kompositionen? Leichte Modeware! Wenn es hoch kommt, bloße Bearbeitungen Mozartischer und Haydnscher Motive!»

Hummel empfand dieses harte Urteil als direkt auf ihn gemünzte Beleidigung und gab mit gleicher Münze heraus.

«Meinetwegen zeichnest du dich durch Kraft und Bravour aus, aber als Virtuose hast du Mängel, die eine schlechte Schule verraten; besonders die Unexaktheit der Ausführung, die willkürlich verschleppten oder beschleunigten Tempi, die Undeutlichkeit des Vortrags, lauter Dinge, durch die du hinter Gallenberg, sicher aber hinter einem Wölffl zurückstehen mußt.»

Da sich Hummel auf Wölffl, den berühmten Salzburger Virtuosen und Mozart-Interpreten berief, gegen den der Meister vor einigen Jahren einen ehrenvollen Wettkampf bestanden hatte, den einzigen, den er nicht in Grund und Boden gespielt hatte, sondern der sich mit seiner entgegengesetzten Schule technisch gegen den Meister behauptete, der gleichwohl künstlerisch der überlegenere blieb, brachte Ludwig völlig in den Harnisch.

«Du redest wie meine Todfeinde», schrie er, «also gehörst du der Gegenpartei an, es ist gut, daß ich das weiß!»

Er sprang auf und rief den Zahlkellner Jean, der mit einer Schar Kellner bereits an der Tür lauerte und ängstlich auf die lärmende Gruppe hinspähte voll Besorgnis, daß der

Streit von den Gästen in dem anstoßenden Saal gehört werden könnte, die schon angefangen hatten, die Ohren zu spitzen.

Der Gerufene stürzte sogleich herbei. Der erzürnte Meister bezahlte seine Rechnung, nahm seinen Hut und stürmte hinaus. Zmeskall ihm nach. Hummel blieb ruhig sitzen.

Zmeskall suchte den Aufgeregten zu beruhigen.

Der aber wollte nicht hören. «Mit dem da drinnen hab' ich nichts mehr zu reden! Ich bin fertig mit ihm!» schrie er in der nachtstillen Gasse und lief spornstreichs davon.

Zmeskall kehrte zu dem allein zurückgebliebenen Hummel zurück, um diesem ins Gewissen zu reden. Am anderen Morgen schickte der erregte Meister dem Freund Hummel einen groben Brief:

Komme Er nicht mehr zu mir!
Er ist ein falscher Hund,
und falsche Hunde hole der Schinder.
Beethoven.

Er konnte sich gar nicht beruhigen.

Die Galle war ihm übergelaufen, er befand sich übel und hatte Leberschmerzen, wie immer, wenn er sich stark aufregte. An einen Besuch bei den Schwestern Brunszvik war heute nicht zu denken, überhaupt nicht an den Unterricht. Der junge Schüler Czerny wurde weggeschickt, ebenso Ferdinand Ries. Dieser hatte nur den Brief an Hummel zu bestellen.

Es war ein übler Tag; der alte Diener Herzog hatte seine

liebe Not. Niemand durfte vorgelassen werden.

«Es ist heute rein nicht zum Aushalten mit ihm», brummte der Alte, als gegen Abend Zmeskall erschien. «Er hat heut wieder seine Launen!»

Der Baron ließ sich nicht wegschicken und wurde von dem Meister mit finsterer Miene empfangen.

Zmeskall war als Parlamentär erschienen und fing diese Sache diplomatisch an.

«Es war ein bedauerliches Mißverständnis gestern», begann er, «und Hummel bereut seine Äußerungen.»

Und dann setzte Zmeskall behutsam auseinander, daß Hummel die Sache Gallenbergs anscheinend nur deshalb in Schutz nahm, weil er glaubte, der Meister wolle mit seinem abfälligen Urteil gegen den Grafen, das Hummel übrigens selbst unterschreibe, nur ihn, den Kapellmeister, treffen, nachdem er doch auch Mozartschüler sei; er habe darum alle Äußerungen des Meisters auf sich bezogen und sich nur seiner eigenen Haut wehren wollen. Er sei ganz unglücklich über das Zerwürfnis und besonders über den Brief, den ihm der Meister diesen Morgen geschickt habe.

Das Gesicht Ludwigs hellte sich auf bei diesen Worten.

«Natürlich habe ich nicht Hummel treffen wollen; es lag mir ganz fern, ihn kränken zu wollen! Das tut mir aber leid! Wenn es nun so ist, wie Ihr sagt, Zmeskall, dann seid so gut und sagt ihm, daß ich nichts gegen ihn habe. Ich werde ihm Abbitte leisten. Er soll mich morgen nachmittag besuchen, Schuppanzigh kommt auch; wir halten eine kleine Probe. Also tut mir die Liebe, geliebtester Amico!»

Der Baron war es wohl zufrieden, daß seine Mission so überaus gut geglückt war. Er schob es seiner diplomatischen

Fähigkeit zu, den Meister so rasch umgestimmt zu haben, und empfahl sich alsbald, um dem armen Hummel die tröstende Nachricht zu bringen.

Am anderen Morgen schickte der Meister seinen treuen Botengänger Ries wieder zu Hummel mit einem Billett, das folgenden Inhalt hatte:

Herzens-Nazerl!
Du bist ein ehrlicher Kerl und hattest recht, das sehe ich ein; komm also diesen Nachmittag zu mir, du findest auch den Schuppanzigh, und wir beide wollen dich rüffeln, knüffeln und schütteln, daß du deine Freude daran haben sollst.
Dich küßt
Dein Beethoven
auch Mehlschöberl genannt.

Es war Ludwig ein Seelenbedürfnis, dem gekränkten Freund ein gutes Wort zu geben. Ein Stein war ihm vom Herzen, als der Brief fort war. Er wußte, daß niemand glücklicher sein werde als Hummel.

Die Freunde waren dem Meister also doch nicht so sehr Instrumente, auf denen er spielte, je nachdem es ihm gefiel. Er taxierte sie nicht bloß nach dem, was sie ihm nützten, wie er in mißlaunigen Stunden selbst vermeinte. Er konnte es nicht verhindern, daß Herz dabei war. Er konnte leicht hart und verletzend sein - er war kein bequemer Freund -, aber er litt darunter, wenn er sah, was er in seinem Jähzorn angerichtet hatte.

Er verwünschte seine Erregbarkeit und klagte sich auch jetzt seiner übergroßen Heftigkeit an, die eigentlich nur

Ausfluß seiner Empfindlichkeit und darum Notwehr war; er verwünschte diese Erregbarkeit, die mit seinem galligen Temperament zusammenhing und in seiner körperlichen Indisposition begründet schien; er war oft unglücklich über seine leidenschaftliche Natur und die Hitze seines Blutes, die andererseits wieder ein Segen für den schaffenden Genius war, eine Kraft und ein Verhängnis zugleich. Wieviel Ungemach war daraus für ihn ersprossen! Wie viele bittere Zerwürfnisse, wieviel Leid und Reue! Er dachte an Leonore, mit der er sich einmal entzweit hatte; an den Freund Wegeler, den er durch hochfahrendes, aufbrausendes Wesen bitter gekränkt hatte, so daß dieser in Wien an seinem besseren Seelenteil schier verzweifeln wollte. Aber gerade dann kam immer wieder seine edle Natur um so herrlicher zum Vorschein: wie zart und innig wußte er sich wieder mit dem Engel Leonore auszusöhnen; wie tief verdemütigte er sich vor Wegeler, der ihm schonungslos einen Spiegel seines abscheulichen Betragens vorgehalten hatte. Wie groß war seine Reumütigkeit, mit der er dem beleidigten Freund Genugtuung tat, mehr als er an dem Geist der Freundschaft gesündigt hatte, die ihm immer ein hohes Ideal und ein wahres Herzensbedürfnis blieb. Wie liebreich wußte er nun auch seinen «Herzens-Nazerl», den Ignaz Hummel, für den ihm bereiteten Ärger zu entschädigen!

Soviel Licht, soviel Schatten! Wie groß war hinwiederum die Güte, die aus solcher Schroffheit hervorquoll! Wie groß der Segen daraus für seine Muse! Leidenschaft und Tragik, das waren die Pole, die seine Kunst beherrschten als «Ausdruck seines Seelenlebens»!

VIII. Kapitel

Es blieb kein Geheimnis, daß Gallenberg den Meister herausfordern wolle, um mit ihm um die Palme des künstlerischen Ruhmes zu ringen. In wenigen Tagen wußte es die ganze musikliebende Gesellschaft; im Lager der Gegner, die zahlreicher waren als die Freunde, frohlockte man bereits und freute sich, daß dem Hochmütigen der Kranz vom Haupte gerissen werden sollte. Die tieferen Gründe blieben freilich verborgen; nur die Schwestern Brunszvik wußten, daß eine Tochter Evas die heimliche Anstifterin des Sängerkrieges war: Giulietta!

Josephine fragte den Meister, ob es wahr sei, daß er sich herbeilasse, dem eitlen jungen Menschen solche Ehre anzutun. Ludwig verneinte; er sei nur zu dem Abend bei Fries geladen, wo sich Gallenberg produzieren wolle, das sei alles. Das übrige seien leere Kombinationen, die völlig aus der Luft gegriffen seien.

«Du siehst also, Theresa», meinte Josephine erleichtert, «der Meister hat uns nichts verschweigen wollen; es ist also nichts an der ganzen Geschichte!»

Auch Theresa war beruhigt; Giulietta habe damals in dem Salongespräch den eifersüchtigen Gallenberg nur necken wollen, und damit habe es sein Bewenden gehabt. Es war also keine Ursache, dem Meister davon zu erzählen, der sich vielleicht nur ärgern würde darüber; es scheint, daß sie den Plan, Unterricht bei ihm zu nehmen, aufgegeben habe. Die Schwestern waren einig darüber, daß es das klügste sei, die Sache mit Stillschweigen zu übergehen.

Gallenberg ging bei Giucciardis aus und ein. Der beharrliche Werber fand es geraten, sich bei den Eltern Giuliettas Liebkind zu machen. Die Giucciardis waren nicht sehr vermögend und hätten eine Verbindung ihrer Tochter mit dem jungen wohlsituierten Grafen gerne gesehen. Ihm war es darum zu tun, die Eltern Giuliettas zu gewinnen; mit ihrer Hilfe hoffte er auf die Hand der Tochter. Das war freilich noch eine sehr unsichere Rechnung. Giulietta war gewohnt, ihren eigenen Willen durchzusetzen, und die Eltern, die ihre einzige Tochter abgöttisch liebten, waren viel zu schwach, dem eigenmächtigen Geschöpf und seinen bizarren Launen auch nur den geringsten Widerstand entgegenzusetzen. Was das verzogene Kind wollte, geschah.

Die Variationen, die ihr Beethoven gewidmet hatte, kannte sie schon fast auswendig. Es machte ihr eine diabolische Freude, ihren Amant damit zu quälen. Sie spielte ihm die Sache vor, ohne zunächst zu verraten, was es sei. Er horchte interessiert auf; die Musik kam ihm exzentrisch vor, aber interessant.

«Freilich ist es das, und noch mehr», sagte sie belustigt, «ein echter Beethoven!»

Und beobachtete mit boshaftem Vergnügen die Wirkung, die solche Eröffnung auf den armen Gallenberg machte.

Er wand sich und schnitt Grimassen, als ob er Essig getrunken hätte, und fing auch sofort an, aufs schärfste zu kritisieren.

«Werden Sie mir solche Sachen zur Übung geben, wenn Sie mir Unterricht erteilen?» fragte sie naiv.

«Niemals!» erklärte er überzeugt.

«Schade!» sagte sie mit verstellter Trauer, «dann wird es recht langweilig für mich werden!»

«Wir pflegen klassische Musik», fügte er hinzu, «Bach, Mozart, Clementi. Ich hasse diese neumodische romantische Art!»

«Ach, Lieber!» seufzte sie mit drolliger Schwermut; «dann müßten Sie mich hassen; ich bin eben furchtbar romantisch!»

Und lachte sich diebisch ins Fäustchen, wenn sie sah, was er für ein faltiges, unglückliches Gesicht machte.

In dem hübschen Barockschlößchen des Grafen de Fries in Hietzing, nahe dem kaiserlichen Lustschloß Schönbrunn, hatte sich eine erwartungsvolle Gesellschaft eingefunden.

Der elfenbeinweiße, schlichte Musiksaal war bald gefüllt; auf dem Podium standen zwei Klaviere.

Beethoven war mit dem Fürsten Lichnowsky und dessen Bruder, Grafen Moritz, erschienen, ein feiner, geistreicher Mann, der eine tiefe Verehrung und Freundschaft für den Meister hegte. Sie nahmen seitlich neben den Klavieren Platz.

Ihnen gegenüber, auf der anderen Seite, saß Giulietta mit ihren Eltern. Nur eine flüchtige Begrüßung fand statt.

Ludwig sah sich um. Viele Bekannte aus der Aristokratie waren da, aber auch Berufsmusiker, namentlich solche der Gegenpartei, die in dem Grafen de Fries ihren Protektor erblickten.

Der Hausherr fühlte sich als Sekundant des gräflichen Amateurs und begleitete ihn hinauf zu dem Klavier. Gallenberg sah auffallend bleich und nervös aus, immerhin ging der erste Teil seiner Vorführung glatt vor sich. Er spielte eine Mozart-Phantasie tadellos, ohne allen Mißgriff, was ihm ostentativen Beifall eintrug, und begann dann, auf ein bestimmtes Thema frei zu phantasieren. Das Spiel war flach, kalt und leer; es war keine Regung von Seele oder persönlicher Eigenart zu spüren. Seine Freunde rasten vor Begeisterung. Nun sollte der große Augenblick kommen, auf den alle warteten. Gallenberg, von de Fries begleitet, ging auf Beethoven zu, machte ihm eine große Reverenz nach der Art eines ritterlichen Gegners und richtete an ihn unter atemloser Spannung und Aufmerksamkeit der Zuhörer die Frage, wie ihm seine Phantasie gefallen habe.

«Phantasie?» versetzte der Meister trocken, «wann fangen Sie denn eigentlich an?»

Gallenberg wurde grün im Gesicht und stotterte, aus dem Konzept gebracht, daß er eben eine freie Phantasie gespielt habe.

«Ach so», sagte der Meister gedehnt und so laut, daß es alle hören mußten, «ich dachte, Sie hätten erst so ein bißchen präludiert!»

Über diese robuste Bemerkung entstand schallendes Gelächter. Der verdutzte Amateur wurde rot und wieder blaß und schnappte nach Luft. Hilfesuchend sah er sich nach dem Grafen de Fries um, der mit den Lichnowskys und mit Lobkowitz eine Gruppe bildete, in ein eifriges, leise geführtes Gespräch vertieft. Sofort trat de Fries näher, wechselte ein paar Worte mit Gallenberg und kam mit diesem an den Meister heran.

«Darf ich Sie auffordern, Meister, mit mir über ein gleiches Thema, das Sie selbst angeben mögen, zu phantasieren?» sagte Gallenberg.

Die anderen umringten alsogleich die beiden Gegner.

«Lieber Freund», entgegnete Beethoven, «dazu verspüre ich gar keine Lust. Ich bin gekommen, zu hören und nicht zu spielen. Und außerdem kämpfen wir mit allzu ungleichen Waffen!»

Gallenberg wurde erregt; er fürchtete, er könnte um den Zweck der ganzen Sache kommen, wenn der Meister bei seiner Weigerung bliebe, und wandte sich zunächst fragend an de Fries. Dieser wieder wollte Lichnowsky als Gegensekundanten bitten, seinen Schützling aufzumuntern. Aber weder Lichnowsky noch Lobkowitz wollten sich zu dieser undankbaren Mission herbeilassen; sie wußten, daß es nur eine gegenteilige Wirkung haben könnte. Sie zuckten schweigend und ablehnend die Achsel.

Gallenberg versuchte es nun auf schärfere Art, und begann etwas hochfahrend: «Wenn Ihnen mein Spiel nicht gefallen hat, dann haben Sie die Pflicht, mir durch die Tat zu beweisen, ob Sie etwas Besseres dagegenzusetzen haben. Sie sind mir für Ihr Urteil Genugtuung schuldig; ich bitte Sie also, meine Aufforderung anzunehmen!»

Aber der gutmütige Bär war diesmal nicht aus der Fassung zu bringen, er blieb unerschütterlich.

«Sie haben mich um meine Meinung gefragt, und ich habe sie Ihnen offen gesagt», erwiderte er kühl, «verpflichtet bin ich Ihnen zu nichts!»

Die Sache drohte ins Wasser zu fallen.

«Nichts zu machen», sagte de Fries.

«Sie sind allzu vorsichtig, Meister», sagte Gallenberg impertinent.

«Seien Sie froh!» meinte gutlaunig Beethoven.

«Ich müßte annehmen, daß Sie nicht den Mut haben», wagte Gallenberg zu sagen, worauf ihm von Lichnowsky eine Zurechtweisung widerfuhr.

Dem guten Meister wallte nun allerdings sein Blut; er wollte dem Knaben eben eine derbe Abfuhr zuteil werden lassen, da fiel sein Blick auf Giulietta.

Sie war an die Gruppe nähergetreten und hielt den Meister fest im Auge, als ob sie ihn hypnotisieren wollte. Unwillkürlich, wie unter geheimem Bann, sah er nach der Richtung, wo sie stand. Sie hatte die Hände krampfhaft über die Brust gefaltet, wie zum innigen Flehen; zugleich blickte sie ihn so bittend, so dringend und zugleich so schmerzlich verlangend an, daß er nicht widerstehen konnte. Eine dämonische Macht lag in Blick und Gebärde. Er verstand sogleich und - gehorchte.

Niemand konnte das stumme Spiel bemerken; um so größer war die Überraschung, als er plötzlich den Grafen anherrschte: «Vorwärts, vorwärts, Don Rodrigo!», und mit wuchtigen Schritten, dem andern voran, das Podium beschritt.

Ein Beifallssturm brach los. Dann Stille.

Der Meister klopfte ein Thema heraus: vier Noten.

Gallenberg wiederholte es und begann suchend einen musikalischen Gedanken herauszuspinnen und aufzubauen. Aber es wollte sich nichts Rechtes gestalten, die Form zerfloß immer wieder; es kam nichts heraus.

Der Partner ließ ihn eine Weile zappeln, und als sich der andere erschöpft hatte, fing er an.

Zuerst tastend, scheinbar unentschlossen, den Weg prüfend, immer das simple Grundthema wie einen Ruf, ein geisterhaftes Klopfen aufklingen lassend, gleichsam nur wie eine unerfüllte Sehnsucht. Dann aber brach Leidenschaft jäh und unvermittelt hervor wie ein wildschäumender Katarakt von Tönen, und abflutend ein seliges Singen, eine seelenvolle Melodie im wundervollsten Legato wie die Umschlingung zweier Liebenden, daß es den Hörern wundersam ums Herz wurde; und immer wieder diese vier mahnenden Klopftöne, die ein plötzliches Düster über das eben noch so beglückende Tongemälde verbreiteten wie ein unerbittliches Verhängnis, ein grausam vernichtendes, dämonisches Element, dem leise Klagen antworteten, zerfließende Wehmut und schließlich, wie nach überwundenem Erdenleid, andachtsvolle himmelwärts gerichtete Klänge. Noch einmal kehrte das Klopfthema wieder, nicht als dunkler Schicksalston oder als Erdensehnsucht, sondern verklärt, wie das Pochen am Tor des Ewigen.

Die Gesellschaft konnte sich nur langsam aus dem Bann der Ergriffenheit lösen. Dann aber ging der Beifallssturm mit unerhörter Gewalt los. Auch die Gegner waren überwältigt und gebärdeten sich rasend vor Begeisterung. Es war ein entscheidender Sieg.

Als sich der Meister, der den Orkan über sich ergehen ließ, ohne sich zu rühren, nach seinem Klavierpartner umsah, war dieser verschwunden. Er hatte den Kampf als völlig aussichtslos aufgegeben und stillschweigend das Weite gesucht. Eigendünkel und völliges Verkennen der Urgewalten, die in dem Meister lebendig waren, hatten ihn verblendet, bis ihm seine schmähliche Niederlage die Augen geöffnet hatte.

Die Gesellschaft begab sich in die Salons, wo ein kaltes

Büfett aufgestellt war und die Diener Speisen und Getränke herumreichten. Das Musikzimmer war leer geworden. Der Meister kam suchend zurück, er hatte nirgends Giulietta erblickt.

Da stand sie dort, in der Nähe der Klaviere, allein, als ob sie ihn erwartet hätte. Er eilte auf sie zu, von heißer Sehnsucht getrieben, und öffnete unwillkürlich die Arme, um sie zu umfangen. Sie ließ es geschehen und bot ihm ihre Lippen dar zum ersten Liebeskuß.

«Giulietta!» stammelte er. «Du hast mich in Baden besucht!»

Und sie: «Mein Meister, du! Der Kampfpreis ich! Du hast heute unser Schicksalslied gesungen!»

Er kehrte nicht in den Gesellschaftsraum zurück. Es litt ihn nicht unter den Menschen. Es war ihm wirr zu Sinn, er mußte fort, fort in die dunkle sternenflimmernde Nacht hinaus. Draußen ward ihm wohler; seine wirren Gedanken ordneten sich allmählich. Eines konnte er nicht fassen, es stand wie ein Rätsel über ihm: wie kam das nur alles? Eine Seligkeit sang in seinen Sinnen, und trotzdem dieses dumpfe, brennende Weh in der Tiefe des Herzens!

Er war lange umhergeirrt und kam endlich spät nach Mitternacht heim.

Dann setzte er sich hin und schrieb in sein Notizbuch die Worte: «Ich bin nicht schlimm - heißes Blut ist meine Bosheit - mein Verbrechen Jugend - schlimm bin ich nicht - schlimm wahrlich nicht - wenn auch so oft wilde Wallungen - mein Herz verklagen - mein Herz ist gut. - Wohltun, wo man kann - Freiheit über alles lieben, Wahrheit nie - auch sogar am Throne nicht verleugnen!»

Er war erhitzt, die Wanderung in der Nacht, das heiße Blut; er warf den Oberrock ab - wie dumpf und schwül war es doch im Zimmer! Er riß alle Fenster auf: der kühle Luftzug tat wohl und trocknete die feuchte Stirn; in vollen Zügen sog er den kalten Atem der Nacht ein, das beruhigte.

Er begab sich zu Bett und lag wie im Fieber; kein erquickender Schlaf wollte kommen, nur bleischwere Müdigkeit drückte ihn nieder. Am anderen Morgen fühlte er sich wie zerschlagen; es kam über ihn wie eine Krankheit, er schleppte sich hin und wußte nicht, was und wo es ihm fehle. Das böse Ohrensausen, an dem er früher litt, stellte sich wieder ein.

An den Unterricht bei den Brunszviks war nicht zu denken; er erschien heute nicht bei den Schwestern; auch nicht an den folgenden Tagen. Auch schreiben mochte er nicht, um sein Fernbleiben zu entschuldigen; er konnte keinen Entschluß finden und lebte wie in einer Art Betäubung dahin.

So vergingen acht Tage; er fing an, sich etwas zu erholen. Auch das Ohrensausen hatte aufgehört.

Merkwürdig, wie schwer es ihm war, den Unterricht bei den Schwestern wieder aufzunehmen, während es ihn sonst mit tausend Händen hinzog, so daß er in liebender Ungeduld die Stunde herbeisehnte und früher kam und um so später ging.

Und jetzt! Ein Schuldgefühl drückte ihn; wie sollte er vor Theresa erscheinen, der reinen, lieben, guten! Und vor der anmutigen Josephine!

«Morgen», dachte er, «morgen.»

So verstrich wieder ein Tag um den anderen.

Eines Morgens brachte der Diener einen Brief, der abgegeben worden war. Der Meister drehte den Brief in seinen Händen lange um und um; es ahnte ihm nichts Gutes. Das große feine Papier, Elfenbeinton, die klare, großzügige Schrift, die ihm bekannt dünkte; das Herz schlug ihm in der Brust - er betrachtete aufmerksam das Siegel: es war das Brunszviksche Wappen.

Hastig riß er das Kuvert auf und las:

Teurer Meister !
Wenn Sie diesen Brief lesen, sind wir schon in weiter Ferne. Mama wünschte, daß wir nach Martonvásár zurückkehren. Wir haben so lange und schmerzlich Ihre liebe Anwesenheit entbehrt und sagen Ihnen nun durch diese Zeilen Lebewohl! Der Sommer gehört den Arbeiten auf dem Gut, der ländlichen Stille und Einsamkeit. Gebe Gott, daß wir uns im Herbst wieder in Wien finden. Josephine und ich danken Ihnen aus vollem Herzen für die kostbaren Stunden, die uns unvergeßlich bleiben. Wir sind tief betrübt.
Ihre treue Theresa.

Das Blatt entsank seinen zitternden Händen. Heiß quoll ein würgender Schmerz in seiner Brust herauf und stieg siedend in die Augen. Er warf sich stöhnend aufs Bett und weinte im wilden Sturm des Wehs und der Verzweiflung. So kam es über ihn, was er lange zurückgedrängt und kaum gewußt hatte. «Verloren, verloren, o meine geliebte Theresa, mein Engel, mein Alles! Warum es so kommen mußte, warum, warum?»

Aber was er auch klagte - da lag der Brief am Boden, den

er wieder sorgfältig aufhob und küßte und an seiner Brust verwahrte: was er in wenigen Worten enthielt, es war ein Abschied.

Für immer?!

«Es kann nicht sein, es darf nicht sein! Du darfst nicht von mir gehen, wie Leonore von mir ging! Meine Geliebte, meine Muse, mein Teuerstes!»

Jetzt war es ihm klar: er liebte Theresa wie sein besseres Ich, wie ein Idealbild, wie die Göttin Kunst, der sein Leben geweiht war.

Warum hatte er nicht gesprochen, als es noch Zeit war; warum hatte er ihr nicht gesagt, daß er in heißer Verehrung zu ihr betete wie zu einer Himmlischen, daß sie seinen Lebensweg begleite? Warum blieb sein Mund verschlossen in scheuer, stummer Verehrung?

So ging sein vergebliches Fragen.

Aber immer meldete sich der quälende Gedanke:

«Durch eigene Schuld!»

Und sein Gewissen schrieb mit dem Finger in feurigen Lettern dieses eine Wort in seine Seele, das alles Schuldbewußtsein umfaßte:

«Giulietta!»

Ja, das war es! In dem verführerischen Bild Giuliettas verkörperte sich das, was er sich jetzt in bitteren Selbstanklagen vorwarf: die Untreue gegen sein Ideal Theresa! Sie, das keusche Idealbild, hat es geahnt oder vielleicht gar gewußt und ist ihm entschwunden! Er wollte sich nicht beschönigen vor sich und führte es sich mit aller Schärfe vor Augen, daß er um Giuliettas willen die hehre Geliebte verleugnet habe. Daß all sein Sinnen und Denken sich der Koketten zuwandte, daß er in Sehnsucht nach ihr verging und in Sinnenlust entbrannt war, von dem ersten Augenblick an, da er sie sah, und daß von dieser Stunde an nicht mehr Theresa als Verkörperung der himmlischen Liebe in seinem Herzen thronte, sondern sie, Giulietta, dieses betörende Trugbild der irdischen Liebe, das sein Fühlen und Denken verwirrte und umnebelte. Liebe auf den ersten Blick!

«Wäre ich ihr doch nie begegnet! Ich Unseliger, Elender! Warum mußte sie mich als geheimnisvoll verschleierte Versucherin in Baden aufsuchen und mir diese Unruhe ins Gemüt legen, daran ich seit damals litt! Warum kam sie zu den Schwestern, wo mir plötzlich die Ahnung aufstieg, sie ist es! Und nun doppelt heißes Verlangen in mir entbrannte? Und dann bei Lobkowitz, und schließlich neulich?! Warum, warum das alles?! Oh, wie ich sie hasse, hasse, hasse!»

Es fiel ihm wie Schuppen von den Augen; ein Wahnbild, das von seinem Hirn und Herzen Besitz ergriffen und ihn verlockt und verstört hatte, zerfloß in nichts; in ungetrübter Reinheit thronte wieder Theresa auf dem Altar, den er ihr in seinem Innern errichtet hatte; sie war keineswegs verstoßen, nur sein umflorter Blick war trübe geworden und hatte ihre segnende Gegenwart nicht mehr gesehen in dieser Klarheit und Helle, wie er sie jetzt sah - und doch war sie nun entrückt, unerreichbar wie einst seine jugendliche Leonore, die ihm Theresa mehr als reichlich ersetzt hatte.

«Unerreichbar? Nein!»

Sein nächster Gedanke war, nach Martonvásár zu schreiben und Theresa alles zu beichten.

Er setzte sich sofort hin und fing den Brief an:

«Geliebte Theresa!»

Nein, das geht nicht!

Er zerriß das Blatt und nahm ein anderes her.

«Verehrungswürdige Theresa!»

Ja, das klingt besser. Nicht so vertraulich, was etwas verfrüht wäre. Er schrieb ein bis zwei Zeilen, dann stockte er wieder. Wie soll man nur das Unsagbare fassen?

Wieder zerriß er das Blatt und fing ein drittes an. Aber er kam nicht weiter. «Mit dem Schreiben geht's nicht!»

«Halt! Am besten mündlich! Franz Brunszvik als guter Freund wird mich verstehen und den Dolmetsch meines Gewissens machen. Mit dem Schreiben hat's dann immer noch Zeit!»

Aber o weh! Franz war nicht in Wien; der Meister erinnerte sich jetzt, daß er bereits vor einigen Wochen nach dem Gut in Ungarn abgereist war.

Ludwig fühlte sich wieder elend, seine Hoffnungslosigkeit und Verlassenheit kam ihm nun mit voller Schärfe zum Bewußtsein. Er brütete vor sich hin und fand keinen Ausweg. Die Stunden verrannen.

Herzog steckte den Kopf zur Tür herein und reichte seinem Herrn ein Briefchen hin. Rosa Papier, parfümiert.

«Von einer Dame abgegeben. Sie kommt morgen wieder, Punkt elf!» Sagte es und zog sich zurück. Der Tiefbekümmerte las:

Meister! Ich wartete - vergebens! Nun komme ich selber! Ich erinnere an das Versprechen. Wann beginnen die Unterrichtsstunden? Morgen elf Uhr vor mittag bin ich hier.
Es harrt in treuem Gedenken -
Giulietta

In einem Anfall heftigen Zornes zerriß Ludwig das Briefchen in tausend kleine Fetzen.

«Ach, dieser Vampir! Diese falsche Hexe! Diese Räuberin!»

Dann schrie er zur Tür hinaus:

«Morgen um elf Uhr nicht zu sprechen!»

Er bekam keine Antwort, die er übrigens auch nicht zu erwarten schien, und schlug krachend die Tür wieder zu.

Mit großen Schritten stampfte er hin und her, wütend. Er war wieder ganz lebendig geworden.

«Warte nur, du böse kleine Hexe!»

Er freute sich grimmig auf morgen, wo sie mit langer Miene wird abziehen müssen.

«Einen Strich unter die ganze verdammte Geschichte setzen und reumütig alles bekennen - von vorne anfangen, besser, schöner! Oh, Theresa wird verstehen und verzeihen - sie ist edel, sie ist gut!»

Er war mit starken Entschlüssen gewappnet.

«Es muß alles wieder gut werden! So wie es vorher war. Und dann - nun, wenn alles wieder in Ordnung ist, dann hat die üble Sache doch auch ein Gutes gehabt!»

Er setzte sich ans Klavier und tobte stundenlang. Am nächsten Vormittag stand er gegen elf Uhr an der Zimmertür und horchte in das Vorzimmer hinaus.

Es schlug elf; niemand kam. Er wurde unruhig. Sollte sie ihn wirklich sitzenlassen? Er wünschte, daß sie käme; er wollte die Genugtuung haben, sie abweisen zu lassen.

«Ist Herzog nicht da? Hat er vielleicht das Klingeln nicht gehört?»

Er wollte eben hinaustreten, um sich von der Anwesenheit des Dieners zu überzeugen, da ging die Glocke. Er hörte, wie Herzog öffnete und eine bekannte wohlklingende Stimme sprach.

«Bei Gott, das ist sie!»

Das Herz schlug ihm gewaltig.

Es tat ihm plötzlich weh, der Armen eine herbe Enttäuschung zu bereiten.

«Man könnte vielleicht eine andere, bessere Form wählen! Sie war doch eigentlich liebreich und hatte ihm nichts Böses getan. Was konnte sie dafür, daß er an solchem Zwiespalt und Gewissensqualen litt. Sie konnte ja von allem nichts wissen!»

Das Mitgefühl wollte Oberhand gewinnen.

«Was, zum Teufel, fällt dem Kerl ein zu sagen, daß ich zu Hause bin und sie erwarte! Hatte er gestern keine Ohren, oder vergessen, was ich befohlen habe?! Nun gut, sie wird einen gehörigen Empfang haben - einmal und nicht wieder!»

Er trat von der Tür zurück, herein schwebte mit unbefangenem, glücklichem Lächeln: Giulietta.

Kalt schnitt der Meister jedes weitere Wort ab und sagte mit trockener Sachlichkeit:

«Setzen Sie sich gleich ans Klavier, Gräfin, wir wollen noch einmal eine Probe machen, ob ich Sie als Schülerin annehmen kann.»

Folgsam und ohne Widerrede, wie ein braves Schulmädchen, gehorchte sie und wartete am Klavier stumm und aufmerksam, was er ihr vorlegen werde.

Dann fing sie zu spielen an.

Er traute seinen Ohren nicht: wo ist das feurige Temperament, das hinreißende Spiel geblieben, mit dem sie bei der ersten Begegnung im Hause Brunszvik seine Variationen aus dem Gedächtnis wiederholte? Nicht eine Spur ist davon zu merken! Nur fades Geklimper! Keine Spur von dem Geist Theresas, von dem frischen Talent Josephinens!

«Was ist mit Ihnen?! Ich kenne Sie gar nicht mehr!» Zornig riß er das Notenblatt vom Pult weg, daß es entzweiging.

«Ich kenne ja meine eigenen Noten nicht mehr, wenn Sie spielen! Ich muß mich getäuscht haben, Gräfin, als ich Sie das erstemal hörte; aber ich kann Sie nicht als Schülerin aufnehmen; es scheint, Sie haben gar kein Talent dafür!»

Giulietta war aufgestanden, ihre Augen schwammen in Tränen. «Es ist nur, weil Sie böse auf mich sind!»

Diese Tränen, diese Worte, der weiche kindliche Ton wandelten ihn augenblicklich um; das Eis schmolz in der Brust, er fühlte es plötzlich warm von innen her.

«Nein, Giulietta», sagte er ganz verändert, «ich bin nicht böse auf Sie!»

Doch er besann sich rasch und ließ sie rauh an: «Doch gehen Sie, gehen Sie! Ich wollte, ich hätte Sie nie gesehen!»

Sie hob ihren feuchten Blick zu ihm empor voll rührender Trauer, bittend:

«Ich weiß es, ich bin an allein schuld: Verzeihen Sie mir!»

Er sah verwundert auf:

«Schuld, woran? Wieso?! Ach, Sie können ja doch nichts dafür!»

«Doch, doch!» ereiferte sie sich. «Oh, Sie wissen es noch nicht? Ich war es, die ihn zum Wettkampf trieb, weil ich seine Niederlage voraussah!»

«Ach so!» Er war ganz erstaunt, und sie erzählte den

Hergang. «Ich sagte Ihnen doch, daß ich der Kampfpreis bin und nur dessen Schülerin werde, der obsiegt!»

«Ja, warum das alles?!» Die Sache wurde für ihn immer merkwürdiger.

«Weil ich ihn nicht anders los werden konnte!»

«Ah, weil Sie ihn also los sein wollten! Das ist aber raffiniert!»

«Nun muß ich ja doch zu Gallenberg zurück! Sie verstoßen mich ja!»

«Zu Gallenberg?» schrie Ludwig, «nie und nimmermehr! Sie bleiben bei mir!»

«Er wirbt um meine Hand bei den Eltern -»

Ludwig stampfte mit dem Fuße auf: «Dieser greisenhafte Jüngling! Es wäre schade um Sie! Er verdient Sie nicht! Lieben Sie ihn?!»

«Ich verabscheue ihn! Ich wollte ihm entgehen, als Lehrer - und als Freier! Lieben kann ich nur einen genialen Mann von der Bedeutung wie - nun wie Sie, Meister!»

«Giulietta!»

«Ich muß zurück zu Gallenberg - er liebt mich, und Sie - Sie hassen mich!»

«Nein, Giulietta, tausendmal nein - ich hasse dich nicht - Giulietta, ich liebe dich! Es mußte ja alles so kommen! Mein - mein, vor aller Welt!»

«Still, still!» Sie verschloß ihm den Mund.

Er hatte sie in seine Arme gerissen, trunken von Liebe und Seligkeit. Vergessen war Theresa, vergessen das Leid und die Reue: er wußte nur, daß er die eine mit heißem Verlangen liebte und von ihr wieder geliebt wurde, von dem ersten Augenblick an, da sie sich gesehen, eigentlich damals schon, da sie verschleiert vor ihm stand, noch fremd und unbekannt.

«Sag' mir das eine, Giulietta, warum hast du mich damals in Baden heimgesucht? Du kanntest mich so wenig, wie ich dich kannte.»

«Oh», plauderte sie ganz vergnügt, «ich kannte dich aus den Reden meiner Kusinen, die furchtbar schwärmten von dir und ein großes Geheimnis aus dir machten. Sie waren eifersüchtig -»

Ludwig stieß sie von sich. Er fühlte einen brennenden Stachel in der Brust.

«Kein schiefes Wort gegen sie!» gebot er. «Theresa ist eine Heilige!»

«Ich war neugierig», fuhr Giulietta fort, «mich reizte die Idee, schließlich gewann sie Herrschaft über mich; ich mußte, ich konnte einfach nicht anders. Es war wie eine unwiderstehliche Macht, die mich zu dir zwang. Es war Schicksal! Und nun bin ich stolz auf meinen Löwen! Große, bedeutende Männer waren immer mein Schwarm. Nicht dieser schwächliche Gallenberg. Je mehr er gegen dich eiferte, desto mehr war ich für dich. Ich sage nichts gegen meine Kusinen, aber ich wollte triumphieren über sie; ihr Stolz tat mir weh! Nun bin ich es zufrieden! Wir gehören zusammen - ich fühlte es und gehorchte, das ist alles!»

Er schwieg; irgendwie drückte ihn eine Schuld; aber er fühlte das gleiche, dieses schöne junge, pantherhafte Wesen war unentrinnbares Schicksal, Bestimmung, Liebe, die wie ein Frühlingssturm über ihn hereinbrach, ein Elementarereignis, dagegen alle Vernunft und Besonnenheit ohnmächtig war.

Nun blieb keine andere Wahl, als besinnungslos dem Ruf dieser schicksalshaften Liebe zu folgen nach einem dunklen Ziel, das seiner wartete, ohne umzusehen nach jener Lichtgestalt, die in der Ferne nach ihm trauerte. - Vielleicht, vielleicht auch nicht! Denn er sagte sich jetzt: sie denken wohl gar nicht an dich, wenigstens nicht so, wie du ihrer gedachtest, und Theresa, die Kühle, Keusche, Reine, liebt dich ja gar nicht, sie verehren dich als ihren Lehrer, nicht anders - Giulietta aber liebt dich als Weib, und ich liebe sie wieder; was also hast du dir vorzuwerfen?

Indem er also eine mahnende Stimme in seinen Innern überredete und sich ganz dem süßen Zauber dieser neuen stürmischen Liebe hingab, fühlte er ein ungekanntes Glück aus verborgenen Tiefen strömen, das ihn kühn und übermütig machte: er fühlte Riesenkräfte in sich; die Zukunft stand groß und glänzend vor ihm. Aus der Leidenschaft wuchsen seine starken Entschlüsse und gewaltigen Schöpfungen.

Er setzte sich ans Klavier und begann zu phantasieren.

«Horch!» sagte er, «was in jener Mondscheinnacht entstand, als du bei mir warst und ich dich stundenlang suchte in dem silberhell überglänzten Tal», und er spielte ihr sein Opus 27 vor, das den Titel «Mondscheinsonate» führt. «Sie war dir bestimmt, sie ist das Denkmal unserer Liebe - unser Kind!»

Sie versuchte, das Werk nach ihm zu spielen; er war erstaunt über die Kraft der Einfühlung; während sie bei der Probe vorhin ganz versagt hatte, war sie jetzt eine andere, ihr Spiel hinreißend wie damals, als er sie bei den Brunszviks gehört hatte.

«Wunderliches Wesen», dachte er, «sie lebt und webt in der Liebe; aus ihr schöpft sie ungeahnte Kräfte, die sie zu allem befähigen, zum Höchsten wie zum Tiefsten, und dann ist es unmöglich, ihr zu widerstehen. Das nenne ich Rasse! Aber außerhalb der Liebe ist sie leblos, uninteressant, tot. Fürwahr, es ist eine Wonne, von ihr geliebt zu werden, und doppelte Wonne, sie wieder zu lieben! Oh, unnennbares Glück!»

Sie lachten und scherzten zusammen wie sorglose Kinder, heiter und selig, weltvergessen. Die Stunden glitten vorüber; sie waren ihnen wie ein Augenblick, und sie erschraken, als sie merkten, daß es spät geworden war.

Giulietta machte sich eilends auf. Indem er sie zum Abschied umarmte, flüsterte er: «Erlaubt will ich mein dich nennen!» Lächelnd enteilte sie.

IX. Kapitel

Neue Schaffenslust ist über den Meister gekommen, er arbeitet wie im Fieber. Zwei Symphonien sind vollendet; sie atmen glückselige Laune und haben bei ihren ersten Aufführungen im Palais Rasumoffsky und bei Lobkowitz, der ganze italienische Opern in seinem Hause mit großem Orchester und Sängerpersonal in kostspieliger Weise in Szene gehen läßt und natürlich auch immer das Neueste vom Neuen haben muß, wie die Symphonien Beethovens, tiefen Eindruck gemacht; der Erfolg ist auch bei den öffentlichen Wiederholungen nicht ausgeblieben, neben dem Ruhm des Virtuosen beginnt auch der des Komponisten in der Welt zu erglänzen. Mit Riesenschritten eilt der Künstler dem Zenit entgegen.

Trotzdem, die Symphonien genügen ihm nicht; er spürt, daß er noch zu sehr im Banne der Überlieferung stand, wie ungewöhnlich und kühn sie auch seinen Verehrern erscheinen mochten; viel Größeres, Gewaltigeres ahnt der Meister, das noch in seiner Brust schlummert und sich in ersten Ansätzen und flüchtigen Entwürfen regt; Blitze mußten niederfahren, Sturm und Donner, die den Felsen spalten und die Schätze enthüllen, die tief verborgen im Inneren ruhen.

Verleger überlaufen ihn, sie machen gute Geschäfte mit seinen Sachen, er kommt kaum dazu, alle Anträge zu erwidern. Auf jede neue Komposition hat er sechs, sieben Verleger und noch mehr, wenn er will; er rühmt sich dessen und sagt: «Man akkordiert nicht mehr mit mir; ich fordere, und man zahlt.» Am eifrigsten sind die Wiener Verleger Diabelli und die «Paternostergäßler» Steiner und Haslinger, die einander den Rang ablaufen. Mit den «Paternostergäßlern» hat der Meister einen bequemen Modus eingeführt; er spricht mit ihnen durch die militärische Blume, befehlshaberisch. Sich selbst nennt er «Generalissimus», Steiner den «Generalleutnant», Haslinger «Adjutant», das Geschäft ist das «Generalleutnantsamt», wo er mehrmals die Woche gegen die Mittagszeit erscheint und die Geschäftsfreunde durch seinen grimmigen Humor und seine derbwuchtigen Seitenhiebe zu traktieren pflegt, besonders wenn die «geharnischten Männer», nämlich die Honorare, die zu dem «Generalissimus» zu marschieren haben, sich verzögerten. Dann kommt es hinwieder zu drastischen Wutausbrüchen, mündlich oder schriftlich. Steiner ist dann ein «hauptfilziger, schuftiger Kerl»; Diabelli wird beharrlich als «Diabolus» bezeichnet; Schotts Söhne in Mainz, die Verbindung mit ihm unterhalten, ebenso wie Breitkopf und Härtel in Leipzig oder wie Simrock in Bonn, sein ehemaliger Orchestergenosse am kurfürstlichen Hof, der sich als Verleger aufgetan, werden mit ähnlichen Ehrentiteln bedacht wie die «Mainzer Gassenbuben»; mit dem Kosenamen «Lumpenkerl» ist der temperamentvolle Meister nach allen Seiten hin freigebig. Die geriebenen Geschäftsleute machen gute Miene zu dem bösen Spiel; die Hauptsache ist der Profit, der dabei herausschaut.

Das denken auch die Brüder, die nun eifrig zu tun haben, als die Dichtermühle so eifrig mahlt; sie suchen und finden ihren Vorteil dabei. Karl ist inzwischen wieder einmal hinausgeflogen; dafür steht augenblicklich erneut Bruder

Johann in Gnaden, der ganz das Ebenbild des Vaters ist, groß, hübsch, aber auch anmaßend und oberflächlich. Ludwig verträgt ihn nicht leicht, seine grobmaterielle Gesinnung und taktlose Art ist ihm zuwider, aber er braucht eine geschäftliche Hilfe; die Beschäftigung mit der Muse läßt ihm wenig Zeit und Sinn dafür. Johann ist noch ärger auf Geld als Karl, er will eine Apotheke in Linz kaufen; Ludwig muß helfen. Zwar ist Johann nicht ungeschickt als Geschäftsträger und Sekretär, aber der praktische Erfolg fließt hauptsächlich in seine Tasche, der Meister hat Ärger und Streit mit ihm, und schließlich setzt er auch ihn an die Luft. Da ist ihm Karl, obschon er auch diesem nicht allzuviel traut, doch noch lieber.

Die Liebe ist es, die seinen Genius beflügelt, seine Produktion befeuert und seinen Erwerb zu erhöhen ihn antreibt. Er will seine Zukunft sichern. Er fühlt große Aufgaben und Pflichten vor sich. Auch in seiner äußeren Lebensführung ist eine Änderung eingetreten. Er hat eine neue, schöne Wohnung im Hamburger Haus auf der Seilerstätte bezogen, die einst Haydn innehatte. Die Fenster blicken über die Bastei hinaus ins Grüne zur Karlskirche und weit hinaus bis Baden; an schönen Tagen kann er den Schneeberg und die steirischen Alpen sehen.

Giulietta kommt fleißig zu den Stunden, mit Stolz zeigt er die Fernsicht.

«So liebe ich es schon vom Rhein her», erzählte er ihr. Die rheinische Heimat kann er nicht vergessen; er sieht noch alles mit rheinischen Augen, auch die Wiener Gegend, die ihm so zusagt, weil sie mit seiner Heimat viele verwandte Züge hat, wo er von dem Speicher in der Rheingasse durch Fernrohre, die oben aufgestellt waren, sieben Stunden weit bis ins Siebengebirge jenseits des Stroms sehen konnte. «Vom Dachfenster des Elternhauses sah ich die lieblichen Bilder, den barocken Schloßgarten bis zum alten Zoll an der Bastei und darüber hinaus die großen Baumalleen am glänzenden Strom bis zur Baumschule und Poppelsdorf, wo wir oft hinauswanderten, Leonore und ich mit ihren Brüdern. Es war eine selige Zeit; sie liegt so weit, so weit! Aber auch schauerlichernste Dinge erlebte man von oben. Vom Speicher aus sah ich als Kind den großen Schloßbrand und später die fürchterliche Rheinüberschwemmung; wir mußten die Wohnung auf Leitern verlassen; in den Straßen schwammen Kähne. Das wirkte wie ein tragischer Akkord; in der Musik ist es wie in der Seele, die plötzlich Katastrophen entbindet; das macht groß und ehrfürchtig. Nichts geschieht mit lauer Mäßigung; dabei wird nichts - es müssen Erschütterungen kommen, Liebe oder auch Leid, dann wird auch Musik!»

«Ist's an dem einen nicht genug?!» fragte Giulietta. Ries war gekommen, als sie wegging.

«Haben Sie die geheimnisvolle Fremde von Baden nicht mehr gesehen?» fragte der Meister. Ries erzählte, sie sei ihm öfters noch zu Gesicht gekommen, immer nur im Wagen, auch einmal unverschleiert. «Sah sie aus wie die Gräfin Guicciardi, die eben wegging?»

Ries verneinte. «Nicht eine Spur Ähnlichkeit!»

Der Meister lächelte und war es zufrieden.

Die Guicciardis waren Sommers über nach Eisenstadt gegangen, wo sie bei dem befreundeten Fürsten Esterhazy einen Schloßflügel bewohnten. Meister Ludwig war früher öfter mit Haydn draußen, wo sie in dem mächtigen langgestreckten Musiksaal konzertierten. Auf dem oberen Saalende saß die Kapelle Haydns, der Jahrzehnte hindurch in den Diensten des Fürsten stand und eine kleine Gesindewohnung innehatte; am anderen Ende spielte abwechselnd eine Zigeunermusik, die zu den nationalen Erfordernissen gehörte. Der Meister hatte es wie eine Herabwürdigung empfunden, besonders die einstige Gesindewohnung des hochgefeierten Altmeisters. Aber die Zeiten hatten sich geändert; der Fürst zählte nun auch zu den persönlichen Freunden Ludwigs.

Mit Giulietta war beschlossen, daß er einmal hinauskommen sollte. Nur sollte es auf die Veranlassung des Fürsten geschehen, um unnötiges Gerede zu vermeiden. Das Herzensbündnis mußte vorerst Geheimnis bleiben. Kommt Zeit, kommt Rat! Nicht einmal die Eltern sollten etwas erfahren.

Die Einladung des Fürsten ließ indessen nicht lange auf sich warten. Neue Quartette und Klaviersonaten waren erschienen, Ludwig hatte sie ihm schicken lassen; einige Musikabende waren im Schlosse anberaumt; ein fürstliches Gefährt holte den Meister ab; er fuhr ins Land der Liebe!

Der dichte Schleier des Geheimnisses schützte die Liebenden. Die gemeinsamen Stunden am Klavier im großen Saal, wenn niemand anwesend war, dienten der vertrauten Zwiesprache. Es war der wortlose Zusammenklang der Seelen, der durch das Instrument sprach beim Vierhändigspielen. Ein längeres Gespräch war indessen nicht möglich; man war hier vor Lauschern nicht sicher. Man mußte Stelldicheine finden, die sicherer waren; bis in die Gruft mußten sie hinabsteigen, um sich einander sorglos zu nähern; hier fand Romeo seine Julia in seligem Umfangen unter heißen Liebesschwüren. Der Tod und die Liebe! Wie nahe sie beisammen sind! Ein mystisches Band verbindet sie, und wie schnell führt eines zum anderen!

Der zwanglose gesellige Verkehr bot im übrigen Möglichkeiten genug zu gelegentlichen Begegnungen und gemeinsamen Unterhaltungen, die weiter nicht auffällig waren. Beide wandelten durch die Orangerie, durch die Rosengänge und Blumenwege des sorgfältig gepflegten Schloßgartens, wo herrliches Obst gezüchtet wurde, Erdbeeren und Pfirsiche; von hier verloren sich die Pfade unter den dichten Bäumen des weitläufigen stillen Parks.

Sie waren in ein ernstes Gespräch vertieft und kamen immer tiefer abseits, wo kein Lauscher zu fürchten war.

Ludwig wollte mit den Eltern Giuliettas offen reden und sie in das heimliche Gelöbnis einweihen. Die Geliebte beschwor ihn, es noch nicht zu tun. Die Eltern seien noch ganz unglücklich und dächten trotz allem an Gallenberg. Es sei daher ratsam zu warten. Sie würden auch Bedenken äußern über die finanziellen Grundlagen. Die freie Stellung des Künstlers sei ihnen vielleicht zu wenig Gewähr; Giulietta mache sich ja keine Sorgen daraus, sie wisse, daß es später damit so werden würde, daß auch die Eltern keine Bedenken hätten; der wachsende Ruhm des Meisters, seine einflußreichen fürstlichen Freunde, das alles lasse keinen Zweifel aufkommen; aber, wie gesagt, jetzt käme eine förmliche Werbung verfrüht.

Das mußte Ludwig einsehen. Gleichwohl verstimmte ihn die Andeutung solcher nüchterner praktischer Lebensfragen. Er schwebte immer in den idealen Regionen seiner Kunst und war gewohnt, die Dinge des gewöhnlichen Lebens von oben her anzusehen, nun sollte er gerade in dem empfindlichen Punkt seiner Liebe durch sie getroffen werden. Denn auch diese Liebe wohnte in den höheren Sphären und hatte bisher wenig oder gar nicht nach Stellung, Rang und Einkommen gefragt. Zum erstenmal, daß sie gezwungen wurde, ihren verklärten Blick auf die Sorgen des gewöhnlichen Erdenbereichs herabzusenken, aber diesen Anblick ertrug sie nicht lange und flüchtete wieder in ihre ideale Heimat.

Ludwig sprach von seinen Hoffnungen und Wünschen. Seine dritte Symphonie, die «Eroika», dem Buonaparte zugedacht, ging der Vollendung entgegen; die Widmung eröffne ungemessene Perspektiven; Paris stehe offen, Ehren und Berufungen seien sicher, zumal der Konsul das Werk erwarte zur eigenen Verherrlichung und es zu lohnen wissen werde. Dann die Oper, die Schikaneder bestellt habe! Damit sind neue Wege eröffnet, die er längst gewünscht habe. Das Aristokratenkomitee, das die Hoftheater leite, sei ihm durchwegs befreundet; die Opernleitung als kaiserlicher Generalmusikdirektor sei ihm dann soviel als sicher. Das wäre doch genug, um die Eltern Guicciardi zufriedenzustellen!

«Den Gallenberg stecke ich zehnmal in den Sack, nicht nur musikalisch!»

Das war nun freilich vorerst Zukunftsmusik.

«Ach, reden wir nicht mehr von so langweiligen Dingen», rief Giulietta sehnsüchtig aus und streckte die Arme weit aus. «Was frage ich nach alledem! Für mich bist du der große Ludwig, dein Ruhm ist die Sonne, an der ich mich wärme und erfreue, und für mich habe ich nichts verlangt als deine Liebe!»

Und damit fiel sie ihm um den Hals und küßte ihn. Im Hintergrund ging der Gärtner vorbei. «Es ist Zeit daß, wir umkehren», sagte Ludwig; «die Zeit verstreicht, heute ist der letzte Musikabend, und morgen kehre ich nach der Stadt zurück.»

«Wir sehen uns noch?» fragte Giulietta.

«Natürlich! Bei den Ahnen unten, daß sie unseren Bund segnen! Vergiß nicht! Und lebe wohl!»

Sie gingen getrennte Wege zum Schloß zurück. Am nächsten Tag fuhr der Meister mit Esterhazy nach Wien zurück. Unterwegs brachte der Fürst merkwürdigerweise die Rede auf Giulietta.

«Verteufelte Schönheit, diese Guicciardi, nicht? Das schönste Mädchen von Wien!»

Der Meister brummte etwas und versank in Schweigen. Die Rede verdroß ihn. Seine Gedanken waren bei ihr, das Gespräch von gestern ging ihm noch im Kopf herum. Seine Gemütsstimmung war übellaunig wie das Wetter draußen. Es stürmte, und die Straßen waren schrecklich. Auf der vorletzten Station verließ er den Wagen des Fürsten und fuhr mit dem Eilwagen weiter, der eben abging und eine andere Route nehmen wollte, während Esterhazy auf dem Landweg weiterfuhr, auf seine acht Pferde Vorspann vertrauend.

Gegen Morgen fuhr der Meister durch das Basteitor ein; auf seine Frage an der Maut erfuhr er, daß der Fürst noch nicht hindurchgekommen sei.

Nicht in seine Stadtwohnung kehrte der Meister zurück,

sondern er fuhr gleich hinaus nach Heiligenstadt, wo ihm Zmeskall eine Sommerwohnung besorgt und Ries während seiner Abwesenheit das Nötige hinausgeschafft hatte.

Angekommen, setzte er sich sofort hin, um Giulietta zu schreiben. Sie hatte mit ihren Eltern eine arge Auseinandersetzung gehabt, man hatte Verdacht geschöpft gegen Ludwig; wahrscheinlich waren sie im Park belauert worden, man hatte sie verklatscht. Fast wäre es ihr unmöglich gewesen, sich zu ihrem romantischen nächtlichen Stelldichein einzufinden; zum erstenmal erschien sie dem Liebenden von Gram und Sorge erfüllt, sie fürchtete, die Eltern könnten ihr künftig Schwierigkeiten bereiten. Schließlich hatte sie wieder Mut geschöpft und unter Austausch von heißen Versicherungen und Beteuerungen erklärt:

«Nun, was sie auch sagen mögen, Ludwig, ich lasse dich nicht!»

Noch ganz von zärtlichen Gefühlen für die Geliebte erfüllt, empfand er das Bedürfnis, ihr ein Trostwort, eine Herzensstärkung zu senden. Er verwies sie auf die schöne Natur als Erbauung und kam dann in einigen Andeutungen auf das Gespräch im Park zurück. Es sei natürlich, daß die Liebe alles fordere, und zwar mit Recht, aber sie müsse bedenken, daß er für sich und für sie leben müsse, erst im innigen Zusammenleben, vereint, würde das schmerzliche Gefühl, doch nicht eins zu sein, für beide schwinden.

Er ließ den Brief liegen und fügte abends noch einige Zeilen hinzu, in denen das Gefühl überfloß. Am anderen Morgen, sobald er erwachte, drängte sich schon das Bild der Geliebten auf, das er mit Worten überströmender Zärtlichkeit und Sehnsucht umflocht, die er dem Brief noch anfügte; dann steckte er ihn in ein Fach und begab sich ins Bad, um die Kur aufzunehmen, die ihm der Arzt vor einiger Zeit schon vorgeschrieben hatte.

Er hatte sich in letzter Zeit oft übel befunden; Koliken, Darmkatarrhe waren an der Tagesordnung. Auch das Sausen und Klopfen im Ohr war wieder aufgetreten, ein unheimlicher Gast, der ihn beängstigte. Wie ein Dämon sitzt er im Ohr und wiederholt unablässig sein mahnendes Klopfmotiv, dasselbe, das er als Thema aufwarf an jenem Abend, wo ihm die Liebe Giuliettas als Kampfpreis ward. Die Jagd nach Ärzten hatte begonnen; der Feldscher Vering hatte ihm Bäder und Kräuterkuren verordnet, die er nun gewissenhaft anwendet. Die ableitenden Mittel haben wohl eine Linderung bewirkt, aber das Klopfen meldet sich doch wieder, bald schwächer, bald stärker; eine wahnsinnige Angst erfaßt ihn und treibt ihn wie ein gehetztes Wild durch Wald und Flur auf weiten Wanderungen in den lieblichen Wienerwald- und Weinbergsbezirken rund um das Dörfchen Heiligenstadt, wo man über den blitzenden Strom ins weite Flachland bis zu den ungarischen Karpathen blickt, ganz wie daheim am Rhein, wohin die Gedanken jetzt häufig und häufiger flüchten, wie immer, wenn Krankheit oder Sorge das Herz verschüchtern. Er hat jetzt kaum Sinn, sich der pastoralen Landschaft zu erfreuen, die er durchrannte, immer auf der Flucht, wie dem Feind zu entrinnen, der ihm hämmernd im Ohr saß.

Eine fürchterliche Ahnung erwachte: «Ein Dämon hat sich an meine Fersen geheftet, der nicht abzuschütteln ist.»

Und eine verzweifelte Jagd begann, ein stiller, erbitterter Kampf mit diesem tückischen Gegner. Die Sorgen um die künftige Lebensgestaltung waren verflogen; wie gering waren sie doch, kleine Wölkchen am blauen Himmel gegen die unheilschwangere Wolke, die über seiner Gesundheit schwebte und den Himmel seines Gemüts drohend verfinsterte! Gesundheit, dieser kostbare Schatz, das Geschenk des allmächtigen guten Gottes, darauf alles beruhte: sein Schaffen, sein Ruhm, seine Zukunft, seine Liebe!

Das geliebte Mädchen als Braut zu wissen, soviel fast wie seine Muse, diese unsterbliche Geliebte, und zugleich dieser furchtbare Dämon, der ihm diese und jene streitig machen wollte - entsetzlicher Zwiespalt, ein Gedanke, der zur Verzweiflung bringen könnte, den man niederzwingen, betäuben oder durch Flucht überwinden mußte: er rannte und rannte - immer im Kreis.

Und immer im Kreis dieselbe Gedankenkette im eintönigen Rhythmus zu dem Sausen und Klopfen, das wie ein böser Geisterchor hinter ihm her war, eine ganze Hölle!

Und eigensinnig liefen die Gedanken zurück zu jener Nacht, wo ihm der Kuß der Liebe wie eine jäh aufblühende Rose entsprang und ihn zugleich der Dämon angrinste, als er am offenen Fenster stand und den kalten Schauer fühlte, der ihn mit Fieber heimsuchte und mit jenem Schicksalsklopfen im Ohr, das er als Motiv aufgeworfen und mit dem er am Morgen erwacht war.

Unheimliches Geschenk! War das der Siegespreis?! War es Strafe, Verhängnis, Vergeltung für eine Schuld? Etwa wegen Theresa! Fort mit diesem Gedanken, nichts von Schuld! Büßt man denn auch für unwissentlich begangene Schuld?!

Oh, dann müßte er der Stunde fluchen, da er wie ein

Achilles den Gallenberg als Hektor an seinem Siegeswagen geschleift und diese Helena befreit, die soviel Unglück über Sieger und Besiegten gebracht, daß es bald überall nur unselige Opfer gab! Dann müßte er der Geliebten fluchen, die ihm nur dieser Dämon als ein hold verruchtes Lockmittel vorgegaukelt, um ihn desto sicherer mit seinen Krallen zu fassen. Dann ist sie selbst nur ein Dämon, der ihn verlockt und in den Abgrund zu stürzen bestimmt war.

In wirren Kreisen jagten die Gedanken einander im hämmernden Takt dieses fürchterlichen Klopfens.

«Wie hatte die Unselige doch an jenem Abend in der ersten betörenden Umarmung gesagt? Heute hast du unser Schicksalslied gesungen! War sie nicht am Ende eine Teufelin, die sein Unheil im ersten Kuß sündiger Liebe prophezeite?!»

Er lachte wie ein Wahnsinniger, daß es in Wald und Weinbergshohlwegen schallte, als ob ihn der Dämon äffte.

Ganz erschöpft kam er heim, infolge der Erhitzung hatte das tobende Geräusch nachgelassen; ruhigere Überlegung gewann wieder Oberhand.

Das Zauberbild der Geliebten stieg wieder vor seiner Seele auf und erfüllte ihn mit zehrender Sehnsucht. Er bat ihr innerlich ein Unrecht ab.

«Nein, nein, das holdselige Mädchen ist kein Dämon, sie ist ein Liebesengel, der nichts als Glück in mein ach so einsames Dasein ergossen! War ich nicht einsam, als ich neben Leonore wandelte, die ich nur im geheimen lieben konnte, ohne daß sie in mein Geheimnis und ich in ihres drang? War ich nicht einsam neben Theresa, die ich so tief verehrte, daß ich jetzt noch im Geiste vor ihr weinen möchte, und die mir so unnahbar blieb wie sie, die fern von mir und über mir weilt? War ich nicht einsam mit meiner Qual, wenn ich mit Josephine scherzte?! Nur sie, sie allein hat mich aus der tiefen Einsamkeit meines liebebedürftigen Herzens mit ihrem feurigen Kuß erlöst, Giulietta, mein Engel, mein alles! Sie, die mich zum glücklichsten und jetzt gleichwohl unglücklichsten Menschen macht -»

Glücklich fühlte er sich in dem Gedanken an diese Liebe - unglücklich, weil er keine Seele fand, der er nun sein Leid, seine Befürchtungen, seinen Kummer klagen konnte. Der Geliebten?

Unmöglich!

Gerade vor ihr mußte er verschweigen, was ihn quälte, um ihr keine Sorge, keinen Zweifel zu erwecken. Die Freunde?

Er hatte keine Freunde, denen er sich anvertrauen möchte, ohne fürchten zu müssen, daß es in wenigen Stunden oder Tagen gerade jene erfuhren, denen er es am strengsten verheimlichen mußte.

Und die Freunde, zu denen er Vertrauen hatte, weilten fern; Amenda, Wegeler!

Aber gerade weil sie fern waren, schienen sie ihm würdig und fähig, ein Geheimnis zu verwahren. Zu diesen Freunden flüchtete der Meister in seiner Not.

Zuerst zu Amenda.

Ihm sagt er mehr, als er eigentlich selbst für wahr halten mochte. Er verfolgt in der Erinnerung die Anzeichen seiner Krankheit zurück bis zu den ersten Meldungen und will sich entsinnen, wie er einmal im Theater merkte, daß die Schauspieler undeutlich redeten. Dann wieder war es ihm einmal, als ob er seine eigene Stimme nur von fern vernähme. In der Oper, einmal, hätte er plötzlich bemerkt, daß die hohen Stimmen aussetzten. Er hatte auf diese Erscheinungen nicht sonderlich acht, aber jetzt fielen sie ihm ein. Wenn sich das Ohrensausen einstellte, dann freilich mußten die äußeren Geräusche weniger deutlich werden -; sie wurden eben übertönt.

Aber im Brief an Amenda drängt sich ihm unwillkürlich ein tragischeres Geständnis auf: er fürchtet, daß sein Gehör leiden würde!

«Dein Beethoven lebt sehr unglücklich im Streit mit Natur und Schöpfer», schreibt er ihm, «traurige Resignation, zu der ich meine Zuflucht nehmen muß. - Wisse, daß mir der edelste Teil, mein Gehör, abgenommen hat. Schon damals, als du noch bei mir warst, fühlte ich Spuren davon, und ich verschwieg es; nun ist es immer ärger geworden - wie traurig ich nun leben muß, alles, was mir lieb und teuer ist, meiden. - Die Sache meines Gehörs bitte ich dich als ein großes Geheimnis aufzubewahren und niemand, wer es auch sei, anzuvertrauen -»

Er unterstreicht den letzten Satz, um ihn recht eindringlich zu machen.

Er hatte schwarz in schwarz gemalt. Aber er ist nicht ohne Hoffnungsschein. Das Übel ist wohl bedrohlich und beängstigend, aber es wird geheilt werden. Wenn das Ohrensausen aufhört, dann ist sein Gehör wieder fein und scharf.

Er hat Bücher in die Landeinsamkeit mitgenommen; Homer, Plutarch, Klopstock, Shakespeare und Goethe sind seine Gefährten, er schöpft Trost aus ihnen.

Der Herbst ist ins Land gegangen, er kehrt nach der Stadt zurück, sein Zustand ist gebessert, die Furcht vor dem Dämon gebannt.

Er hat seine Giulietta wiedergesehen, es waren selige Augenblicke des Sichwiederfindens, aus dem Wellentod der Verzweiflung erhebt er sich um so höher auf den Wellenberg eines neuen Lebensmutes.

Davon berichtet er nun auch einmal an Wegeler nach Bonn:

«Ein liebes, zauberisches Mädchen, das mich liebt und das ich liebe, hat solche Wunderkur vollbracht - Es ist das erstemal, daß ich fühle, daß - Heiraten glücklich machen könnte. Leider ist sie nicht von meinem Stande - und jetzt - könnte ich nun freilich nicht heiraten - ich muß mich nun noch wacker herumtummeln - meine körperliche Kraft - sie nimmt seit einiger Zeit mehr als jemals zu, und so meine Geisteskräfte; jeden Tag gelange ich mehr zu dem Ziel, was ich fühle, aber nicht beschreiben kann; nur hierin kann dein B. leben, nichts von Ruhe - ich weiß von keiner anderen als dem Schlaf - ich will dem Schicksal in den Rachen greifen, ganz niederbeugen soll es mich gewiß nicht - oh, es ist so schön, das Leben tausendmal leben - für ein stilles Leben, nein, ich fühl's, ich bin nicht mehr gemacht dafür -»

X. Kapitel

Die Schwestern Brunszvik waren im Herbst nicht wieder nach Wien gekommen, obzwar Theresa in ihrem Abschiedsbrief an den Meister die Hoffnung durchschimmern hatte lassen. Wie schwer hatte sich diesmal Theresa an das sonst gewohnte und geliebte Landleben gewöhnen können; wie schwer, ja unmöglich schien es ihr nun, als sich die Blätter rot färbten, der ländlichen Stille und Einsamkeit zu entsagen. Gleich nach der Rückkehr auf Martonvásár fühlte sie sich namenlos unglücklich. Sie ging umher wie eine Abwesende. Mit Josephine sich auszusprechen wie früher war ihr unmöglich. Sie hatte keine Worte. Auch keine Klage.

Und Josephine litt sichtbar selbst und mied es geflissentlich, das Gespräch auf den Meister zu bringen. Er schien für beide tot, begraben, eigentlich noch schlimmer nie gewesen!

Aber der Sommer hatte Gäste gebracht, viel Arbeit, viel Abwechslung, viel Zerstreuung - und Vergessen.

Der junge Graf Deym war von Bruder Franz eingeladen worden, er lebte mehrere Wochen auf dem Schlosse: Josephine ritt mit ihm zu Pferde aus, ging auf die Jagd mit, tanzte, spielte, war glücklich und wieder unglücklich, je nachdem; denn der junge Deym war bis über die Ohren verliebt. Er machte Josephine einen Heiratsantrag.

Sie sagte nicht ja, nicht nein. Sie behielt sich Bedenkzeit vor: «Ein bis zwei Jahre!»

«Oho, Komtesse, warum denn nicht gleich ein halbes Jahrhundert?!»

Deym war wirklich unglücklich. Nicht einmal auf eine Verlobung wollte Josephine eingehen. Sie wollte völlig frei und unabhängig bleiben. In einem Jahr soll der Graf wieder anklopfen.

Der spannte was und zog Franz ins Vertrauen.

«Steht ein anderer dahinter?»

«I wo! Keine Spur! Du gehst am sichersten, wenn du auf ihre Kapricen eingehst!»

«Gut also! In einem Jahr!»

Machte kehrt und ritt wieder heim.

Josephine, anfangs etwas angegriffen, sah wieder blühend aus, war munter und kreuzfidel, sang und pfiff den ganzen Tag wie ein Gassenjunge, fluchte mit den Pferden wie ein Roßknecht - und spielte wieder Beethoven.

Mit einem Wort, sie war wieder die Alte.

Anders Theresa. Ruhig wie immer. Aber sie war bleich wie eine weiße Rose. Gut und freundlich war sie ja stets; nun war sie doppelt sanft und geduldig. Eine Trösterin und Helferin für alle Armen und Leidenden, die nicht ahnten, wie sehr sie selbst des Trostes entbehrte, den sie anderen spendete. Die Heiligkeit des Schmerzes adelte ihr Wesen, und eine wunderbare Wirkung ging davon aus, daß das Volk im Dorf, das zur Schloßherrschaft gehörte, anfing, sie die «Heilige» zu nennen.

Ihr einziger Trost und ihre Zuflucht, als alles andere versagte, war ihr Tagebuch.

Da hinein spiegelte sie ihre Seele und ihr Leid, um aus dem Abbild wieder Halt und Kraft zu schöpfen.

«Also ist es doch wahr gewesen, was wir lange schon vorausgesehen haben», schrieb sie bald nach der Rückkehr auf Schloß Martonvásár, «daß er Giulietta liebt. Gallenberg hat uns leid getan, als er nach seiner Niederlage unserer Mama sein Herz ausschüttete. Ich kann es dem Armen nachfühlen, wie traurig es ist, zu lieben und nicht wiedergeliebt zu werden. Und noch trauriger, den Geliebten oder die Geliebte an eine andere oder einen anderen verlieren zu müssen! Es ist schlimmer als der Tod! Der Tod trennt nicht so tief. Wir können dann zumindest wähnen, daß die geliebte Seele uns nahe ist, geheimnisvoll gegenwärtig, und daß wir hoffen dürfen, sie wiederzusehen. So bleibt man mit ihr doch immer verbunden und ist getröstet im Hinblick auf die ewige Wiedervereinigung. Wenn man aber jemanden durch das Leben verlieren muß, bleibt keine Hoffnung. Man hat nur ein Stück eigener Seele verloren und geht umher wie eine Halbgestorbene. Schlimmer noch! Man wünschte selbst, tot zu sein, und fände diesen Zustand als eine Wohltat gegen dieses elende Hinschmachten und stündliche, immerwährende Sterben und Ersterben. So lebe ich nun! Ich hatte dem Gallenberg nicht Glauben geschenkt, denn ich wußte, daß die Kusine ihn nicht recht mochte und daß er auf B. eifersüchtig war und darum bloße Gespenster sehe. Aber es wurde uns Mehrfaches zugetragen. Fürstin Christiane nannte mich Märtyrerin, und die Erdödy schloße mich mitleidig in die Arme und weinte. Sie armes Kind! sagte sie voll Wehmut. Sie sprachen sich allerdings nicht näher aus. Schließlich hätten uns die anderen Zuträgereien nicht irremachen können, wenn wir nicht die Bestätigung durch unsere eigenen Wahrnehmungen fänden, die allerdings nur das vorbereitende Stadium dieser eigenartigen Liebe betreffen. Dann das unbegründete Fernbleiben

Ludwigs, das uns am meisten schmerzte! Er hätte kommen müssen - ich hätte ihm nichts verargt! Wünsche ich doch nur sein Glück! Und fühle mich im Entsagen glücklich, wenn ich nur weiß, daß er seines gefunden hat. Wir waren ihm im Wege - er schämte sich vielleicht ein wenig vor uns - auch waren wir schon zuviel im Gerede: es blieb nichts Besseres zu tun, als eilige Flucht aus der Stadt in unsere tiefungarische Ebene und Einsamkeit! Ein Glück, daß Mama nicht merkte, was uns forttrieb, und selbst wieder den Entschluß aufbrachte, aufs Gut zurückzukehren! So ist's geschehen! Oh, wieviel törichte Hoffnungen habe ich begraben müssen!»

«Wie freute ich mich sonst auf das Landleben, wenn wir im Frühjahr aus Ofen zurückkehrten! Jedes Gras, jede Blume betrachtete ich mit Entzücken! Die alten Bäume unseres Parkes waren meine Freunde, wie grüßte ich jeden einzelnen von ihnen! Sie kannten mich und rauschten mir zu. Ich fühlte ihren Segen, den ihre Kronen wie die Hand Gottes herabträufelten. Und jetzt gehe ich stumm und gleichgültig an allen vorüber, meine Freunde kennen mich nicht mehr! Wie köstlich empfand ich die Stille und die wohltuende Einsamkeit nach den anstrengenden Gesellschaftspflichten und Vergnügungen der Saison in der Stadt, die ich nie geliebt habe. Doch wie unerträglich ist mir nun diese Stille; wie schwer lastet die Einsamkeit auf mir. Ich vergehe! Oh, Entsagung! Was bist du für eine bittere Frucht! Es dünkte mir so leicht, und nun fühle ich, daß es meine Kräfte übersteigt! Und wandle suchend in der schweigenden Einsamkeit unter den Bäumen umher und fülle diese Stille mit meinen Seufzern! Oh, könnte ich doch wenigstens vergessen! Und gerade in diesem Schweigen werden die Schattenbilder der Vergangenheit lebendig und suchen mich heim wie Gespenster. Wenn ich schon entsagen muß - vergessen kann ich nicht!»

«Bei den Kindern in der Dorfschule, bei den armen Kranken in den Hütten finde ich ein wenig Beruhigung, die ich im Alleinsein vergeblich suchte. Wieviel Leid ist zu lindern, wieviel Hilfe vermag man doch zu bieten! Jetzt sehe ich erst, was man früher alles versäumt hat. Die Mädchen nähen und sticken lehren, den Frauen raten und helfen in der Kinderpflege, in der Hauswirtschaft, beim Kochen, in der Wartung der Kranken - oh, wieviel gibt es da zu tun! Und wie dankbar sind die guten Menschen dafür; um wieviel besser geht es ihnen jetzt in ihrem schweren Leben; ein bißchen Zuspruch, einige wenige Handreichungen, ein paar Gaben, und schon ist es, als sei ihnen die halbe Bürde abgenommen: alles in allem nur ein bißchen Liebe, und alles wird leicht und schön. Und doch sollte ich ihnen dankbar sein! Ich nehme mehr, als ich gebe. Unwiderstehlich zieht es mich zu den Armen und Ärmsten hin, ihnen fühle ich mich verwandt, und indem ich ihnen zu helfen glaube, empfange ich Trost und Stärkung in meinem eigenen Leid!»

«Gott sei Dank, daß nun wieder Gäste im Hause sind und etwas Leben beginnt! Ich bin für Josephine froh. Sie ist nicht Rivalin, sie ist Leidensschwester! Ich lese ihren Kummer, obwohl sie schweigt. Und verberge den meinigen vor ihr. Wir wollen nicht mehr rühren an dem Vergangenen! Nun bin ich so glücklich zu sehen, daß sie wieder auflebt! Graf Deym ist ein so lieber Mensch! Ich würde viel darum geben zu wissen, daß ihr Lebensglück gesichert ist. Sie verdient es, die Gute!»

«Sie spielt wieder Beethoven! Ich habe seit Wien keine Note angerührt. Und bin nun ganz benommen von den zauberischen Klängen! Ich wähnte vergeblich, daß in meinem Herzen alles abgestorben sei. Es sind Tote darinnen, die im Grabe leben! Wie mich diese Musik ergreift, ist unsagbar. Sie hat mein Innerstes ergriffen und aufgewühlt. Alles, was ich je empfunden, ist wieder lebendig. Ich spüre es zu mächtig, daß ich ihn lieben muß, wenn ich auch entsage. Daß ich liebe, kann niemand stören. Er wird es nie erfahren. Niemand. Mein Mund schweigt. Ich kann seine Musik noch nicht spielen. Sie erschüttert mich zu tief. Aber hören möchte ich sie; ich bin Josephine im stillen dankbar dafür. Aber sie soll nicht sehen, daß es mir Tränen entlockt!»

«Weinlesezeit, die mich sonst so fröhlich stimmt, ist vorüber, der Herbst ist da! Nie erschien er mir so wehmütig! Ich liebe ihn, er sagt meiner Stimmung zu. Josephine ist mit Mama und Franz nach Ofen gereist; der Bruder wird von dort nach Wien gehen und ihn wiedersehen! Wir haben beschlossen, Josephine und ich, nicht nach Wien zu fahren, es wäre mir ganz unmöglich. Mama ist es zufrieden und wird den Winter in Ofen verbringen. Ich werde Martonvásár kaum verlassen; die Stille, die mir anfangs so wehe tat, und die Einsamkeit sind mir jetzt Bedürfnis. Ich kann meine Pfleglinge im Dorf nicht im Stich lassen. Ich bin fast glücklich jetzt allein zu sein. Und nun, wo mich niemand belauscht, in diesem köstlichen Alleinsein, bin ich nicht allein! Ich spiele Beethoven! Wie mächtig und zugleich liebreich spricht sein Geist zu mir! Er ist um mich! Die späte Herbstsonne ist so rührend mild! Täglich morgens, mittags und oft noch abends trat ich auf den runden Platz zur Schloßterrasse hinaus, der mit hohen edlen Linden bepflanzt ist. Jeder Baum trägt eine Inschrift, ist einem der erlesenen Menschen unserer Sozietätsrepublik gewidmet. Die schönste Linde trägt seinen Namen. Ich begrüße ihn jedesmal mit einem lieben guten Morgen und halte Zwiesprach mit ihm. Immer frage ich den Baum als Sinnbild für ihn, und frage ihn um dies und das, was ich gerne wissen möchte; er bleibt mir nie die Antwort schuldig! Nun rieseln sacht die Blätter und ich sehe schmerzlich zu, wie Blatt um Blatt fällt und im Winde hinwirbelt! Mir ist es, als ob auf jedem Blatt eine meiner Hoffnungen geschrieben wäre und verwehe, dahin, dorthin. Bald wird der Baum leer stehen, nur mehr verzweigtes Geäst, das sich hilflos aufwärts wendet in Form eines großen Herzens! Mich fröstelt! Der Winter kommt früh. Wäre es doch bald Ostern, Auferstehung!»

Franz von Brunszvik ist gegen Wintersende nach Wien gereist und hört zu seiner Verwunderung, daß Meister Ludwig sich bei seinen aristokratischen Freunden fast gar nicht habe blicken lassen. Man munkelt von einer schweren Krankheit, an der er laboriere, weshalb er jede Mitwirkung an den Gesellschaftskonzerten abgesagt und gebeten habe, von Besuchen abzusehen. Näheres weiß man nicht - oder will es nicht wissen.

Franz denkt, er müsse nun doch selbst nachsehen, und steigt mehrmals die Treppen auf der Seilerstätte in seine hohe luftige Behausung hinauf, ohne ihn anzutreffen.

Er versucht es schließlich ein letztes Mal; nach wiederholtem Klopfen und Läuten hört er Schritte in der Wohnung. Der Meister selbst öffnet ihm; es ist kein Diener da.

Das Vorzimmer ist nur trüb erleuchtet, Ludwig erkennt nicht sogleich seinen Freund und empfängt ihn still und finster. Und fällt ihm dann freudestrahlend um den Hals, als er merkt, daß es Brunszvik ist.

Sie sitzen nun eine Weile zusammen, es gibt Fragen hin und her, Ludwig erkundigt sich nach allem, nur nicht nach Theresa und Josephine; kein Wort. Er weicht dem Thema ängstlich aus, es will Brunszvik erscheinen, als ob sich der Meister nur auf Momente gewaltsam aus seiner finsteren Laune herausreiße und alsbald immer wieder in schweigende Trübseligkeit versinke. Er weiß nicht, daß der Unglückliche sich eine Art Maske zurechtgelegt hat und Misanthrop scheinen will, um seinen Zustand zu verbergen. Denn gerade heute hat er wieder einen Anfall von Ohrenschmerzen gehabt, wenn auch das Übel nicht mehr ganz so heftig auftritt wie im vorigen Sommer.

Sonst ist nicht viel aus ihm herauszubringen; der Freund wird nicht klug aus seinem Zustand; er empfiehlt ihm, mehr unter die Menschen zu gehen, sich zu erheitern, zu zerstreuen; alle Welt frage nach ihm und vermisse ihn schmerzlich.

Er ist ein lieber guter Kamerad, ein Herzensmensch, der edle Brunszvik, er denkt bei sich: der arme Ludwig ist ganz misanthropisch geworden, das ist seine Krankheit; man muß ihn aufheitern, und nimmt sich vor, ihn wieder der Gesellschaft zurückzuführen und nach Ofen und Martonvásár einzuladen. Aber der Meister atmet auf, als sich der Freund verabschiedet.

Ludwig arbeitet an einem Oratorium, das bis zum Sommer vollendet werden soll: «Christus am Ölberg». Der heilige Stoff ist ihm Bedürfnis, aus seelischen Gründen. Er ist hoch und ernst gestimmt. Bruder Karl war von Krankheit heimgesucht; sein ehemaliger Gönner, der seelengute Kurfürst Maximilian Franz, den er kürzlich zum letztenmal sah, liegt im Hetzendorfer Schloß bei Schönbrunn im Sterben. Er selbst hat den Tod geschmeckt und Ölbergstunden gekostet. Noch ist das Übel nicht überwunden, der Dämon nicht besiegt.

Über seine Krankheit sind verschiedene Gerüchte im Umlauf. Sie gehen in der Hauptsache auf eine Quelle zurück.

Gallenberg, der sich eine Zeitlang still verhalten und durch eine Reise nach Paris von seiner Niederlage erholt hat, macht nach wie vor fleißig Besuch bei den Guicciardis, obgleich es ihm selten gelingt, Giulietta anzutreffen. Sie läßt sich entweder verleugnen oder weiß es so einzurichten, daß sie bei seinem Erscheinen nicht zu Hause oder gerade im Weggehen begriffen ist. Der Graf bleibt dann ruhig bei der Mama Guicciardi sitzen, die immer sehr erfreut und geschmeichelt ist und durch doppelte Liebenswürdigkeit die ablehnende Tochter zu entschuldigen sucht.

Von Gallenberg will nun Mama Guicciardi erfahren haben, daß Meister Ludwig an einer geheimen Krankheit leide, die die Folge seines ausschweifenden Lebens sei. Es heißt, daß er sich viel in gewöhnlichen Wirtschaften herumtreibe, bis spät in die Nacht beim Wein sitze und dann Händel suche. Hummel habe er dabei einmal recht übel mitgespielt. Durch seine unmäßige Lebensweise habe er seine Gesundheit untergraben und schließlich eine böse

Krankheit erwischt, die ihn gesellschaftsunmöglich mache.

Die gute Guicciardi glaubte nun alles aufs Wort und war entsetzt. Sie war nun gerade auch keine, die ein Geheimnis länger als von 11 Uhr vormittags bis 4 Uhr nachmittags, nämlich zur Jause, wo man sich da und dort traf, bewahren konnte; und wenn man auch nicht alles für bare Münze nahm, etwas blieb doch hängen.

Giulietta war empört über diese neue Infamie Gallenbergs, der sich nun durch schlechte Nachrede zu rächen und vor allem die Stunden bei dem Meister zu unterbinden suchte, was ihm nur zu gut gelang. Die Eltern Guicciardi hatten längst Argwohn geschöpft und der Tochter Vorhaltungen gemacht über ihren allzu freien Umgang mit dem Lehrer; Giulietta jedoch wußte immer ihren Willen zu behaupten.

Aber auf diese entehrende Neuigkeit hin machten beide Eltern ihre Autorität geltend; es wurde Giulietta strengstens verboten, den Klavierunterricht bei dem anrüchigen Meister fortzusetzen.

Die Tochter fügte sich scheinbar, um weiteren Debatten vorzubeugen, und ging nun heimlich ihre eigenen Wege.

Das war nun freilich auch etwas erschwert; ihre Besuche wurden seltener. Aber gerade die Schwierigkeiten und Widerstände kitteten die Liebenden um so fester zusammen; heimliche Liebe ist ein Brand, der gerade in der Verborgenheit am heftigsten glüht.

Giulietta war von der Unschuld des Geliebten felsenfest überzeugt; sie wußte, daß alles nur Lüge und Intrige Gallenbergs war, der seine Hoffnung auf ihre Hand keineswegs aufgegeben hatte, mochte sie ihm noch so sehr ihre Verachtung zeigen; gerade seine beharrliche Werbung war es, die in ihr den Wunsch reifte, ihre Verlobung mit Ludwig bekanntzugeben und die Eltern vor eine vollendete Tatsache zu stellen. Hatte sie anfangs vielleicht nur mit dem Feuer gespielt, so war sie jetzt entschlossen, die Seine zu werden, um jeden Preis, mochten die Eltern nun dazu ja oder nein sagen. Dann hatte Gallenberg endgültig verspielt, und ihm diesen Streich anzutun, war sie zu allem bereit.

Jetzt war es allerdings der Meister, der zum Zuwarten riet. Die Sache mit der Oper schob sich ins Ungewisse hinaus, an ihrer Statt sollte wohl inzwischen das Oratorium herauskommen, das zweifellos großen Erfolg bringen werde, die «Eroika» war noch nicht zum Schluß gediehen; kurz es gab allerhand Gründe, den großen Augenblick abzuwarten, wo man als entscheidender Anwärter auftreten konnte.

Hauptsächlich aber war ihm um die Wiederherstellung seiner Gesundheit zu tun, was er im kommenden Sommer von einem abermaligen Aufenthalt in Heiligenstadt erhoffte. Über seinen Zustand äußerte er nichts zur Geliebten; sie ahnte nicht, daß ihm etwas fehle, denn so oft sie kam, war der Meister glückstrahlend, voll Kraft und kühner Zuversicht, voll von Ideen und Plänen, die alle reifen sollten. Die braune Hautfarbe seines Gesichtes war durch ein leichtes Rot wie von Sonne und Luft gehoben, die Backen voll und rund, sein Aussehen ein Bild kraftstrotzender, blühender Gesundheit. Nichts von stiller finsterer Miene, keine Spur von Misanthropie; auch nicht als angenommene Maske und Schein!

Wie erbärmlich sah doch der fahle, verlebte Gallenberg

aus, dem ein wüstes Leben und frühe Ausschweifungen ins Gesicht geschrieben waren, eine deutliche Schrift! Und dagegen war Mama blind! Nun denn, Giulietta tut, was ihr Herz und Vernunft diktieren und nicht, was dieser Gallenberg will!

Mit Beginn der schönen Jahreszeit ist der Meister wieder hinaus nach Heiligenstadt gezogen. Die Guicciardis bleiben diesen Sommer in Wien: es ist also keine lange Trennung zu befürchten; Giulietta wird ihn draußen besuchen.

Zwischen Weinhügeln zieht die Herrengasse (Probusgasse) mit lieblich bescheidenen Winzerhäusern hin. Ein weites Gehöft, Haus Nr. 6, mit offenen Stiegen unter dem weit vorspringenden Dach, tut sich dem Eintretenden auf, Fässer und Karren, Weinbauergerätschaften stehen auf dem gepflasterten Hof umher; im Hintergrund erhebt sich ein freundliches Gebäude mit Hochparterre, ohne Obergeschoß, dessen Hauptfront mit großen Fenstern und Veranda jenseits in einen weitgestreckten Garten hinaussieht auf Rasengrün und Obstbäume.

In dieser lauschigen Verborgenheit schafft der Genius an seinem Werk. Lebensmut und Schaffensfreude sind wieder jäh aufgebrochen, zur Ekstase gesteigert; der Wunsch der Geliebten, mit den Eltern zu sprechen und um ihren Segen für den Seelenbund zu bitten, hat ihm Flügel gegeben - im Herbst muß viel erreicht werden, die Opernangelegenheit hat nun endlich greifbare Formen angenommen: die Zukunft steht herrlich da! Den Kampfpreis wird er sich von keiner Macht auf Erden streitig machen lassen, am wenigsten von diesem Gallenberg, der ihn bereits einmal, und zwar für immer verloren hat!

Er hat seine Streichquartettinstrumente, jenes Geschenk Lichnowskys, mit aufs Land hinaus genommen und ist in sein geliebtes Cremoneser Cello von Guarneri versunken, das er gerne spielt.

Das Instrument mit den zierlichen Schnecken am Kopfende, dem schlanken Hals, den vollen und weichgerundeten Hüften, kokett geschürzt auf hohem Stachel, ist ihm geradezu Sinnbild der Geliebten. Er hält es zärtlich umfangen, als hielte er Giulietta im Arm, und spielt mit einer Innigkeit des Ausdrucks, als wollte seine Seele in der Seele der Geliebten ausströmen. Er fühlt ihre Nähe fast körperhaft; könte er doch immer mit ihr in diesem innigen Austausch der Seelen leben, jenseits aller Worte!

In diesem Augenblick legen sich zwei weiche Hände von rückwärts um seine Augen; er sprang auf: Giulietta!

Sie stand schon lange hinter ihm; er hatte sie nicht gehört, als sie hereingetreten war.

«Ich wußte es nicht, aber ich fühlte deine Nähe; ich hielt Zwiesprache mit meiner Cremoneserin und dachte dabei nichts als dich!»

Die grünumrauschte Verborgenheit des Hauses hütete das Glück der Liebenden. Der Dämon war völlig gewichen, kein Sausen und Klopfen im Ohr, er war freudig gestimmt und sie voll schalkhafter Anmut und Zärtlichkeit wie immer.

Dann, am Klavier, sang sie die schöne Arie: «Ah, perfido, spergiuro - », die er einmal in Prag, auf seiner einzigen Kunstreise nach Berlin, der reizenden Komtesse Josephine Clary gewidmet hatte.

Giulietta sang die italienische Bravour-Arie mit dem ganzen Temperament ihrer geradezu südlichen Leidenschaft.

Der geliebte Meister mußte es wohl zufrieden sein!

Doch um Gottes willen, welchen furchtbar erschreckenden Ausdruck nahm plötzlich sein Gesicht an! Sein Auge rollte wild, die Lippen zuckten, die Stirne zog sich finster zusammen, seine Züge verzerrten sich!

Eine entsetzliche Wildheit, halb Furcht, halb Zorn trat auf diesem Antlitz hervor, daß sie erschreckt plötzlich innehielt und von Angst geschüttelt war.

Er hatte wie ein Verzweifelter die Hände an die beiden Ohren gepreßt und schrie: «Fort, Dämon! Ich höre nichts! Ich höre die hohen Töne nicht mehr! Und habe kein Sausen, kein Klopfen im Ohr, nichts - und kann diese Töne nicht vernehmen?! Oder willst du mich äffen?! Singst du die hohen Töne nicht?! Ach, Dämon! Weißt du schon, wie ich leide?»

Er bemerkte ihre Ängstlichkeit; sie wollte im ersten Schreck nach der Tür fliehen und hinaus in der Meinung, er sei mit einemmal wahnsinnig geworden - aber er besann sich sofort und fragte sie mit tieftrauriger Stimme voll Sanftheit, ob sie absichtlich die hohen Lagen *piano*, *pianissimo* gesungen oder ungesungen gelassen habe, und bat sie um Wiederholung, allerdings im *fortissimo*, was sie mit zitternder Stimme tat: aber, o neuer Schreck! es klang wie von ferne, fast verhallend.

«Ich höre nichts!» sagte er in dumpfer Verzweiflung und ließ den Kopf sinken.

Sie sah ihn mit entsetzten Augen an und verstand nicht sogleich.

Sein Geheimnis war ihm nun doch entschlüpft, und als sie ihn teilnehmend fragte, begann er stoßweise, mit fast schluchzender Stimme zu gestehen, welches Leiden ihn verfolge, welchen stillen Kampf er gegen diesen Dämon führe, wie dieses rätselhafte Toben im Ohr ihn gequält und unglücklich gemacht habe, wie er aber in den freien Momenten sich immer überzeugen konnte, daß sein Gehör ungeschwächt sei; nur jetzt, jetzt habe es ihn plötzlich verlassen, doch wieder nur bei den hohen Tönen -

«Aber das geht vorüber», versuchte er sich und sie zu trösten mit einem schwachen Lächeln, «denken wir nicht mehr daran!»

Wie eine blitzartige Erleuchtung ging es über ihr Gesicht: «Beginnende Ertaubung! Das also ist der wahre Grund des Geredes über seine geheime Krankheit. Fürchterlich!»

Ihre Herzlichkeit wurde künstlich.

Sobald es irgend anging, machte sie sich bereit zum Aufbruch. Früher, als er erwartete. Er bat sie dringend, bald, recht bald wiederzukommen. Morgen, übermorgen!

«Wenn möglich, ja!» erwiderte sie mit Vorbehalt.

Und eilte fort, als ob sie gejagt würde.

Der Wagen, mit dem sie gekommen war, wartete einige Gassen weit vor einer Schenke. Dort war sie ausgestiegen; der Kutscher sollte nicht wissen, wohin sie gegangen war. Sie trieb zur Eile an, als sie zurückfuhr.

Als sie heimkam, saß noch Gallenberg da. Es war zum erstenmal seit langer Zeit, daß sie ein freundliches Gesicht zeigte, zum Erstaunen ihrer Mama und nicht am wenigsten zu seinem eigenen Erstaunen.

Sie atmete auf, wie von einem Alp befreit.

Der Meister wartete an den folgenden Tagen; sie kam

nicht. Der treue Ries erschien zu Besuch und blieb ganze Tage und halbe Nächte. Beethoven fühlte dankbar seine Nähe, er brauchte einen verläßlichen Menschen um sich. Sie liefen stundenlang zusammen auf einsamen Spaziergängen. Ries machte den Meister auf einen Hirten aufmerksam; der auf einer Flöte aus Hollunderholz recht artig blies.

«Hirte? Wo ist der Hirte?» Er hörte ihn nicht.

Nach einer halben Stunde fragte er, was mit dem Hirten ist, daß er verstummt sei. Ries erklärte, daß er auch nichts mehr höre; indessen der Hirte noch immer recht kräftig und weithin vernehmbar blies. Der Schüler hatte übrigens die beginnende Harthörigkeit des Meisters schon bemerkt, ehe dieser selbst noch eine Ahnung hatte. Still und finster wanderte Ludwig weiter; auf dem ganzen Weg sprach er kein Wort mehr zu seinem Begleiter. Vor dem Hause verabschiedete er Ries mit den Worten:

«Lassen Sie mich heute allein!»

Der Schüler sollte die Verzweiflung nicht sehen, die mit nie erhörter Gewalt über ihn kam, als er sich in seinem Zimmer allein wußte. Acht Tage waren verstrichen, kein Zeichen von Giulietta! Eine quälende Unruhe kommt über ihn. Sie, die einzige, die ihn aus der Verzweiflung retten kann und mit neuem Hoffen erfüllt! Weiß sie nicht, daß sie mit Sehnsucht erwartet wird, glühender als je?! Was zögert sie?! Ach ja, die Mutter! Man bewacht ihre Schritte! Sie kann sich schwer freimachen! Es gibt viele Entschuldigungen, aber keine einzige kann die Ungeduld bannen; mit der sie der Vereinsamte herbeisehnt.

Das Übel hat sich verschlimmert. Und das Beängstigende, daß es nicht der Klopfgeist im Ohr ist, der sich anscheinend zur Ruhe gelegt hat. Was er vordem nur befürchtete, ohne an die Möglichkeit zu glauben, war Gewißheit geworden: Ertaubung!

Giulietta, mein Engel, meine Trösterin! Es sehnt sich nach Dir Dein Ludwig!

Ries mußte das Brieflein besorgen. Er hat es der jungen Gräfin selbst hinterbracht. Sie nahm es wortlos in Empfang.

Nun wieder Tage des Harrens.

Der Meister hat neue Ärzte konsultiert, den früheren traut er nicht mehr. Er kommt heim, aschgrau; plötzlich gealtert, ein gebrochener Mann. Seine Unheilbarkeit ist traurige Gewißheit geworden. Auf dem Tische liegt ein Brief. Er kennt das Rosapapier, das zarte Parfüm; Maiglöckchen, die Schrift. Giulietta. Er greift danach wie ein Versinkender nach einer rettenden Hand.

«Hab' Dank! Mein Engel, meine Hoffnung du! Mein alles!»

Er küßt den Brief demütig, eh er ihn öffnet. Und dann bricht er auch schon zusammen.

Das Papier in den zitternden Händen, schwer stöhnend, läßt er sich in den Sessel fallen und liest immer wieder die paar dürftigen Worte, als faßte er den Sinn nicht:

Teurer Meister!
Vergessen Sie mich, ich bin Ihrer nicht würdig!
Ich muß den Willen meiner Eltern tun und bin nicht frei.
Ihre untröstliche Giulietta Gräfin Guicciardi.

Als sie neulich von ihm fortging, stand dieser Abschiedsbrief in ihr fest. Sie schrieb ihn erst, als er sie durch seine Liebesmahnung drängte. Sie war mit sich inzwischen vollkommen ins reine gekommen.

Liebe?! Wo ist sie? Verflogen, ein Rausch, ein Traum. Vorbei! Was hatte sie geliebt? Ihn?! Sie liebte sein Genie, seinen Ruhm, seine Zukunft! Die Geliebte, die Braut eines stolzen, vielumworbenen, genialen Mannes zu sein, ihn seinen Verehrerinnen, die ihn liebten, als Rivalinnen zu entreißen, den Sieg über sie davonzutragen, als er noch begehrenswert, dem nichtssagenden und ungeliebten Gallenberg zum Ärger, hatte ihrem Ehrgeiz geschmeichelt, sie wollte ihre Macht kosten, der Löwe mußte gebändigt zu ihren Füßen liegen, ein Herkules am Spinnrocken! Eigentlich war sie des Spiels schon längst überdrüssig, der Ernst reizte sie nicht. Er war nicht mehr begehrenswert! Ein tauber Musiker, mit dem es bergab gehen muß und der nur mehr von einer Zukunft zehrt, die er bereits hinter sich hat, war doch keine Lockung für eine verwöhnte Gräfin Giulietta! Sie brauchte Reichtum, Wohlleben, Luxus um sich - dazu war nun Gallenberg gerade recht. Sie hatte eine romantische Episode hinter sich und einen Strich darunter gezogen. Diesen Brief noch, eine kleine Heuchelei - sie war getröstet. Und der Vorhang fiel über ein Geheimnis.

Ludwig schlug die Hände vor die Stirn; er wollte weinen und hatte keine Tränen. Er stürzte aufs Bett hin und blieb dort liegen, regungslos, stundenlang. Nur dieses furchtbare Stöhnen, das sich der gemarterten Brust entrang. Der letzte Halt war entglitten. Die Katastrophe vollkommen. Todesgedanken, Selbstmordgedanken suchten ihn heim. Das Leben war wertlos geworden. Ein Ende damit machen - es schien ihm ein tröstlicher Ausweg.

Wo ist der Engel in dieser finstersten Stunde?! Ach, diese Pein verschmähter Liebe!

Die er für einen Engel hielt, sie war ihm nun eine Teufelin. Werkzeug seines Dämons, Dämon selbst!

O jene Nacht, wo er dem dunklen Zauber erlag und sich sogleich die Krankheit meldete, die seiner empfindlichen Natur diese Wendung zum Schlimmen gab! Das Übel wäre nicht zu diesem unheilvollen Ausbruch gekommen, das ihn nun gänzlich ins Verderben stürzte!

So ist jetzt sein Denken, sein Fühlen. Dort begann die Schuld, die unbewußte Schuld! Und jetzt die Reue! Ein Engel war ferngeblieben - Leonore!

«Nein nicht, Leonore! Theresa!»

Wie ein milder Stern trat ihr gnadenvolles Bild nun aus dem zerrissenen Gewölk hervor, das seine Seele vernichtungsschwer umdräute.

«Der Engel Theresa ! Sie war nicht fern - ich Unseliger!»

Der Mensch ist in Schuld geboren, und ehe er es ahnt, steht sie ungeheuer groß da und verlangt Sühne! Vor ihm richtet sich das Kreuz auf, das Urzeichen alles Erdenschicksals und Erdenleids! Sein «Christus am Ölberg» ist aus eigener Schicksalsahnung geschöpft.

Engel Theresa! Es kommt wie schmerzensvolle Reue und Erkenntnis über ihn. Sie ist Sinnbild seiner Muse, unsterbliche Geliebte, nicht jene andere, die ihn treulos verlassen!

In der trostlosen Nacht dieser Verzweiflungszeit mit ihren Ölbergsstunden ist nur ein einziges fernes Lichtpünktchen: Engel Theresa!

Ein schwaches, ganz schwaches Pflänzchen Hoffnung ringt sich nach dem fernen winzigen Lichtpünktchen empor. Das Allerärgste ist dadurch verhütet.

Der winzige Strahl verschwindet wieder; Nacht ist, trostlose Nacht der Verzweiflung. Und nur noch die Ahnung, daß dort sternweit das Licht der Liebe wie ein kaum wahrnehmbarer Schein gegrüßt hatte, nur einen Augenblick lang.

Der Schleier des Geheimnisses breitet sich über die Tragödie von Heiligenstadt.

Verwühltes Antlitz, schmerzenswild, dreifach umschlungen.
Vom Mantel seiner Einsamkeit, Verlassenheit und tauben Stille,
Hineingeweint die trocknen Tränen, die er seinem Dämon
abgerungen.
Des Hirten Flötenlied, der Amsel Laut, lieblichste Ohrenweide -
Der taube Himmelsmusikant, er hört sie nicht!
Die Sterne rasen, Tonfluten über ihn und Gottesfülle,
Dem Lauscher in die Ewigkeit die taube Stille spricht,
Tragischer Sänger, du, des Liedes an die Freude!

Das Kleingetriebe hämmert in dem Hof, Weinfässer rollen,
Mißtönige Orchesterstimmen klangversöhnter Symphonica domestica
In bodenloser Kluft des Schweigens ohne Widerhall entsunken
Dem Menschensehnsuchtsvollen, menschenfern und sehnsuchtsnah
in seines Schicksals selig unseliger Verkettung!
In öder Zimmer admirablem Wirrwarr von Kleidungsstücken,
Speiseresten, Notenrollen,
Der Gottheit zugewandt, in Ölbergsstunden aus dem Kelch
getrunken,
Den ihm ein Engel dargereicht, Verzweiflung, innere Errettung!

Daß man aus seinem Leidenskelter Gotteswein verkoste.
Geschmiedet an den Fels der Einsamkeit, von der Gestirne Gang
umschauert,
Wird Größe Kind, im Kleid der Demut hingekauert
Zum stammelnden Gebet, im Kreise würdiger Menschen würdig
dazustehn!

O Menschen, wenn ihr einst dies lest zu eurem, unserm Troste,
Die wir, obschon wir litten, unbewußt hier glücklich waren
In unsren kleinren Leiden, werdet erst mit diesem Trank im
Herzen wohlverstehn
Den heiligen Sinn, den diese Wege offenbaren!

Nur eine Kunde dringt aus der bodenlosen Kluft dieses Schweigens und wirft ein grelles Licht in das grauenvolle Dunkel: das Heiligenstädter Testament, das der Einsame, Unglückliche, Verlassene in diesen Tagen für seine Brüder Karl und (Johann) van Beethoven niederschreibt. Eigentümlich nur, daß er in der Überschrift den Namen des Bruders Johann ausläßt. Ein erschütterndes Dokument, dieses Heiligenstädter Testament!

Oh, Ihr Menschen, die Ihr mich für feindselig oder misanthropisch haltet und erkläret, wie unrecht tut Ihr mir! Ihr wißt nicht die geheime Ursache von dem, was Euch so scheinet. Mein Herz und mein Sinn waren von Kindheit an für das zarte Gefühl des Wohlwollens; selbst große Handlungen zu verrichten, dazu war ich immer aufgelegt, aber bedenket nur, daß seit Jahren ein heilloser Zustand mich befallen, durch unvernünftige Ärzte verschlimmert. Von Jahr zu Jahr in der

Hoffnung, gebessert zu werden betrogen, endlich zu dem Überblick eines dauernden Übels (dessen Heilung vielleicht Jahre dauern wird oder gar unmöglich ist) gezwungen, mit einem feurigen, lebhaften Temperament geboren, selbst empfänglich für die Zerstreuungen der Gesellschaft, muß ich früh mich absondern, einsam mein Leben zubringen. Wollte ich mich zuweilen einmal über alles das hinaussetzen, oh, wie hart wurde ich durch die verdoppelte traurige Erfahrung meines schlechten Gehörs dann zurückgestoßen, und doch war es mir dann noch nicht möglich, den Menschen zu sagen: sprecht lauter, schreit, denn ich bin taub! Ach, wie wäre es möglich, daß ich die Schwäche eines Sinnes angeben sollte, der bei mir in einem vollkommeneren Grade als bei anderen sein sollte, eines Sinnes, den ich einst in der größten Vollkommenheit besaß, in einer Vollkommenheit, wie ihn nur wenige von meinem Fache gewiß haben noch gehabt haben - oh, ich kann es nicht! Darum verzeiht, wenn Ihr mich da zurückweichen sehen werdet, wo ich mich gern unter Euch mischte. Doppelt wehe tut mir mein Unglück, indem ich dabei verkannt werden muß. Für mich darf Erholung in menschlicher Gesellschaft, feinere Unterredungen, wechselseitige Ergießungen, nicht statthaben. Ganz allein, fast nur soviel. als es die höchste Notwendigkeit fordert, darf ich mich in Gesellschaft einlassen. Wie ein Verbannter muß ich leben; nahe ich mich einer Gesellschaft, so überfällt mich eine heiße Ängstlichkeit, indem ich befürchte, in Gefahr gesetzt zu werden, meinen Zustand merken zu lassen - Aber welche Demütigung, wenn jemand neben mir stand und von weitem eine Flöte hörte und ich nichts hörte oder jemand den Hirten singen hörte und ich auch nichts hörte. Solche Ereignisse brachten mich nahe an

Verzweiflung, es fehlte wenig, und ich endigte selbst mein Leben. - Nur sie, die Kunst, sie hielt mich zurück. Ach, es dünkte mir unmöglich, die Welt eher zu verlassen, bis ich das alles hervorgebracht, wozu ich mich aufgelegt fühlte, und so fristete ich dieses elende Leben- wahrhaft elend, einen so reizbaren Körper, daß eine etwas schnelle Veränderung mich aus dem besten Zustande in den schlechtesten versetzen kann - Geduld - so heißt es. Sie muß ich nun zur Führerin wählen, ich habe es. - Dauernd hoffe ich, soll mein Entschluß sein auszuharren, bis es den unerbittlichen Parzen gefällt, den Faden zu brechen. Vielleicht geht's besser, vielleicht nicht, ich bin gefaßt! - Schon in meinem 28. (?) Jahre gezwungen, Philosoph zu werden; es ist nicht leicht, für den Künstler schwerer als für irgend jemand. - Gottheit, Du siehst herab auf mein Inneres, Du kennst es, Du weißt, daß Menschenliebe und Neigung zum Wohltun drin hausen. O Menschen, wenn Ihr einst dies leset, so denkt, daß Ihr mir Unrecht getan, und der Unglückliche, er tröste sich, seinesgleichen zu finden, der trotz allen Hindernissen der Natur doch noch alles getan, was in seinem Vermögen stand, um in die Reihe würdiger Künstler und Menschen aufgenommen zu werden -.

Im weiteren Verlauf dieses Testaments setzt er die beiden Brüder als Erben seines kleinen Vermögens ein und gedenkt mit Dank der ihm von Bruder Karl in der letzten Zeit bewiesenen Anhänglichkeit. Und dann heißt es weiter:

Mein Wunsch ist, daß Euch ein besseres, sorgloseres Leben als mir werde. Empfehlt Euren Kindern Tugend: nur sie allein kann glücklich machen, nicht Geld; ich spreche aus

Erfahrung; sie war es, die mich selbst im Elend gehoben, ihr danke ich nebst meiner Kunst, daß ich durch keinen Selbstmord mein Leben endigte. - Lebt wohl und liebt Euch!

Auch der Freunde gedenkt er dankbar, besonders des Fürsten Lichnowsky und des Arztes Professor Schmitt, der ihn zuletzt behandelt hatte. Die Instrumente des Fürsten: die Violine und das Cello von Guarneri, die zweite Violine von Amati, die Viola von Vincenzo Ruger, sollen von den Brüdern aufbewahrt werden, doch möge kein Streit entstehen; er gestattet auch den Verkauf, wenn er ihnen dadurch auch noch unter dem Grabe nützen kann, und schließt mit den Worten:

So wär's nun geschehen. - Mit Freuden eile ich dem Tode entgegen. - Kommt er früher, als ich Gelegenheit habe, noch alle meine Kunstfähigkeiten zu entfalten, so wird er mir trotz meinem harten Schicksal doch noch zu früh kommen und ich würde ihn wohl später wünschen. Doch auch dann bin ich zufrieden: befreit er mich nicht von meinem endlosen leidenden Zustand? - Komm, wann du willst: ich gehe dir mutig entgegen. - Lebt wohl und vergeßt mich nicht ganz im Tode. Ich habe es um Euch verdient, indem ich in meinem Leben oft an Euch gedacht, Euch glücklich zu machen: seid es!
Heiligenstadt am 6. Oktober 1802.
Ludwig van Beethoven.

Einige Tage später fügte er einen Nachtrag bei, eine Anrufung an die geliebte Hoffnung, an die Vorsehung, an die Gottheit:

Heiligenstadt am 10. Oktober 1802.
So nehme ich denn Abschied von Dir - und zwar traurig. - Ja, die geliebte Hoffnung - die ich mit hierher nahm - wenigstens bis zu einem gewissen Punkte geheilt zu sein - sie muß mich nun gänzlich verlassen. Wie die Blätter des Herbstes herabfallen, gewelkt sind, so ist - auch sie für mich dürr geworden. Fast wie ich hierher kam - gehe ich fort - selbst der hohe Mut - der mich oft in den schönen Sommertagen beseelte - er ist verschwunden. - Oh, Vorsehung - laß einmal einen reinen Tag der Freude mir erscheinen! So lange schon ist der wahren Freude inniger Widerhall mir fremd. O wann - o wann, o Gottheit - kann ich im Tempel der Natur unter Menschen ihn wieder fühlen! - Nie? - Nein - oh, es wäre zu hart! -

Tief gebeugt, doch nicht gebrochen; obschon unendlich traurig erhebt sich der Überwinder zu neuer würdiger Fassung. Ein sittlicher Sieg ist errungen, die Seelenkrise überwunden. Er ist gerettet. Von außen kam keine Hilfe. Die Menschen konnten ihm nichts geben. Nur noch tieferes Leid ist ihm von ihnen geworden. Giulietta ist tot für ihn. Er hat sich diese hoffnungslose Liebe aus dem blutenden Herzen gerissen. Über Nacht ist sie abgeblüht, eine vom Frost befallene Blume.

Fast erleichtert atmet er auf, als wäre ein Alp von ihm genommen. Alle die Sorgen um ein standesgemäßes Leben, die Widerstände der Eltern, die Vorurteile, die zu überwinden waren - er fühlte sich diesen Dingen des realen Lebens nicht gewachsen; wie oft war ihm bänglich zumute in dem Gefühl, daß sie den Flug seines Genius niederdrücken, hemmen würden. Nun ist die Bahn frei - er denkt versöhnlicher von der Treulosen. Er hat dem Schicksal wirklich in den Rachen gegriffen und es niedergezwungen. Es kann ihm nichts mehr anhaben. Er steht darüber und weiß seine Aufgabe. Ruhig und gefaßt kehrt er in die Stadt, zu den Menschen zurück.

XI. Kapitel

Schikaneder hat ihm eine Dienstwohnung im Theater an der Wien eingeräumt, die er gemeinsam mit Bruder Karl bezieht, den er jetzt mehr als je nötig zu haben vermeint. Die Arbeiten an der Oper nehmen ihren Anfang.

Eine Veränderung ist mit ihm doch vorgegangen. Seine Miene und Haltung nimmt jenen gespannten, lauernden, lauschenden Ausdruck an, der den Schwerhörigen verrät. Er glaubt, man merkt es nicht; aber da und dort flüstert man bereits von dem Verhängnis; das streng gehütete Geheimnis wird offenbar und bekommt flinke Beine, die es weit herumtragen.

Auch äußerlich hat sich etwas verändert. Die gelegentliche Kavaliermäßigkeit der Kleidung verschwindet, er vernachlässigt jetzt oft seine äußere Erscheinung, seit der Umgang mit Frauen aufgehört hat.

Ganz kann er ihrer nun doch nicht entraten; es ist jetzt die Gräfin Erdödy, die ihn immer häufiger zu sich bittet. Sie legt eine warme, aber behutsame Teilnahme an den Tag; er fühlt sich wohl in dieser sanft mütterlichen Atmosphäre und verbringt jede Woche einige Abende in ihrem kleinen Salon, meistens ganz allein mit ihr, in vertrauter Unterhaltung. Er braucht den klug leitenden Einfluß hochstehender edler Frauen; gerade jetzt ist ihm diese Seelenfreundschaft ein besonderes Bedürfnis.

Die liebe Erdödy weiß wirklich so außerordentlich geschickt zu fragen, daß sie bald heraus hat; was sie wissen möchte. Er hat Vertrauen zu ihr; nach und nach beichtet er alles, was er auf dem Herzen hat, die unglückliche Liebe zur Guicciardi, das heimliche Verlöbnis, die Untreue der Geliebten.

«Sind Sie froh, daß alles so gekommen ist», sagt sie als weiblicher Beichtvater, wie er sie fortan nennt, «es wäre kein Glück gewesen, für keines von beiden.»

Immer wieder bringt sie das Gespräch auf die Brunszviks zurück, die sich gar nicht mehr in Wien sehen lassen; sie ist von Theresa überaus begeistert.

Graf Franz Brunszvik ist allerdings häufig in Wien. Er sucht wieder den Meister Ludwig auf und ist ganz selig, den Freund in guter Verfassung zu finden, gar nicht mehr «misanthropisch». Sie unterhalten sich übermütig laut; Ludwig, anfänglich noch still und verhalten, wird schließlich ganz aufgeräumt; er ist fast wie in früheren Tagen.

Jetzt redet der Meister von Theresa und Josephine, er kann sich nicht genug tun mit Fragen und begeisterten Worten.

Warum sie gar nicht nach Wien kämen? Ob sie ihn ganz vergessen hätten? Es war doch eine so schöne Zeit, diese gemeinsamen Musikstunden; soll sie unwiederbringlich vorüber sein?

Es wäre doch eigentlich jammerschade um das schöne Talent der Schwestern, sie sollten doch die Pflege und Fortbildung ihrer Kunst, dieser herrlichen Trösterin, nicht ganz fallen lassen! Ob sie fleißig übten, und wie es auf Martonvásár zuginge?

Franz ermahnt ihn dringlich, doch selbst zu kommen und nachzusehen! Es wäre ein Fest auf Martonvásár, und eine Ehre für alle, einen so illustren Gast zu empfangen.

Der Meister lächelt nur; er sagt gar nichts. Er erzählt von seinen neuen Arbeiten, von der Oper, von der dritten Symphonie, die dem Buonaparte zugedacht und nahezu fertig sei - er arbeite wieder, nach längerer Unterbrechung, mit Feuereifer. Abends sitzen beide im «Schwan», Graf Brunszvik trinkt mit Ludwig Brüderschaft.

Am andern Tag berichtet er den Schwestern nach Martonvásár, welche glücklichen Stunden er mit dem Meister verlebt habe.

Theresa, die eine rege Korrespondenz mit Wien führt, hat interessante Neuigkeiten erfahren, davon das Wesentliche, soweit es ihr eigenes Leben betrifft und ihre Seele berührt, einen Niederschlag in ihrem Tagebuch findet. So schreibt sie:

«Eben erhalten wir eine Anzeige: Giulietta mit Gallenberg verlobt! Ich war ganz betroffen: glückselig und niedergeschmettert zugleich! Also kann es doch nicht wahr gewesen sein, was man sich allgemein erzählte über eine mögliche Verbindung der Kusine mit dem Meister! Sicher hat die Fama wieder einmal gelogen! Wenn alles Täuschung, Irrtum war, o Gott! wieviel Unrecht haben wir ihm getan! Welches Leid haben wir uns selbst zugefügt durch unser vorschnelles Urteilen und übereiltes Handeln! In welche namenlose Unruhe bin ich aufs neue gestürzt, wenn ich bedenke, wie anders alles hätte sein können und was ich mir verdorben habe - durch eigene Schuld! Wie sehne ich mich wieder nach Wien! Ihn zu sehen - Ihn! Es muß sein, und zwar bald! O wäre doch der Sommer schon vorüber! Der arme Graf Deym ist wieder hier, und ganz unglücklich. Er wartete auf ihr Jawort, aber Josephine ist doch zu sonderbar! Sie vertröstet ihn nun schon zum zweitenmal. Ich verstehe gar nicht, was sie eigentlich vorhat?!»

Meister Ludwig ist in den Sommermonaten wieder hinausgeflohen in die geliebte Landeinsamkeit am Fuß des Kahlenbergs, um dort zu vollenden und auszureifen, was er an Ideen und Entwürfen schon lange mit sich herumträgt:

Von draußen schreibt er an Ries, daß die «Eroika» fertig ist, und läßt ihn wegen der Kopiatur zu sich kommen mit der Weisung: «Es ist ein stimmungsvoller Hof, Oberdöbling Nr. 4, wo man den Berg hinunter nach Heiligenstadt geht.»

Die Partitur liegt sauber geschrieben auf dem Tisch; auf das Titelblatt ganz oben hat der Meister das Wort «Buonaparte» hingeschrieben und ganz unten «Luigi van Beethoven». Kein Wort mehr.

Franz Ries betritt das Zimmer und bringt ihm als erster die Nachricht, daß Buonaparte sich zum Kaiser habe ausrufen lassen. Und ist ganz verschüchtert, als er den komischen Wutausbruch seines Meisters sieht, der über diese Neuigkeit in den Harnisch gerät, als ob ihm eine persönliche Schmach angetan worden wäre.

Ganz außer sich schreit Ludwig:

«Ist der auch nichts anderes als ein gewöhnlicher Mensch?! Nun wird er auch alle Menschenrechte mit Füßen treten, nur seinem Ehrgeiz frönen; er wird sich nun höher wie alle anderen stellen, ein Tyrann werden!»

Schnaubend vor Wut stampft er hin und her und dann mit einem Satz zum Tisch, packt die Partitur, und ritsch! reißt er das Titelblatt mit der Widmung in Fetzen: da liegt es!

Jetzt ist ihm leichter. Ein neuer Titel wird geschrieben: «Sinfonia eroica.»

«Was würde Giulietta sagen?!» dachte er unwillkürlich. Ein ganzes Stück Zukunft war auf diese Symphonie aufgebaut, die die Gunst Buonapartes erwerben sollte. Und wieviel größer als der Konsul würde der Kaiser Napoleon Buonaparte diese Widmung zu lohnen wissen?! Giulietta fände es als herrlichen Glücksfall, sie würde es als Verrat an ihrer Liebe empfinden, daß er dem Kaiser verweigerte, was er dem Konsul zugedacht hatte, und würde sagen, daß er sein Glück und das ihrige mit Füßen trete ! Würde er aber noch so handeln, wenn es für ihn noch eine Giulietta gebe?

«Es hat doch sein Gutes, daß es keine Giulietta mehr für mich gibt», dachte er insgeheim, obschon ihn noch manchmal das Liebesweh heimsuchte und seine Ruhe erschütterte: «Freiheit geht doch über alles!»

Bei der Aufführung des Werkes verbreitete sich dennoch die Kunde, das Werk sei eine Verherrlichung Napoleons. Die Sache wurde bei Hofe übel genug vermerkt, zumal sich die französischen Heere in Siegesmärschen auf die Reichshaupt- und Residenzstadt Wien herbewegten. Der Hof blieb fortan kühl gegen den Tondichter, doppelt verwunderlich bei der warmen Freundschaft, deren sich der Künstler seitens des Hochadels und des Erzherzogs Rudolf erfreute.

In der Bierwirtschaft «Zum Blumenstock» im Ballgäßchen, wo sich im Hinterzimmer regelmäßig eine bestimmte Debattiergesellschaft einfand und der Meister die Zeitungen zu lesen pflegte, wurde davon gesprochen. Es fanden sich viele Musiker und Kunstfreunde ein, darunter das «Falstafferl», Schuppanzigh, gelegentlich Hummel und der Musiker de Olivera; die Zeiten waren bewegt, es wurde nicht wenig politisiert. Ludwig tat sich keinen Zwang an und schimpfte weidlich über die Zustände. Besonders das mit dem Hofe ärgerte ihn.

«Man nennt dich einen Republikaner», meinte Falstafferl. «Und einen Erzdemokraten.»

«Warum das?»

«Nun wegen deiner Freiheitsideen!»

Der Meister verteidigte sich: «Ich schwärme für die englische Verfassung», sagte er. «Sie ist Freiheit und Gesetz und der Ausdruck eines reifen gebildeten Volkes.»

Er war den Engländern gewogen; in London machten seine Kompositionen Aufsehen; Franz Ries, sein einstiger Lehrer und Vater seines jetzigen Schülers, konzertierte bei den Londoner Philharmonikern und leistete ihm Pionierdienste.

«Übrigens, meine Freiheitsbegriffe sind nichts Politisches», bewies er, «sondern in erster Linie etwas Sittliches. Die natürliche Freiheit des gottgewollten Menschen. Insofern bin ich ‹Republikaner›, wenn man dies so nennt. Ich verehrte den Konsul Buonaparte, weil er der Pöbeltyrannei und ihren falschen Freiheitsphrasen ein Ende machte. Ich verabscheue den Tyrannen Napoleon aus den gleichen Gründen, weil ein Tyrann auch die sittliche Freiheit stürzt, Seelenfreiheit, Gewissensfreiheit und auch die sittliche Freiheit der Kunst, um sie an seinen Triumphwagen zu spannen und sich selbst zu vergotten. Insofern bin ich eigentlich ‹Aristokrat›. Ohne Autoritätsgefühl und Hoheitsgefühl geht es weder im Staat noch in der Kunst.»

Das war sein politisches und künstlerisches Glaubensbekenntnis. Es beruhte auf seiner sittlichen Grundauffassung der Welt. Daß er sich als Aristokrat fühlte, war bei ihm, dem Freunde der Fürsten, nicht verwunderlich. Es gehörte zu seinem ausgeprägten Persönlichkeitsgefühl.

Wie stark dieses Gefühl seiner persönlichen Würde als Künstler von Gottes Gnaden war, hatte er bald Gelegenheit, aufs drastischste zu betonen.

Prinz Louis Ferdinand war auf einer Reise nach Italien nach Wien gekommen. Der Meister hatte auf seiner Kunstreise nach Berlin, wo er vor dem Hofe spielte, den «ritterlichen, poetisch schwärmerischen Prinzen», der ihm als der «menschlichste Mensch» erschienen war, kennengelernt und seine Freundschaft im Nu erobert. Der Prinz, der selber komponierte, hatte in seiner Gegenwart bei Hofe vorgespielt, und auf dessen Frage hatte der Meister freimütig geantwortet:

«Sie haben meine Erwartungen bei weitem übertroffen, Hoheit; Sie spielen gar nicht prinzlich, sondern wie ein tüchtiger Klavierspieler!»

Die Hofschranzen waren über diese Kühnheit entsetzt; aber der Prinz reichte ihm gerührt und geschmeichelt die Hand und sagte:

«Ich danke Ihnen; es ist das schönste Lob, das mir je zuteil geworden.»

Seither war ihm der Prinz in aufrichtiger Freundschaft zugetan. In Wien hatte er die «Eroika» gehört und war ganz begeistert. Eine musikalische Abendunterhaltung folgte auf die andere; der Meister durfte nicht fehlen.

Die Gräfin Thun ließ sich's nicht nehmen, den Prinzen auch bei sich zu feiern; als man zum Abendessen ging, waren nur für die hohen Adeligen Gedecke aufgelegt; der Meister ging leer aus.

Sie hatte es ihm auf diese Weise heimgezahlt, daß er sich damals bei Lichnowsky kniefällig vergebens bitten ließ und nicht ihr gehorchte, sondern Theresa. Obendrein dachte sie, er sei für eine prinzliche Tafel nicht fein genug.

Der Meister war aufgebracht, sagte einige Derbheiten, darunter die Bemerkung fiel:

«Genie macht legitim, und Geistesadel ist nicht weniger als Geburtsadel. Mit Menschen, die das nicht erkennen, kann ich keinen Umgang haben.»

Nahm seinen Hut und ging.

Einige Tage später gab der Prinz ein Essen; auf der einen Seite neben ihm erhielt die alte Gräfin ihren Platz, auf der anderen der Meister. Auf diese Weise gab ihm Louis Ferdinand, der «menschlichste Mensch», eine glänzende Genugtuung, die zugleich eine feine Lehre für die Gräfin war.

Im Winter bezieht der Meister wieder seine Dienstwohnung im Theater; die Oper macht Fortschritte und wird endlich im Sommer darauf in Hetzendorf unter der gabelförmigen Linde des Schönbrunner Parkes, wo sein «Christus am Ölberg» entstanden war, vollendet. Seine Wohnung auf der Seilerstätte hatte er längst aufgegeben. Vorübergehend hatte er mit Steffen Breuning, seinem Bonner Jugendfreund, der nun im Hofkriegsamt unter Erzherzog Karl tätig war, eine gemeinschaftliche Wohnung im «roten Haus» in der Alservorstadt, neben der Schwarzspanierkirche, also jenseits des Glacis, inne; aber die Empfindlichkeit und Reizbarkeit des Meisters in Zeiten strenger Arbeit war groß, er vertrug das Zusammenwohnen selbst mit einem so lieben Menschen wie dem Bruder Leonorens nur schlecht;

es gab Streit und Zerwürfnisse aus geringfügigen Anlässen; Knall und Fall war der Meister wieder ausgezogen und nach Baden zur Erholung gegangen. Ries hatte ihm inzwischen eine neue Wohnung im Hause des musikliebenden Barons Pasqualati auf der Mölker Bastei verschafft, die ganz den Wünschen des Meisters entsprach. Im dritten Stock gelegen, boten die Zimmer eine herrliche Fensteraussicht über das Glacis, über die Vorstädte bis zu den Kahlenberghöhen, über die Donau, die Praterauen und das Marchfeld, einen weiten Himmel, «wo seine Gedanken wie Sturmvögel alles Irdische überfliegen und in die Ferne streben und seine Flammenaugen Ausschau halten konnten weit über die rauschenden Gipfel des Wienerwaldes, die Schneehäupter der Alpen, den blauen Dom des Firmaments und seinen Sternen». Das hatte der unermüdliche, findige Ries wieder einmal gut gemacht.

Also hatte der Streit mit Breuning doch wieder sein Gutes gehabt; der Meister schickt ihm sein eigenhändiges Bild mit versöhnender Widmung.

Aber der Weg zur Bühne, wo der ersehnte Lorbeer winkt, ist voll Fallgruben und Fußangeln. Ludwig lernt die Leiden der dramatischen Autoren kennen.

Die Oper ist fertig, die «Leonore», die später «Fidelio» heißt, ein Stoff ganz nach seinem Sinn: eine Rettungsgeschichte voll Edelmut, Heroismus, ehelicher Treue, die Leiden unschuldig Verfolgter, darin die Schreckenserinnerungen an die Revolution nachklingen, romantisch sentimental mit starkem sittlichem Pathos und heroischer Tragik - nur leider wenig dramatisch behandelt.

Schikaneder ist inzwischen verkracht, das Hoftheater hat

die Aufführung übernommen.

Der ungeduldige Meister hat seine liebe Not mit den Sängern bei den Proben, er weiß nicht recht mit ihnen umzugehen; das Orchester kommt über die Ouvertüre nicht hinweg; es gibt Ärger und Zank; nichts klappt - die Aufführung im November ist ein schlecht verhüllter Mißerfolg. Auch sonst war die Zeit ungünstig: die Franzosen waren in Wien eingezogen, Napoleon hat sein Hauptquartier in Schönbrunn aufgeschlagen; der Hof und der größte Teil der vornehmen Gesellschaft ist aus Wien geflohen. Auch bei den Wiederholungen ist das Theater fast leer; im Parkett sitzen hauptsächlich französische Offiziere.

Ein Unstern waltet über dieser Oper, auf die so große Hoffnungen gesetzt waren. Alles, was irgendwie mit Giulietta zusammenhing, und die gemeinsame Zukunft mit ihr hätte begründen helfen sollen, ging schief.

Kein Zweifel, die Oper, mehr Oratorium als Musikdrama, hatte Längen und bedurfte einer Neubearbeitung. Es war nicht leicht, den Meister zu überzeugen.

Da bewies sich wieder die Fürstin Christiane als Schutzgeist seines Genius und Musenführerin, wie auf ihre Art die Gräfin Erdödy sein «Beichtvater» und mütterlicher Anwalt in seinen Herzenskümmernissen war.

Steffen Breuning hatte den Text zusammengezogen; im Palais Lichnowsky wurde die Sache geprobt.

Da saßen nun wieder die Freunde in dem kerzenschimmernden Musiksaal unter den Altmeisterbildern in schweren geschnitzten Goldrahmen und den geschlossenen gelbseidenen Draperien; nach und nach erschienen die Musiker, Sänger und Sängerinnen; der Meister legte endlich die

Partitur auf das Klavierpult, wo die Fürstin saß und selbst spielte - die Aufführung begann.

Man schlägt Kürzungen vor; aber der Tondichter schreit sofort:

«Nicht eine Note!» und verteidigt jeden Takt mit beleidigter Künstlerwürde.

Mitternacht ist vorüber; die Fürstin erhebt einen flehenden Blick zu dem Meister:

«Und die Kürzungen?»

«Nicht eine Note darf fehlen!» erwidert er düster. Halb kniend, ihn halb mit ihren Armen umfangend, ruft sie beschwörend:

«Beethoven! So darf Ihr größtes Werk, so dürfen Sie selbst nicht untergehen. - Dies will der Geist Ihrer Mutter nicht! Tun Sie es für sie, tun Sie es für mich, für Ihre einzige, für Ihre treueste Freundin!»

Hier der Olympier, vor ihm die engelbleiche Muse; was will er tun?

Ein Blick zum Himmel und fast schluchzend:

«- für Sie und für meine Mutter!»

Er hebt die Fürstin mit Ehrfurcht zu sich empor und reicht dem Fürsten die Hand wie zum Gelöbnis. Eine Gruppe ernster Rührung. Alle fühlen den großen Augenblick.

Die Flügeltüren des Speisesaales offnen sich; die Künstler spüren wütenden Hunger und atmen auf.

Der Meister ißt auffallend wenig und ist stumm; er ist in Gedanken bei seiner Oper.

Aber auch in ihrer neuen, vorteilhafteren Gestalt erweist die Oper bei ihren nächsten Aufführungen im März und

April keine rechte Zugkraft. Es ist wie verhext damit. Die Einnahme ist gering.

Der Meister ist mißtrauisch und macht dem Intendanten Baron Braun in der Hoftheaterkanzlei Vorwürfe.

Dieser will ihn beschwichtigen und meint, mit der Zeit würden sich bei zunehmender Popularität des Werkes auch die oberen Ränge füllen. Diese Bemerkung reizt die Empfindlichkeit des Meisters noch mehr.

«Für die Galerie schreibt ich nicht!» gibt er pikiert zur Antwort. «Geben Sie mir die Partitur zurück!»

Der Baron ist betroffen über das glühende Gesicht des Zürnenden, der mit wachsender furchtbarer Leidenschaft immer wiederholt:

«Ich will meine Partitur - auf der Stelle meine Partitur!»

Der Intendant zieht die Glocke und sagt dem Diener mit vornehmer Ruhe:

«Die Partitur der gestrigen Oper für diesen Herrn!» Und dann zu dem Komponisten: «Es tut mir leid, allein ich denke, daß Sie bei ruhigerer Überlegung -»

Der Meister hat dem Diener den Riesenband aus der Hand gerissen und hört nicht mehr auf diese Worte; in einem Satz durch das Vorzimmer und die Treppe hinunter. Kein Wort der Beruhigung will er mehr hören -

Von dem Theaterteufel, der ihn schon solange besessen hat, ist er vorläufig geheilt; es ist ihm fast, als steckte der Sirenengeist Giuliettas dahinter - er flüchtet wieder in reinere Sphären der Muse.

«Es müssen Erschütterungen kommen, Liebe oder Leid - dann wird's Musik», das waren seine Worte an Giulietta in den Tagen des glücklichen Wahns.

Sie waren gekommen, die Liebe und das Leid; sie fanden tönenden Ausklang; das war der schließliche Segen aus soviel Ungemach, das sein Genius in dieser Form zum Guten wendete.

Die furchtbaren Heiligenstädter Erlebnisse zitterten noch in seinem Schaffen und wurden musikalisches Gleichnis. Das Pochen in den Ohren - das Schicksalsmotiv, zum erstenmal unbewußt aufgeklungen in dem Klavierwettkampf bei Fries, wurde zum unheimlich düsteren Klopfmotiv in der «Appassionata», das sich im tiefen Baßklang wiederholt, ein dämonischer Anfang, dem ein Sturm der Leidenschaft folgt. Ein gebetartiges Thema spinnt sich aus, ganz wie im Heiligenstädter Testament: die traumhafte Erscheinung des guten Genius, Weihegedanken an Theresa, die Bitte an die Vorsehung: laß einmal den reinen Tag der Freude mir erscheinen! Dann wieder Ungewißheit, Zweifel mit dem Aufschrei der Leidenschaft, eine Steigerung zur grausamen Wildheit, wahre Seelenstürme. Ein Abbild seines inneren Lebens, diese Sonate, sein musikalisches Tagebuch und Bekenntnis. Es ist eine Opfergabe, die er den Brunszviks zugedacht hat. Eine Abbitte an den guten Liebesengel Theresa in der vieldeutigen Sprache der Musik. Aber schon schwebt ihm Größeres vor: eine symphonische Gestaltung dieses Gedankens, das Heiligenstädter Testament in Tönen, seine Vierte, die in den ersten Umrissen entsteht.

«Der reine Tag der Freude», den er von der Vorsehung erfleht, will nun wirklich anbrechen. Wie Morgenrot des kommenden Tages erscheint Franz mit - Josephine. Sie hat den Bruder nach Wien begleitet; sie hat mancherlei zu besorgen und ist voll Geschäften wie eine angehende Hausfrau. Theresa ist auf Martonvásár geblieben.

Es sind schöne Frühlingswochen. Fast als ob die traumhaft schöne Zeit von früher zu flüchtigem Besuch wiedergekehrt wäre. Nur Theresa fehlt.

Franz berichtet nach Martonvásár:

«Beethoven kommt sehr häufig, er unterrichtet Pepi, das ist etwas gefährlich, gestehe ich dir -»

Über der Musik hat Josephine schier alles vergessen, was sie sonst in Wien wollte.

Und wieder schreibt Franz:

«Beethoven ist fast täglich bei uns, gibt Pipschen Unterricht - vous m'entendez, mon coeur!»

Von Theresa kommt bald die bängliche Antwort:

«Aber sage mir, Pepi und Beethoven, was soll daraus werden? Sie soll auf ihrer Hut sein! Ich glaube, in bezug auf sie unterstrichst du im Klavierauszug die gewissen Worte: ihr Herz muß die Kraft haben, nein zu sagen, eine traurige Pflicht, wenn nicht die traurigste aller!»

So geht die Korrespondenz zwischen Franz und Theresa hin und her. Sie haben ein Komplott gegen Josephine und den Meister geschmiedet. Sie soll ihren Wiener Aufenthalt abkürzen und unter irgendeinem Vorwand von Franz zurückgebracht werden. Zugleich wird beschlossen, im Frühsommer, wenn die Haute-Saison vorüber ist und der Adel seine Sommersitze aufsucht, den Meister nach Martonvásár zu entführen.

Pipschen ist fort mit Franz; der Alltag mit seinem störenden Kram drückt wieder schwer auf den Meister, er hat Verdruß mit dem Bruder Karl, der dumme Streiche macht.

Auf einem Maskenball hat er ein hübsches Frauenwesen kennengelernt und sich in sie verliebt. Nun will er seine Johanna Reiß heiraten.

Ludwig ist von dieser Eröffnung wenig erbaut. Er fühlt sich als Familienoberhaupt, holt Erkundigungen ein und erfährt, daß sie eine etwas leichtfertige Person von gewöhnlicher Herkunft ist. Der Meister ist in diesem Punkt empfindlich. Er sucht sein Frauenideal in den höheren, gebildeten, adeligen Ständen und fühlt es als eine Entwürdigung, daß der Bruder eine so geringe Wahl trifft. Er findet die Person unerträglich, falsch, lügenhaft, es gibt kaum eine schlimme Eigenschaft, die er an ihr nicht entdecken würde. Fast ist ihm, als trete ihm in dieser Johanna das niedere, verzerrte Gegenbild seiner Giulietta entgegen. Fast dasselbe Spiel, ungeachtet des Abstandes: hier die verschleierte Fremde - dort die unbekannte Maske auf dem Ball. Beide als Sinnbild geheimnisvoller Verlockung, die die Sinne gefangennimmt. Dann die Unbedenklichkeit der abenteuerlustigen Giulietta - und in ihrem niedrigen Gleichnis die Leichtfertigkeit des Kindes aus dem Volke. Das andere ergibt sich zwangsläufig: Untreue, Verrat, Enttäuschung.

Diese Parallele mit seiner eigenen Lebenserfahrung genügt dem Meister, um der Braut des Bruders mit vorgefaßter Feindseligkeit zu begegnen und ein energisches Veto einzulegen. Und wieder dieselbe Erscheinung, die er schon aus eigener Erfahrung kennen sollte: der Widerstand vermehrt nur die Standhaftigkeit der Liebenden.

Umsonst, daß Ludwig dem Bruder haarscharf beweist, daß er im Begriffe sei, die größte Dummheit seines Lebens zu machen.

«Lieber dumm als schlecht», erklärt Karl und zielt 'dabei geschickt auf Moralgrundsätze, die Ludwig hochhält. Karl kann nicht mehr zurück, wenn er auch möchte. Denn ein Kind ist bereits unterwegs, dem er einen ehrlichen Namen geben will.

Ludwig hat die Partie verspielt, mit diesem Argument ist er zum Schweigen gebracht. Aber der Bruch ist trotzdem unvermeidlich.

Ludwig, empört über den Bruder, ist nun gegen ihn zu größerem Mißtrauen als bisher gestimmt. Karl hat drei Sonaten an einen Leipziger Verleger verkauft, die der Meister nach Zürich versprochen hatte.

Auf einem Spaziergang in Heiligenstadt, wo Ludwig die schönen Maiwochen nach Brunszviks Abreise verbringt, kommt die Sache zu einer erregten Aussprache. Der Unmut über Karls Liebesverhältnis tut dabei sein übriges.

In der Grinzinger Allee, zwischen der engen Akazienreihe, kommt es zu einer schlimmen Szene. Denn beide sind Hitzköpfe. In diesem Punkt ist Karl seinem Bruder ähnlich, es geht auch ihm zu leicht das Temperament durch. Plötzlich setzt es Tätlichkeiten. Ludwig vergißt, daß der Bruder nicht mehr der kleine Junge ist, wie einst in Bonn, und glaubt auch jetzt von dem väterlichen Züchtigungsrecht Gebrauch machen zu können, wie damals.

Es setzt Hiebe auf beiden Seiten; die Brüder laufen feindlich auseinander.

Am anderen Tag schreibt Ludwig dem Bruder allerdings einen verzeihenden Brief, darin er ihn zugleich in verachtenswürdiger Gestalt zeigt und ihm eine üble Zukunft weissagt.

Statt aller Antwort kündigt ihm Karl seine Vermählung für Ende Mai an. Ludwig ist froh, dem Hochzeitsfest unter einem guten Vorwand entgehen zu können.

Franz von Brunszvik ist erschienen und hat ihn in seinem Reisewagen mitgenommen. Nach Martonvásár.

XII. Kapitel

Ein reines Liebesglück fing spät an zu erblühen unter den hohen alten Linden. Oft und oft steht Theresa auf dem Söller des Schlosses und späht über die weite Landstraße hinaus, die sich mit ihren Pappelreihen in endloser Ferne verliert. Von dort her müssen sie kommen!

Dann ist es wieder Pipschen, die Ausschau hält, und von drinnen fragt eine Stimme: «Siehst du nichts?»

Und wieder die gleiche trübselige Antwort: «Ich sehe nichts!»

«Seltsam», meinte Theresa, «sie müßten längst hier sein. Graf Deym wollte doch schon vorgestern ankommen.» «Ach!» seufzte Pipschen und verzog den Mund, «darum ist mir nicht bang. Der kommt noch früh genug.»

«Ich meinte, du siehst nach ihm aus», bemerkte Theresa. Und Josephine flink:

«Nach wem siehst denn du aus? Ich meinte, du siehst auch nach Louis aus!»

Es war eine harte Geduldprobe. Endlich, eines Nachmittags, rief Pipschen mit jubelnder Stimme:

«Sie kommen, sie kommen!»

Und ließ ihr weißes Tüchlein flattern. Zog aber ihr Fähnlein alsbald wieder ein und machte ein schmollendes Gesicht:

«Ah! Es ist nur der Deym!»

Die Reise war lang. Immer dasselbe einschläfernde Bild: die Akazie, der Pußtabaum, längs der sandigen Wege, Flieder, gelbe Maisfelder; in der Ferne Hügelketten, blauduftig;

Stationen in der barocken Krönungsstadt Preßburg, in Raab; endlich winkte das Ziel.

Knirschend fuhr der Wagen den Kiesweg zur Schloßrampe zwischen Kübelpflanzen, Oleander und Lorbeer hinauf. Niemand am Söller, kein Frauenbild, kein wehendes Tüchlein, das Schloß still, wie ein verwunschenes Dornröschen. Mittagschlaf.

Der Schäferhund schlug an; im Nu ward es lebendig. Diener stürzten heraus und halfen ihrem Herrn und seinem berühmten Gast aus dem Wagen, der sofort in seine Zimmer geleitet wurde, die im ersten Stock des rechten Flügels nach der Garten- und Parkseite lagen, mit dem Blick auf den runden Platz mit den Linden und steinernen Bänken. Das Gepäck ward alsogleich hinaufgeschafft, alles lief und stürzte durcheinander, der Herr Verwalter, die Gutsbeamten, die alle zu spät in atemloser Eile angerannt kamen; man hatte die Ankunft nicht um die frühe Nachmittagsstunde erwartet, gewöhnlich pflegte doch der Herr Graf um die sechste Stunde anzukommen. Daß man sich in der letzten Station fast gar nicht aufgehalten und die Pferde laufen ließ, was sie konnten, zumal sich in Wien die Abreise um ein paar Tage verzögert hatte, das alles war nicht in Betracht gezogen.

«Wir haben gnädigen Herrn Graf schon vorgestern erwartet», keuchte der Herr Verwalter kurzatmig; «sind auf der Lauer gelegen zwei Tage lang und ist nichts gekommen, das heißt, ist gestern Graf Deym eingetroffen, bitte ganz gehorsamst!»

Der Meister sah sich in seinem Zimmer um; weiße Mullvorhänge an den Fenstern und an dem Himmelbett, zierlich gerafft, mit goldenen Pfeilern als Träger, Empirestil; goldene Rokoko-Ornamente an dem weißen Holzgetäfel; der zylinderförmige weiße Porzellanofen in der Nische, obenauf eine kniende antikisierende Mädchenfigur; in dem größeren Zimmer nebenan ein Klavier, altmodische bequeme Polstermöbel mit hellem verschlissenen Damast bespannt, ein großer einfacher Schreibtisch, Bücher, Glasschränke mit Porzellangegenständen; alte Stiche in goldenen Leisten, hell, freundlich, vornehm, und behaglich einfach - zum langen Verweilen eingerichtet. Der mächtige weiße Ofen in der Ecke nicht zu vergessen, vom Flur aus zu heizen, neben dem offenen Marmorkamin, der außer Gebrauch schien. Ein gemütlicher Aufenthalt bei strahlender Ofenwärme, wenn's draußen stürmt und schneit; drinnen Musik, herrliche Gedanken, Arbeitsstille, köstliche Ruhe - der ganze Raum, die Gegenstände schienen solche Vorstellungen geradezu einzuflüstern, Sommernachtsträume und Wintermärchen: man fühlte sich hier zu Hause und hatte nur den einen Wunsch, gar nicht mehr fortzugehen.

«So, nun wären wir hier, endlich einmal!»

Der Meister machte sich's bequem; er hatte keine Eile. Nur zuerst den Reisestaub abwaschen, die Kleider wechseln; vor allem die schöne gestickte Wäsche, von so teuren liebreichen Händen verfertigt, anlegen - sie waren wie ein kostbares Gut gehütet worden bis zu diesem Tage, wo man damit Staat machen konnte; endlich war man fertig mit der Toilette, helle, tadellose Beinkleider, blauer Frack mit Messingknöpfen, die Lieblingstracht des Meisters: blau paßt gut zu dem braunen Gesicht und macht es noch einen Schatten dunkler; das wirre, mähnenartige Haar, das die mächtige Stirn ossianisch umflattert, ein wenig geordnet vor dem großen graublauen Spiegel im weißen goldverzierten Rahmen; die weiße Halsbinde kunstvoll geschlungen: und nun hinunter über die steinweiße Treppe, auf deren Balustraden einige Putten umherkauern und hohe schmiedeeiserne Lampen tragen, in den Musik- und Empfangssaal, wo man gewiß schon erwartet wird. In dem Saal ist niemand.

In den abgeteilten elfenbeinweißen Flächen der Wände, von leichten Stuckornamenten anmutig gerahmt, alte etwas dunkle Bilder, ideale Landschaften; sparsame schwellende Sitzmöbel an den Wänden, seitlich vor den Fenstern ein freistehender offener Damenschreibtisch auf hohen, sanft geschwungenen Beinen, an der Längswand zwei Klaviere, links und rechts vom Eingang; Quartettinstrumente; an den Schmalseiten des Saales links und rechts hinter offenen Bogen je ein kleiner Salon -

Die Schönheit des Saales ist der Gartenblick. Hohe Fenster in der ganzen Front, in der Mitte, weit geöffnet, die Glastür nach der breiten Terrasse, die mit sanften Stufen in das Gartenparterre hinabführt. Die Blumenpracht der Beete leuchtet still herein, die Rosen duften, der Springbrunnen rauscht durch die Stille. Hohe Baumreihen im Hintergrund führen den Blick weiter, wo in der Tiefe eine weiße Gartenfigur aufschimmert. Ein italienischer Traum in der ungarischen Ebene.

Gebannt von dem klassischen Zauber des Gartenbildes tritt der Meister näher zur Terrasse.

Ein leichter Schritt hinter ihm auf dem Teppich, ein feines Kleiderknistern; er wendet sich um: Theresa, die aus dem seitlichen Salon getreten ist, steht vor ihm, schön und etwas bleich, das dunkle Haar mit einem Stirnband zurückgebunden, keusch und lieblich ernst wie eine Vestalin.

«Willkommen auf Martonvásár», sagt sie dem Meister, der ihre Hände küßt.

Sie hatten sich Jahre nicht gesehen und waren sich doch so nah; aber das Wiedersehen nach so langer Zeit litt zuerst unter einer fremden Scheu; die ersten Worte nach der Begrüßung gingen um die üblichen Fragen, wie die Reise war, ob er wohl zufrieden sei mit den Zimmern, ob er Wünsche habe in bezug auf Bequemlichkeit, man hoffe, daß er sich wohl fühle und recht, recht lange bleibe.

Und damit war alsbald die frühere gewohnte Herzlichkeit gefunden, besonders als Pipschen kam und ihn mit unbekümmerter Vertraulichkeit begrüßte, trotz des Grafen Deym, der hinter ihr einherkam und sich als ein feiner, liebenswürdiger und aufmerksamer Kavalier erwies. Josephine behandelte ihn schlecht; er blieb immer gleich freundlich und geduldig.

Die Gräfin-Mutter, die Faden abschneidende Parze, erschien wieder grau in grau; sie war bedeutend gealtert, versteinert, aber sichtlich bemüht, die allerfreundlichste Miene aufzuziehen. Sie reichte den Tee in einem der kleinen seitlichen Salons, wo sich's gemütlich plaudern ließ; Franz, der vom Wirtschaftshof herüberkam, brachte einen lauten, ungezwungenen Ton in die Unterhaltung; der Meister tat sich leicht und fühlte kaum seine störende Harthörigkeit, denn sie sprachen alle ein etwas langsames, gut betontes Deutsch, gemäß der scharfen Akzentuierung der ungarischen Landessprache; er verstand sie mühelos, auch wenn sie leise sprachen, wenn er nur auf ihre Lippen sah. Er fühlte sich wie erlöst von seinem Leiden und sichtlich gehoben in dem feinen wohlgestimmten Kreis, der ihn mit einer Atmosphäre von Verehrung, Freundschaft, Liebe umwob.

Gegen Abend schlug Theresa einen Spaziergang durch den Park vor; sie ging mit dem Meister voran; Josephine folgte etwas unwirsch mit dem Grafen Deym; Franz entschuldigte sich und sah nach den Ställen und nach der Schweinefarm; der elegante Kavalier war draußen auf dem Gut ganz Landwirt. Mama blieb mit ihrer unentwegten Nadelarbeit im Salon vor den offenen Fenstern sitzen, in weiche Schals gehüllt.

Sie gingen zwischen den Rosen nach dem Hintergrund durch die hohen Baumreihen, in deren Tiefe die Statue weiß leuchtete.

Ein runder Platz mit niederem Mauerrand weitete sich, von Linden umsäumt; die Mauer reichte tief hinab, man sah weit ins Land hinaus über Weingärten, Getreidefelder und Wiesen, wo Pferde, Schweine, Schafe, Büffel, Rinder weideten, bis zu fernen blaudämmernden Hügelketten, wo die Abendsonne ihr Strahlennetz spann und das einen paradiesischen Frieden atmende Bild in warmen goldenen Schein hüllte.

«Es ist mein Lieblingsplatz», sagte Theresa, «und diese Linden sind meine Freunde. Jede trägt einen Namen; auch der Ihrige ist darunter, so konnte ich mich mit Ihnen unterhalten, obschon Sie fern waren.»

«Und was sagte der Baum?» wollte Ludwig wissen.

«Er sagte mir viel Glückliches, aber auch viel Leidvolles», erwiderte sie andeutungsweise.

«Er hätte Ihnen sagen müssen, daß ich immer an Sie

gedacht habe, Theresa», sagte er ernst, «und daß ich unglücklich war, Sie so fern zu wissen. Aber jetzt begreife ich, daß man in diesem Eden die Stadt und die Freunde dort vergessen kann.»

«Hätte ich mit dem Baum gesprochen, wenn ich vergessen hätte?» fragte sie.

Josephine kam mit Deym nach; sie hatte heute einen etwas ärgerlichen Humor und nahm sich ihren Kavalier zur Zielscheibe.

«Hier ist die Gesellschaft erlesener Menschen, jeder durch einen Baum symbolisiert; aber glauben Sie ja nicht, Deym, daß Sie darunter sind!»

«Sie will Sie nur necken», warf Theresa ein, um ihn zu trösten, «glauben Sie ihr kein Wort!»

«Im Gegenteil, Komtesse», versicherte der Graf bereitwillig, «ich wüßte nicht, wodurch ich mir die Ehre verdient hätte, hier ein Denkmal zu erhalten. Aber ich will es ernstlich versuchen.»

«Geben Sie sich nur keine Mühe», plänkelte Pipschen. Im artigen Kreuzfeuer ging es weiter. Man wendete sich zurück.

Seitlich unter Bäumen breitete sich ein Teich, im Rechteck sauber eingefaßt. Der rotgoldene Himmel spiegelte sich darin, und die dunklen Baumstämme mit ihren Schattenkronen.

Alles, was man sah, war Poesie.

Dieser helle Wasserspiegel im Rückblick, die einsame weiß leuchtende Statue als Göttin der Träume: wie ein Abbild der Seele Theresas erschien es dem Meister.

Schweigend gingen sie dem Schlosse zu, das ihnen festlich entgegenleuchtete. Jedes war in Gedanken, die unaussprechbar waren. Der Abend nach dem Essen gehörte der Musik.

In Tönen ließ sich eher sagen, was der Mund verschwieg.

Die warme Juninacht wälzte Wolken von Rosendüften herein.

Ludwig hatte neue Lieder gebracht, Josephine sang, er begleitete sie.

An dir allein, an dir hab' ich gesündigt,
Und übel oft vor dir getan.
Du siehst die Schuld, die mir den Fluch verkündigt;
Sieh, Gott, auch meinen Jammer, meinen Jammer an!

Es war sein Bußlied nach den Versen Gellerts. Die Liederkomposition des Meisters lag auf dem Nebentisch; nur selten drängte es ihn zur lyrischen Gattung. Dann aber lag ein Sinn darin, der für sein Leben Bedeutung hatte; das Persönliche bestimmte die Wahl der Verse. Dadurch wurde sein Lied zur Seelenbeichte.

Theresa saß in einem antik geschweiften Stuhl, zuhörend. Ludwig mochte es bedünken, wenn sein Blick schnell über sie hinflog, daß sie jener träumenden Muse draußen im stillen Park glich.

Dann spielte er die «Appassionata» und auswendig Teile seiner neuen, noch unvollendeten Symphonie. Zum Schluß reichte der Diener Erfrischungen herum, man blieb noch eine Weile beisammen sitzen; es gab allerlei Kurzweil.

Höchst amüsiert erzählte Franz, warum sie sich mehrere Tage verspätet hatten.

«Daran ist Ludwig schuld. Wenn es aber nach ihm gegangen wäre, lägen wir noch auf der Strecke. Vielleicht, daß wir in acht Tagen landeten!»

Er lachte aus vollem Halse, und der Meister lachte mit, daß es schallte.

«Stellt euch vor», erklärte Franz und erweckte immer neue Heiterkeitsausbrüche, «einen ganzen Möbelwagen voll Sachen wollte er mitschleppen, Berge von Noten; am liebsten hätte er sein Klavier mitgenommen! Ich fragte nur, wie wir das alles in den Reisewagen verstauen sollen? Er aber unentwegt: es geht schon, es geht schon! Natürlich brachten wir nur ein Zehntel unter, und gerade das Unwichtigste. Also wieder abladen und auswählen. Aber der gute Meister verteidigte jedes Stück. So kämpften wir zwei Tage miteinander, bis wir endlich einig waren. Es war freilich noch immer zuviel, wir hatten schwere Fracht, und János fürchtete schon, daß wir nicht weiterkämen.»

«Ach, János fürchtet immer», wandte Theresa ein.

«Aber wie schade», rief Josephine, «warum habt ihr doch nicht alles mitgenommen! Gewiß sind noch herrliche Sachen in Wien geblieben. Wir können gar nicht genug Musik haben!»

«Allerdings ist schade», meinte auch Franz. «Am besten, wir hätten dich ganz übersiedelt. Aber das nächste Mal, Louis, reisen wir mit dem Frachtwagen.»

Man sagte einander bald «gute Nacht» und ging früh genug zur Ruhe. Ludwig konnte lange nicht schlafen. Die Nachtigallen schluchzten in den Büschen die ganze Nacht hindurch; er konnte es in der Stille bei dem halbgeöffneten Fenster deutlich vernehmen.

Drüben im linken Flügel brannte noch lange ein Licht hinter dicht verschlossenen Vorhängen.

Es war Theresas Zimmer.

Sie war mit ihrem Tagebuch beschäftigt.

Der Tag war reich an tiefen Eindrücken, es drängte sie, die denkwürdigen Augenblicke und ihre Gefühle zu verewigen, die sie empfand, als sie nach Jahren wieder dem heimlich geliebten Manne entgegentrat.

«O Gott», begann sie mit ihrer Aufzeichnung, «was muß der arme Louis gelitten haben! Zwar sieht er gesund aus; er ist stärker, voller geworden, das Bild einer kraftvollen, selbstbewußten Männlichkeit. Aber die unendlich rührende Trauer in seinem Gesichtsausdruck! Man sagte, ich glaube es irgendwo gelesen zu haben, daß die Melancholie genialen Männern eigentümlich sei. Die leise Traurigkeit seines Ausdrucks hat mich früher schon so seltsam ergriffen und zu ihm hingezogen, ich wußte aber nicht recht, was es sei; diesmal sah ich es ganz klar; sie ist der eigentümliche Zauber seines Gesichtes und seines Wesens! Wie habe ich geweint, als ich von seiner Taubheit hörte, was mich ganz niederbeugte; ich stellte es mir schrecklicher vor, als es scheint; ich fürchtete, daß seine Musik darunter leiden würde, aber das ist nicht der Fall; im Gegenteil, sie ist tiefer, mächtiger, ungeheuerer geworden; er dringt in Regionen, wohin man ihm kaum folgen kann. Sein inneres Gehörvermögen ist vielleicht eher geschärft, wenn er die Töne auch nur unvollkommen hört; übrigens wird Musik aus dem Geiste geboren und mit Geistesohren vernomnen! Sein ‹Bußlied› hat mir alles gesagt, was ich wissen wollte; ich möchte nicht, daß es in Worten ausgedrückt würde. In der Musik wird alles edel, freilich nur, wenn ein edler Geist daraus spricht. Entsetzlich, diese dröhnenden Schläge in seiner neuen Symphonie! Ich fühle alle Schauer der Verdammnis und mußte mich plötzlich nach der Gartentür umwenden in Furcht, als ob jeden Augenblick der steinerne Gast aus der Tiefe der Nacht erscheinen müßte. Jetzt erst konnte ich das unermeßliche Leiden ahnen, das den armen Meister überfallen. Wie muß seine Seele gerungen haben! Dieses furchtbare Klopfen des Schicksals, das alle Schrecken in der Brust aufjagt und Verzweiflung weckt. Und immer wieder der Kampf mit den dämonischen Mächten. Diese Seufzer, dieses schmerzliche Klagen und Hinsinken. Aber dann diese sieghafte Zuversicht, dieser engelhafte Sang im Glauben an den Sieg des Guten und Schönen, dieses himmlische Triumphlied, das schließlich alle Schauer überwindet und das grauenvolle Schicksalspochen übertönt - seine Seele ist stark und kühn; das Leid hat ihn geläutert und geklärt. - Er sagte mir draußen unter den Linden, als wir zurückgingen, so leise, daß es Josephine vor uns nicht hören konnte: der Gedanke an mich sei ihm in den finstersten Stunden eine Tröstung, eine Rettung gewesen. Oh, wenn ich denken könnte, daß ich ihm soviel bedeutet habe - nein, nein; fort, ihr Träume, so hold ihr mir auch seid! Er wollte mir etwas Liebes sagen, weil er gut zu mir ist; aber ich darf nicht wieder törichte Hoffnungen hegen. Nun gute Nacht, mein Lieber! Ich bin ruhig und glücklich, zu wissen, daß wir nun unter einem Dache schlafen! Wer hätte das gedacht! Alle meine Gedanken und Gefühle liefen sonst in die Vergangenheit zurück; jeder neue Morgen war mir eine neue Qual; jedes Gestern ein Scheidegruß - nun drängt meine Sehnsucht in die

Zukunft, in den kommenden Tag: oh, wäre es nur schon morgen!»

Sie war schon früh auf und kam von den Linden her, als man sich zum Frühstück versammelte.

Die Tage gingen still vorüber, der Meister versuchte zu arbeiten, es ging aber nicht recht damit; er lief, alter Gewohnheit gemäß, auf stundenlangen Wanderungen umher, folgte Franz auf seinen Wirtschaftsgängen und Inspektionen, bekundete allerlei Interesse, hatte es aber im nächsten Augenblick wieder vergessen; gelegentlich ritt er mit dem Grafen Deym aus; die meiste Zeit aber verbrachte er doch am Klavier mit Theresa und Josephine, ganz wie in alter Zeit, und Deym fühlte sich höchst unglücklich, daneben stehen zu müssen, von Josephine kaum beachtet. Getreulich zeichnete Theresa alle Vorkommnisse und Gespräche mit dem Meister auf, um sie dem Vergessenwerden zu entreißen und sich die kostbaren Stunden in ihrem Tagebuch wie in einem Weihegefäß aufzubewahren, ihre Gegenwart im Geiste zu verewigen und im Nachgenuß sich daran zu erfreuen.

«Es tat mir weh im Herzen», so schreibt sie nieder, «als mir Ludwig gestern mit dem Ausdruck tiefsten Schmerzes gestand, daß es mit seiner Laufbahn als Virtuose nun für immer vorbei sei. Ich tröstete ihn, indem ich sagte, daß um so höher sein Ruhm als Tondichter steige, dies sei das Größere. Er dankte mir, indem er meine Hand ergriff.»

«Täglich spazieren wir zum Platz unter den Linden hinaus und sitzen dort oft stundenlang in Gespräche vertieft, oder im stummen Betrachten der Natur. Am schönsten ist es, wenn ich mit ihm allein bin. Dann öffnet sich sein Gemüt zum Aussprechen edelster Gedanken. Wie oft muß ich den Reichtum und die Tiefe seines Geistes bewundern! Seine Naturbegeisterung ist grenzenlos. Er empfahl mir sein Lieblingsbuch: Betrachtungen über die Werke Gottes in der Natur, von Sturm. Und dann sagte er: Mir geschieht nur dann wohl, wenn ich in der freien Natur bin. Er liebt das Elementare. Immer neue Freuden schöpft er aus diesem Heilquell. Und dann wiederholt er: Kein Mensch kann das Land lieben so wie ich. Geben doch Wälder, Bäume, Felsen den Widerhall, den der Mensch wünscht! Der kindlich fromme Papa Haydn nannte ihn einmal einen Atheisten. Das ist gottlob! nicht wahr. Der Meister ist eine tief religiöse Natur. Seine Aussprüche, seine Naturbegeisterung lassen es mich immer wieder erkennen. Auch sein ‹Bußlied›. Und überhaupt seine ethische Lebensauffassung. Seine Kunst vor allem. Er klagte, daß man seine Oper so schlecht behandelt habe. Ich bin ganz begeistert von dem Leonorenmotiv. Ich fühle mit der heroischen Liebe dieser herrlichen Frau zu ihrem Fidelio - wie gern wollte ich ihre Leiden tragen für meinen Fidelio! Nun hat er auch eine Ouvertüre für Collins ‹Coriolan› geschrieben. Er liebt die großen sittlich erhebenden Stoffe. Und sittlich erhebt auch seine Musik, indem sie zugleich erschüttert. Neulich machte er eine treffende Bemerkung, ganz seiner würdig, über Mozarts ‹Don Juan›: Die heilige Kunst sollte sich nie zur Folie eines so skandalösen Sujets entwürdigen lassen! Im Gegensatz zum ‹Don Juan› nannte er die ‹Zauberflöte› Mozarts größtes Werk. Das ist ein Sujet, das auch ihn gereizt hätte. Er ist nach solchen Stoffen auf der Suche. Hier ist alles, was er wünscht: Gehorsam, Tugend, Treue, Überwindung, standhafte Liebe!

Wie bin ich ihm dankbar für solche Worte! Er spricht es aus, was ich nur dunkel empfinde. Wie glücklich bin ich; daß er mich armes Ding solchen Vertrauens würdigt und mich an seinem Inneren teilnehmen läßt, wie vielleicht sonst keinen Menschen. Als wir bei den Linden auf dem niederen Mauerrand allein beisammen saßen, äußerte er plötzlich: ich möge so zu ihm reden, wie ich zu dem Baum spreche, der seinen Namen trägt. Ich war ganz betroffen, das Herz schlug mir gewaltig; ich wurde rot und wußte nicht, was ich sagen sollte. Schließlich erwiderte ich: er solle so zu mir sprechen, wie der Baum zu mir zu reden pflegt. Er besann sich einen Augenblick und bemerkte dann: nur eine Frau, die an seinem Schaffen und seinem inneren Leben vollen Anteil nehme, könne er für sich denken und wünschen! Diese Äußerung geht mir gar nicht mehr aus dem Sinn. Ich bleibe den ganzen Tag über in schweren Gedanken. Ob ich unbedeutendes Geschöpf ihm je das sein könnte?!»

«Graf Deym ist auf dem Punkte, abzureisen. Der Arme sieht ganz schlecht aus. Pipschen ist auch zu abscheulich mit ihm. Ich bin froh, daß sie mich jetzt mehr und mehr mit Ludwig allein läßt. Immer wenn sie kommt, nimmt das Gespräch eine andere Wendung, die mir nicht lieb ist. Dann ist der schöne tiefe Ernst dahin und endet in nichtssagenden Scherzen. Nun glaube ich wohl selbst, Pepi ist nicht die Frau, die ihn verstehen würde und die er braucht. Franz ist außer sich und will Deym nicht ziehen lassen. Ich soll Pipschen ins Gewissen reden; dieses ewige Hinhalten hat doch keinen Sinn. Heute abend vor dem Schlafengehen nahm ich sie ins Gebet. Sie war recht schnippisch und wollte mich mit den Worten abfertigen: ich möge mich nicht soviel um sie kümmern; sie kümmere sich auch nicht um mich und meinen Ludwig! Meinen Ludwig! Ich verwies ihr diese vorlauten Redensarten. Wer dürfte sagen: meinen Ludwig! Ich habe so wenig Recht darauf wie sie. Unseren Ludwig, das dürften wir allenfalls uns zu sagen erlauben. Er gehört allen und der ganzen Welt und eigentlich niemand. Dann gab es Tränen, so daß ich sie wieder trösten mußte, das törichte Mädel! Sie ist ja so herzensgut und umhalste mich voll stürmischer Liebe, indem sie erklärte, sie wünschte nichts als mich glücklich zu wissen. Beinahe hätte ich auch geweint. Bin ich denn nicht glücklich? Am glücklichsten in der Wunschlosigkeit. Aber ich fände doch, daß Pepi und Deym gut zusammenpaßten und ein schönes Paar bilden können. Sie hörte mir stumm zu und sagte mir dann kurz gute Nacht! Ich glaube, daß sie sich's nun doch zu Herzen nimmt.»

«Deym hatte eine ernste Aussprache mit Pepi. Ich sah sie auf dem Lindenplatz und merkte, daß etwas vorgehe. Ich zog mich zurück und beobachtete später Josephine, wie sie hochrot ins Haus flog und sich einschloß. Von Franz erfuhr ich, was geschehen war. Deym hatte zum letztenmal auf Entscheidung gedrängt: ja oder nein. Er würde sonst abreisen, und zwar sofort, um nie wiederzukommen. Sie erbat ein paar Tage Bedenkzeit noch, bis Ende der Woche. Bis dahin wolle er noch warten und also vorläufig bleiben. Franz ist es zufrieden. Ich hoffe das Beste für sie!»

«Mit Louis in der Dorfkirche. Es war vormittags, das Gotteshaus still, Schwalben schwirrten um den geschnitzten Hochaltar mit dem Gnadenbild der Madonna. Wir gingen auf die Empore hinauf, der Meister begann die alte Orgel zu spielen. Er erzählte mir, daß er in Bonn schon als siebenjähriger Knabe an der Orgel der Franziskanerkirche saß und später regelmäßig den Hoforganisten, seinen Lehrer, an der Orgel vertrat. Wie anders klang jetzt das Instrument unter solchen meisterlichen Händen. Er spielte Teile seiner C-Dur-Messe, seiner ersten, die im Entstehen begriffen ist. Er sagt, in der liturgischen Musik und den lateinischen Messetexten lägen himmlische Kräfte, deren er zum Weiterbauen bedarf. Seine vierte Symphonie könnte er gar nicht so vollenden, wie er sie dächte, wenn er sich nicht in der Musica sacra durch einen tiefen Trunk aus den Himmelsquellen gestärkt hätte. Auch sollte sie ein Dankopfer an den Schöpfer sein für die wunderbare Errettung aus den Verzweiflungsstunden während seiner Krankheit. Wieder ein Beweis für seine religiöse Grundstimmung. Man sollte doch die Menschen nicht nur nach ihrer äußeren Frömmigkeit beurteilen! Man würde dabei dem Meister leicht Unrecht tun können, wie es dem guten Haydn passiert ist. Ich bin ganz besonders erfreut, in Ludwig diese Tiefen nicht verschüttet zu finden, was ja auch kaum anders zu denken war. Seine Auffassung sagt mir ganz besonders zu. Nach seiner Meinung ist die Kirchenmusik allzu sehr ins Opernhafte geraten. Eine spielerische Koloratur auf das Miserere nobis zu setzen, ist Sünde in seinen Ohren. Er spielt dabei auf den göttlichen Meister Mozart an. Ludwigs Messe entspricht mehr der symbolischen Handlung. Zugleich spricht etwas Menschliches darin, das Ich im Gegenüber von Gott, dem unnahbar Ewigen. Das wird vielleicht einmal mißgedeutet werden. Ich war ganz ergriffen davon und in Andacht versunken, wie kaum sonst in der sonntäglichen Messe.»

«Josephine meidet uns. Ludwig und ich meistens allein

bei den Linden. Deym ist mit Franz gewöhnlich zu Pferd draußen. Wir sehen uns alle nur bei Mahlzeiten und abends im Musikzimmer. Wir spielen Ludwigs Rasumoffsky-Quartette, die sich der Fürst bestellt hat. Ich am Klavier, Ludwig beim Cello, Franz die erste Geige; Deym humpelt mit, aber es geht halbwegs. Die Musik enthebt uns der Worte, und das ist oft eine Wohltat. Besonders jetzt. Es liegt etwas in der Luft, das uns in Spannung hält. Ich bin ganz ängstlich und doch glücklich.»

«Wenn ich glaube, daß meine Liebe erkaltet und einem allgemeinen unverbindlichen Freundschaftsgefühl gewichen sei, so war das ein Irrtum. Mit Schrecken werde ich es gewahr, daß mich mit Ludwig etwas verbindet, das nur der Tod lösen kann. Ich weiß, daß er leidet, daß er oft trüb in die Zukunft blickt und sich schwere Gedanken macht über die Unheilbarkeit seines Ohrenübels, obzwar es nun eher gemildert als verschlimmert scheint, dann erfaßt mich tiefes Mitleid, und doppelt stark fühle ich dann, wie sehr ich ihn liebe. Ich erkenne immer mehr, was und wie ich für ihn empfinde: trösten und pflegen möchte ich ihn, sein Leiden zum Vergessen bringen, ihm tragen helfen. Seit ich um seinen Krankheitszustand weiß, fühle ich mich ihm näher und näher. Karitas möchte ich meine Liebe nennen; zu den Leidenden, Kranken und Schwachen hat es mich immer hingezogen, und diese Liebe kann nicht ermatten, sie entzündet sich immer mehr, je mehr das Leiden wächst. Ich sehe ihn oft düster und wortkarg; ich fühle, er trägt etwas auf dem Herzen, das er aussprechen möchte und doch wieder scheu in sich verschließt. Ob er es ahnt, was ich fühle? Ob er - still! Übermorgen muß sich Josephine entscheiden. Wir leben alle unter einem Alpdruck. Es muß eine Wende kommen. Wir fühlen, daß das Schweigen unerträglich wird!»

«Etwas Ungeheures ist geschehen! Ich bin noch ganz verwirrt davon und weiß nicht, soll ich mich freuen oder? Die Worte wollen diesmal nur schwer aus der Feder - Ludwig hat sich erklärt! Wir standen gegen Abend an der Mauerbrüstung; es war ein herrlicher Sonnenuntergang, wir beide schweigend in den überwältigenden Anblick versunken. Dort in der Ferne müssen sich unsere Gedanken begegnet haben. Er faßte mich plötzlich an der Hand und stieß in ungeheurer Erregung hastig und zugleich stockend hervor: Theresa, hat Ihnen dieser Baum nie von meiner Liebe erzählt? Hat er Ihnen nie erzählt, wie verzweifelt ich war, als Sie damals unvermutet abreisten? Hat er Ihnen nicht gesagt, daß ein lichter Engel über meinem Leben schwebte in den düsteren Zeiten, wo ich ein Ende machen wollte mit mir; ein Engel, der mich rettete und dem ich Ihren teuren Namen gab? Theresa, seit jener Stunde, wo ich dich zum erstenmal sah an jenem Abend bei Lichnowsky, der mir unvergeßlich ist durch dich, fühlte sich meine Seele ganz beheimatet bei dir - ich fühlte mich als der glücklichste und unglücklichste Mensch zugleich, mit Tränen ging meine Sehnsucht zu dir - sie wollte eine dreifache Schranke überfliegen: den Standesunterschied - mein Übel, diesen Dämon, der mich zerstörte - die Ungewißheit, die mich quälte, du würdest mich verschmähen. - Im nächsten Augenblick lag ich in seinen Armen und gestand ihm, daß ich ihn gerade um seines Leidens willen noch mehr liebe und einen Standesunterschied nicht gelten lassen könne. - Wir haben uns gefunden! Er stammelte: ewig mein - ewig uns! und war selig! Und ich? Ich war so verwirrt, daß ich ihn bat, mich allein zu lassen, und floh auf mein Zimmer, um meine Gedanken, meine Gefühle in Ordnung zu bringen. Abends nach dem Essen, die Mutter war früh zu Bette gegangen, bat ich ihn flüchtig, sich meinem Bruder Franz anzuvertrauen. Ich hatte mit Franz bereits gesprochen, wir beschlossen, unsere Verlobung einstweilen geheimzuhalten; Mama soll davon vorläufig nichts erfahren; nur Josephine und Deym sollten ins Vertrauen gezogen werden. Sie muß etwas gemerkt haben, obzwar sie noch nicht eingeweiht worden ist; sie schützte Kopfschmerzen vor und zog sich alsbald zurück. Ich bin wohl glücklich, aber ich fühle es noch nicht so wie ich möchte; wenn ich mir je diesen ersehnten und doch für so unwahrscheinlich gehaltenen Moment in kühnen Träumen ausmalte, glaubte ich die Erfüllung meines Herzenswunsches könnte mir eine große Ruhe bringen, die ich so lange entbehrte - aber nun, da es geschehen; bin ich weiter als je von Ruhe entfernt! Schlafe süß, mein Geliebter! Nichts soll uns mehr trennen, was auch kommen mag!»

«Der bang erwartete Samstag ist endlich gekommen und nun auch glücklich vorüber. Am Morgentisch begrüßten wir uns wie gewöhnlich; sein Händedruck sagte, was wir noch verschweigen mußten. Pipschen war blaß; sie hatte rotgeweinte Augen, die Arme. Deym war still, gefaßt, aufmerksam. Er erhob sich bald mit einer stummen Verbeugung und ging in den Garten; er suchte Pipschen, die sich kurz vorher entfernt hatte. Wir blieben allein mit Franz und besprachen unsere Zukunft. Ludwig fing selbst davon an. Er spricht davon, daß er sich um die musikalische Leitung der Oper beworben, das Adelskomitee, das an der Spitze der Hofbühnen stehe, mit dem er persönlich befreundet ist, könne das Gesuch gar nicht abschlagen; überdies sei ihm durch den Grafen Truchseß-Waldburg eine Berufung an den Kasseler Hof angetragen; er habe beschlossen, in der Fremde so lange umherzuirren, bis er ganz mit mir leben könne und die Lebensgrundlagen gesichert habe. Ich war fast erschrocken über diese Äußerung, und auch Franz gab ihm zart zu verstehen, er solle sich an seiner Kunst genügen lassen; die Brunszviks seien nicht arm, um die materielle Zukunft brauche sich Louis keine Sorgen zu machen. Das verletzte ein wenig seinen Stolz; er wies diesen Gedanken fast heftig zurück: er wolle von seiner Gemahlin nicht abhängig und sein eigener Herr sein. Das gefiel mir von ihm; auch wegen Mama ist es zu wünschen, daß einigermaßen durch äußere Stellung das Prestige gewahrt bleibe; bis dahin soll unsere Verbindung vor ihr geheimgehalten werden. Während wir unsere Pläne besprechen, kommen Arm in Arm Josephine und Deym glückstrahlend vom Lindenplatz durch die Allee herab. Wir ihnen sofort entgegen, um das Brautpaar zu beglückwünschen und dann sofort zu den Linden zurück, um die beiden unter den heiligen Bäumen in das Geheimnis unserer eigenen Verlobung einzuweihen. Hier wurden vor den Zeugen die Gelöbnisse ewiger Treue erneuert und recht eigentlich unser Herzensbündnis in der Sozietäts-Republik erlesener Menschen gefeiert. Die gute Pepi! Sie umarmte mich und freute sich kindlich: das war ja immer mein sehnlichster Wunsch, euch beide glücklich vereint zu sehen, beteuerte sie, ihr gehört zueinander und verdient euch! Am glücklichsten schien der liebe Deym. Daß wir nun alle du einander sagten, versteht sich unter Menschen, die durch das Band innerer Verwandtschaft so eng verbunden sind. Pepi erinnerte mich an die Prophezeiung vor Jahren, als wir uns beim Wäschenähen in den Finger stachen. Nun waren wir wirklich zwei Bräute zugleich geworden. Für Mama, die ganz selig war, existierte freilich nur die eine; am Abend aber bei festlicher Tafel feierte ich mit Louis und unseren Vertrauten unsere eigene verschwiegene Verlobung mit und hatten nicht wenig Kurzweil dabei. Köstlich war die Dorfkapelle, die sich nicht nehmen ließ, ein Ständchen zu bringen; Ludwig hatte ein ausgesuchtes Vergnügen dabei; er notierte sich die Stimmen, die nie zusammenkamen und nicht gleichen Schritt halten konnten; es war ein köstliches Durcheinander. Ich fühle mich heiterer, zufriedener, glücklicher als gestern.»

«Urplötzlich brachte Mama das Gespräch auf unsere Kusine Gallenberg-Guicciardi. Es war mir peinlich, den Namen Giuliettas hören zu müssen. Sie lebt mit ihrem Mann in Neapel, der Intendant des dortigen Hoftheaters ist. Mama hat Briefe erhalten, die sich mit ihr beschäftigen. Ihre Ehe soll recht unglücklich sein. Man spricht von allerlei skandalösen Dingen, infolge deren Gallenberg seine Position verläßt und sich nach Wien begibt. Giulietta wird mit einer Liebesaffäre in Verbindung gebracht, die den Fürsten Pückler-Muskau betrifft. Das ist möglicherweise Klatsch, wie alles, was ich früher über sie hörte, ehe sie noch verheiratet war. Gefallsüchtig und leichtfertig war sie ja immer. Louis nahm kaum Notiz von den Dingen, die Mama etwas breit und betont vorbrachte. Ich habe besorgt auf ihn hingeblickt, er blieb vollkommen gleichgültig, ganz unberührt. O ich bin überzeugt, daß fast alles, was man damals munkelte, bloßes Geschwätz war, von dem wir uns damals so sehr düpieren ließen zu unserem eigenen Schaden! Aber der Name Giulietta macht mich immer unruhig.»

«Josephine ist ganz verändert. Sie hat ihre Frische und Lebensfreudigkeit wiedergewonnen, hat den Kopf voll Ausstattungssorgen und ähnlichen Dingen, um die ich mich für meinen Teil gar nicht kümmere. Wir können warten! Ich bin zufrieden, daß wir unseren idealen Zustand nicht durch solche Alltagsfragen stören lassen brauchen, wenigstens vorderhand nicht. Wir leben wie im Himmel; ein Tag seliger als der andere!»

«Fürst Lichnowsky will uns meinen Louis entführen! Er hat ihn dringend auf Schloß Grätz bei Troppau eingeladen. Seine Abreise steht unmittelbar bevor. Er ist voll Feuereifer und will seine Ernennung an den Hoftheatern beschleunigen, um unseren Brautstand abzukürzen und eine baldige Vermählung herbeizuführen. Ein Leben an der Seite dieses Mannes, seinem persönlichen Wohl und damit zugleich dem Dienst seiner hehren Kunst geweiht, an seinen Ehren und Triumphen teilnehmen zu dürfen - welches wahrhaft beglückende Ziel, von dem ich sonst nur zu träumen wagte und das in so greifbarer Nähe vor mir steht! Ich ahne doch zugleich, daß uns eine lange Trennung bevorsteht, ehe wir sagen dürfen: es ist erreicht!

Mama denkt mit Pipschen und Deym nach Ofen zu gehen und die nötigen Vorbereitungen für den Hausstand des jungen Paares zu treffen. Die glückliche Pepi ist näher am Ziel als ich! Sie landet in einem sicheren Hafen nach den wirren Stürmen ratloser Liebe. Es ist mir eine Beruhigung, sie gerettet zu wissen. Das kann ich von mir, die noch im weiten Meer der Ungewißheit herumtreibt, noch nicht sagen, wenn auch das ersehnte Land meiner Hoffnung in der Ferne schimmert. Wenn alle fort sind, herrscht wieder Einsamkeit auf Martonvásár, die ich fast liebgewonnen habe; dann sind meine einzigen Genossen die schönen Linden in dem melancholischen Park, und ich halte wieder Zwiesprache mit dem Baum, der seinen Namen trägt und mir alle seine unvergeßlichen Worte wiederholen wird -»

«Die Abschiedsstunde schlägt, mir ist so weh zumute! Er hat mich um mein Bild gebeten - er möchte etwas von mir haben, das ihm meine Gegenwart ersetzt und zu dem er täglich die Augen erheben kann. Sein Wunsch macht mich stolz und glücklich; er soll das Porträt haben, das in meinem Zimmer hängt, das mit dem Stirnband, das ein wenig schmeichelt; es ist das beste Bildnis von mir! So möchte ich immer vor seinen Augen stehen - er liebt das Bild und nennt es die Verkörperung seiner Muse - unsterbliche Geliebte! Ich dachte mir den Abschied leichter - ich bin unsagbar traurig - und die Zukunft steht dunkel vor mir, voll banger Fragen. Es ist heute die letzte Nacht, daß er unter unserem Dache weilt; morgen früh, wenn der Reisewagen hinausfährt; winken dir unsere Tränentüchlein nach - möchtest du bald wiederkehren, innigst Geliebter!»

XIII. Kapitel

Die Passiflor der reinsten Seelenliebe war auf Martonvásár erblüht. Glücklicher Sommer! Ein Traum, der nicht verweht! Der selig wie ein unnennbar tiefer Himmel immer über seinem Gemüte schwebt und den er auch trotz dunkler Wolkenlasten über sich weiß.

Ludwig verehrte Theresa wie eine Heilige. Der Vergleich mit Giulietta drängte sich ihm zwingend auf. Wie groß waren diese Gegensätze! Dort der glühende, verzehrende Brand einer Sinnenliebe, die in Enttäuschung und Widerwillen endete; hier die ruhige stetige Flamme einer keuschen, idealen Hingebung, fast leidenschaftslos und voll Opferfreude. Dort Untreue, Verrat, ein Verlassenwerden in Not und Krankheit - hier Karitas, die sich mit dem Leiden vermählt und an diesem um so größer erwächst: ein Opferlied der Treue. Ein Seelenband, das im Himmel geknüpft ist und unzerreißbar besteht, trotz aller Wechselfälle des Schicksals. Ein Bund, den die Vorsehung segnete. Es mußte zur Aussprache kommen; die Liebenden, die sich so schmerzlich suchten über allen Trennungen, hatten sich gefunden. Der Liebesengel hatte die Sehnsüchtigen, die wußten, daß sie unlösbar zusammengehören, in dem Park der Schwermut von Martonvásár zusammengeführt und umschlossen. Der reine Tag der Freude war dem Meister erschienen, die geliebte Hoffnung, die er in seinem Heiligenstädter Testament erfleht. Im Tempel der Natur und im Kreise würdiger Menschen war er als Würdiger aufgenommen, von Liebe und Freundschaft fürs Leben umwoben. Seligkeit überströmte sein Herz; er fühlte sich erquickt von dem Labsal des inneren Friedens, als er die Brust befreite von dem Geständnis der Liebe und das beglückende Geständnis der Liebe empfing unter den beseelten Linden an jenem unvergeßlichen Abend, wo nun Theresa wie die träumende Muse der Hoffnung und Erinnerung wieder still wandelte als keusche Priesterin dieses Weihebezirkes.

Aber diese Ruhe und Windstille, die alsbald folgte, begann schwer zu lasten auf seinem Gemüt. Wohl war das Leben schön in dieser Geborgenheit und ebenso schön zu denken, hier nur der Kunst; der Freundschaft und der Liebe zu leben in der ersehnten ehelichen Harmonie, die ihm stets als hohes Ideal vorgeschwebt war. Aber er brauchte den Sturm; er brauchte die Welt und den Kampf, der seine schöpferischen Tiefen und die Urgewalten seines Genius aufrief, die in seiner Musik ausströmten. Ja, er brauchte das Leid, um sein tönendes Evangelium der Überwindung zu verkünden. Und dieser Sturm, dieser Kampf, und sei es auch das Leid, sie warteten draußen. Hier auf dem schwermütigen, träumenden Martonvásár schwieg seine Muse, obzwar ihre sichtbare Verkörperung Theresa ihn mit ihrer holden Gegenwart umschwebte. Doch sein Schaffen stockte; es kam nicht in Fluß, was er sich auch mühte. Tragischer Zwiespalt!

«Oh, es ist so schön das Leben tausendmal leben - für ein stilles Leben, nein, ich fühl's, ich bin nicht mehr dafür gemacht!» Er erinnerte sich wieder der Worte, die er vor soundsoviel Jahren unter ganz anderen Umständen an Wegeler geschrieben, und sie hatten heute noch unveränderte Bedeutung.

Es war auch seinem Stolz unerträglich, in Abhängigkeit von der Familie Theresas zu leben, wie sie und der seelengute Franz es ihm vorgeschlagen hatten. Er mußte sein eigener Herr sein, auf eigenen Füßen stehen, unabhängig, wie er es von früh auf gewohnt war, dann erst war er ganz er selbst! Lieber in Armut, aber frei! Die Freiheit nach allen Seiten war die eigentliche Lebensluft, in der er leben und schaffen konnte. Martonvásár war trotz allem doch nur ein goldener Käfig, darin es ihn auf die Dauer nicht litt, ebensowenig wie damals in der vornehmen Bequemlichkeit des fürstlichen Hauses Lichnowsky, wo er gleichwohl wie sein eigener Herr schalten und walten durfte. Aber es gab Bindungen, die ihm unerträglich wurden und die er gerne mit der Ungebundenheit seiner elenden Junggesellenbehausungen vertauschte, wie sehr ihn auch die Misere von einer Wohnung in die andere trieb, weil keine ganz seinen Wünschen entsprach. Ein selbstgeschaffenes Heim nach eigenem Sinn mit Theresa an seiner Seite als Lebensgefährtin, abends ein kleiner Kreis von Freunden - so dachte er die Zukunft. Martonvásár konnte nur die gelegentliche Zuflucht sein, eine ferne stille Insel, wohin man ging, um auszuruhen: leben, schaffen, wirken mußte man draußen!

Das waren die Gedanken, die ihn auf der Reise begleiteten, als sein Wagen knirschend über den Kies der Schloßrampe hinunterrollte und vom Söller die wehenden weißen Tücher und winkenden Hände hinter der Wegbiegung verschwunden waren.

Nun lag das Schloß der Liebe versunken hinter den hohen Laubkronen des Parks in tiefer, tiefer Einsamkeit, und nur die Sehnsucht ging im hohen Flug zurück.

Franz Brunszvik und Deym gaben ihm das Geleit bis zur nächsten Poststation, wo er den Eilwagen bestieg, der ihn raschest nach Wien zurückführen sollte.

Ein seltsamer Zufall will es, daß unterwegs Fürst Esterhazy zusteigt. Er wollte ihn in Wien aufsuchen; um mit ihm die Einzelheiten der Aufführung der C-Dur-Messe zu besprechen, die der Vollendung harrt. Der Fürst wünscht, daß die Erstaufführung auf Schloß Eisenstadt stattfinde. Der Meister sagt zu, doch ist heuer noch nicht daran zu denken. Vielleicht im nächsten Jahr.

Das Wetter ist schlecht geworden; Juligewitter entladen sich mit furchtbarer Heftigkeit, Felder und Wege sind überschwemmt, ein wahrer See. Die Nacht bricht herein; es müssen Umwege gewählt werden; der Meister ist nicht zu bewegen, auf der vorletzten Station zu übernachten. Elementarereignisse rütteln Elementares in ihm auf; der Gewittersturm und Wolkenbruch ist ihm Wohltat nach der langen Stille und gleichförmigen einschläfernden Hitze unter dem blauen Himmel von Martonvásár. Er fühlt sich erfrischt und fährt in die wolkenschwarze, weglose Gewitternacht hinein.

Merkwürdig, wie ähnlich diese Heimreise jener anderen ist vor vielen Jahren, als er von Giulietta auf Schloß Eisenstadt unter den romantischsten Umständen Abschied genommen. Und nun fast dieselben Begleiterscheinungen. Auch damals trug er eine Liebe im Herzen, und der Wettersturm mit den nächtlichen Reisegefahren machte Musik dazu und sang mit dem Sturm um die Wette, der in seinem Inneren tobte. Fast wie heute! Und doch wie anders die Verhältnisse und auch die innere Stimmung diesmal gegen einst! Im Vergleich mit damals fühlt er sich wie neugeboren, einem tiefen Verhängnis entronnen. Er glaubte einen Engel zu lieben, der sich als Dämon entpuppt hatte. Er war verzaubert gewesen von süßen Sirenenklängen, eine Circe hatte ihn umgarnt; fast pries er sein Leiden, das Übel, das ihn heimgesucht hatte, denn es hatte ihm die wahre Erscheinung enthüllt, die sich in der Liebesgestalt verbarg. Wieviel Schlimmeres war ihm vielleicht durch jene schwere Leidensprüfung erspart geblieben. Die Bahn war frei geworden, die ihn in die Arme jenes wahren Lichtengels führte, der nun seine Seele erhellte und erquickte, ohne die unheimlich lodernden Leidenschaften zu entfesseln, die sein gänzliches Verderben hätten werden können. Giulietta rief etwas auf in ihm, was besser nie geweckt worden wäre; wie ein Trugbild erschien sie ihm wieder auf dieser stürmischen Fahrt; aber das Gesicht entwich alsbald, Gleichnis der irdischen Liebe; die reinen milden Züge Theresas gewannen Oberhand als Sinnbild himmlischer Liebe, das wie ein großes freundliches Gestirn aus dem zerrissenen Nachtgewölk hervorstrahlte. Sie hatte sein besseres Ich aufgerufen, daß jene andere keine Gewalt mehr über ihn gewinnen konnte.

Alle Gedanken und Gefühle drängten in liebender Sehnsucht zu Theresa zurück, je mehr die Entfernung zwischen ihr und ihm wuchs. Und dieses stille Gedenken machte wieder leicht froh, noch mehr, es machte ihn andächtig und fromm. Seine Seele war wieder keusch und rein geworden, seitdem die Geliebte darin Platz genommen und auf dem Altar thronte, der ihr gebührte, wenn auch eine andere sie zeitweilig verdrängt hatte.

Damals war Unruhe in seinem Herzen, jetzt Verklärung

und zartes Sehnen. Allerdings gab es auch diesmal schwierige Lebensfragen und Probleme zu lösen; aber dem hohen Bild der Gnade konnten sie keine Trübung bereiten. Es stand über den äußeren Dingen und Zufälligkeiten des gewöhnlichen Daseins.

Kaum heimgekommen, gab er sofort dem Zug seines Herzens nach und schrieb an die Geliebte, um sich die Seele zu erleichtern:

Am 6. Juli morgens -
Mein Engel, mein Alles, mein Ich. - nur einige Worte heute, und zwar mit Blejstift - (mit Deinem) erst bis morgen ist meine Wohnung sicher bestimmt, welcher Nichtswürdiger Zeitverderb in d. g. - warum dieser tiefe Gram, wo die Nothwendigkeit spricht - Kann unsre Liebe anders bestehn als durch Aufopferungen, durch nicht alles verlangen, Kannst Du es ändern, daß Du nicht gantz mein, ich nicht gantz Dein bin - Ach Gott, blick in die schöne Natur und beruhige Dein Gemüth über das müssende - die Liebe fordert alles und gantz mit recht, so ist es mir mit Dir, Dir mit mir - nur vergißt Du so leicht, daß ich für mich und für Dich leben muß - wären wir gantz vereinigt, Du würdest dieses schmerzliche eben so wenig als ich empfinden. Meine Reise war schrecklich - ich kam erst Morgens 4 Uhr hier an, da es an Pferde mangelte; wählte die Post eine andere Reiseroute, aber welch schrecklicher Weg, auf der vorlezten Station warnte man mich bej nacht zu fahren, machte mich einen Wald fürchten, aber das reizte mich nur - und ich hatte Unrecht, der Wagen mußte bej dem schrecklichen Wege brechen, grundloß, bloßer Landweg, ohne solcher Postillione, wie ich hatte; wäre ich liegen ge-

blieben Unterwegs - Esterhazi hatte auf dem andern gewöhnlichen Weg hierher dasselbe schicksaal mit 8 Pferden, was ich mit vier - jedoch hatte ich zum Theil wieder Vergnügen, wie immer, wenn ich was glücklich überstehe. - nun geschwind zum innern vom äußern, wir werden unß wohl bald sehn, auch heute kann ich Dir meine Bemerkungen nicht mittheilen, welche ich während dieser einigen Tage über mein Leben machte - wären unsre Herzen immer dicht aneinander, ich machte wohl keine d. g. die Brust ist voll Dir viel zu sagen - ach - Es gibt Momente, wo ich finde, daß die Sprache noch gar nichts ist - erheitere Dich - bleibe mein treuer eintziger schatz, mein alles; wie ich Dir, das übrige müssen die Götter schicken, was für unß sejn muß und sejn soll. -
Dein treuer
Ludwig. -

Abends Montags am 6ten Juli -
Du leidest Du mein theuerstes Wesen - eben jetzt nehme ich wahr daß die Briefe in aller Frühe aufgegeben werden müssen. Montags - Donnerstags - die eintzigen Täge wo die Post von hier nach K. geht - Du leidest - ach, wo ich bin, bist Du mit mir, mit mir und Dir rede ich mache daß ich mit Dir leben kann, welches Leben ! ! ! ! so ! ! ! ! ohne Dich - verfolgt von der Güte der Menschen hier und da, die ich meine - eben so wenig verdienen zu wollen, als sie zu verdienen - Demuth des Menschen gegen den Menschen - sie schmerzt mich - und wenn ich mich im Zusammenhang des Universums betrachte, was bin ich und was ist der - den man den Größten nennt - und doch - ist wieder hierin das Göttliche des Menschen - ich weine wenn ich denke daß Du erst wahrscheinlich Sonnabends die

erste Nachricht von mir erhältst - wie Du mich auch liebst - stärker liebe ich Dich doch - doch nie verberge Dich vor mir - gute Nacht - als Badender muß ich schlafen gehn - ach Gott - so nah! So weit! ist es nicht ein wahres Himmelsgebäude unsre Liebe - aber auch so fest, wie die Veste des Himmels. -

Guten Morgen am 7. Juli -
Schon im Bette drängen sich die Ideen zu Dir meine unsterbliche Geliebte, hier und da freudig; dann wieder traurig, vom Schicksale abwartend, ob es unß erhört - leben kann ich entweder nur gantz mit Dir oder gar nicht, ja ich habe beschlossen in der Ferne so lange herum zu irren, bis ich in Deine Arme fliegen kann, und mich gantz hejmathlich bej Dir nennen kann, meine Seele von Dir umgeben ins Reich der Geister schicken kann - ja leider muß es sejn - Du wirst Dich fassen um so mehr, da Du meine Treue gegen Dich kennst, nie eine andre kann mein Herz besitzen, nie - nie - o Gott warum sich entfernen müssen, was man so liebt, und doch ist mein Leben in V. so wie jetzt ein kümmerliches Leben - Deine Liebe macht mich zum glücklichsten und zum unglücklichsten zugleich - in meinen Jahren jetzt bedürfte ich einiger Einförmigkeit, Gleichheit des Lebens - kann diese bej unserm Verhältnisse bestehn? - Engel, eben erfahre ich, daß die Post alle Tage abgeht - und ich muß daher schließen, damit Du den B. gleich erhältst - sej ruhig, nur durch Ruhiges beschauen unsres Dasejns können wir unsern Zweck zusammen zu leben erreichen - sej ruhig - liebe mich - heute - gestern - welche Sehnsucht mit Thränen nach Dir - Dir - Dir - mein Leben - mein alles - leb wohl - o liebe mich fort -verken(ne) nie das treuste Herz

Deines Geliebten
ewig dein
ewig mein
ewig unß.

Ries hätte ihm eine Wohnung in Heiligenstadt besorgen sollen, wo er für den Rest des Sommers seine Badekur fortzusetzen gedachte; es klappte nicht alles gleich auf Wunsch.

Es vergingen zwei, drei Tage, bis er in Ordnung untergebracht war; unterdessen blieb der Brief in der Tasche. Er wollte ihn selbst nach Wien bringen und eigenhändig der Fahrpost übergeben, damit er sicher ans Ziel gelange; nicht einmal dem treuen Ries wollte er ihn anvertrauen, daß er ihn mit nach Wien nehme.

Nach diesem Seelenerguß war Ruhe in sein Herz gekommen; aber es dauerte nicht lange. Die Ungeduld quälte ihn, mit Windeseile und auf Engelsflügeln hätte er der «unsterblichen Geliebten» Kunde geben mögen von seinem Fühlen und Denken. Aber der Brief befand sich noch in seiner Rocktasche und brannte wie heimliches Feuer, daß er mit fiebernden Händen immer wieder nach ihm tasten mußte, wie um sich zu vergewissern, daß nicht ein böser Dämon sich seines Geheimnisses bemächtigt und das Schriftstück entführt habe.

Wie ein unruhig klopfendes Herz zuckte der Brief in seiner Hand, sooft er danach griff. Er fühlte die Unruhe in seinem eigenen Herzen.

Das kommt daher, daß er noch nicht fort ist; die ferne Geliebte harrt eines gedenkenden Wortes, dachte er. Aber morgen, morgen mit der Extrapost! So tröstete er sich.

Doch seltsam, dieses Herzklopfen. Es läßt ihm keine Ruhe. Er reißt den Brief wieder auf und fliegt ihn noch einmal durch.

Und jetzt erwacht erst recht der Dämon Zweifel.

«Was habe ich da geschrieben?»

Er greift sich an die Stirn, es ist ihm wie ein Traum. Er kann nicht mehr zurückfinden in die erste Ekstase, um solche Selbstentäußerung zu begreifen. Er erschrickt vor dem eigenen Seelenbild, das ihm aus seinen eigenen Zeilen unverhüllt entgegentritt. Er hätte es im ersten Sturm wegschicken müssen, versiegelt, ohne es wieder zu lesen, unbewußt, wie alles Schicksalshafte, dann wäre es gut gewesen. Jetzt liest er ernüchtert und schämt sich, daß er seine Seele nackt zeigen soll vor der Geliebten. Sein Fürchten und sein Hoffen malt sich in dem Spiegelbild. Vor allem sein Fürchten. Unwillkürlich hat sich eine geheime Scheu, ja eine förmliche Angst vor dem Glück in die Zeilen eingeschlichen. Die Angst, die jeden Liebenden befällt und jene ungewisse Trauer erzeugt, von der er spricht und die vom «Schicksal» abwarten will, «ob es uns erhört».

Er hat jetzt Bedenken, solche Geständnisse der Unsicherheit der Geliebten zu machen, um sie nicht aus ihrer eigenen Traumsicherheit zu wecken. Er sollte ihr Mut machen und sich selbst - aber der Mut, den Liebe und Begeisterung gibt, ist durchwirkt von den Schatten der Sorge und rätselhaften Furcht, er könnte die innere Freiheit verlieren, die er im Dienst der Muse braucht und die ihm tiefstes Lebenserfordernis ist, so daß ihm bange wird sogar vor der reinen Liebe und vor ihr, der Unsterblichen, die ihm als die lebendige Verkörperung seiner Muse erscheint.

Kleinmut hat ihn befallen.

Ach, es gibt Dinge, die man selbst der Geliebten nicht sagen kann. Dinge, die man in größter Verschwiegenheit nur dem Seelenfreund anvertrauen könnte. Aber wo ist der Freund, dem er das Geheimnis seines Herzens enthüllen möchte? Etwa dem jungen Ries, der es doch nicht versteht? Oder Zmeskall, mit dem er nicht anders als witzelnd verkehrt und der als Zielscheibe für derbe Wortspiele gerade gut genug ist? Oder «Falstafferl», dieser Musikantenseele, oder gar den aristokratischen Freunden?! Er hatte sie alle für nicht würdig zur Teilnahme an seinem inneren Leben befunden. - «Bloße Instrumente, worauf ich, wenn's mir gefällt, spiele -» - Nicht einmal Steffen Breuning oder Wegeler, seinen Jugendfreunden, möchte er sich so erschließen. Und Amenda? Ach, die einstige innige Seelenfreundschaft ist mit der Zeit und Ferne so gut wie eingeschlafen. Niemand, niemand soll das himmlische Glück wissen; der Neid der Götter ist zu fürchten. - Darum darf auch niemand das heimliche Leid erfahren -

Einsam ist der Mensch in seiner tiefsten Seele, und diese Einsamkeit ist seine Qual. An ihren Felsen ist er geschmiedet, und die Qual frißt wie ein Geier an seiner Leber. Streng ist das Glück, und Trauer empfindet er darob, wie alle Liebenden. Mechanisch wandert er zur Stadt, den Brief in der Tasche, der nun doch fort muß. Statt an der Poststation steht er vor dem Hause der Gräfin Erdödy. Ganz in Gedanken hat er seine Schritte dahin gelenkt, indem er sich einer inneren Führung überließ. Es ist ein Wink des gütigen Geschicks. Die Erdödy ist ja die einzige Mitwisserin seines liebenden Wünschens und Hoffens. Sein

«Beichtvater». Und eine Seele braucht der Mensch, der er sich erschließen muß, sein Glück, sein Leid; die Last des Schweigens ist zu groß.

Im nächsten Augenblick sitzt er in dem gemütlichen kleinen Salon, die arme leidende junge Frau, die mühsam herangehumpelt ist, sitzt ihm gegenüber. Die Zunge ist gelöst; mit glänzenden Augen und leuchtender Miene lauscht die Freundin dem Geheimnis von Martonvásár; sie ist der Schutzengel dieser Liebe. Wie gut sie versteht, und wie klug sie zuzuhören weiß!

Was er vor der Geliebten verbergen möchte und was der Brief an sie wider Willen verrät, das wird jetzt freimütiges Geständnis der Freundin gegenüber.

Sie ist glückselig, den lieben Meister so nahe am Ziel seiner Wünsche zu wissen. Daß es Schwierigkeiten zu überwinden gibt, die sich nun erst bergehoch türmen werden, will auch sie nicht bestreiten. Aber den Liebenden müssen sich selbst Berge öffnen, um ihnen einen Weg freizugeben. Die Freundin ist voll Zuversicht; er ist es gar nicht. «Himmelhoch jauchzend, zu Tode betrübt» - er kennt das Auf und Ab der liebenden Seele zu gut; das Klärchenlied hat es seinem musikalischen Herzen längst angetan. Aber mit seiner Kopfhängerei ist sie gar nicht einverstanden.

«Wie kann man so wenig Selbstvertrauen haben?!» Sie zankt ihn tüchtig aus.

Es tut ihm wohl; er, der sonst keinen Widerspruch verträgt, ist jetzt dankbar dafür, daß sie ihm gehörig die Leviten liest.

«Zur Kopfhängerei ist jetzt keine Zeit», räsoniert die Gute, «und zum Umherschweifen in der Ferne, Kunstreisen und dergleichen Phantasien erst recht nicht - das ist ja wie Flucht vor dem Glück und führt zu gar nichts!»

«Fahren Sie nur so fort, Gräfin», bittet der Meister, «ich brauche eine solche kalte Dusche; das erfrischt.»

«Nun gut also - Ihre Existenz und Ihre Zukunft liegt nicht in nebelhaften Fernen, nicht im Ausland, sondern hier, wo man Sie kennt und liebt und wo Ihre Freunde sind; jetzt fassen Sie tüchtig zu - ein Künstler, ein Meister wie Sie braucht nur ernstlich zu wollen: alles steht Ihnen zu Gebote; die Welt liegt Ihnen hier zu Füßen -»

«Glauben Sie?» gab er zweiflerisch zur Antwort.

«Glauben Sie etwa nicht?»

«Hm! Tja!»

«Also! Ein solches Glück vor Augen, müßte es mit Engelskräften über Sie kommen, verhundertfachte Schaffenslust -»

«Tut es ja -»

«Ruhm, Ehre, Würden; kurz, was Sie wollen.»

«Und die Hoftheaterstelle?»

«Ach, wenn es sonst nichts ist! Ihr Flug geht höher.»

«Aber die Sicherung der Existenz, Gräfin ! Das Gesuch bleibt unerledigt liegen. Dieser elende Palffy! Der Intendant ist schuld! Wie soll der Mensch heiraten ohne feste Basis?! Schmählich ein Mann, der auf das Vermögen der Frau spekuliert! Er spielt eine unwürdige Rolle, und um seine Selbständigkeit ist es getan. Das könnte ich nicht ertragen. Bedenken Sie, daß ich dann für uns beide sorgen muß, für sie und mich - es reicht oft nicht für eines. Und meine Brüder -, die Galle läuft mir über, wenn ich an diese Undankbaren denke -»

«Lieber Meister, Sie sehen die Dinge zu schwarz. Man muß das Glück rasch packen und festhalten. Nicht zaudern; wer zuviel überlegt, versäumt es. Die Schwierigkeiten sind nichts, wenn man sie im ersten Feuer nimmt. Das Alleinsein ist nichts für Sie; Sie haben schon viel zu lang gewartet. Theresa ist treu und beständig; aber das ungewisse Harren zermürbt, und vor allem: zum Heiraten gehört ein gewisser Heroismus; wenn nur mehr die Vernunft spricht, erlahmt der Entschluß. -Sie müssen handeln, Meister! Das andere findet sich dann. Der Preis ist hoch, aber er ist Ihrer würdig - ich möchte euch zwei glücklich sehen; ihr seid für einander bestimmt, nur fürchte ich, daß ihr euch die Sache noch schwerer macht, als sie ohnehin ist. Unpraktische Idealisten, alle zwei!»

Ein mütterliches Herz sprach hier zu ihm.

Beglückt und erleichtert ging er von dannen.

Den Brief hatte er der Freundin nicht gezeigt. Er ließ ihn hübsch in der Tasche. Auch als er an der Poststation vorüberging. Nicht Worte, Taten sollten für seine Liebe zeugen. Er fühlte neue Kräfte sich regen. Großes war ihm gelungen; Größeres war noch zu tun. Er konnte es, wenn er nur wollte -

Die Erdödy hatte recht: die Welt war sein, sie harrte ihres Siegers.

Das Herz war des Dankes voll für die Freundin: sie darbte selbst am Tische des Glücks; und wußte dem Darbenden doch so reiche Labe -

Nach außen hin die Hoftheaterstelle, das war das nächste; um das andere, das die Göttin Kunst verlangte, war ihm nicht bange.

Daß der Hofdienst eine Fron sei für einen Geist, dessen Lebensluft die Freiheit war, daran dachte er nicht. Er dachte nur an die Würde, die ihn der alten Gräfin Brunszvik als der künftigen Schwiegermama um soviel sympathischer erscheinen lassen müßte.

Also die Hofstelle! Damit wäre die Hauptschwierigkeit überwunden und die Bahn frei. - Und dann - dann -!

Das Haupt zurückgeworfen, den Hut tief im Genick, wanderte er mit wehenden Schößen zurück in die grünumrauschte Einsamkeit von Heiligenstadt. Die Schwermut war dahin, er segelte mit frischem Hoffnungswind dem großen, begehrten, vielfachen Ziel entgegen, wo das Glück winkte, die Liebe, die Unsterbliche!

XIV. Kapitel

Schloß Grätz bei Troppau war von französischen Truppen umwimmelt, die nach der Schlacht bei Austerlitz südwärts drängten und das Grenzland besetzten. Der kommandierende General hatte in dem Schlosse Aufenthalt genommen, französische Offiziere gingen ein und aus, saßen zu Gast, amüsierten sich; Fürst Lichnowsky mußte wohl oder übel den liebenswürdigen Wirt spielen und um seine unerlaubten Gäste bei guter Laune zu erhalten, auf Abwechslung des Festprogramms bedacht sein.

Der General war musikliebend, er hatte durch die fürstliche Hauskapelle, die zur Tafel aufspielte, die Schöpfungen des Meisters kennengelernt. Der Fürst, in übergroßer Bereitwilligkeit, und um dem Land einigermaßen die Schonung seitens der Eindringlinge zu sichern, hatte alle möglichen Aufmerksamkeiten für den General und ihn zu verbinden gewußt. Teils seinetwegen und sich selbst zur Freude hatte er den Meister dringend eingeladen, und im Herbst traf sein ungebärdiger Liebling und musikalischer Abgott richtig ein.

Die Soldateska ist für den Meister eine unangenehme Überraschung; aber es findet sich ein abgelegenes, ruhiges Zimmer im Seitentrakt des Schlosses nach dem Park gelegen, wo man ungestört ist und von dem ganzen Rumor nichts merkt. Dort richtet sich Ludwig häuslich ein; er kann ungehindert und ungesehen in den großen Schloßpark gelangen, wo er kaum einem Menschen begegnet und nach Herzenslust herumtummeln mag.

Der alte Kastellan beobachtet ihn, wie er draußen mit bloßem Haupt herumrennt, auch wenn es blitzt, donnert und stürmt, und in den Aufruhr der Elemente, in den peitschenden Regen und heulenden Wind hineinschreit, lacht und mit schauerlicher Stimme hineinsingt, stampft und mit den Händen taktierend in der Luft herumschlägt; wie er dann wieder bei schönstem Wetter ganze Tage lang sich in sein Zimmer einschließt, ohne mit einem Menschen zu verkehren oder auch nur ein Wort zu sprechen, und kommt zu dem Schluß, den er mit einer bezeichnenden Handbewegung gegen die Stirn andeutet:

«Nicht recht bei Sinnen. Total verrückt!»

Die fremden Soldaten sind eine wahre Landplage. Um einige Erleichterungen zu erzielen, ist es gut, den General besonders gnädig zu stimmen. Er hätte den Meister gern auf dem Klavier phantasieren gehört, davon ihm der Fürst Wunder erzählt, allerdings mit dem Beifügen, daß der Künstler nur selten dazu zu bringen sei. Er verspricht ihm aber, den Genius zu bewegen, daß er abends nach dem Diner vorspielen werde. Der General ist erfreut und gewährt die verlangte Einstellung gewisser Requisitionen.

Man setzt sich zu Tisch, der ahnungslose Meister ist erschienen, da tut einer der Offiziere die etwas ungeschickte Frage an ihn, ob er auch Violon verstehe.

Der fürstliche Hausarzt, Doktor Weiser, der aus Troppau herüberkommt, sieht die empörte Miene Beethovens, der den Frager keiner Antwort würdigt. Majestätsbeleidigung ist nicht größer.

«Das geht gut an», denkt Weiser.

Nach Tisch sitzen die französischen Gäste voll Erwartung auf den versprochenen Kunstgenuß. Aber der Künstler fehlt.

Man sucht ihn im ganzen Schloß, er ist nirgends zu finden. Der Kastellan denkt, er fängt ihn im Schloßpark ab und entdeckt ihn schließlich in einem ganz entlegenen Teil auf dem turmartigen Auslug der Parkmauer, wo man weit ins Land bis zum Altvater- und Riesengebirge sieht.

Der Fürst läßt ihn dringend zu sich bitten. Diesem Wunsch kann er nicht widerstehen, aber als ihn der Fürst bittet, er möge ihm zuliebe vor den französischen Offizieren spielen, da brechen alle Dämme der nur mühsam zurückgestauten Flut.

Ein energisches «Nein!» ist die Antwort. Der Fürst hätte bedenken sollen, was er verspreche; er sollte sich doch an die Gräfin Thun erinnern, die auch glaubte, daß der Künstler eine Spieluhr sei, die man beliebig aufzieht und repetieren läßt, als ob das verlangte Spiel nicht produktive Arbeit sei, zu der man innerlich bereit und fähig sein muß, wenn man sich inspiriert fühlt. Was man von ihm verlange, sei knechtische Arbeit, und dazu gebe er sich um keinen Preis her. Keine Macht könne ihn dazu zwingen, wenn es ihm selbst nicht gefalle.

Die Sache ist natürlich peinlich; der Fürst weiß nicht recht, wie er sich aus der Affäre ziehen soll: einerseits die Beschämung vor den Offizieren, anderseits eine begreifliche Empfindlichkeit, weil ihm der Freund eine Geringfügigkeit verweigert, wie er es nennt, die für den Hausherrn nun gerade schon Verpflichtung geworden ist - kurz, seine Autorität steht auf dem Spiel. Halb im Scherz, halb im Ernst droht der Fürst mit Hausarrest.

Damit hatte er aber dem Faß erst recht den Boden ausgeschlagen. Spornstreichs läuft der Künstler weg. Die Gesellschaft ist schon ungeduldig auf die erwartete Darbietung. Man begibt sich neuerlich auf die Suche. Doch diesmal vergeblich. Der Haushofmeister bringt endlich die Nachricht, der Künstler habe sofort gepackt und trotz des furchtbaren Regens das Schloß heimlich verlassen.

Der alte Kastellan schüttelt den Kopf. Er hat es ja immer gesagt: «Total verrückt!»

Ein Brief hat sich auf dem Zimmer vorgefunden, der dem Hausherrn überreicht wird. In diesen Zeilen heißt es:

«Fürst! Was Sie sind, sind Sie durch Zufall und Geburt. Was ich bin, bin ich durch mich! Fürsten hat es, und wird es noch Tausende geben. Beethoven gibt es nur einen!»

Zu Fuß ist der Meister nach Troppau gewandert, wo er beim Doktor Weiser, der schon vor ihm nach der Stadt zurückgekehrt ist, Unterkunft findet. Das Manuskript der «Appassionata», das er unterm Arm trug, ist vom Regen ganz durchweicht und beschädigt. Am anderen Tag ist er mit der Extrapost nach Wien geeilt.

Die Aufregung, der nächtliche Marsch im Regen, die Übermüdung haben eine schwere Erkältung zur Folge; seine Schwerhörigkeit hat sich verschlimmert.

Sein Aufruhr kennt keine Grenzen und fordert ein Sühnopfer.

Die Büste des Gönners steht auf dem Schrank.

Ein Schlag des Wütenden, und sie stürzt in Trümmern vom Schrank herab auf die Erde.

Da liegt sie in Scherben; und in Scherben die Freundschaft mit ihr.

Welch eine Freundschaft!

Der großherzige edle Fürst, der immer eine Stütze war! Nun ist das Mütchen gekühlt.

Scherben hat es schon oft gegeben auf diese Art; fast alle Standbilder der Freundschaft sind mehr oder weniger beschädigt, gekittet und geleimt. Auch diese Scherben werden wieder zusammengefügt werden, wenn auch die Sprünge und Risse bleiben.

Nur in unversehrter Schöne strahlt daneben das Bild Theresas. Zeichen der opfernden Liebe, die fast nichts für sich begehrt und darum solchen Katastrophen seiner leidenschaftlichen Natur entrückt ist.

Tröstend mild blickt es auf ihn herab. Es ist, als ob es den Mund öffnete und mit ihm spräche und auf seine Fragen antwortete, wie der Lindenbaum auf die Fragen Theresas antwortet. Das Schloßereignis auf Grätz, bezeichnend für seinen äußeren Lebenskampf, und jenes andere auf Martonvásár als Symbol seines Seelenlebens, welch ein tragischer Gegensatz!

Seine Sehnsucht fliegt weit nach Ungarn, zur Geliebten, die liebreich auf ihn aus dem Bild herabblickt.

Sein Haupt möchte er in ihren Schoß legen unter den herrlichen Bäumen des träumenden Parks, das Antlitz der Holden über sich; ihre linde Hand fühlen, die streichelnd über Stirn und Haar gleitet und alle Müdigkeit, allen Schmerz und Krampf wegnimmt.

Ruhen, träumen, vergessen im Schoß der Liebe!

«Wäre ich doch geblieben!»

Und er denkt an die Flucht, fort von hier, nach Martonvásár!

Trost für die zerbrochene Freundschaft mit dem Fürsten sucht er bei der Gräfin Erdödy. Er ist jetzt regelmäßig Gast bei ihr, seit der Verkehr mit Christiane infolge des Zerwürfnisses aufgehört hat. Mit der Erdödy verbindet ihn ein Tieferes. Sie ist als sein «Beichtvater» die einzige Mitwisserin seines Herzensbundes mit Theresa und übt eine gewisse Patronanz über diese Liebe aus. Mit ihr kann er von der Geliebten reden, ihr kann er seine Hoffnungen und Sorgen aussprechen. Sie ist eine so gute, feinverstehende Frau und weiß immer Trost und Rat.

Die Hoftheater-Intendanz hat sein Gesuch noch immer nicht beantwortet. Sie hüllt sich in Schweigen. Irgendwo gibt es einen Haken zu lösen. Die Erdödy hat vorsichtig herumgehorcht, da und dort ein Wort fallen lassen und versucht, die Entscheidung zu beschleunigen. Sie will erfahren haben, daß der Auftritt in der Theaterkanzlei böses Blut gemacht habe. Man glaubt, bei aller Verehrung für den Künstler, daß er nicht der rechte Mann auf einem solchen Posten sei; er müsse sich wie Pegasus im Joche fühlen. Man hege Zweifel über seine Befähigung, mit dem empfindlichen Bühnenpersonal umzugehen; seine Heftigkeit und dann, nicht zuletzt: seine Schwerhörigkeit -

Die Gräfin deutet dem Meister schonend an, er sollte seine Hoffnungen nicht auf die Karte setzen, die kein Trumpf ist -

Das Abenteuer auf Schloß Grätz und seine gesundheitlichen Folgen bedingen eine Kur in Baden. Die Schwefelbäder und Quellen in dem lieblichen Städtchen haben ihm wohlgetan; die Ruhe in den ländlichen Gartengassen mit den bescheidenen ockergelben Häusern, in den Weinbergen und in dem romantischen Helenental am Rande der Wienerwaldhöhen tun das übrige; der Blick wandert über das fruchtbare Wiener Becken weit nach Ungarn hinein, nach der Richtung, wo Martonvásár liegt.

Er vollendet seine C-Dur-Messe und holt einen Trunk aus der Unendlichkeit. Natur und Gott sind seine Zuflucht, wenn alles andere versagt. Hier plagt ihn auch sein Gehör nicht. Er schreibt darüber Theresa:

«Wie froh bin ich, einmal in Gebüschen, Wäldern, unter Bäumen, Kräutern, Felsen wandeln zu können.» Er empfiehlt ihr die schöne Natur als die große Friedensspenderin.

Und in sein Notizbuch notiert er:

«Allmächtiger - im Walde - ich bin selig - glücklich im Walde - jeder Baum spricht durch dich!» Gottgedanken suchen ihn in solcher begnadeter Einsamkeit heim:

«O Gott, welche Herrlichkeit - in einer solchen Waldgegend - in den Höhen ist Ruhe - Ruhe, ihm zu dienen.»

Er wohnt im Johannisbad und ist ganz in seine Musica sacra versunken. Er bemerkt es nicht, daß die Tür sich leise öffnet, das Klopfen hat er nicht gehört, und eine leichte Gestalt, dicht verschleiert, hereinschwebt.

Er blickt unwillkürlich auf und ist betroffen. Vision? Oder Wirklichkeit?! Er will seinen Augen nicht trauen.

«Zürnen Sie nicht, Meister», flötet eine Stimme, «eine Freundin will Sie heimsuchen.»

Er wird unruhig:

Mein Gott! Diese Stimme! Wo habe ich sie gehört?! Und dann, von einer Ahnung durchzuckt:

«Wer sind Sie? Was wünschen Sie?!»

Sie schlägt den Schleier zurück: «Giulietta!»

Unwillkürlich ist ihm dieser Ausruf entschlüpft. Er muß sich niedersetzen, so ist ihm der Schreck in die Glieder gefahren. Eine stumme Handbewegung ladet sie ein, Platz zu nehmen.

«Lange ist's her, daß wir uns nicht gesehen haben», beginnt sie und fängt an zu erzählen, von Neapel, von ihrer Rückkehr nach Wien, von ihrer Sehnsucht nach den Freunden und Bekannten in der Heimat. «Hier hab' ich Sie zum erstenmal besucht; denken Sie noch daran?»

Er hat Zeit, sie zu beobachten.

Sie ist noch immer schön, etwas voller, ein leiser Zug um den üppigen Mund, der ein schlimmer Verräter ist; sie ist vollendete Meisterin der Koketterie und weiß das Augen- und Mienenspiel zu gebrauchen. Verführerischer als je.

«Was führt Sie jetzt her? Woher wissen Sie, daß, ich wieder hier bin?»

Sie hat es von der Erdödy erfahren. Vielleicht hat sie noch mehr gehört, denkt der Meister, und sie versucht es wieder wie damals! Die Zauberin!

Ihre Augen schimmern feucht, sie hat Tränen in der Stimme:

«Ich bin eine unglückliche Frau, Ludwig! Mein Mann - ach, er ist eine unfruchtbare Seele! Er hat mich betrogen - seine Liebesverhältnisse! Hat eine hintergangene Frau nicht das Recht, sich zu rächen?! Ihm gegenüber fühle ich mich jeder Schuld und jeder Pflicht entbunden. Wir leben - ja, wie man in solchen Fällen lebt, nach außen hin wohl, der Konvention zuliebe, einig - ansonsten genießt jedes seine Freiheit. Es ist der einzig erträgliche Zustand, den ich erwartet habe; ich habe ihn nie geliebt, wie du weißt. Geliebt habe ich nur einen - ach, Louis! Ich bin nur gezwungenermaßen, den Eltern zulieb, in diese nichtige Ehe gegangen - ich konnte dich nicht vergessen, hörst du, nie! Mein Denken war bei dir - dein Ruhm ist inzwischen in alle Welt gedrungen, auch in Neapel zählst du Bewunderer und Freunde, doch keine, die so innig deiner gedachten wie ich! Ich sehnte mich nach dem Glück, das uns gehört hatte - deshalb bin ich gekommen. Denke nicht schlecht von mir - begreifst du es, daß es den Menschen immer dorthin zieht, wo er glücklich gewesen ist und wo er glaubt, es wieder zu werden. - Erinnerst du dich noch des Abends beim Grafen Fries, als wir allein waren im Musikzimmer - ich habe unendlich viel Süßigkeit gesogen aus dieser Erinnerung, die mir teuer und unvergeßlich ist, einer der schönsten Augenblicke meines Lebens - ach, könnte ich doch noch einmal so glücklich werden nach so langer Zeit der Entbehrung und Trennung - hast du kein liebes Wort mehr für deine Giulietta? Ich bin es wie einst -»

«Ich möchte Ihnen, Gräfin», erwiderte der Meister kalt, «einen anderen Augenblick ins Gedächtnis rufen: jene furchtbare Zeit, wo ich ins Grab des Schweigens gesunken bin und die Treue und Liebe geflohen ist vor dem Erlöschenden, den damals nur ein wahrhaftiger Engel herausgeführt hat in ein neues, anderes Leben - Ihnen, Gräfin, bin ich damals gestorben! Ich will Ihnen die Antwort am Klavier geben.»

Er trat an den Flügel heran und schlug machtvoll den Ton an.

«In questa tomba oscura - kennen Sie das italienische Lied?

In questa tomba oscura lasciami riposar;
Quando vivevo ingrata, dovevi a me pensar
Lascia che l'ombre ignude godansi pace almen
E non, e non bagnar mie ceneri d'inutile velen.

In dieses Grabes Dunkel, laßt entschlummert mich sein;
Ja, als ich lebte, Treulose, ach! mußtest du denken mein!
Oh, laß bei nackten Schatten friedlich ruhen mein Herz -
Und benetze weinend meine Asche nicht mit eitlem, eitlem Schmerz!

In diesem dunklen Grabe laß entschlummert mich sein!
Als ich auf Erden war, Falsche, o dachtest da du mein!
Du mein! Du mein! Du treulos falsches Herz!

Er entließ sie mit diesem Lied, das aus seinem tiefen Schmerz geboren war.

Sie weinte bei diesen Versen, bei diesen Klängen, daß ihn Mitleid, Rührung erfaßte - sie glaubte schon, ihn wiedergewonnen zu haben, und fühlte kaum die Verachtung, die in seinem Mitleid lag.

«Louis, ich lasse dich nicht! Wäre ich wiedergekommen, wenn ich treulos wäre und falsch? Dein Herz ist nicht tot, ich weiß es; es wird wieder erwarmen! Ich komme wieder, ich darf es, und du zürnst nicht mehr?»

Er sagte nicht ja und nicht nein.

Und horchte, wie ihr Wagen leicht davonrollte in die Nacht hinaus, bis der hellklingende Hufschlag wie Musik verklang.

«Ein Dämon in Engelgestalt», flüsterte er erregt. «Oh,

was würde geschehen, wenn du nicht wärest, Theresa! Und wenn ich meine Lebenskraft so hingeben wollte, was würde für das Edle, Bessere bleiben?!»

Giulietta kehrte alsbald wieder - und fand verschlossene Türen.

Der Meister war am Tage nach ihrem Besuch aus Baden geflohen, um sie nicht wiedersehen zu müssen.

Theresa pflegte auf Martonvásár ihren gewohnten Lindenkult. Kein Tag verging, wo sie nicht morgens und abends ihren Geliebten grüßte, indem sie sich still mit dem Baum unterhielt, der ihm geweiht war. Außer der Korrespondenz mit ihm, die nicht allzu rege war, weil er überhaupt ungern zur Feder griff, unterhielt sie einen Briefwechsel mit der Erdödy, die der freundliche Schutzgeist beider war und sie über die wichtigsten Dinge unterrichtete.

Das Wesentliche davon floß in das Tagebuch über.

«Jetzt weiß ich, daß der gute edle Louis ganz mir gehört. Er hat die Probe der Treue und Standhaftigkeit tugendhaft bestanden. Giulietta hat ihn besucht und ihre Verführungskünste vergebens angewendet. Sie ahnte unseren Bund und suchte ihn aufs neue zu zerstören. Sie ist am ehernen Panzer meines Gottgeliebten abgeprallt. Weinend kam sie zur Erdödy und klagte über seine abweisende Kälte und Verachtung; ihretwegen habe er Baden verlassen, um sie nicht wieder empfangen zu müssen. Die gute Erdödy hat ihr diese Niederlage gegönnt und meint, sie dürfte heilsam für die verirrte Giulietta sein. Wenn es noch eine Steigerung geben könnte, würde ich sagen, daß ich meinen edlen Louis nur noch mehr liebe. Josephine ist glücklich vermählt; es war ein schönes Fest in Ofen. Ich als stille heimliche Braut.

Ich bin nicht ungeduldig und nicht verzagt deswegen. Ich weiß, wir gehören zusammen in alle Ewigkeit -»

Ludwig war von Baden direkt nach Eisenstadt entflohen; der Esterhazy wollte zur C-Dur-Messe Pate stehen, war aber nach der Erstaufführung im Schloß, die der Meister selbst zu leiten gekommen war, ganz verblüfft und mit ihm die Zuhörerschaft.

«Aber lieber Beethoven, was haben Sie denn da wieder gemacht!» meinte er, so ungewohnt war ihm die persönliche Färbung der heiligen Musik, die das liturgische Geheimnis zum innersten Erlebnis machte: Gott und ich! Das war zu neu.

Die Schicksals-Symphonie ist vollendet, neben der Messe das zweite Dankopfer nach der Heiligenstädter Tragödie. Das furchtbare Klopfmotiv mit seinen Todesschauern und der wunderbaren inneren Errettung, sein Heiligenstädter Testament in Tönen, sein eigentliches Lebenslied bildet einen neuen Gipfel in dem ungeheuren Beethovenschen Tongebirge, dahin ihm die Freunde und Zeitgenossen nur ahnend folgen können. Und mitten in diesen Schauern plötzlich die arkadische Lieblichkeit der Pastoralsymphonie, die nicht von der Heiligenstädter Tragik, sondern von dem Heiligenstädter Frieden erzählt.

Sobald die ersten Rosawölkchen auf dem fast noch dunklen Frühhimmel erscheinen, ist er schon auf und draußen. Vorher erfolgen die geräuschvollen Abgießungen, gelinde Überschwemmungen, in denen er spritzend herumschlägt wie ein Walfisch, daß die Nachbarschaft über das Poltern erwacht und ärgerlich schimpft über den «tärrischen (tauben) Musikanten», aber schon ist er draußen, ehe noch die ersten Vogelstimmen erwachen. Er hört sie noch zur Not; sein Gehör ist bald besser, bald schwächer, je nach seinem sonstigen Befinden. Nun schweift er talauf, talab, emsig wie die Biene, summend und brummend, nie ohne Notizbuch, seine «Fahne», und das dicke Zimmermannsblei. Ab und zu steht er still und macht Eintragungen. Oder sitzt zwischen Gebüschen und Bäumen, am Wiesenhang oder Bachrand, den gedankenschweren, wildschönen Kopf in die Hand gestützt, den Blick auf das Notenblatt geheftet, darin er runenhafte Züge eingräbt, während die Finger seiner linken Hand in den Zwischenpausen auf dem Knie trommeln. Möchte ihn nur dabei niemand stören, grüßen oder anreden! Man weicht ihm gern aus, dem finster blickenden Herrn Ludwig van Beethoven, der mit ossianisch wildem Haupt und wehenden Frackschößen durch die Wälder und Weinbergshohlwege um Grinzing und Heiligenstadt jagt und als «menschenfeindlich» verschrien ist.

Das rasche, sanft murmelnde Heiligenstädter Bächlein, an dem er immer gern entlang wandelte, am sogenannten «Beethovengangel», plaudert nun in seiner Pastoralsymphonie, die hohen Ulmen wehen herein, und das Vogelkonzert mit der Goldammerin, den Nachtigallen, Wachteln und den Kuckucken: sie haben alle mitkomponiert. Die Goldammer hat eine größere Rolle auszuführen als die anderen: sie hat das G-Dur-Motiv in der «Szene am Bach» geschaffen.

Nicht nur das Erwachen heiterer Empfindungen bei der Ankunft am Lande als Inhalt des ersten Satzes dieser romantischen Naturpoesie, sondern auch der derbe urwüchsige Humor des «lustigen Zusammenseins der Landleute» fehlt nicht, ebensowenig die ehrsame Dorfkapelle als Erinnerung an das Ständchen am Verlobungsabend in Martonvásár, mit den Violinen, die vorausziehen, ebensowenig wie das Fagott, das sich drollig gebärdet. Endlich sind sie beisammen, Klarinetten und Hörner sind erschienen, der Tanz kann beginnen, ein lustiger Walzer, da melden schon die Tremolo der Bässe das Verhängnis: ein Gewitter zieht mit fernhin rollenden Donnern an, grelle Blitze zucken, Angstrufe gellen, ein wirres Dissonanzenchaos mit dem Gewitterwogen der Baßgeigen; die entfesselten Elemente rasen und verrauschen allmählich. Choralartig steigt das Dankgebet der aus ihrer Not Erlösten empor, ein Flötensolo leitet zum Hirtengesang des vierten Satzes über, «frohe und dankbare Gefühle nach dem Sturm» beschließen das Werk mit religiös gehobener Stimmung und dem Schöpfer zugewendeten Gedanken und Betrachtungen. Die Naturliebe und Andachtsstimmung des Meisters ist Verklärung geworden. Seelenmalerei.

Glückliches Wien! Glücklicher Beethoven!

Das große Konzert am 22. Dezember im Theater an der Wien bringt nicht nur die Pastorale und die Schicksalssymphonie in c-Moll, sondern auch Stücke aus der C-Dur-Messe, ein Klavierkonzert in G-Dur und eine Chorphantasie.

Der Meister setzt viel Hoffnung auf dieses Konzert, es soll ein neuer Sprung zur Erreichung seiner Lebensziele sein. Die Opernleitung wird sich nach dieser Genieprobe entscheiden müssen.

Aber das Haus ist fast leer, das Theater ungeheizt. Der Meister steht am Dirigentenpult. Er hört die Töne nicht mehr recht. In seinem Ungestüm ist er ein paar Takte voraus. Seine Dirigentenart ist zudem etwas sonderbar. Beim *piano* bückt er sich ganz unter das Pult; beim *crescendo* richtet er sich nach und nach auf, und beim Anbruch des *forte* springt er hoch empor. Bei jedem *sforzando* reißt er die beiden Arme, die er vorher über der Brust gekreuzt hat, heftig auseinander: beim ersten *sforzando* fliegen beide Leuchter vom Klavierpult. Im Zuschauerraum hört man unterdrücktes Lachen. Sofort werden vom Bühnen-Inspizienten zwei Chorknaben mit Leuchtern in der Hand links und rechts neben dem dirigierenden Meister aufgestellt; beim nächsten *sforzando* aber hat der eine Knabe unversehens eine derbe Maulschelle von der ausfahrenden Rechten empfangen, daß er den Leuchter fallen läßt, während der andere, der mit ängstlichen Blicken die Bewegungen verfolgt, nur durch rasches Niederducken dem gleichen Schicksal entgeht.

Das Publikum tobt vor Lachen. War der Meister schon beim *forte*, so stand das Orchester noch beim vorigen *pianissimo*; er starrt verwundert in das Orchester hinein, weil es das ihm allein hörbare *forte* schuldig blieb. Glücklicherweise fand man sich immer wieder zurecht, wenn das *forte* endlich kam.

Aber in der Chorphantasie gerät der tönende Himmelswagen bedenklich ins Rutschen; eine Katastrophe scheint unvermeidlich. Unbekümmert, wie der Meister ist, schreit er ins Orchester hinein, aufzuhören und von vorne anzufangen. So wird der verunglückte Wagen schließlich heil ans Ziel gelenkt. Aber die Musiker sind beleidigt. In der Hitze des Gefechts sind ihnen vom Dirigentenpult Beleidigungen zugeflogen; aber Ende gut, alles gut: der Meister gibt ihnen gern volle Genugtuung und schreibt die Schuld des Umsturzes bereitwillig seiner eigenen Zerstreuung zu.

Die öffentliche Erstaufführung seiner drei großen Werke, der c-Moll-Symphonie, der Messe und des Pastorale, der Schaffensinhalt mehrerer entscheidender Jahre, war fast eine Niederlage. Materiell ein gänzlicher Mißerfolg. Begreiflicherweise. Zwei Tage vor Weihnachten!

Der Mißmut des Meisters hat bedenkliche Formen angenommen, der düstere Entschlüsse zu reifen droht.

Er berichtet nach Martonvásár, daß die Intendanz seine Bewerbung um die Hoftheaterstelle beharrlich übergehe, trotz der Gönner im Direktorium, und daß er sich entschlossen habe, die Berufung an den Hof des Königs Jerome von Kassel anzunehmen.

Zum erstenmal erhebt Theresa ihre Stimme als Unheil kündende Kassandra.

Sie möchte den Geliebten nicht in die Ungewißheit der schwankenden Verhältnisse eines Parvenühofes und in die zweifelhafte Atmosphäre des oberflächlichen, leichtsinnigen Königs «Morgen lustig weiter» ziehen lassen; sie sieht bittere Enttäuschungen und das Unglück des Meisters voraus.

Ein innerer Konflikt mit dem geliebten Meister steht auf. Zum erstenmal. Sie fühlt als Patriotin und kann sich nicht vorstellen, daß sie dem Geliebten als Gemahlin an einen fremden verhaßten Hof folgen solle, der ihr als Hohn auf das arme geknechtete Vaterland erscheinen muß und der seine Existenz nur der Laune eines übermütigen Siegers und Schicksalsgünstlings verdankt. Es käme ihr wie Verrat an allem Herkommen und an treu gehüteten Traditionen vor - nein, sie müßte sich ihrer Schwachheit schämen; lieber entsagen, entsagen allen liebreich gehegten Hoffnungen -

Aber sie fühlt auch als Liebende: muß sie nicht fürchten, den Meister für immer zu verlieren, sobald er seiner zweiten Heimat Österreich den Rücken für immer wendet? An eine Wiederkehr ist bei den bestehenden Auffassungen am Hofe und in der Gesellschaft doch kaum zu denken. - Ach, dieser Gedanke allein hat bitteren Todesgeschmack! Grausam, einen geliebten Menschen durch den Tod zu verlieren, unendlich grausamer, ihn durch das Leben zu verlieren - es ist ein fortgesetztes Sterben.

Und sie fühlt ein solches Sterben in ihrer Herzensangst!

Theresa kämpft einen schweren Kampf, den Kampf zwischen Liebe und Pflicht. Sie kämpft ihn allein in der Einsamkeit von Martonvásár, die von ihren Seufzern und Tränen weiß und dieses Geheimnis für sich behält. Nur die stummen Bäume des Lindenplatzes wissen davon.

Händeringend sitzt die einsame Braut und heischt Antwort auf ihre bangen Fragen.

«Darf ich dem Künstler im Wege stehen, wenn ihn seine Pflicht, die ihm die Kunst auferlegt, dahin ruft, wohin ich ihm nicht folgen kann? Er gehorcht einem Müssen, dem wir anderen armen Sterblichen nichts entgegensetzen dürfen. - Er will in die Fremde ziehen, weil es sein Genius verlangt, der daheim drückende Engen fühlt wie ein Baum, der nicht in die Höhe wachsen kann, weil ihm elendes Buschwerk rundum Licht, Luft und Sonne raubt! Er will in die Fremde ziehen nicht nur seiner Kunst wegen, auch meinetwegen, der Liebe wegen, um ihr einen Thron zu bauen und mich dann zu bitten, dort auf den hohen Stufen an seiner Seite Platz zu nehmen - und ich, Elende, kann nicht seinem Ruf gehorchen und müßte nein sagen, wenn sein mühevoller

Bau vollendet ist! Verräterin bin ich, entweder an den Meinen, an dem Vaterland, an allem, was Charakter und Pflicht heißt, oder Verräterin an den heiligsten Schwüren der Liebe!

Oh, ihr alten treuen Bäume, die ihr Zeugen wart dieser Schwüre und so oft die Stimme der Liebe hörtet, wenn ich in heimlicher Zwiesprache mit euch mich unterhielt über ihn und ihm Grüße und liebe Gedanken sandte oder durch euch Tröstliches von ihm zu vernehmen glaubte: ihr alten Freunde, die mit tausend Blätterfingern die Gnade des Himmels und den Glanz der Sterne auf uns herabträufelten, um den Bund der Seelen zu segnen, zu euch flüchte ich wieder und nehme euch zu Zeugen für meine Bitten an den Ewigen, gebt Antwort meiner Ratlosigkeit und laßt mich in der Stille eurer weihevollen Gegenwart vernehmen, was ich tun soll! Zeigt mir den Weg, der aus dem unseligen Zwiespalt herausführt und mich rettet und ihn! Ihr Zeugen meiner Liebe, laßt mich nicht zur Verräterin an dem beschworenen Bündnis, nicht zur Verräterin an ihm und an mir selber werden!»

Die Bäume rauschten leise und blieben die Antwort schuldig wie die stumme Göttin der Träume in dem Park. Und das Tagebuch schloß wie ein versiegelter Schrein das Geheimnis in sich ein und wußte ebensowenig zu raten wie das Marmorbild und die flüsternden Kronen des Parkes. Nur die eigene Stimme vernahm ihr Echo in all diesen Dingen.

Der Himmel allein hatte ein Einsehen und schickte rettende Gedanken, während sonst alles versagte.

Wie eine Erleuchtung kam es über Theresa.

«Fort mit Seufzern und Klagen, die in dieser abgestorbenen grünen Verlassenheit doch nicht dahin dringen, wo sie ihr Beschwörungswerk verrichten sollen! Wir müssen handeln! Ludwig darf nicht fort!»

Entschlossen sprang sie auf, von neuer Tatkraft beseelt, die sie aus ihrer Meditation im Grünen geschöpft hatte.

«Die Erdödy muß helfen! Ihre Stimme hat Macht über ihn.»

Noch am selben Abend schrieb Theresa an die Freundin und schüttete ihr das Herz aus. Alle ihre Sorgen, ihre Befürchtungen und Hoffnungen flossen mit rührenden beweglichen Worten in den Brief hinein. János mußte ihn in aller Frühe zur nächsten Eilpost bringen.

Die Erdödy war nicht unvorbereitet; sie wußte schon von der Absicht des Meisters. Er hatte sich nur unbestimmt geäußert; sie nahm es aber nicht sonderlich ernst, sondern hielt die ganze Sache nur für einen Ausfluß seiner Unzufriedenheit, die der vorherrschende Zustand des Meisters war und sich oft in wunderlicher Weise Luft machte. Daran war man schon gewöhnt.

Aber auf den Alarmbrief Theresas nahm sie ihn sofort ins Gebet und erreichte so viel, daß er die Entscheidung verzögerte und versprach, nichts zu unternehmen, ohne sie vorher zu unterrichten.

Indessen geht die Korrespondenz von Martonvásár auch mit der übrigen Wiener Aristokratie fort. Die Erdödy ist die wichtigste, treibende Kraft und hat alle Drähte in den Händen.

Alsbald ist der ganze Hochadel alarmiert: der Genius fühle sich in Wien unverstanden; die hiesige Aristokratie tue nichts für ihren Liebling, er wolle auswandern.

Die Erdödy schreibt es ungefähr mit diesen Worten auch an Erzherzog Rudolf.

Das hatte gewirkt.

Der erste, der erklärt, es müsse etwas geschehen, ist Erzherzog Rudolf. Es sei undenkbar, betont er in einer vertraulichen Sitzung mit den Häuptern des Hochadels, daß wir den Genius ziehen und uns von einem Spielkartenkönig beschämen lassen!

In dieser Meinung waren alle einig.

Aber wie soll man es anfangen, den Meister dauernd an Wien zu fesseln? Wie? Das war jetzt die Frage.

Die Sache mit der Hofkapellmeisterstelle kam zur Sprache. Darin war der Einfluß der Erdödy zu spüren, die in ihrem Brief an den Erzherzog diese leidige Frage wieder aufgeworfen hatte.

Der Meister sei offenbar verstimmt, weil dieser, sein Lieblingswunsch, nicht erfüllt worden sei, und darum sei es ihm mit einem Antrag ähnlicher Art aus Kassel so ernst geworden. Hm! Einige Mitglieder der Kommission, die an der Hoftheaterleitung beteiligt waren, fühlten den Vorwurf eines Versäumnisses an dem Meister.

Immerhin, man hatte triftige Gründe einzuwenden. Seine zunehmende Taubheit, seine Erregbarkeit, die Empfindlichkeit des Künstlerpersonals - man hatte schon böse Erfahrungen gemacht: die «Fidelio»-Affäre wurde wieder aufgeworfen - auch die Unpünktlichkeit des Meisters in der Fertigstellung der Partituren wird geltend gemacht, bei aller Anerkennung der künstlerischen Gewissenhaftigkeit des Meisters, der lieber den Termin versäume, bevor er eine

Arbeit aus den Händen gebe, die nicht seinen höchsten genialen Anforderungen entspreche: aber beim Theater müsse doch alles am Schnürchen gehen, auch wenn die Arbeit dabei weniger gründlich ausfalle, was hier eher ein Vorzug wäre, weil ja ohnehin kein Mensch die innere Qualität so recht zu beurteilen wisse als allenfalls der Genius selber - kurz und gut, der Meister würde hier am falschen Platz stehen, es wäre eigentlich schade um ihn, wenn er als Pegasus im Joche pflügen müsse, und man habe auch sein Interesse im Auge gehabt, als man sein Gesuch unerfüllt ließ -

«Gut, meine Herren, und zugegeben», erwiderte der erzherzogliche Gönner, «aber was dann? Indem man ein solches Gesuch stillschweigend verneint, sei es auch im Interesse des Genius, hat man die Pflicht ihm gegenüber doch erst halb oder eigentlich noch gar nicht getan. Förderung der Talente war der Grundsatz meines großen Oheims Joseph II. und seines erlauchten Bruders, des köln. Kurfürsten Maximilian Franz, der uns den Meister als teures Vermächtnis anvertraut hat; der gleiche Grundsatz gehört zu den stolzesten Überlieferungen unseres edlen Hauses und der österreichischen Adeligen; wir haben einen Gluck, einen Haydn, einen Mozart in Obhut zu nehmen das Glück und den Vorzug gehabt und wollen einem Beethoven die Türe vor der Nase zuschlagen, weil es seinem Genie angeblich draußen besser fromme als drinnen, wo er uns etwas unbequem zu werden scheint? Nein, meine Herren, ich fürchte, wir haben an dem Künstler einiges gutzumachen! Wir müssen nun Mittel und Wege finden, den Meister für den Entgang der Hoftheaterstelle, die wohl nicht das Richtige für ihn ist, ausreichend zu entschädigen. Er begehrte ein

Gehalt von 2400 Gulden - ich meine, es müßte ihm dieser Jahresbetrag, ja noch mehr als dieser, ohne irgendwelche drückende Gegenleistung garantiert werden.»

Diese Worte hatten Eindruck gemacht, um so mehr als der Prinz sogleich die Bereitwilligkeit erklärte, aus eigenem ein Opfer bringen zu wollen.

Schließlich kam ein Beschluß zustande, demzufolge der Erzherzog und die beiden Fürsten Lobkowitz und Kinsky sich verpflichteten, aus eigenen Mitteln dem Meister auf Lebenszeit eine jährliche Pension von viertausend Gulden zu bezahlen, wogegen er sich nur zu verpflichten habe, Wien zum ständigen Aufenthalt zu wählen und Österreich ohne die Zustimmung seiner Protektoren nicht zu verlassen.

Der Meister war beglückt und stolz, als ihm dieser Vertrag, der ihm ein lebenslängliches, gesichertes Einkommen bot, überreicht wurde; er ließ Kassel endgültig fallen. Sofort mußte er es nach Martonvásár schreiben: sein Hierbleiben sei nun ehrenvoll für ihn geworden, und er fügt hinzu: «Der Titel als Kaiserlicher Kapellmeister kommt auch noch nach -» Er denkt dabei an die alte Gräfin-Mutter und ist der Meinung, daß ein solcher Titel ihren starren Standeshochmut beugen werde -

Theresa jubelt: «Gerettet! Gerettet!» und umarmt und küßt in ihrer grenzenlosen Freude jeden der alten Lindenbäume auf dem stillen Platz, der ihrer Liebe geweiht ist.

Der Meister rüstet nun in aller Stille zur Vermählung: er schreibt an Wegeler und bittet ihn, daß er ihm den Taufschein besorge. Die Sehnsucht nach Eheglück und Häuslichkeit ist mächtig geworden; er wähnt sich nahe am Ziele.

Da trifft eine Hiobspost ein, die vom Kriegsschauplatz kommt: der Feind zieht unaufhaltsam gegen Wien heran; man schreibt 1809, das große Kriegsjahr - wer kann, rettet sich beizeiten aus der bedrohten Stadt.

Der Hof ist in aller Stille abgereist; der Hochadel ist nachgefolgt. Wie ein Blitzschlag fährt Ereignis um Ereignis in den blau- und rosafarbenen Freiershimmel herein, der sich alsbald verdüstert; der Meister sieht, wie das so nahe Eheglück weit, weit abrückt bis zum wetterleuchtenden Horizont hinaus. Zunächst stürzen alle Pläne wie ein Kartenhaus zusammen.

XV. Kapitel

Kartätschenschüsse fallen, daß Türen und Fenster klirren und Mauern zittern. Eine Schreckenszeit beginnt. Mitten in den Kriegslärm dringt die Kunde: der alte Papa Haydn tot. Französische Ehrenwachen und Offiziere begleiten den Sarg; der Verblichene wird nach Eisenstadt, der Stätte seines vieljährigen Wirkens überführt.

Mit ihm hat die alte Zeit Abschied genommen. Unter Kanonendonner wird eine neue Epoche eingeleitet. Die Wende ist da. Die Palastpforten schließen sich, der musikalische Himmel verstummt. Kriegsnot und alle folgenden Übel verscheuchen die Musen. Sie fliehen weinend von den verödeten Stätten und verlassenen Altären. Nur ein einsamer Stern leuchtet durch das finstere Gewölk: der Name Beethoven.

Die Zeit des Bombardements hat er mit Bruder Karl im Keller eines Hauses in der Rauhensteingasse verbracht. Er wohnt nicht mehr im Pasqualatischen Haus auf der Mölkerbastei. Zmeskall hat ihm in der unmittelbaren Nachbarschaft eine Wohnung verschafft, im sogenannten «Klepperstall». Auch hier verbleibt er nur kurze Zeit. Er sehnt sich fort, aber aus Wien ist nicht hinauszukommen. Man ist von aller Welt abgeschnitten.

Seine Stimmung ist wirklich nicht rosig. Er hält seine Existenz für gefährdet. Das aristokratische Zeitalter, dessen Ausklang er mitgefeiert hat, ist endgültig vorbei, das bürgerliche beginnt. Der Adel, mit dem gut zu leben war, ist fort. Selbst die liebe unentbehrliche Freundin Erdödy weilt fern.

Die Sehnsucht geht nach den schönen Tagen, zu edlen, hochgesinnten Menschen, zur unsterblichen Geliebten, nach Martonvásár. - Selbst der Quell des Schaffens ist versiegt nach den letzten großen Werken; die Zeit ist nicht angetan für große Inspirationen, etwas ist am Sterben. - Seinen verlegerischen Freunden Breitkopf und Härtel in Leipzig klagt er brieflich: «Meine kaum kurz geschaffene Existenz hier ruht auf lockerem Grund - Welch zerstörendes, wüstes Leben um mich her; nichts als Trommeln, Kanonen, Menschenelend aller Art -»

Seine Hoffnungen sind zu Ruinen geworden - wer mag unter solchen Umständen an die Errichtung eines Hausstandes denken? Sein Lebensglück steht in Frage. Damals auf Martonvásár wäre es möglich gewesen, aber er war selbst den praktischen Fragen gegenüber zu peinlich, zu gewissenhaft; und jetzt war es zu spät! Also Geduld!

Und an Theresa geht die resignierte Bitte, halb Trost, halb Verzicht: «unsere Sache Gott anheimstellen, der Allmächtige weiß, daß unsere Herzen einig sind und unsere Treue unverbrüchlich; er gebe, daß wir bald zusammengeführt werden - du wirst dich fassen, du weißt es, nie kann eine andere mein Herz besitzen, nie - welche Sehnsucht mit Tränen nach dir - »

Sie antwortet ihm liebreich: «Vor Gott und Ewigkeit bin ich deine Braut, und wenn es ihm gefällt, vor der Welt - es wird noch offenbar werden, ich weiß es und gedenke dein, täglich - wo ich bin, bist du mit mir; unter dem Lindenbaum fühle ich deine Nähe! Sei ruhig und gefaßt, wie ich es bin, die Vorsehung meint es gut mit uns, laß uns vertrauen - unser Glück ruht in Seiner Hand -»

Der Himmel ist ungünstig, er verdüstert sich immer mehr. Kaum daß Beethoven seine Jahresrente empfängt, die angesichts der stockenden Geschäfte und furchtbaren Teuerung als Kriegsfolge ohnehin seine Lage nicht verbessert, da setzt der Staatsbankrott seine Rente auf ein Drittel ihres Wertes - ein harter Schlag! Und noch ein zweiter, ein dritter: die Geldentwertung hat den reichen Fürsten Lobkowitz in Konkurs gebracht, er wird unter Kuratel gesetzt - seine Rentenzahlung hört auf. Und als dritte Hiobspost: Fürst Kinsky, der dritte Gönner, ist in Prag vom Pferd gestürzt und gestorben; die Erben verweigern die Weiterzahlung des Rententeils! Bleibt also nur jenes Drittel, das Erzherzog Rudolf zu leisten hat und das allein pünktlich fortgezahlt wird. Wegen der anderen verweigerten Anteile sieht sich der Meister schließlich genötigt, langwierige Prozesse anzustrengen - eine bittere Notwendigkeit, die einen häßlichen Nachgeschmack zurückläßt. Diese traurigen Erfahrungen wirken lähmend auf den Genius. Neue Symphonien sind im Werden, aber sie machen nur langsame Fortschritte.

«Statt Takte muß ich Gänge machen», klagt er seinem großen Schüler, dem Erzherzog. Der Lebenskampf wird immer schwieriger.

Jetzt erkennt man erst, welche Rolle der Adel als Kulturträger gespielt hat, nachdem er verarmt und seine Rolle zu Ende ist. Alle Verhältnisse gehen aus den Fugen. Neu-Reiche sind von unten her aufgetaucht, aber sie sind ohne Kultur, ohne höhere Bedürfnisse - Bruder Johann ist durch Chininlieferung an die Armee ein reicher Mann geworden; für den berühmten Bruder Ludwig, der in Not ist, hat er kein Gefühl, keine Hilfe, nur hochmütige Worte.

Auch mit Karl gibt es nach kurzer Versöhnung wieder neue Ärgernisse. Er hatte sich wieder einmal als Geschäftsführer aufgespielt, um Ludwig in den schwierigen Zeiten neue Verlegerquellen zu eröffnen. Das alte Mißtrauen des Meisters ist nach anfänglicher übergroßer Vertrauensseligkeit alsbald wieder rege geworden; er hat den Bruder im Verdacht, daß er eine Komposition hinter seinem Rücken verkauft und den Ertrag für sich behalten hat. Er wird bestärkt in diesem Argwohn durch den Umstand, daß die Noten verschwunden waren, ohne daß sich irgendwelcher Ausweis über deren Verbleib oder eine Abrechnung vorfand.

Dies denken und in die Wohnung Karls stürmen ist eins. Die Familie sitzt eben bei Tisch, als Ludwig mit den Worten hereinstürzt :«Du Dieb, wo sind meine Noten?!»

Die Frau hat alle Mühe, die hart aneinandergeratenen Brüder auseinander zu bringen. Das fünfjährige Söhnchen, das ebenfalls Karl heißt, flüchtet weinend und schreiend zur Mutter.

Endlich werden die Noten aus einer Schublade gerissen und Beethoven vor die Füße geworfen. Das beruhigt den aufgebrachten Künstler, er lenkt ein, und ebenso rasch von den verletzendsten Vorwürfen zur reumütigen Versöhnlichkeit übergehend, bittet er den verdächtigten Bruder um Verzeihung. Der aber will nichts mehr wissen von ihm und schimpft weidlich fort. Schließlich stürzt Ludwig zur Tür hinaus, ohne die Noten mitzunehmen. Nun ist für eine Weile wieder alles verschüttet zwischen ihm und seinen Brüdern.

Von der alten Gesellschaft ist nur Baron Zmeskall übriggeblieben. Er ist gewissermaßen Mittelglied zwischen dem

Hochadel und den bürgerlichen Kreisen, in denen der Meister nun verkehrt, nachdem die aristokratischen Freunde fern von Wien sind.

Ein ganzer Kranz neuer Freunde umgibt ihn und ist bemüht, Blumen auf den rauhen Pfad des vereinsamten Pilgers zu streuen und sein Leben irgendwie zu verschönern. Es sind auch manche Dornen dabei.

Die Freunde versammeln sich in Zmeskalls Wohnung, die in dem ungeheuren Gebäudewirrsal des sogenannten Bürgerspitals liegt. Allwöchentlich ist Musikabend bei dem Hofkonzipisten der königlich ungarischen Tafel; der Meister erscheint ziemlich oft und ist gefeierter Gast. Hier begegnet er seiner Dorothea-Cäcilia, der Baronin Ertmann und jener anderen Interpretin seiner Werke, der Frau Marie von Bigot, mit der er seit dem Weggang der Gräfin Erdödy in herzlicher Freundschaft verkehrt.

Kindlich, ohne Arg und unbekümmert in seinem Verkehr, hat der Meister seine Freundin Marie zu einer Spazierfahrt an einem schönen Frühlingstag eingeladen, und zwar mitsamt ihrem kleinen Töchterchen - sie nahm ihm die dringende Einladung jedoch fast übel und meinte, das schicke sich nicht; der Meister ist ganz bestürzt darüber und muß sich in einem längeren Schreiben an das Ehepaar Bigot förmlich entschuldigen und seine Ahnungslosigkeit gegen den bösen Klatsch, der ringsum aufzüngelt und überall Schlechtes wittert, rechtfertigen; es gibt wieder einmal eine arge Enttäuschung. Solchen erbärmlichen Lebensauffassungen ist er in den hohen Adelskreisen allerdings niemals begegnet; dort fand er vornehme große Gesinnung, die ihm sein eigenes Wesen leicht machte, und wenn er hin und wieder hart anstieß, so war es nicht ihre Schuld.

Er tut sich schwerer mit den kleinen Freunden von jetzt als früher mit den großen, deren Lebensstil ihm zum Bedürfnis geworden ist. Er ist Aristokrat auch in der Dürftigkeit, und die Enge, in der er sich bewegt, ist jetzt doppelt drückend. Er muß es auf vielfache Art spüren. An Stelle der Marie Bigot, die mit ihrem Gatten nach Paris übersiedelt, ist Nannette Stein, die Jugendfreundin aus Augsburg, jetzt verehelichte Streicher, getreten; sie gehört dem Musikkreise Zmeskalls an; ihr Gatte, der Wiener Klavierfabrikant, erfindet Schallverstärkungen für Beethovens Klavier, mit denen er besser hört. Nannette ist Ratgeberin in tausend Wirtschaftsfragen des Meisters.

Sein Adlatus statt des Bruders Karl ist jetzt der Musiker de Oliva; denn irgendeine geschäftliche Hilfe muß der Künstler haben. De Oliva verkehrt auch in der Lesegesellschaft beim «Blumenstock» und im Kreise Zmeskall. Er gehörte früher zur Partei Gallenbergs und ist nunmehr dem Meister nähergetreten. Auf einer Kunstreise hat er in Weimar Beethovens Fünfte in c-Moll, die Schicksalssymphonie, vor Goethe gespielt, der indessen kein rechtes Verhältnis zu dieser gewaltigen Musik fand, die ihm wohl groß, aber mehr unbändig als ergreifend vorkam. Für diese Tragik fühlte er nichts; sein Kunstgefühl bevorzugte harmonisch ausgeglichenes Ebenmaß.

Der Name Goethe war freilich die beste Empfehlung de Olivas bei dem Meister, der auf Breitkopf und Härtels Veranlassung an einer Ouvertüre für «Egmont» arbeitete und unbegrenzte Verehrung für den Dichterfürsten hegte, dessen Lyrik er längst für sich entdeckt hatte.

Durch Oliva mit dem jungen Baron Gleichenstein bekannt und befreundet geworden, kommt Ludwig in das Haus des Arztes Malfatti, dessen älteste Tochter Anna Gleichensteins Braut ist. Die ganze Familie lebt und webt in Musik; die blonde sinnige Anna und ihre jüngste Schwester, die schwarze feurige Therese, gelten nun als die schönsten Mädchen Wiens. Es sind beschwingte Abende, an denen Therese am Klavier sitzt; der Meister dicht hinter ihr, Anna stehend mit der Gitarre, dem damals hochbeliebten Instrument; im Hintergrund Vater Malfatti mit dem Notenblatt in der Hand und der Reihe nach Kopf an Kopf die engeren Hausfreunde, zu denen der ganze Musikkreis Zmeskalls gehört.

Therese, das frühreife Kind, nicht viel mehr als vierzehnjährig, wird Meister Ludwigs Schülerin. Daß sie denselben Namen trägt wie seine Unsterbliche, ist ein Reiz mehr. Der vereinsamte Mann fühlt sich seltsam hingezogen zu dem schönen Kind, er beschäftigt sich viel mit ihr, schreibt ihr Briefe; wenn sie fern von der Stadt auf dem Lande ist, empfiehlt ihr seine Lieblingslektüre, «Wilhelm Meister» darunter, Shakespeare u. a., und läßt durchblicken, daß er ihr diese Werke selbst hinausbringen wolle aufs Land, nur auf eine halbe Stunde, und dann wieder fort, um ihr auf diese Weise «die kürzeste Langweile» zu bereiten. Auch ermahnt er sie, das Klavier nicht zu vergessen, rühmt ihr Talent, ihr Gefühl für das Schöne und Gute und möchte Vollkommeneres von ihr verlangen, das wieder zurückstrahlt. Er hat eine väterlich betonte Liebe zu ihr gefaßt; de Oliva spielt den Mephisto und trägt die Korrespondenz hin und her. Das Kind Therese läßt sich die Huldigungen gern gefallen und spielt mit dem Feuer; sie ist freilich keine Gräfin Theresa und behandelt die Dinge, um die es dem Meister ernst ist, mit tändelnder, flüchtiger Oberflächlichkeit, die weit absticht von der Nachdenklichkeit des Lehrers und Freundes.

Das sichtliche Interesse gibt dem allzeit geschäftigen Klatsch wieder Nahrung; das Gerücht verbreitet sich, der Meister trage sich mit Heiratsgedanken und wolle um die Hand der Therese Malfatti anhalten.

Oliva, der sich ganz zum intimen Vertrauten Ludwigs zu machen wußte, spielt den übereifrigen; er glaubt dem Meister einen Dienst zu erweisen, indem er sich zum Zwischenträger und Postillon d'amour macht, und läßt Andeutungen fallen. Die feurige Therese tut, als wäre sie wie aus den Wolken gefallen - der Vater Malfatti zieht die Brauen noch um eins höher: als Arzt behandelt er den Künstler und kennt sein kompliziertes Leiden; auch weiß er, daß sich der Meister oft in Geldverlegenheiten befindet; Gleichenstein, dem sich Ludwig freundschaftlich eröffnet, hat ihm erzählt, daß der Meister Geld aufnehmen mußte, da ihm der reiche Bruder nichts mehr borgt, kurz, man ehrt ihn als Künstler, aber sonst ist eine scharfe Grenze gezogen; die Einladungen bleiben plötzlich aus, und Gleichenstein teilt ihm mit, daß er es ihm sagen lassen wolle, wann wieder Musik sei.

Diese Nachricht stürzt den Sehnsüchtigen aus den höchsten Höhen seiner Illusionen wieder tief hinab in die Finsternisse der Trostlosigkeit.

Sein empfindlichster Punkt ist getroffen: er will nicht nur als Künstler, sondern als Mensch um seinetwillen und um der Freundschaft willen geliebt sein, seine ideale Forderung.

«Bin ich denn gar nichts als dein Musikus oder der

anderen?»

So schreibt er ihm im Ton des schmerzlichsten Vorwurfs.

«Es ist wirklich betrübend, daß ich wieder nur im eigenen Busen einen Anlehnungspunkt suchen muß und daß es von außen keinen für mich gibt. - Nein, nichts als Wunden hat die Freundschaft und ähnliche Gefühle für mich!»

Und er klagt:

«Für dich, armer Beethoven, gibt es kein Glück von außen; du mußt dir alles in dir selbst erschaffen; nur in der idealen Welt findest du Freunde.»

Er bittet Gleichenstein gegen neun Uhr zum Frühstück bei sich und möchte die Wahrheit hören; jetzt sei es noch Zeit, meint er; Wahrheiten könnten ihm noch nützen.

Der liebenswürdige Gleichenstein, ein guter, lauterer Charakter, sagt mehr, indem er schonend schweigt.

Immerhin, Ludwig weiß genug. Er hat eine Lehre empfangen. Er beschließt, künftig auf der Hut zu sein, und notiert in seinem Tagebuch:

«Wegen Therese ist nichts anderes, als Gott es anheimzustellen, nie dorthin zu gehen, wo man Unrecht aus Schwachheit begehen könnte; nur ihm allein, dem alles wissenden Gott, sei dies überlassen.»

Er sieht ein, daß es Schwachheit war und ein Unrecht geworden wäre. Doch nimmt er sich vor:

«Jedoch gegen Therese so gut als möglich, ihre Anhänglichkeit verdient immer, nie vergessen zu werden - wenn auch leider nie deren vorteilhafte Folgen für dich entstehen könnten.»

Als Mensch, um seinetwillen und der Liebe willen geliebt zu werden, diese ideale Forderung zu erfüllen, war nur

Theresa von Brunszvik fähig, seine unsterbliche Braut, die er übrigens auch nur in der idealen Welt sein nennen darf, bis es dem Himmel gefällt, den Lebenswunsch zu verwirklichen und seine Einsamkeit aufzuheben. Das war die Lehre, die er aus dieser Erfahrung sich entnehmen konnte.

Vater Malfatti hält es trotz allem für geraten, den Meister auf eine Zeitlang wenigstens zu entfernen; er fürchtet für Therese, die doch tiefere Empfindungen für ihn hegt, als sie dem Oliva verraten mochte, und verschreibt ihm zur Kur einen mehrwöchigen Aufenthalt in den böhmischen Bädern.

In der Tat läßt der gesundheitliche Zustand Ludwigs sehr viel zu wünschen übrig, woran die Aufregungen und Erschütterungen dieser entbehrungsreichen Zeit nicht wenig Schuld tragen. Die Magen- und Darmbeschwerden sollen Linderung, wo nicht gar Heilung in Teplitz finden. Das schlimmste freilich ist der Dämon im Ohr! Finstere Gedanken suchen ihn immer wieder heim: «Oh, so schön ist das Leben; aber bei mir ist es für immer vergiftet!» Aus dem tiefen Mißmut und Lebensüberdruß, der ihn neuerdings erfaßt, reißt ihn eine neue Schicksalsbotin empor: die schwärmerische Bettina Brentano, die Freundin Goethes, die den Meister geistig erwärmt, aber nicht in Brand steckt.

Die berühmte Sibylle der Romantik hat bei ihren Verwandten in Wien, der Familie von Birkenstock, eine Beethoven-Symphonie gehört und allerlei Anekdoten über den Künstler gesammelt; sie ist auf bedeutende Persönlichkeiten erpicht und sucht ihn im Pasqualatischen Hause auf, wo der Meister wieder seine frühere Wohnung bezogen hat.

Der Zaubername Goethe öffnet Bettina Tür und Herz bei Beethoven, der sonst schwer zugänglich ist und sich in seiner Melancholie und Schwerhörigkeit vor Menschen scheu zurückzieht; was Fürsten und Prinzen, auch wenn sie ihm eine Rente zahlen oder schuldig bleiben, nicht ohne weiteres erreichen, gelingt ihr mühelos: nämlich daß Beethoven ihr zuliebe vorspielt. Ja, sie zieht ihn aus seiner Verborgenheit wieder hervor, glänzt mit ihm in der Gesellschaft, wo sie Arm in Arm mit ihm erscheint zur Verwunderung aller; sie wandelt mit ihm fast täglich durch die Alleen von Schönbrunn, im tiefen Gespräch über die Kunst, wobei sie ihre Antworten und Bemerkungen auf kleine Zettel aufschreibt, um nicht zu laut schreien zu müssen; sie schreibt begeisterte Briefe an Goethe und regt ein Zusammentreffen der beiden in Karlsbad oder Teplitz an - eine Aussicht, die den Meister entzückt und zu einer Korrespondenz mit dem Großen von Weimar veranlaßt. Sie hat auch einer Musikprobe der «Egmont»-Ouvertüre beigewohnt und berichtet in ihrem etwas exaltierten Stil nach Weimar:

«Da sah ich denn diesen ungeheuren Geist sein Regiment führen. O Goethe! Kein Kaiser und kein König hat so das Bewußtsein seiner Macht, und daß alle Kraft von ihm ausgehe, wie dieser Beethoven -»

Der Dichterfürst antwortet etwas kühl, aber er ist neugierig gemacht; die Begegnung ist eine beschlossene Tatsache.

Malfatti drängt auf Abreise - alle Zeichen und Wegweiser deuten auf Teplitz; diesmal gehorcht er dem Arzt, obzwar er gegen alle Ärzte das tiefste Mißtrauen hegt, am meisten gegen den, der ihn jeweils gerade behandelt -

Eine liebe Hoffnung ist es, daß Franz von Brunszvik, der ihm eine Sendung von guten Tokaier Weinen zur Herzstärkung zugehen ließ, die Reise mit ihm machen will, er ist ebenfalls kurbedürftig; schließlich aber trifft eine Absage ein, Franz ist verhindert und Ludwig wütend darüber. An dessen Stelle begleitet ihn der unvermeidliche Mephisto Oliva, der den Impresario spielt und irgendeine dunkle Mission als Sendling des Schicksals im Leben des Meisters zu erfüllen hat, wenn es auch nur eine neue Heimsuchung und Prüfung ist.

«Ich muß jemand Vertrauten an meiner Seite haben», schreibt er nach Martonvásár, «soll mir das gemeine Leben nicht zu hart werden!»

Und da erweist Oliva auch schon seine geheime Bedeutung: der «Urania»-Dichter Tiedge, dessen Lied der Meister vertont hat, ist mit seiner Freundin, der Gräfin Elise von der Recke, erschienen, in ihrer Begleitung eine junge Berliner Sängerin, Amalie Sebald, dann Varnhagen von Ense und die berühmte Rahel Levin, schöngeistig wie Bettina und Varnhagens Braut, kurz ein ganzer Romantikerkreis, mit dem weltläufigen de Oliva persönlich bekannt, der sogleich die Verbindung mit seinem Herrn und Meister, dem großen unwirschen Sonderling, herstellt.

Es sind angenehme Tage in Teplitz, die zwar nicht Heilung, aber doch freundlichere Gemütsstimmung in der überaus anregenden Gesellschaft bringen, und das wirkt immer förderlich auf das Allgemeinbefinden. Auch sein Schaffenstrieb ist angeregt: zwei Singspiele von Kotzebue zur Eröffnung des Pester Theaters, «Die Ruinen von Athen» und «König Stephan», sind in Musik gesetzt.

Die Atmosphäre von Huldigung und Bewunderung hat die Wirkung der Trinkkur insofern erhöht, als eine Brunnenfee wie Amalie Sebald den Seelentrunk reicht. Sie ist kein Blaustrumpf wie Bettina oder die Rahel oder die Recke, sondern ein liebes herziges Mädchen, das, wie es scheint, glühende Kohlen auf das einsame Herz sammelt.

Oliva freut sich diebisch; er weiß es so einzurichten, daß die beiden sich allein treffen; er möchte den Meister verliebt sehen und bringt im Alleinsein mit ihm stets das Gespräch auf die Frauen in einer Weise, die äußerst verfänglich ist. Er hat die Kunst des Verführers und Kupplers und macht sich dadurch beliebt; seine Meinung ist, daß dem Meister eine herzhafte Liebe fehle und daß ihm nichts so not täte als heiraten. War es früher die Malfatti, so ist es jetzt die Amalie, die ihm als der gegebene Fall erscheint - und Mephisto erzielt immer einen gewissen Erfolg mit seinen Einflüsterungen, besonders auf ein leidenschaftliches Temperament, wie es der Meister ist. Von dessen Herzensgeheimnis weiß er allerdings nichts: die ideale Liebe zu Theresa ist ihm verborgen. Zugleich steht er auch als Versucher hinter Amalie, die ihm ein geneigtes Ohr leiht; er schürt und schürt, bis das Fünkchen Seelenneigung zu einer richtigen Flamme angefacht ist .- Wieder bewahrheitet sich die Beobachtung, die Wegeler einst machte, daß Ludwig Eroberungen mache, die einem Adonis schwer oder gar unmöglich wären.

Beim Abschied schärft er Amalie ein, daß sie, auch wenn sie wolle, ihn ja nicht vergessen soll, und schickt ihr nachträglich noch durch die Gräfin von der Recke «einen recht feurigen Kuß». Die Tändelei des Teplitzer Sommers ist vorüber, doch hat man sich das Versprechen gegeben, sich im nächsten Sommer hier wiederzufinden, zumal als dann auch das endliche Zusammentreffen mit Goethe stattfinden soll, der heuer bereits vor der Ankunft Beethovens von seiner Badekur nach Weimar zurückgekehrt ist.

XVI. Kapitel

Der Herbst ist schön, goldig prangt das Laub, in den Weinbergen schmettert das Winzerhorn. Lust und Lachen, daß die Luft erklingt. Da ist kein Bleiben in der Stadt.

Erfrischt und neugestärkt von der Badekur, hat sich der Meister gleich nach seiner Wiener Heimkehr zu einem Herbstausflug aufgemacht und ist zu Schiff unterwegs nach Ofen-Pest, wo frischer Lorbeer seiner harrt und unter dem Lorbeerbaum der Kunst die Liebe thront.

Als er im Sommer nach Teplitz fuhr, waren ihm in den Reisewagen noch zwei Manuskriptbündel nachgeworfen worden, die Pester Theatertexte, damit es ihm in der Badeerholung nicht an Arbeit fehle. Nun kommen diese vertonten Festspiele zur Aufführung.

Nicht diese Gelegenheitsschöpfungen sind es, die ihn auf den neuen Reiseweg locken: die Herzensfrau nach den Jahren der Trennung, wo nur Briefe als Surrogat des Seelenaustausches dienen mußten, wiederzusehen, drängt es ihn. Und Franz tüchtig zu schelten, daß er ihn auf der Teplitzer Reise so schnöde im Stich ließ.

Die Schiffreise ist kurzweilig und reich an Wechselbildern. Dabei denkt Ludwig an den Rhein; der Vergleich heimelt an und läßt ihm das Fremdartige vertraut erscheinen. Römische Trümmerfelder, Burgruinen, die schmucke Krönungsstadt Preßburg gleiten in sanftem Zug vorüber, Auen, Wälder, Donauberge, die dicht an den Strom herantreten, und endlich das überwältigend schöne Stadt- und Flußbild bei der Ankunft in Ofen-Pest. Hoch am Berge liegt die alte

Feste von Ofen und spiegelt sich mit ihren Bastionen, ihren Gärten und vornehmen kleinen Palästen im heiter glänzenden Strom; auf der flachen Pester Seite ziehen Avenuen mit promenierenden Menschen, Karossen, Reitern festlich hin, die prächtige Schauseite der jungen werdenden Hauptstadt, die sich eben zur feierlichen Eröffnung ihres neuen Theaters rüstet. Der Meister meint, ein so schönes Stadtbild noch nie gesehen zu haben; selbst Bonn am Rhein sinkt daneben schier ins Bedeutungslose. Das will viel sagen.

So langsam die Fahrt auf dem Wasser in der alten Schachtel geht, so schnell dünkt sie ihm. Viel zu schnell, je näher das ersehnte Ziel herankommt.

Seltsam, wie ihm jetzt unruhig zumute wird. Wenn er könnte, würde er jetzt den eilenden Schritt hemmen. Er fürchtet sich beinahe vor dem ersten Wiedersehen. In Gedanken war ihm die ferne Geliebte so nahe - jetzt mit zunehmender Nähe entschwindet ihm das holde Bild.

«Wie werden wir einander gegenübertreten?» Die Erinnerung an Martonvásár ist so frisch, als wäre sie von gestern. Aber nun fühlt er, daß Jahre dazwischen liegen. Und daß eine Atmosphäre von Fremdheit zwischen ihm und der Geliebten entstanden ist, die erst überwunden werden muß. Eine Scheu bemächtigt sich seiner; Herzklopfen, Bangigkeit befällt ihn, als das Schiff sich wendet, um anzulegen; Strom, Berg und die in der Abendsonne leuchtenden Fenster kreisen um ihn; alles dreht sich wie im Wirbel, Schwindel erfaßt ihn: die Welt vergeht vor seinen Augen.

Die Menschenmenge auf dem Schiff stößt und drängt vorwärts; Geschrei und Tumult um ihn her; der schmale Landungssteg schwankt: endlich, auf festem Grund, hat man erst recht das Gefühl, als müßte man umsinken.

Da fühlt er sich von rückwärts kräftig angepackt; zwei Arme schlingen sich um ihn, und eine starke Stimme schreit ihm ins Ohr:

«Servus, Bruderherz!»

Ludwig wendet sich rasch herum und blickt in ein rundes lachendes Männergesicht: Franz von Brunszvik, der ihm herzlich die Hände schüttelt und ihn stürmisch willkommen heißt. Der Empfang scheucht alle Bangigkeit fort.

Der Heiduck in Husarenuniform hat rasch das Gepäck verstaut, und nun in die offene Kutsche hinein; in scharfem Trab geht es vierspännig den steilen Weg hinauf nach Ofen, an mächtigen Mauerquadern vorbei, dann durch stillvornehme Gassen, über den stimmungsvollen Platz mit der gotischen Matthiaskirche und wieder durch stille Zeilen mit kleinen Palastfronten. Vor einer derselben hält der Wagen; livrierte Bediente springen heraus und reißen den Kutschenschlag auf: endlich am Ziel, in dem kleinen Ofener Palais der Familie Brunszvik, wo Ludwig lang erwarteter Gast ist.

Bald nach der Ankunft sammeln sich die Familienmitglieder im Parterresalon, der nach der Gartenseite offen ist und ein schimmerndes Bild über den Fluß, über Gärten, Weinberge, Waldkuppen und die weite dunstige Ebene jenseits des Stroms erschließt bis zu farbigen Tinten des Horizontes.

Hier findet die Begrüßung statt.

Ludwig ist nicht der einzige, der unter der spannenden Erwartung des Wiedersehens leidet und hochklopfenden Herzens diesem fast peinlichen, ja gefürchteten Augenblick entgegensieht.

Theresa hat nicht weniger unter der nämlichen Folter gelitten.

«Wär' nur das erste schon vorüber!» Dieser Stoßseufzer war ehrlich und als Sympathiezeichen gemeinsam.

Aber was man so intensiv fürchtet, pflegt oft ganz harmlos zu verlaufen.

Die Gräfin-Mutter trat ihm in der Mitte des Salons mit einem halben Schritt entgegen und begrüßte den Gast mit einer Liebenswürdigkeit, die bei aller kühl betonten Distanz zugleich unendlich zu verbinden wußte:

«Willkommen, herzlich willkommen in unserem bescheidenen alten Hause; meine Kinder haben sich schon sehr gefreut, ihren *Lehrer* wiederzusehen!»

«Ihren *Freund* und Meister», setzte Franz verbessernd hinzu.

Josephine und ihr Gatte Graf Deym umringten ihn wie einen lieben alten Bekannten mit einem Schwall von herzlichen Worten; Theresa stand im Hintergrund, groß, schlank, etwas blaß, die Linke ans Herz gepreßt, die Rechte, die sie ihm zum Gruß reichte und die er küßte, zitterte ganz leise; was die Lippen verschweigen mußten, besagte der Händedruck.

Der lähmende Bann war gebrochen; Pipschen und Franz sorgten schon für den ungezwungenen Herzenston; die Fremdheit war vorüber, es war wie damals auf Martonvásár, und als ob alles erst gestern gewesen wäre.

Den beiden Herzen, die es unmittelbar anging, erschien Ofen, der gesellschaftliche Sammelpunkt der Aristokratie des Landes, nicht der geeignete Ort für eine intime Aussprache. So war es denn auch gleich beschlossen, daß man nach der Eröffnung des Pester Theaters ins stille Martonvásár zurückkehren wolle, und daß Ludwig natürlich mitkommen solle.

Hier in Ofen saß nun der Meister unter diesen edlen, vornehmen Menschen, die ihn trotz der Gräfin-Mutter als einen der ihrigen behandelten und den Ton mit ihm auf innige Freundschaft und Verehrung gestimmt hatten. Teplitz und der dortige Personenkreis, ebensogut wie die neuen Wiener Freunde sanken ins Vergessen, ins tiefe, tiefe Nichts. Alle kleinen Tändeleien und Verwirrungen, die zuweilen glühende Kohlen über seinem Herzen sammelten, schienen nichts als der rasch verwehte Spuk eines flüchtigen Sommernachtstraums, der seine Seeleneinsamkeit mit kindischen Gaukeleien umwoben hatte. Vorüber, vorüber! Hier war seine eigentliche Heimat, die Seelenheimat, unter diesen großdenkenden, feinen Menschen, die ohne Arg und ohne Falsch waren. War man in ihren Kreis aufgenommen, dann gehörte man auch schon zur Familie; es gab keinen Unterschied mehr.

Alle fanden, daß Ludwig kräftig und blühend aussehe; wenn er von Krankheit sprach und von einer Teplitzer Kur, dann nahm man es als eine Sache, die jede Bedeutung verloren hatte und die sein Aussehen Lügen strafte.

Allerdings, wenn er in der Unterhaltung manches überhörte und eine verkehrte Antwort gab, dann wechselten sie verstohlen schmerzliche Blicke, die zu Theresa gingen und bedauernd sagen wollten, daß sein Gehör katastrophal abgenommen habe; sie tat, als merkte sie nichts, obschon ihr Gesicht manchmal leidensvoll dreinsah.

Peinlich war es, wenn Gäste kamen - in Ofen waren

immer Gäste zugegen, die gesellschaftlichen Verpflichtungen währten vom Morgen bis tief in die Nacht. - Immer wieder dieses Bedauern: wie traurig für den großen Künstler, das Gehör zu verlieren! Der armen Theresa ging es jedesmal wie ein Messerstich durchs Herz, und gewiß jeder Tag brachte ihr ein paar Dutzend solcher Messerstiche bei. Ein Glück, daß der Meister selbst diese Äußerungen nicht hörte.

Und dann diese Qual am Klavier: Ludwig nahm oft einen falschen Akkord, eine Dissonanz, und schien es selbst nicht zu merken!

Und wieder ein Glück, daß es in der Gesellschaft niemand zu merken schien, die scharenweise herbeiströmte um den berühmten Künstler zu ehren und persönlich zu sehen.

Es blieb nur wenig Zeit zu Spaziergängen; aber Ludwig nützte diese wenige Zeit aus, meistens begleitet von Franz und den Schwestern.

In Ofen fühlte er sich zu Hause wie in Heiligenstadt.

Nur daß hier zum Ländlichen noch die aristokratische Note kam und den Reiz erhöhte.

Auf der alten Bastei gab es Stimmungen wie in den alten Rhein- und Moselstädtchen. Empire atmete das Regierungsgebäude mit dem Reliefband auf der Stirne von Ferenczi. Dann einsame Straßen mit einstöckigen Häusern wie in einer stillen Residenz. Wappenschilder über steinernen Torbogen. Höfe mit Blumen, Oleander, Efeu, Wein, weißen Veranden, hohen Fenstern, biedermeierlich wie in Wien. An einem Patrizierhause klassizistische Reliefmedaillons: Virgil, Cicero, Quintilian, Sokrates, Livius; an einem anderen die Hand Gottes, aus einer Wolke ragend und segnend; hier Empirevasen als Portalverzierung; dort ein schön gemeißeltes Torbild in klassischer Haltung; dann ein Türkenkopf; und schließlich Winzerhäuser, Heurigenschänken; Weingärten, alles wie in der Wiener Gegend. Dazu Zigeunermusik. Eine Taube auf stilisiertem Bäumchen als Gasthauszeichen «Zur weißen Taube». Eine andere Gaststätte mit dem romantischen volksliederartigen Beinamen: «Die Marmorbraut».

Und hier soll man sich nicht zu Hause fühlen!

Ein Lieblingsgedanke steigt auf: «Ein kleiner Hof, eine kleine Kapelle, nur dem Dienst großer, reiner Kunst geweiht -», hier wäre der Ort und wären die Menschen: enthusiastisch, begeisterungsfroh, für alles Schöne entflammt.

Er ist von der Huldigung dieser Gesellschaft schier benommen. Der Jubel bei der Festaufführung seiner Gelegenheitskompositionen, obschon künstlerisch ein Nebenschauplatz wie der Ort selbst, übersteigt alles bisher Erlebte.

Theresa ist glücklich, den Meister von der leuchtenden Woge der Kunstfreude in dieser erlesenen Gesellschaft, die die Blüte des Landes ist, emporgehoben und nach Würde und Verdienst gefeiert zu sehen.

Schließlich sehnt man sich von diesem Höhepunkt nach Landstille, besinnlicher Einkehr, Einsamkeit.

Man rüstet zur Heimkehr nach Martonvásár und scheidet gerne, obschon mit Bedauern, doch in Erwartung eines heimlichen Glücks unter den alten Linden.

Wie wohltuend diese Ruhe, diese stimmungsvolle Abgeschiedenheit, dieser selige Nachgenuß festlicher Tage.

Zum zweitenmal in Martonvásár, dahin sich das Herz in Lebensstürmen und quälendem Heimweh so oft gesehnt und in Liebesleid verzehrt hat!

Es hat den Meister einst von hier in Tatendurst und Schaffenslust fortgetrieben; jetzt kehrt er zurück, ein Ruhbedürftiger, ein Heimgekehrter, den es verlangt, sein zerquältes Haupt im Schoß der Liebe zu verbergen, in der heiligen Stille des alten Parks das Gleichmaß des zerrissenen Herzens wiederzufinden.

Er hat kein Heim, kaum eine Heimat - und findet sie hier: und weiß doch zugleich, daß er auch hier ein Verbannter ist.

Was im bewegten Leben von Ofen nicht möglich war: der Stimme des Herzens zu lauschen, hier wird es endlich den Liebenden zuteil; hier gehören sie sich selber an.

Wie in alter Zeit wandeln Theresa und Ludwig allein durch die hohen Baumzeilen nach dem Lindenplatz und sitzen dort, von keinem Hörer belästigt, in Herzenszwiesprach allein.

Es ist wohl nicht mehr ganz dasselbe wie früher. Die Zeit und Erfahrung hat manches Hoffnungssegel zerfetzt und manchen Mast des stolzen Lebensschiffes geknickt. Eine schwere Fracht von Tränen und Bitternissen hat es bis zum Tiefgang beschwert, schier zum Sinken. Aber immerhin ist es noch seetüchtig, wenn auch nicht mehr ganz intakt.

Wovon die Liebenden sich unterhalten und nicht genug erzählen können, sind die Leiderfahrungen in den Jahren der Trennung und der Sehnsucht.

Die Vergangenheit macht elegisch; die Gegenwart aber machte den Meister bitterböse; die Zukunft stimmte ihn wieder versöhnlich.

«Unser Bund ist im Himmel geschlossen, Theresa», sagte er in ernster Zwiesprache, «aber der Himmel machte ein unfreundliches Gesicht. Meine Hoffnungen von damals sind Ruinen geworden - in Ruinen können wir keine Heimstätte aufschlagen. Ich glaubte mich am Ziel: die Jahresrente, mein Schaffen - es hätte für uns beide gereicht zu einem vielleicht bescheidenen, aber würdigen Dasein. Aber der Krieg und der Staatskrach, die Entwertung der Rente und schließlich deren Zahlungseinstellung - du siehst, es hat mich verfolgt!»

Theresa sieht das alles, aber sie sieht noch mehr. Was sind doch alle diese Verluste an irdischen Gütern, die nicht unersetzlich sind, gegen das furchtbare Schicksal des Meisters, seine Ertaubung nämlich, die ihn, den Musiker, härter treffen muß als jeden anderen Sterblichen und die ihn zum tragischen Helden, ja zum Märtyrer bestimmt.

Daran muß Theresa vor allem denken; sie leidet um seinetwillen und ist jetzt in doppelter Weise ergriffen, von Schmerz und Freude zugleich ganz seltsam bewegt, weil er in allen materiellen Sorgen um sie so völlig des eigentlichen und größten Unglücks vergessen, das ihn persönlich betroffen und am meisten seine Zukunft bedroht: sein verhängnisvolles Leiden -

Sie möchte ihm einen Trost geben und seine Sorgen erleichtern. Darum deutet sie in zarten Worten an, er möge sich um sie keinen Kummer bereiten, sie sei zufrieden mit dem Los, das ihr nun einmal beschieden, und bereit, allen Wünschen und Hoffnungen auf eheliches Glück zu entsagen, der Seelenbund bliebe desto reiner bestehen. - Da war es aber bei diesen leisen Andeutungen, als ob ihn ein Blitz getroffen hätte. Er zuckte schmerzlich zusammen und stand wie vernichtet da. Eine unsägliche Trauer malte sich in seinem Gesicht, daß es nun vollends zur tragischen Maske wurde und Theresa bestürzt und ergriffen ihn voll Teilnahme nach dem Grund dieser plötzlichen Niedergeschlagenheit fragte.

«So will mich auch mein Engel verlassen -» sagte er dumpf. «Du liebst mich nicht mehr...»

«Um Gottes willen, nein! So war es nicht gemeint!» Theresa hatte alle Mühe, den Geliebten zu beruhigen und ihn seiner Schwermut zu entreißen, was erst nach Tagen und unendlichen Erweisen ihrer tröstenden Liebe gelang.

Sie wollte ihn erinnern, daß die Verwirklichung des gemeinsamen Glücks nicht in der Ferne zu suchen sei, wenn er sich entschließen könne, auf Martonvásár zu leben, wie es ihm die Geschwister schon damals bei der heimlichen Verlobung vorgeschlagen hatten.

Ein kleiner Hof, eine kleine Kapelle - der Gedanke wäre zu erwägen, von hier aus in der «Sozietätsrepublik edler Menschen» müßte er ins Leben gerufen werden, ein Adelskomitee als Patronanz mit Ofen als Musenhof - oh, welches schwelgerische Gedankenglück!

Theresa, indem sie diesen Plan aufgriff, ließ zwar durchblicken, daß durch die schlimmen Zeitumstände auch ein großer Teil des Brunszvikschen Vermögens verlorengegangen sei; darum habe man das Wiener Palais aufgegeben und die kostspieligen Aufenthalte in der Residenz einschränken müssen; die alten glänzenden Zeiten seien eben vorbei - trotzdem aber seien die Erträgnisse des Gutes groß genug, um die Existenz zu sichern, auch für Ludwig, wenngleich sie begreife, daß ein Meister wie er sich nicht in Landeinsamkeit im tiefen Ungarn vergraben könne, sondern die große Welt brauche, die Reichshauptstadt, das Leben -

Aber auch dieser erneute wohlgemeinte Antrag hatte eine unerwartete Wirkung. Er raufte sich bei dieser Andeutung verzweifelt die Haare

«Warum bin ich nicht geblieben, damals, als ihr alle mich hier festhalten wolltet? O Glück! Ich habe es nicht erkannt, und ich habe es von mir weggestoßen! Und was mir ein Glück erschien, war mein Unglück gewesen. Theresa, der Vertrag, der mir die Jahresrente sichern sollte, ist mein Verhängnis geworden. Er bindet mich an Wien, wenn ich nicht meine Rechte preisgeben will; er hindert mich, meinen Wohnsitz bei euch aufzuschlagen, wohin es mich verlangt, und an eurer Seite zu leben und mit euch glücklich zu sein. Martonvásár, Heimat meiner Seele, Zielpunkt meiner Sehnsucht, Haus meiner Liebe - ich habe es verwirkt mit diesem Vertrag! O unseliges Dekret, verführerisch wie eine Sirene, dagegen ich mir hätte die Ohren mit Wachs verstopfen sollen und mich festbinden wie Ulysses, um nicht zu unterschreiben.»

«Du wärest nach Kassel gegangen», erinnerte Theresa sanft, «insofern war der Vertrag mit den Wiener Protektoren kein Unglück; durch ihn bist du uns erhalten geblieben. Die schlimme Zeit geht vorüber, wir brauchen den Mut nicht sinken lassen. Ich bin voll Vertrauen!»

«Liebste! Ich muß trotzdem fort, ins ferne Ausland - ich habe Freunde in England, Kunstreisen müssen das Fehlende hereinbringen, ich denke an Haydn, der dort gefeiert war; noch ist es Zeit für mich, noch ist es nicht zu spät - fürchte nichts, Teuerste! Wenn ich wiederum komme, dann will ich Herr sein über all diesen Kleinkram des Alltags und dann, dann Geliebte, will ich bei dir beheimatet sein, und wir sollen nicht ängstlich fragen dürfen, ob Stand oder Besitz es erlauben. - Noch eines obliegt mir vorher: meine Gesundheit zu festigen; die Badekur hat mir wohlgetan, ich glaube, mein Gehör hat sich gebessert, ich habe schon schlechter gehört - der Arzt gebietet mir die Wiederholung im nächsten Jahr, von der ich mir das Äußerste verspreche; also gestärkt will ich zum großen Sieg ausholen - ich weiß, es, er ist unser; eine innere Gewißheit sagt es mir!»

Der Himmel, der den Bund segnete, war wieder hell und heiter über den Liebenden und hing voller Musik. Beim Abschied wurde Ludwig aufs neue schwermütig, und voll düsterer Ahnung sagte er: «Wann werde ich Martonvásár wiedersehen?!»

Doch heiter erwiderte Theresa: «Kommst du nicht nach Martonvásár, so komme ich nach Wien!»

Darüber war er wieder ganz fröhlich und leichten Herzens, so schwer ihm auch der Abschied diesmal wurde.

Vor Eintritt des schlechten Herbstwetters war der Meister nach Wien zurückgekehrt, an Leib und Seele gestärkt, voll Tatkraft und Entschlossenheit, mit eigener Kraft sein Glück zu zimmern und «dem Schicksal in den Rachen zu greifen», wie er es schon einmal heldenhaft getan.

«Ganz niederbeugen soll es mich gewiß nicht! Oh, es ist so schön, das Leben tausendmal leben.»

Aus dem Wellental der pessimistischen Verneinung war er wieder auf den Wellenberg der lebensfrohen Bejahung emporgestiegen.

Das hatte Martonvásár bewirkt, das lindenumrauschte Heiligtum, wo die Vestalin, die keusche Hüterin der seligen Flamme, herrschte, die unsterbliche Geliebte!

Der Winter brachte einige gesundheitliche Rückschläge, die dem Meister allen frisch gewonnenen Lebensmut wieder raubten. Er sehnt die schöne Jahreszeit herbei, von der er alles hofft. Malfatti hat ihm einen mehrmonatigen Aufenthalt in den böhmischen Bädern vorgeschrieben. Endlich ist der Frühling da - eine zweite Hoffnung winkt, diesmal Goethe zu begegnen.

In Teplitz ist große Zusammenkunft der Hocharistokratie, eine Entrevue gekrönter Häupter und aller Fürstlichkeiten, aus politischen Gründen. Goethe war aus Karlsbad gekommen, um den hohen Herrschaften seine Aufwartung zu machen und begrüßt hier endlich auch den Fürsten der Töne, Beethoven.

Arm in Arm spazieren sie über die Blumenpromenade, wo ihnen die Fürstlichkeiten begegnen.

Goethe macht sich sofort los und steht mit abgezogenem Hut unter devoten Verbeugungen zur Seite, während Beethoven bloß leicht den Hut lüftet und geradewegs durch das Spalier der hohen Herrschaften hindurchgeht, die ihm alle recht freundlich danken.

Er wartet dann auf Goethe und sagt ihm mißbilligend:

«Ich habe gewartet, weil ich Euch ehre und achte; aber jenen habt Ihr gar zuviel Ehre angetan!»

Er freut sich, ihn mit diesen Worten geneckt zu haben, und findet, daß ihm die Hofluft doch mehr behage, als einem Dichter zieme:

«Wenn Dichter, die als die ersten Lehrer der Nation angesehen sein sollten, über diesem Schimmer alles andere vergessen können, was wolle man da noch über die Lächerlichkeiten der Virtuosen reden?!»

Auch Goethe war enttäuscht. Die formlose, ungeschliffen erscheinende Persönlichkeit Beethovens stieß ihn ab; sie war einer Natur ganz entgegengesetzt. Wohl schreibt er an seine Frau Christiane:

«Zusammengefaßter, energischer, inniger habe ich noch keinen Künstler gesehen. Ich begreife recht gut, wie er gegen die Welt wunderlich stehen muß.»

Noch weniger findet er sich in seine Musik. Beethoven hat ihm vorgespielt, aber diese ungeheure Welt ist dem Dichter fremd. Er hat eine unüberwindliche Abneigung, geradezu Furcht vor dem dämonischen, unfaßbaren Wesen dieser Musik. Er findet, daß sie sich immer ins Elementarische verliert, was für Teufelszeug! Und faßt sein Urteil zusammen:

«Wer so auf der Klippe steht, muß sterben oder verrückt werden, da ist keine Gnade!»

Jedenfalls, mit den ästhetischen Unterhaltungen über Musik, die Bettina so verlockend vorgezaubert hat, wird es nichts. Kometenhaft wandeln die beiden Größen aneinander vorüber, ihren entgegengesetzten Zielen zu auf Bahnen, die sich zwar kreuzen, doch nur um wieder weit auseinanderzulaufen.

Die hohen Herrschaften sind abgereist, es wird still in Teplitz; ein neuer Gast ist angekommen, mit dem sich der Meister besser versteht, Amalie, die karitative Muse.

Obschon selber zart von Gesundheit und leidend, erscheint sie als der helfende Engel, der sich des Einsamen annimmt.

Sie kommt nicht ohne stille Hoffnung, obschon sie nicht verrät, daß sie eigentlich nur seinetwegen kommt.

Er fühlt sich körperlich elend, und obzwar er ihr von Herzen dankbar ist, läßt er seiner oft recht schwer erträglichen Laune allzu freien Lauf. Er beansprucht viel Geduld und Nachsicht, und sie nennt ihn nicht mit Unrecht «ihren Tyrannen».

Er ist ganz verstört darüber und weiß es nicht, daß er oft unausstehlich ist. Aber daran sind seine Leber und Galle schuld, die schlecht funktionieren.

Tagelang muß er das Bett hüten; Amalie sorgt für den Speisezettel unter Beachtung der nötigen Diät, schickt ihm das geeignete Essen durch die Hotelküche, macht die Rechnung und verkehrt mit ihm durch Zettel, da sie nicht zu bewegen ist, allein sein Zimmer zu betreten und ans Krankenlager zu kommen. Aber ansonsten packt sie die Geschichte recht praktisch an; er ist dankbar und demütig und denkt wieder daran: «daß Heiraten doch glücklich machen kann!»

Das Teplitzer Liebesidyll geht zu Ende; Amalie wird zur erkrankten Mutter abberufen. Sie nehmen Abschied in dem Gefühl, daß es endgültig ist, freundschaftlich ohne Wunsch, ohne Hoffnung, nur mit dem resignierten Gewinn einer lieben Erinnerung. Immerhin sitzt bei dem leidenschaftlichen Ludwig die Sache etwas tiefer. Die anspruchslose Art der liebenden Fürsorge hat ihn gefangengenommen. Er fühlt betreuende Liebe, die nichts als Wohltat ist, und nicht einmal hohe Verehrung, kaum ideale Gefühle fordert. Es war wie ein Ausruhen. Die Mütterlichkeit in dieser zarten Neigung hat ihn gefangengenommen; sie ist es, deren der Hilfsbedürftige jetzt am dringendsten bedarf; sie ist das Geheimnis von Teplitz, das er mit schmerzlichem Verzicht seinem Tagebuch anvertraut:

«Ergebenheit, innigste Ergebenheit in dein Schicksal - o harter Kampf! Du darfst nicht Mensch sein für dich, nur für andere; für dich gibt es kein Glück mehr als in dir selbst, in deiner Kunst - o Gott, gib mir die Kraft, mich zu besiegen, mich darf ja nichts an das Leben fesseln. Auf diese Art mit Amalie geht ja alles zugrunde!» Keine Untreue gegen Theresa weiß er; wenn er in seine Kunst flüchtet, so erscheint ihm das Bild der Unsterblichen, die als seine Muse sinnt unter den träumenden Linden von Martonvásár und seiner harrt und der er doch nicht sagen möchte, wie elend ihm ist, während er vor Amalie keine solche Scheu kannte, die seiner Hinfälligkeit näherstand als dienende Liebe. Was ihm Teplitz sein konnte, verkörpert sich in Amalie.

Seine Seele betet allerdings zu einer höheren Göttin, die in Einsamkeit thront, seine Kunst, wohin ihm Amalie nicht hätte folgen können, und das war das Sterbliche an ihr. Dort in jener idealen Region ist seine tiefste Zuflucht, und dort begegnet er Theresa. Sie ist die Herrscherin über sein Seelenreich, und alles andere ist untergeordnete Episode. Dort in jenem unbegrenzten Reich hat er neue Schöpfungen gereift, seine siebente und achte Symphonie, deren heiterer Klang nichts weiß von den Schlingen und Verstricktheiten des Alltags; sie schweben in absoluten Sphären und sind den Wechselfällen des äußeren Geschicks nicht unterworfen. So frei und unabhängig ist sein Geist, der in den Gefilden des unendlich Schönen beheimatet ist und hier Theresa begegnet. Die beiden neuen Symphonien sind Huldigung für sie, seine Muse. In diese Sphäre hinein dringt kaum ein Nachklang der realen Welt und der empfundenen Schmerzen, und wenn ein düsterer Klang sich meldet, so wird er mit dem ihm eigentümlichen tragischen Humor und dem befreienden Lachen des Überwinders gelöst und in höhere Seligkeit verwandelt, die wieder nur ein Loblied der unsterblichen Geliebten ist, der Göttin seiner Einsamkeit, die seine Kunst segnet und sein Lied begeistert.

Die Achte wird in Linz vollendet, wohin er von Teplitz aus reist, um die restlichen schönen Herbsttage beim Bruder Johann zu verbringen, der sich wieder eines Besseren besonnen und ihn eingeladen hat. Auf die erhebende Versöhnungsszene folgt alsbald ein häßliches Satyrspiel, womit in der Regel solche Familientage enden. Der Bruder Johann steht im Begriffe, seine Wirtschafterin Therese Obermeyer, die ihm eine erwachsene Tochter in die Ehe bringt, zu ehelichen, und dachte dieses Fest durch die Anwesenheit des berühmten Bruders zu verherrlichen.

Ludwig tobt vor Entrüstung, und es wiederholen sich Szenen, ähnlich jenen, die sich bei der Verheiratung des Bruders Karl ereignet haben. Aber alle Auftritte haben nur den Erfolg, daß Johann seine Therese Obermeyer erst recht heiratet, ganz wie bei Karl. Darin sind sich die Brüder durchaus ähnlich. Daß Johann eine vom «dienenden Stand» heiratet, empfindet Ludwig als kein geringeres Unglück als die Ehe Karls mit einer leichtsinnigen Frauensperson. Er betrachtet es geradezu als persönliche Beleidigung. Voll Ärger und Bitterkeit verläßt er Linz noch vor der Hochzeit des Bruders. Er kann sich nicht in die Art der Brüder finden, weil sie nicht wie er den Sinn für das Edle und Hohe haben. Das zeigt am deutlichsten die Wahl der Frauen.

XVII. Kapitel

Die Eröffnungsaufführungen seiner Singspiele vor etwas mehr als einem Jahr im neuen Pester Theater waren ein Wendepunkt gewesen; er hatte Theresa wiedergesehen; die schönen Tage auf Martonvásár blieben unvergessen: alte Schwüre waren erneuert, das unzerreißbare Band der Liebe und Freundschaft aufs neue besiegelt worden - aber gerade dieses Wiedersehen hatte die Verstimmung des Meisters über sein materielles Mißgeschick und über die Prozesse mit Lobkowitz und den Erben Kinskys vertieft, und in dieser schlimmen Lage war ihm die rettende Idee einer Kunstreise nach England aufgestiegen, um dadurch seiner schlechten Lage aufzuhelfen und der endlichen Verbindung mit Theresa eine tragbare Grundlage zu geben.

Er hatte eine hohe Meinung von den Engländern; seine Kunst war dort keineswegs mehr unbekannt; er denkt immer wieder an die großen Triumphe, die Haydn in London feierte; es läßt ihm keine Ruhe: man muß erst im Ausland abgestempelt sein, um zu Hause recht zu gelten. Und überdies handelte es sich darum, in England Geld zu verdienen.

Aber eine so große Kunstreise kostet vorerst Geld, Geld und wiederum Geld, also das, was man nicht hat und erst holen müßte. Er hat zwar ein kleines Kapital in Bankaktien angelegt; das hatte er jedoch vorerst in seinem Heiligenstädter Testament den Brüdern, und nach dem Bruch mit dem reich gewordenen Johann dem heranwachsenden Neffen Karl zugedacht; um keinen Preis würde er es anrühren, er ist etwas eigen darin; aber daran ist sein Familiensinn schuld, eine gewiß schöne Eigenschaft. Er betrachtet es also nicht als sein Eigentum mehr.

Nun klagt er seine liebe Not dem Mechanikus Mälzel, der das Metronom erfunden hat und für den Meister ein passendes Hörrohr konstruiert: es will nicht mehr gehen ohne diesen Behelf.

Mälzel, früher Musikus, weiß Rat. Er hat im vorigen Winter ein «Panharmonikon» ausgestellt, mechanische Trompeter und andere originelle Musikapparate, für die sich der Meister lebhaft interessierte.

Der Mechanikus möchte selbst nach London, um seine Erfindungen bekannt zu machen, er möchte mit Beethoven reisen, dessen Name geeignet ist, das Publikum anzulocken - der Plan wird erwogen, von dem sich beide viel versprechen: aber auch Mälzel hat kein Geld; es handelt sich vorerst darum, die Kosten aufzubringen.

Eben kommt die Nachricht von dem großen Sieg Wellingtons bei Vittoria; Napoleons Armee in Spanien hat eine schwere Niederlage erlitten; alle Welt atmet auf, man ist in heller Begeisterung. Darauf gründet der erfinderische Mälzel die Idee, Beethoven möge eine große Schlachtenmusik für das Panharmonikon schreiben, eine musikalische Paraphrase auf den herrlichen Sieg: die Zeitströmung muß ausgenützt werden. Das Spektakelstück, zuerst in Wien zu Gehör gebracht, müßte ungeheuren Zulauf haben - das Reisegeld wäre gewonnen!

Das leuchtet ein; in dem geliebten Baden macht sich der Meister sofort an die Arbeit, über Hals und Kopf wird «Die Schlacht bei Vittoria» geliefert. Sie gefällt ihm selbst so gut, daß er sie vorerst für Orchester instrumentiert.

Mälzel sorgt für großen Tamtam; alle namhaften Künstler Wiens werden aufgeboten, die Sache in Szene zu setzen; bei der großen Akademie schlägt der Komponist Meyerbeer die Pauken, wobei sich herausstellt, daß er nicht Takt halten kann; der Meister meint, es sei nichts mit ihm, er habe nicht den Mut, zur rechten Zeit zuzuschlagen -; Moscheles, der berühmte Prager Pianist, bedient die Becken, die Kapellmeister Weigl und Hummel dirigieren die verschiedenen zu beiden Seiten aufgestellten Orchesterpartien der Schlachtmusik; Spohr, Schuppanzigh und Mayseder sitzen an den Violinen - Beethoven zuliebe wirken alle gerne mit: er selbst leitet als Generalissimus mit seinem Feldherrnstabe die «Schlacht bei Vittoria».

In Schlachtbegeisterung eilt der Genius seinen musizierenden Heerscharen weit voran: er kann den großen Teil des Orchesters nur mit der Phantasie hören - die musikalische Strategie kommt in Unordnung, Gefahr ist im Verzuge, die Schlacht bei Vittoria am Ende doch noch zu verlieren, aber Hilfe vom Himmel ist nahe: hinter seinem Rücken dirigiert Kapellmeister Umlauf und hält die Truppen unter geheimem Kommando. - Auf den Lippen des Meisters, der den rettenden Eingriff plötzlich bemerkt, erblüht ein Lächeln, so tragisch schön, daß es die Bezeichnung «himmlisch» verdiente.

Der Erfolg war beispiellos und stieg mit jeder Wiederholung.

Den Kopf wirbelnd von lauter Trommeln und Kanonaden, meldet der Meister seinem Freund und Bruder Brunszvik, daß ihn die Sache nach und nach aus dem Elend errettet, denn von seinen «Gehalten» (abgesehen von dem des

Erzherzogs) habe er «noch keinen Kreuzer erhalten».

Und als bald darauf der «Fidelio» erneuert wird, der durch den Regisseur Treitschke die letzte endgültige Fassung erhält, jubelt er dem Freund und Bruder zu: «Was mich angeht, ja du lieber Himmel, mein Reich ist in der Luft, wie der Wind oft, so wirbeln mir die Töne, so oft auch wirbelts in der Seele!»

Es wirbelt in der Seele wie der Wind in den Bäumen auf Martonvásár, der der horchenden Geliebten von dem neuen Frühlingshoffen erzählen könnte, das ihn bewegt; und so wirbeln auch die Töne, als er den eingerenkten Operntext abermals in die Arbeit nimmt, um, wie er sagt:

«Die verödeten Ruinen eines alten Schlosses wieder aufzubauen.»

Die Proben sind schon im Gange, die Vorstellung angekündigt; am Tage vorher, bei der Hauptprobe vormittags, ist die neue Ouvertüre noch nicht da. Man wartet und wartet, der Komponist erscheint nicht.

Treitschke wirft sich in einen Wagen und fährt in Beethovens Wohnung.

In höchster Eile stürmt er ins Zimmer: Da liegt der Meister im Bette, fest schlafend, neben ihm ein Becher mit Wein, Zwieback darin, die Bogen der Ouvertüre über Bett und Fußboden zerstreut; ein ausgebranntes Licht als Zeuge, daß er bis tief in die Nacht gearbeitet hatte. -

«Warum geht's denn jetzt?!» So fragte der Meister, und so fragten die Freunde nach dem beispiellosen Erfolg, den die Oper nun, Ende Mai, errang und trotz der vorgeschrittenen warmen Jahreszeit in immer steigendem Maße hatte. Sie hatte früher absolut nicht ziehen wollen. Seit acht Jahren war sie wie tot und begraben gelegen, ein Schmerzenskind, das dem Meister soviel Verdruß und Enttäuschung bereitet hatte. Und nun feierte sie ihre Auferstehung mit unerhörtem Glanz.

«Warum geht's denn also jetzt?!»

Die Textverbesserungen Treitschkes sind keine hinreichende Erklärung. Die Frage findet keine plausible Antwort. Außer der, daß die Zeit reif werden mußte für das Werk. Es mußte in die Erde hineingestampft werden, mit dem Staub des Vergessens, der Vernichtung bedeckt, um hervorzubrechen wie das Samenkorn und hundertfältige Frucht zu bringen.

Nun arbeitete die Zeit für den Genius.

Geduld! Geduld überwindet alles! Auch den einstigen Widerstand der Zeitgenossen.

Der ungnädige Himmel hatte nun seine Schleusen geöffnet; es regnete Glück herab aus überreichen Füllhörnern.

Zuerst «Wellingtons Sieg», der auch ein Sieg des Meisters wurde, und jetzt die Oper!

Mit einem Schlag war die drückende Notlage behoben; das kleine, ängstlich gehütete Bankkapital als dürftiger Notpfennig vervielfachte sich. Und wie ein Erfolg den anderen zieht, so wurde die Aufmerksamkeit auf die großen Werke des Meisters wieder rege, die man schon vergessen hatte. Besonders war man auf die neue klangheitere A-Dur-Symphonie neugierig, die von den Intimsten, die das Werk kennengelernt hatten, über den grünen Klee gelobt und gepriesen wurde. Wie ein befruchtender Regen hatte der Erfolg die schöpferische Ergiebigkeit des Meisters neu geweckt.

Was der Mensch und besonders der Künstler so notwendig braucht zu seinem Gedeihen und Schaffen, einen Tropfen Freude: dieser Tropfen fiel endlich in die lechzende Seele. Es ist der Sonnenstrahl der Gnade, der Leben, Fruchtbarkeit und Glück tausendfach weckt, daß alle Seelen teil daran haben. Fühle die Welt hierin die Notwendigkeit des göttlichen Genius! Fürwahr, die Göttlichkeit lernen wir durch ihn verehren. Von der Londoner Reise war jetzt keine Rede mehr.

Nun kam aber Mälzel und bestand auf seinem Schein. Er wollte die Partitur für sein Orchestrion. Aber der Meister dachte nicht daran. Er hatte alle Hände voll zu tun und empfand die mechanische Wiedergabe als eine absurde Idee, die nur die Not eingegeben hatte. Die Not war dahin - er wollte sein Werk nicht auf unwürdige Weise preisgegeben sehen. Es gab einen häßlichen Streit; die Freundschaft ging entzwei. Es war nur ein kleiner Tropfen Bitterkeit, ohne den es im Leben nie abgeht, in dem großen Becher der Freude, der noch lange nicht geleert war, oh, noch lange nicht! Das Schönste und Beste kam erst nach.

Kongreßzeit! Festliche Wochen brachen im September an; alles, was Namen und Rang hatte, fand sich in Wien ein, diesmal das Stelldichein für ganz Europa.

Die Fremdherrschaft war abgeschüttelt; auf blutigen Schlachtfeldern war Napoleon geschlagen: Moskau und Leipzig sind die Zeichen seines Falles und Elba sein Gefängnis; der Komet war im Weltmeer auf der einsamen Insel so gut wie erloschen, die politischen Wirren hatten ein Ende; der Kongreß ist die Wiederherstellung legitimer Ordnung.

Eigentlich ein immerwährendes Fest; daß es freie Stunden gab, in denen auch gearbeitet wurde, ist schwer zu denken. Die Festvorstellungen in den Hoftheatern, die Bälle und Konzerte im Redoutensaal, die Kavalierskonzerte im Augarten, die den Morgen einleiten, sind an der Tagesordnung; daneben die Aufführungen der spanischen Reitschule, die eine ritterliche Tradition und eine equestrische Kunst aus der Maurenzeit als einzigartiges Beispiel in der Welt verkörpert und der ebensoviel Bewunderung gezollt wird wie den Musikaufführungen im Palais Rasumoffsky, wo sich der Reigen gekrönter Häupter, voran das Zarenpaar, von Rußland, das Kaiserpaar von Österreich, die Könige von Dänemark, Preußen, Württemberg und andere Fürstlichkeiten, der ganze Hochadel, dann die unabsehbare Schar der Würdenträger, Minister, Militärs, Diplomaten, Gesandten und vornehmen Industrieritter oder eleganter Hochstapler regelmäßig einfinden, so daß die ungelöste Frage offen bleibt, wann die Herrschaften eigentlich schlafen und von den Feststrapazen ausruhen - der ungewaschene Volkswitz will wissen: bei den Sitzungen!

Die Eröffnung des Kongresses vor einem Parkett von Potentaten steht im Zeichen des Genius Beethoven.

Der «Fidelio» ist zur Festoper ausersehen; im Redoutensaal stehen außer der Kanonadenmusik «Wellingtons Sieg» und der herrlichen siebenten Symphonie, die sich in dieser Nachbarschaft wunderlich genug ausnimmt, noch eine andere Gelegenheitsdichtung auf dem Festprogramm, die der Meister eilends vertonen mußte: «Der glorreiche Augenblick», dem als Höhepunkt patriotischer Begeisterung am meisten zugejubelt wurde, ungeachtet der Schwächlichkeit der Musik und dem hohlen Pathos der Worte, die der Salzburger Alois Weißenbach, ein Freund und Verehrer des

Meisters, gedichtet hat: «Was nur die Erde Hoch und Hehres hat - in meinen (Viennas) Mauern hat es sich versammelt -»

Unbeschreibliches Entzücken der Zuhörer - o Ironie des Schicksals! Des Meisters glorreichen Augenblick hat er nun nicht seinen Meisterschöpfungen zu danken, sondern diesen Gelegenheitsmachwerken, durch die er plötzlich zum gefeierten Helden und zur weit- und stadtbekannten Berühmtheit wird, der man auf der Straße mit ehrfürchtiger Scheu aus dem Wege geht und der Kaiser und Könige auf den Musikfesten im Palais Rasumoffsky die Kur machen!

O unberechenbare Laune des Geschicks! Das Sprichwort sagt: ein Unglück kommt selten allein; der Meister hat diese Wahrheit wohl erfahren.

Nun erfährt er die andere Wahrheit: daß auch das Glück eigensinnig sein kann und in der Wahl seiner Mittel ganz unbedenklich und oft so dumm als möglich verfährt.

Der Sarkasmus des Meisters ist gefährlich wach; der Zwiespalt seiner Gefühle malt sich deutlich in seiner Miene, mit der er die Huldigungen der Fürsten entgegennimmt, voll Selbstbewußtsein, aber gewissenhaft darauf bedacht, sich später sagen zu können:

«Daß ich mich stets vornehm dabei betragen habe -»

Nur hat niemand in sein Inneres gesehen - oh, man hätte sich mit Grauen von ihm abgewendet. Es sah nicht heiter aus in ihm! Hat niemand die Trauer seines Gesichts bemerkt?!

«Nicht undankbar sein!»

Nein, das will er nicht. Wie früher das Unglück, so verfolgt ihn jetzt das Glück mit ausdauernder Hartnäckigkeit.

Demütig neigt er das Haupt, das er vor den Menschen so hoch erhoben trägt. Und denkt im stillen: «Was will es denn von mir, daß es mich so beharrlich verfolgt?!»

Er ist mißtrauisch und zittert, daß die launische Göttin, die keine Treue kennt, ihn so hoch erhebt, um ihn desto tiefer stürzen zu lassen -

Er ist auf der Hut. Aber die Göttin meint es gut und hat es auf Höheres abgesehen. Sie will ihm die Perle ihres Kronschatzes überreichen, den höchsten Preis, den sie zu vergeben hat.

Den Preis der Liebe und den Lohn der Treue.

XVIII. Kapitel

Die Gräfin Erdödy bittet den Meister, der mitten in den Festspielen kaum zu Atem kommt, zu sich. Er hatte in den letzten Wochen und Monaten kaum Zeit gehabt, die Freundin mehr als flüchtig zu sehen; seine Besuche, die ihn früher fast täglich abends in ihren Salon führten, so daß darob schon ein Bedientenklatsch entstand, sind selten geworden und dann ganz unterblieben; nun aber eilt er auf den Ruf der Freundin ungesäumt herbei.

Sie empfängt ihn mit geheimnisvollem Lächeln in den Mienen und mit scherzhaftem Vorwurf in den Worten:

«Verwöhnt von der Gunst, haben Sie, lieber Meister, Ihre arme Gräfin Erdödy vergessen - sie aber hat nicht Ihrer vergessen! Betrachten Sie mich als die Hoffnung, die Ihnen den Besuch des Glücks ankündigt, das Ihnen bisher noch das Beste vorenthalten hat: empfangen Sie es aus meinen Händen!»

Sie wendete sich lächelnd gegen die Tür des Nebenzimmers: dort stand Theresa, ein Lächeln auf den Lippen, Tränen in den Augen, hold und fast verschämt, einer griechischen Statue vergleichbar, der höchste Preis des Glücks: Theresa! Jetzt kam das lebende Bild in Bewegung und Fluß und ging zögernd einige Schritte ihm entgegen.

Mit dem Ausruf freudigster Überraschung stürzte der Meister auf sie zu und zog sie an sich.

«Du kamst nicht nach Martonvásár - also bin ich nach Wien gekommen, wie ich es versprochen habe», sagte Theresa leise.

Der Meister hörte es nicht, die Liebesbotschaft drang nicht an sein Ohr.

Auch die Gräfin Erdödy lächelte unter Tränen. Der Meister bemerkte es, daß die beiden Frauen weinten, obschon sie lächelten; er nahm die Tränen als Zeichen der übergroßen Freude des Wiedersehens.

Und obschon er selbst freudig bewegt war, zog ein Schatten von Trauer über sein Antlitz.

Und nun ging Frage und Antwort über das Nächstliegende hin und her. Wann Theresa gekommen sei, ob auch Franz hier wäre - und Mama?

Theresa war mit dem Bruder zu den Festlichkeiten erschienen wie auch der übrige ungarische Hochadel, der bei solcher Gelegenheit nicht fehlen darf - es täte Mama ungeheuer leid, bei diesem Anlaß zu fehlen, aber sie fühle sich seit einiger Zeit kränklich und konnte die Reise nicht wagen -- Theresa sei bei der lieben Freundin Erdödy, Franz im Palais der ungarischen Leibgarde abgestiegen: beide seien bei den Eröffnungsfestlichkeiten Zeugen der Triumphe des Meisters gewesen und hätten sich innigst gefreut. - Dabei wären sie lebhaft an die Ovationen im Pester Theater erinnert gewesen. Aber dort war nur der Landesadel versammelt gewesen, hier die Fürsten Europas! Welches Glück! Und wie herrlich, daß sich alles so schön erfüllt habe, wovon man in Martonvásár kaum zu träumen wagte vor zwei Jahren, als man dort in den gemeinsamen stillen Betrachtungen Zukunftspläne schmiedete -

Während sie sprachen, hielt Ludwig die Hand Theresas in der seinigen. Es war ein Augenblick des Glücks, der Ewigkeiten maß und durch nichts anderes aufgewogen werden konnte. Still war es in ihm geworden; wunschlose Seligkeit als Gipfel des Glücks. Die Trauer wich aus seinen Zügen, sein Antlitz war durchleuchtet von innen her; fast wortlos genoß er dieses geruhsame Schweigen Hand in Hand unter dem Baldachin von Lorbeer und Liebe, den das Paar über sich wußte. Die Freundin sah es und hatte ihren stillen Teil an dem Glück.

Plötzlich wurde er unruhig, sein Gesicht verdüsterte sich; er sprang auf, lief einige Male hin und her und schickte sich an zu gehen.

«Musikprobe!» stieß er unmutig hervor und fing auch schon an, sein Los zu verwünschen.

«So bin ich geplagt und gehetzt, anstatt im schützenden Kreis der Liebe und Freundschaft ungestört dem reinen Dienst der Muse zu leben. Sind wir denn die Sklaven dieses Genießertums mit ihrem ewigen Festtaumel, der doch nicht die Annäherung an die Göttin erlaubt oder auch nur ermöglicht?! Die schönsten Augenblicke des Lebens sind mir vergällt, so selten sie sind! Lebt wohl - ich muß fort; im Geiste bin ich bei euch! Unter den vielen Menschen bin ich am einsamsten!»

Er war dahin; Theresa fiel der Freundin schluchzend in die Arme - hier konnte sie sich ausweinen, und die Freundin weinte mit ihr.

«Warum diese Tränen?» fragte plötzlich die Erdödy. «Ihr seid ja glücklich und habt euch gefunden - ich bin eine arme verlassene Frau; weinen sollte ich über mich, freuen darf ich mich mit euch!»

Die arme Erdödy! Ihre Ehe war traurig; der Gatte weilte fern und kümmerte sich wenig um die verlassene, seelisch und körperlich leidende Frau - ihr einziger Trost waren die Kinder und die Musik.

Sie wußte es kaum, daß sie insgeheim den Meister liebte, der sich wieder zu leidenden Frauen, wie sie eine war, seltsam hingezogen fühlte; sie liebte ihn und genoß die leidende Liebe mit Entsagung, indem sie mit mütterlichem Feuereifer die Verbindung Ludwigs und Theresas zu ihrer Herzensaufgabe machte. Das Glück der beiden war ihr Glück; das Liebesfest der anderen war ihr eigenes Liebesfest, an dem sie doch die Darbende blieb - darum weinte sie.

«Aber warum weinst du? Du bist doch glücklich, Theresa! Du liebst und wirst wieder geliebt! Das ist doch das Schönste auf Erden!»

«Ach ja!» seufzte Theresa, «du hast wohl recht. Aber wer sagt dir, daß Liebe immer glücklich macht? Die Liebe ist ein Glück, das oft Tränen verdient. So ist unsere Liebe und unser Glück!»

Die Erdödy schüttelte den Kopf. «Unbegreiflich!»

Sie suchte die Freundin zu trösten.

«Ihr seid auf dem Gipfelpunkt eures Hoffens und Wünschens. Es ist der Augenblick der Erfüllung. Nun haltet es fest, dieses Glück! Heiraten müßt ihr - es ist an der Zeit. Versäumt es nicht - jetzt oder nie! Der Himmel ist für euch: was ihr gesucht, ist gefunden; die Umstände sind günstig, wie sie nie waren; alle Bedingungen sind gegeben: was zögert ihr noch? Versäumt den Augenblick nicht - so schön kommt es nie wieder. Froh solltest du sein und heiterer Dinge!»

«Ich bin es ja - aber -»

«Was aber?!»

«Nun, du weißt ja, wie Mama ist!»

«Ach, Mama! Wenn du willst und alle Welt für euch ist, was hast du zu fürchten?»

«Das ist ja wahr. - Ach, diese dummen Tränen!»

Nun lächelte sie wieder, und dann lachten beide zusammen und schalten sich als rechte Törinnen -

«Nichts verpassen», warnte nochmals die sorgende Freundin. «Mädel, du bist auch nicht mehr ganz jung - die Jahre gehen schnell dahin; das ewige Warten und Sehnen und Sichgrämen macht vor der Zeit alt. Nun, keine Angst, man merkt wirklich noch nichts; hübsch bist du, und dein Aussehen jünger als deine Jahre; aber das Altern merkt man inwendig: man altert zuerst in der Seele, indem man allzu bedenklich, allzu klug, allzu vernünftig wird. Du kennst das böse Wort: altjüngferlich! Es besagt alles. Darum, beeilt euch!»

Die gute Erdödy hatte leicht reden.

Theresa dachte: du würdest es ja doch nicht verstehen, wenn ich dir's auch sagen könnte.

Das mit Mama war natürlich eine Ausflucht, um die Inquisitorin auf ein gangbares Nebengebiet abzulenken. Was es eigentlich um ihr Inneres und das Geheimnis der Tränen ist, weiß sie selbst kaum in Worte zu fassen. Es ist ein Gefühl von unbestimmbarer Art, wofür es keine Vernunftgründe gibt - und die Menschen wollen vernünftige Gründe, als ob das in solcher Lage nicht das Allerunvernünftigste wäre. Es ist ein Gefühl, ja, eigentlich nur eine Ahnung; und da will man Vernunft! Es ist etwas wie die Liebe, die doch selbst aller Vernunft spottet!

Und was niemand sah, die Augen der Liebe haben die stille Trauer im Antlitz des Geliebten wohl gesehen, diese

Trauer, die der alles beherrschende Ausdruck seines Wesens ist und auch nicht etwas ist, das sich mit «Vernunft» wegdisputieren läßt.

Diese leise Trauer hat sich bis zur tragischen Maske verdichtet.

Theresa hat den Triumph des Künstlers miterlebt, und sie hat zugleich diese furchtbare Tragik gesehen, die sich unlösbar mit seinem Ruhm und seiner Kunst verwob und die Schale um so tiefer niederzog, je höher die andere stieg. Und mit dieser Tragik war auch die ihrige verkettet.

Darum diese Erschütterung, darum diese Tränen in der Stunde des Wiedersehens und in der Stunde des Glücks!

Davon konnte sie nicht sprechen, nicht zu ihm und nicht zur Freundin, so feinfühlig und verstehend diese auch war; davon konnte sie nur mit sich reden oder mit ihrem verschwiegenen Tagebuch, diesem Spiegel ihrer Seele und ihres tiefsten Geheimnisses:

«Ich habe ihn gesehen, umrauscht von der Woge des Beifalls, umleuchtet von dem Glanz der Berühmtheit - er sah wohl unseren Jubel, aber er hörte ihn nicht. Und ich merkte die tiefe Traurigkeit in seinem Antlitz, die große Einsamkeit und Stille, die seine zunehmende Gehörlosigkeit wie undurchdringliche Scheidewände um ihn aufrichtet. Ich war bei unserem Wiedersehen in Ofen schon erschüttert; aber dann, die wenigen Tage auf Martonvásár, hatte ich mich ein wenig daran gewöhnt, so daß ich ihm meine Rührung über sein Unglück mehr verbergen konnte. Aber jetzt hat es mich wieder zu Tränen bewegt. Ich mußte gewaltig kämpfen mit dem eigenen aufquellenden Schmerz, als er mir davon sprach, daß er die Ohrenmaschinen womöglich zur Reife bringen und dann reisen wolle, um den Erfolg voll auszunützen und das sichere Fundament unseres Glücks für alle Zukunft zu legen - dies sei er mir, sich selbst, den Menschen und Ihm, dem Allmächtigen, schuldig - nur so könne er noch einmal alles entwickeln, was sonst in ihm verschlossen bleiben muß - ein kleiner Hof - er dachte an Martonvásár! - eine kleine Kapelle, von ihm angeführt, ‹in ihr den Gesang geschrieben zur Ehre des Allmächtigen - des Ewigen, Unendlichen. - So mögen die letzten Tage verfließen - Händels, Bachs, Glucks, Mozarts und Haydns Porträts in meinem Zimmer - sie können mir auf Duldung Anspruch machen helfen - ›, so ähnlich lauteten seine Worte. Ich wollte ihm sagen, daß es keiner solchen übermenschlichen Anstrengung bedürfe, er stehe jederzeit am Ziel, und meinetwegen brauche er nicht zu sorgen - lieber wollte ich entsagen und mich mit dem idealen Zustand begnügen, der mir schon das Höchste ist, die Freundin und Gefährtin seiner Seele zu sein, in ewiger Treue, ohne den Aufwand und die Unruhe, welche durch die reale Schließung eines Ehebundes verursacht wird und ihm gewiß eine Last bedeuten muß. Meiner Treue kann er sicher sein. Ich wagte aber nicht, ihm dies zu sagen aus Furcht, er könnte es als Zweifel und Verzicht auffassen, wie ich schon merkte, als ich daheim eine derartige Andeutung machte. Er war damals ganz niedergeschlagen und außer sich und meinte, ich wolle ihn verlassen, meine Liebe sei erkaltet und ich glaube nicht mehr an ihn: es sei ihm, als würde der Engel von seiner Seite weichen, der ihm bisher sein hohes Ziel gewiesen hat. O nein, dieser Engel will ich immer bleiben! Wie viel Mühe hatten wir doch, ihn, dann in Martonvásár von seiner Hypochondrie zu befreien -»

Theresa ist Zeugin bei den Hofkonzerten im Rittersaal der Hofburg, wie der Meister am Klavier noch einmal den «Fidelio»-Kanon und die «Adelaide» begleitet, sein letztes Auftreten als Kammermusiker, sie ist in den Gemächern der Kaiserin von Rußland zugegen, die den Wunsch hat, den berühmten Künstler bei sich zu empfangen und ihn auf dem Klavier phantasieren zu hören; für eine eilig komponierte Polonaise und für die Widmung der «Alexander»-Violinsonate Op. 30 empfängt der Meister bedeutende Ehrengeschenke in Dukaten von der Kaiserin; auch die österreichische Kaiserin bekundet ihre Anteilnahme dem Künstler, der sich vom Hofe vernachlässigt wähnte, und erklärt, daß Wien mit Recht auf ihn stolz sein könne. Überall ist Theresa seine Begleiterin; sie genießt alle ihm zugedachten Ehren mit und kostet schon das Gefühl im voraus, als seine Lebensgefährtin an seiner Seite zu wandeln und die Sonne seines Ruhms vor aller Welt auch auf ihr frei erhobenes Haupt leuchten zu lassen. Alle Scheu und Ängstlichkeit ist geschwunden; man handelt mit voller Selbstverständlichkeit. Das streng gehütete Geheimnis von Martonvásár ist nun ein öffentliches geworden, obzwar noch keine offizielle Erklärung erfolgte.

Bei der großen musikalischen Soiree im Palais Rasumoffsky, am Jahresende, wendet sich der Fürst direkt an die Gräfin Theresa, um ihr Glück zu wünschen zu den Ovationen, die der gefeierte Meister von Kaiser und Königen empfängt, und bedauert nur, daß sein Schwager Fürst Karl Lichnowsky, der im Frühjahr gestorben ist, nicht mehr das Glück habe erleben können, seinen geliebten Freund nach

Verdienst geehrt zu sehen; doch die verwitwete Fürstin Christiane gedenke von ferne in alter Herzlichkeit und Zuneigung des Meisters und freue sich über das Glück, das über ihn und die Gräfin Theresa ihr Füllhorn ausgieße.

Theresa denkt: «Woher weiß er das? Ah! diese Erdödy! Natürlich, die Erdödy hat sich hinter den Fürsten gesteckt!» Sie hört ihn lächelnd an und nimmt die Gratulation ohne Widerspruch entgegen, indem sie einfach sagt: «Ich weiß, daß die Fürstin uns beiden aufrichtig zugetan war und nichts mehr wünschte, als die Hoffnungen verwirklicht zu sehen, die sie für ihn und für mich hegte.»

«Nicht nur Christiane», beeilt sich der Fürst aufs eifrigste zu erwidern: «auch wir, wir alle! Wir nehmen den innigsten und freundschaftlichsten Anteil und haben nur den einen Wunsch, die Reihe der offiziellen Festlichkeiten möge durch ein persönliches Fest des Genius gekrönt werden, das seinen Herzensbund vor aller Welt dartut und dies, während noch die Fürstlichkeiten anwesend sind, die Zeugen des Glückes sein sollen!» Er tut so, als ob er vollständig eingeweiht wäre. Theresa ist sprachlos.

Er läßt sich, unbekümmert um ihre sichtbare Verwirrung, das Versprechen geben, daß die offizielle Verlobung hier im Palais Rasumoffsky stattfinden soll, an einem Musikabend, wo alle Potentaten versammelt wären wie an dem heutigen Abend - es würde eine Feier von europäischer Berühmtheit werden, die der Geschichte angehören müsse.

Theresa weiß in ihrer Überraschung und Betroffenheit nichts zu erwidern als: «Ja, wenn es Ludwig recht so ist.» Sie ist kaum ihrer Gedanken und ihrer Sinne mächtig. Wie betäubt ist sie von der Botschaft. So ist der Mensch, wenn plötzlich das Glück auf ihn niederstürzt. Die Wucht ist zu groß. Nicht einmal freuen kann er sich in einem solchen Augenblick. Die Freude würde töten. Allmählich kommt Theresa zu sich.

Der Bruder Franz ist in ihrer Nähe. «Weißt du's schon?!»

Er nickt lächelnd: «Weiß alles! Gratuliere!»

Die Knie zittern ihr, sie glaubt umsinken zu müssen. «Führe mich zu dem Sofa in der Ecke!»

Der Bruder bringt sie in einen kleinen Nebensalon, fern von dem Gewühl.

«Halt still, mein Glück, geh nicht vorbei!»

Sie sagt es nicht, das Übermaß der Freude hat keine Worte. Sie denkt es bloß und fühlt es in ihrer Seele.

Allerdings; sie hat sich die Erfüllung ihres Lebenswunsches anders gedacht: in aller Stille und Geborgenheit, auf Martonvásár; nur wenige vertraute Menschen um sich, in der köstlichen Einsamkeit des Parks mit den alten treuen Linden! Die große Öffentlichkeit, die Schaustellung vor so vielen Menschen, ja vor den Mächtigen Europas, nein, das ist nicht nach ihrem Geschmack und gewiß auch nicht im Sinne Ludwigs - aber die Ehre ist groß und ungewöhnlich, man hat kein Recht, nein zu sagen; und außerdem die Rücksicht auf Mama - auf ihren Widerstand müßte man wohl gefaßt sein, aber unter solchen Auspizien ist ihre Zustimmung sicher, die sie sonst gewiß verweigern würde; also! «Das Schicksal meint es wirklich gut - eine Fügung des Himmels, wir allein konnten nichts tun!»

Demütig neigt sie ihr Haupt, zutiefst dankbar gestimmt - schwer, schwer lastet die Fülle von Segnungen auf ihrer Seele -

Der Bruder kehrt eben zurück, um wieder nach Theresa zu sehen, die er in ihrem tiefen Nachsinnen allein gelassen.

Sie ahnt bereits:

«Hast du Ludwig gesprochen?! Weiß er schon von der Absicht des Fürsten?»

Franz bejaht:

«Eben hat ihn der Fürst in Arbeit gehabt. Er ist ganz weg. Sie haben sich umarmt, förmlich berauscht von dem Gedanken. Rasumoffsky will gleich nach Neujahr das Verlobungsfest arrangieren. Spätestens zum Heiligendreikönigtag.»

«Und Ludwig?»

«Feuer und Flamme! Er läßt dir sagen, hier ist nicht der Ort, sich dir zu Füßen zu legen - morgen früh alles Weitere bei der Erdödy.»

«Gut, Franz; sei so gut, bring' mich zum Wagen; ich muß allein sein - die Menschen hier, ich halte es nicht länger aus. Oh, die liebe, gute Erdödy wird sich freuen!»

Die Soiree im Palais Rasumoffsky währte bis tief in die Nacht.

Am Morgen des folgenden Silvestertages lagen die Festteilnehmer in tiefer Ruh'.

Hornsignale und schauerliche Rufe: «Feuer-jo!» riß sie aus dem ersten süßen Schlummer. Gellend tönte es durch die ganze Stadt: «Das Rasumoffsky-Palais in Flammen!»

Die Wiener erlebten das schrecklich-schöne Schauspiel eines verheerenden Brandes, dem der herrliche Palast gänzlich zum Opfer fiel. Kunde um Kunde kam: ein Kaminfeuer, das am Morgen nach dem Fest, als alles schlief, das hölzerne Gebälk des Baues erfaßte und durchglühte. - Man sah von den Fenstern und Dächern hinüber, wo Rauch und Flammen aufschossen. Stunde um Stunde währte der Brand. Schließlich ein Krachen, eine Funkengarbe, die hoch zum Himmel loderte: das stolze Gebäude war nicht mehr; in sich zusammengestürzt lag es in einem Meer von Flammen -

Seit dem Schloßbrand von Bonn hatte Ludwig nicht Ähnliches mehr gesehen. Er stand am Fenster seiner hochgelegenen Wohnung und stierte mit entsetzten Augen hinüber. Regungslos stand er, stierte und stierte.

Die Stätte seines Ruhms, seines Glücks, seines nahen Lebensziels war vernichtet. Das Brechen und Krachen der stürzenden Mauern ging mitten durchs Herz.

Dort lagen Glück und Hoffnung zerschellt und begraben. Und sein Herz mit dabei.

Vorbei, vorbei für immer. Ein Glück, wie es ihm dort erblühen wollte, kommt nimmer, nimmer!

«Nimmer!» Mechanisch wiederholte er nur dieses eine Wort.

Stundenlang stand er und blickte regungslos hin. Er wußte nicht, wie lange er dort stand.

Die Flammen sanken, man sah nur mehr eine schwarze Trümmerstätte, auf der kleine Flämmchen zuckten. So sah es in seinem Innern aus: ein grauenvoller, geschwärzter Trümmerhaufen, auf dem fieberhaft der Schmerz zuckte wie kleine Stichflämmchen. Endlich wandte er sich ab von dem grausigen Bild, das ihm als ein Symbol seines Schicksals erschien. Ein Stöhnen entrang sich seiner Brust, das Stöhnen eines Todwunden.

Es war Abend, als er im Hause der Geliebten erschien. Ein Blick auf die beiden bleichen Frauen sagte ihm, was sie gelitten hatten. Es war ein stummes Wiedersehen, das man sich gestern abend jubelnd und glückselig gedacht hatte.

Theresa hatte keine Tränen. Sie schien ruhig und gefaßt. Aber alle wußten, daß die Katastrophe die glanzvolle Krönung ihres Glücks zunichte gemacht hatte. Die Erfüllung des Lebenswunsches war abermals in eine unbestimmte Ferne gerückt.

Gräfin Erdödy schien am tiefsten getroffen; sie war ganz niedergeschmettert. Ihr Werk war es gewesen, das Werk heimlicher Liebe, das da zusammengebrochen war.

Theresa versuchte zu trösten, sich, den Geliebten, die Freundin.

«Es wird sich alles finden», sagte sie. «Es ist vielleicht besser so. Ein Fest der Stille, später, wie wir es eigentlich wollten - es entspricht uns mehr.»

Ludwig erwachte nach und nach aus seiner Erstarrung. Sein Inneres kam in Bewegung; der zurückgestaute Schmerz löste sich, wie wenn Lawinen stürzen und Felsen bersten.

«Oh, oh, oh!» stieß er gewaltsam heraus und schlug bei jedem Ausruf mit der Faust auf die dröhnende Brust, «es ist nicht, weil mir diese Haupt- und Staatsaktion so sehr gefallen hätte - nein, auch ich hätte es mir lieber anders gedacht; aber es ist deswegen, weil das Glück - ha, ha, ha! - eine feile Dirne ist!»

Er lachte gräßlich dazu, und sein Gesicht verzerrte sich dabei zur unheimlich grinsenden Fratze, und dann schrie er fort:

«Darum hat es mich so zudringlich heimgesucht und täuschend umgaukelt, um mich dann desto elender zu machen und hohnlachend im Stich zu lassen!»

Wieder dieses entsetzliche Lachen, daß die Frauen erschreckt aufsprangen und ihn mit weiten Augen ratlos anstarrten, von Furcht geschüttelt und unschlüssig, ob sie aus dem Zimmer fliehen oder bleiben sollten - und standen wie gebannt mit flehend erhobenen Händen und sahen dem Toben zu -

«Der alte Fluch, der mich schon einmal getroffen - ahi! Der Dämon! Der Dämon!»

Kläglich wimmernd brach er plötzlich zusammen und deutete an sein Ohr, dann in die Lebergegend: «Hier - und hier, hier!»

Das Übermaß der Nervenaufregung hatte einen Schmerzanfall zur Folge, sein langjähriges Übel.

Bestürzt eilten die Frauen hinzu und brachten ihn mit Mühe auf das Sofa. Dort lag er stöhnend und klagte in beweglichen Worten sein Leid:

«Es hat uns übel mitgespielt, Theresa! Oh, ich habe es geahnt und habe nicht getraut diesem Glück! Ich fühlte es, daß ein Fürchterliches dahinter lauert! Wie ein Nachtwandler bin ich auf Höhen gegangen, im Traum - nun bin ich erwacht und liege zerschmettert in der Tiefe!»

Sein Stern hatte sich plötzlich verwandelt; er war zum Unstern geworden. Er sah die Zukunft schwarz in schwarz.

Unter der liebenden Fürsorge der ganz verängstigten Frauen erholte er sich von dem Anfall alsbald wieder und war sanft und lenksam wie ein Kind. In seiner vehementen Natur lagen diese elementare Wildheit und diese innige Frommheit dicht beieinander, wie in seiner Musik, wo auf ein stürmisches Presto, Prestissimo oft ein elegisches Largo zu folgen pflegte. Der Frieden nach dem Gewitter und das

Hirtenlied mit dem Gebet. Das leidensgetränkte Herz fühlte nun dankbar die Erquickung, die der liebereiche Zuspruch der beiden Frauen bot.

Wie schön wußte Theresa zu trösten und über der zerstörten Gegenwart das Zauberbild einer idyllischen Zukunft zu malen, für die man gern den Glanz hingab, der gestern noch gewiß schien. Man ahnte nicht, wie es eigentlich um ihr Inneres stand; erst als sie allein war, brach die mühsam bewahrte, lächelnde Fassung hilflos zusammen: sie klagte und weinte nicht, sie war ganz betäubt, zerschlagen, ein Bild stummer, schier hoffnungsloser Trauer. Erst nach und nach fand sie die Sammlung wieder und konnte die Gedanken ordnen, doch nur um die Größe des Unglücks auszumessen und damit das eigene persönliche Leid, das sich in ihrem Selbstbekenntnis spiegelte:

«Ich bin vor Schrecken wie gelähmt und von entsetzlichen Vorstellungen heimgesucht. Wenn ich abergläubisch wäre, müßte ich an eine üble Vorbedeutung glauben. Die Stätte, die nach den gestrigen Reden des Fürsten der Schauplatz unseres Ehrentages werden sollte: ein rauchender Trümmerhaufen; es ist mir, als lägen unsere Hoffnungen darunter begraben. Ein Fürstensitz, der alles enthielt, was Prachtsinn, Kunstliebe und Reichtum vermochte, ist der Raub wütender Flammen geworden, darunter die kostbare Bibliothek und der vielbewunderte Canova-Saal mit den Marmorbildern des großen Bildhauers! Die herrlichen weißleuchtenden Figuren zerschmettert unter dem Schutt der eingestürzten Decke. Unter diesen die rührend schöne Statue der Vestalin, von der der Fürst behauptete, daß sie mir ähnlich sehe. Hat die Vestalin das heilige Feuer im keuschen Dienst der Gottheit so schlecht gehütet, daß es zum verheerenden Brande werden konnte, der sie selbst wie zur Strafe vernichtete? Ist sie ihrem heiligen Berufe untreu geworden, indem sie ihren Sinn auf irdische Dinge wendete, anstatt dem reinen Ideal zu dienen? Ich habe ein Gefühl, als ob ich selbst zerschmettert unter den Trümmern läge -»

Napoleon war aus Elba zurückgekehrt, neue Schlachten standen bevor; der Kongreß floh auseinander, er war ein vorübergehendes Aufleuchten alter Herrlichkeit gewesen, die mit dem schrecklichen Fanal endete, die Gemüter mit banger Sorge erfüllend. Die lodernden Flammensäulen kündeten mit feuriger Schrift das Ende der kunstreichen Barockkultur in Wien, die trotz Empirezeit und Klassizismus an den fürstlichen Stätten ihre große Tradition fortwirkte und im Kongreß zu kurzem Scheinleben erwacht war.

Die letzte große adelige Musikstätte Wiens war dahin. Das letzte fürstliche Musenheim in der großen Reihe der olympischen Bezirke, wo der Genius eines Gluck, eines Haydn, eines Mozart und schließlich eines Beethoven gefeiert wurde und nicht nur eine Zuflucht, sondern sinnige, andachtsvolle Pflege fand.

Es war ein Schlußpunkt.

Der Meister fühlte, daß sein Genius von nun an verwaist auf Erden war.

Eines der vielen Zeichen und Wegweiser, die ihn fort deuteten, hinein in noch tiefere Einsamkeiten. Geheimnisvolles Schicksal! Ist es ein Fluch? Oder ein noch verborgener Segen?

Schwer lastet die Hand des Unerforschlichen auf ihm.

Nun rüsteten auch die Brunszviks zur Heimkehr.

Der Abschied war ein neuer Schmerz, der frische Wunden wieder bluten machte.

Man mußte mit dem Meister behutsam umgehen wie mit gebrechlichem Glas, das bereits einen Sprung hatte.

Theresa verstand es gut, mit dem Zartsinn vornehmer, fein empfindender Seelen.

«Beklagen wir nicht uns, beklagen wir unseren Freund, den Fürsten Rasumoffsky», war das Wort, das sie Ludwig zu guter Letzt gab; «er hat alles verloren, sein Palais, sein Vermögen, seine glänzende Stellung, die mit seinem Reichtum dahin ist. Wir haben dagegen wenig oder nichts verloren. Unser Glück, das er vollkommen machen wollte, ist uns geblieben, es war ohne ihn und wird auch ohne ihn ferner sein. Er wollte es höherheben, das gelang ihm nicht. Wir haben es daher in unsere Hände zurückgenommen und müssen es selber bauen. Es liegt nur an uns, Ludwig. Andere können nichts tun für uns. Das haben wir gesehen. Schön wäre es ja gewesen, wie der Fürst es sich dachte, zu schön; darum konnte es nicht sein. Bescheiden und still, aber ganz unser eigen: ist es nicht besser so?!»

«Ja, ja», murmelte er, «der Neid der Götter, das hätten wir wissen sollen. Was nun?»

«Kinder, Kinder!» rief die Erdödy ganz verzweifelt, «seid doch nicht so schwerfällig! Ihr braucht doch keine Protektoren!»

«Wir hätten sie gebraucht wegen Mama - es muß nun auch so gehen, und ich bin fast froh darüber!»

«Aber bald!» drängte die Erdödy, «sofort! Und dann?»

«Dann in Ofen oder auf Martonvásár!»

«Auf Martonvásár!» entschied Ludwig.

«O weh!» klagte die Erdödy, «dann kann ich nicht auf eurer Hochzeit sein - es ist zu weit für mich! Aber ihr schreibt mir alles und besucht mich dann als glückliche Neuvermählte!»

«Oh, du! Das liebe Dorfkircherl», schwärmte Theresa. «Und die braven Leute in ihren schönen Trachten! Das sind mir liebere Hochzeitsgäste als alle diese Kongreßherrschaften.»

So ergingen sie sich in freundlichen Zukunftsbildern, um die Bitterkeit der Gegenwart und des Abschiednehmens zu versüßen.

Und selbst dem Meister gelang es, alle düsteren Zweifel zurückzudrängen und neue Hoffnung zu schöpfen.

«Auf Martonvásár also!»

Ein letztes liebes Wort, das sie sich gegenseitig zuriefen und das wie Musik in der Seele fortklang.

Theresa wollte ein Bild des Meisters besitzen. Sie hatte zwar einen Gipsabguß von seinem Antlitz zu eigen, den der Bildhauer Klein in dem Jahre abgenommen hatte, da Beethoven mit Goethe zusammengetroffen war. Ludwig hatte die Maske selbst nach Ofen und Martonvásár gebracht, um damit einen Wunsch Theresas zu erfüllen. Vor diesem Abbild feierte sie ihre wehmutvollen Andachten. Obschon Bruchstück der Naturwirklichkeit, enthielt der Ausdruck dieses Abgusses etwas, was zur Wehmut stimmte: das Tragische, Schmerzhafte, nach innen Lauschende.

Sie wollte indessen ein lebendigeres und zugleich ideales Bildnis von ihm haben, so wie sie ihn in ihrer Seele sah. Der Porträtkupfer, den Blasius Höfel nach einer belanglosen Bleistiftskizze von Latronne gemacht hatte und der beim

Verleger Artaria zu haben war, wo der Kupferstecher den Meister öfter gesehen und skizziert hatte, sagte ihr nicht ganz zu, obzwar er eines der besten Bildnisse des Meisters war und viele Liebhaber fand. So lebendig und sprechend, wie er hier dargestellt war, sah man ihn in den Tagen des Glanzes, als er sich von Monarchen huldigen ließ: im besten Mannesalter, anscheinend strotzend von Gesundheit, mit vollen Backen und scharfgezeichneten, gerade blickenden Augen, die energisch und zielbewußt in die Welt schauen; Entschlossenheit in den Zügen und eine gewisse stolze Würde, die ausdrückt, daß er sich seines Wertes bewußt ist und sich als Großer unter Großen fühlt, wenn nicht als Größter.

Doch das war nicht ganz der innere, seelische Ausdruck, den Theresa kannte.

Franz Brunszvik hatte den jungen Maler Schimon beauftragt, ein Porträt des Meisters herzustellen. Aber man wußte, daß Ludwig nicht zu Sitzungen zu haben war.

Schimon hatte ihn aufs Korn genommen und war ihm auf Schritt und Tritt nachgeschlichen wie einem Wild; er hatte schon mehrere Studien in der Mappe, aber das genügte nicht. Er brauchte natürlich das lebende Modell vor der Leinwand. Die Staffelei wurde in Ludwigs Arbeitszimmer aufgestellt; von Sitzung war darum keineswegs die Rede; der Musiker nahm keine Notiz von dem Maler.

Aber der junge Akademiker packte die Sache geschickt an, um des Meisters Aufmerksamkeit zu erzwingen.

Unbekümmert legte er sein derbes, urwüchsiges Wesen an den Tag, tat, als ob er in seinem Atelier wäre, grüßte nicht, wenn er kam, und sagte nicht adieu, wenn er ging -

kurzum, er schien das Widerspiel des Meisters selbst, dem er damit einen Spiegel vorhielt.

Der wunderliche Kauz von einem Maler reizte seine Neugier; sein Betragen machte Eindruck auf ihn, und er zog freundlichere Saiten auf, lud den Künstler zum Kaffee ein, ein Zeichen seiner Gunst.

Dadurch fand der Maler Gelegenheit, das Bild, das bis auf die Augen vollendet war, so zu vollenden, daß es vor dem Blick des Meisters bestehen konnte.

Theresa ist überglücklich; das Porträt, das im Klavierzimmer auf Martonvásár über dem Flügel einen Ehrenplatz an der Wand bekommt, zaubert ihr die leibliche Gegenwart des Geliebten vor; so lebendig ist der Ausdruck, so beseelt, daß sie meint, ihn wirklich vor sich zu sehen. Sie kann es nicht genug bewundern, davon gibt das Tagebuch Zeugnis:

«- und dann dieses wunderbare Augenspiel! Scheint auch das Auge für gewöhnlich klein, so öffnet es sich doch manchmal groß und visionär, sobald ihm irgendeine Idee durch den Sinn geht, was ihm ein sichtbar begeistertes, leuchtendes Aussehen gibt. Wie richtig hat es der Künstler verstanden, daß er den Blick nach oben gehen läßt, zur Decke oder zum Firmament, wo er in der Meditation oder im tiefen Gespräch haften bleibt. So habe ich ihn vor Augen, wenn wir draußen unter den Linden zusammensaßen und plauderten, oder auch nur gemeinsam schwiegen. Und dann der majestätische Bau der Stirn, der zusammengepreßte Mund, das muschelartige Kinn, das lebhafte Kolorit von Rot und Braun, das sturmbewegte Haar von der Farbe des blau angelaufenen Stahls, und wieder dieser ideale Blick, der nach dem blauen Äther schweift, ins Raumlose, Visionäre: ja, mein Geliebter, so bist du, wie dich meine Seele liebt...»

XIX. Kapitel

Still ist es um den Meister wieder geworden, doppelt still und einsam nach den geräuschvollen, begeisterungsfrohen Tagen. Schuppanzigh, das «Falstafferl», löst nach der Brandkatastrophe sein Quartett auf; Fürst Rasumoffsky hat die Kapelle entlassen; der Geiger geht nach Rußland; Hummel hat Aussicht auf eine Kapellmeisterstelle in Weimar: der Kreis zerstiebt.

Aber auch die Zeit ist still geworden. Unzufriedenheit ist die allgemeine Stimmung nach dem Kongreß; Katzenjammer stellt sich nach dem Festrausch ein, auch politisch. Zu hoch waren die Hoffnungen und Erwartungen gespannt - nichts ist geblieben als Mangel und Teuerung, Armut und Sorge, diese grauen Schwestern, wie immer in den Nachkriegsjahren.

Die grauen Schwestern umschweben nun den Meister mit ihrem dunklen Flor; der Gefeierte ist schon wieder ein Vergessener. Wandelbar ist die Gunst der Großen und der Menge. Er ist doppelt einsam, nachdem sich auch die Gräfin Erdödy zurückgezogen hat. Ihr Söhnchen ist nach kurzer Krankheit gestorben. Der Schmerz der trauernden Mutter drängt alles andere zurück, selbst die holden Pflichten liebender Freundschaft.

Die Stimmung des Meisters ist wirklich nicht rosig. Seine Hypochondrie wächst bedenklich. Er wettert gegen alles und gegen alle. Gegen den Hof, der für die Kunst nichts tue, gegen den Adel, der verarmt ist, gegen das neue reich gewordene Bürgertum, das von Kunst nichts versteht und sich musikalisch an den Bravourarien Rossinis berauscht.

«Alles Lump, von oben bis unten», ist seine stehende Redensart. Die Polizei, die alles bespitzelt und jeden Unzufriedenen mundtot macht, läßt ihn indessen unbehelligt. Man hat Respekt vor ihm und läßt ihn schimpfen.

Er macht reichlich Gebrauch von dieser Redefreiheit, die ihm allein erlaubt ist. Besuchern gegenüber und am Wirtshaustisch gießt er die Schale seines Unmuts über alles Bestehende aus:

«Es geht hier lumpig und schmutzig zu. Niemandem kann man trauen. Was man nicht schwarz auf weiß hat, das tut und hält kein Mensch. Sie wollen, man soll arbeiten, und bezahlen wie die Lumpe und nicht einmal das Verabredete!»

Es ist eine deutliche Anspielung auf die Zahlungseinstellung seiner Rente und auf die sonstige Geldentwertung. Daß man ihn ob seiner Tiraden unbehelligt läßt, erweckt in ihm den Eindruck, daß Wien die freieste Stadt sei, wo man wenigstens seine Meinung sagen könne, wenn es auch weiter nichts nütze.

Da fällt mitten in seine graue Katerstimmung ein heller Sonnenstrahl. Die Prozesse gegen die Erben Kinskys und Lobkowitz' werden zu seinen Gunsten entschieden. Er ist wieder im Vollgenuß seiner Rente, wenngleich sie seit dem Staatskrach auch nur mehr ein Drittel wert ist. Immerhin! Es reicht ja zur Not - ein bescheidenes Heim zu zweien, der Kunst geweiht; einen Kreis erlesener Freunde um sich; ein Glück im Winkel an der Seite der Erwählten! Die Zeiten sind ja einfach geworden; die aristokratischen Bedürfnisse von einst sind ohnehin außer Kurs, und der Adel selbst lebt eingeschränkt wie der schlichte Bürger. Die Umstände sind also seinem Plane günstig: er ist entschlossen, der Misere des Junggesellendaseins ein Ende zu bereiten. Was er früher aus allzu großer Bedenklichkeit nicht gewagt hat, das ist er nun bedingungslos zu verwirklichen bereit: die Gründung eines eigenen Hausstandes.

«Auf Martonvásár!» Das Abschiedswort tönt in seiner Seele wie ein lieblicher Ruf von Klang und Kraft. Eine Sehnsuchtsmelodie. Von dort klingt es in Briefen immer schon fragend zu ihm herüber.

«Ich komme, ich komme!» jubelt er jetzt freudig auf. Er ist mit dem Schicksal ausgesöhnt: «Ich habe in Prozessen mit Fürsten und Grafen erfahren, daß Rang und Stand vor Gericht nichts gilt, denn ich habe meine gerechte Sache, auf der ich bestanden, gegen mächtige Herren durchgeführt und gewonnen!»

Sein Lebensmut ist wieder hoch auf; seine Vorstellungen malen ihm die nächste Zukunft in berückenden Farben: «Das stimmungsvolle Dorfkirchlein - die Unsterbliche im Brautschleier an seiner Seite - nur wenige Trauzeugen - dann die gesamte Dorfbewohnerschaft in ihren farbigen Trachten wie ein Blumenreigen - die quiekenden Dorfmusikanten: eine innigere Pastorale ist nicht zu denken -!» Auf Martonvásár harrt man seiner -

Kein Aufschub mehr; er betreibt alle Vorbereitung und setzt den Zeitpunkt fest: im Herbst zur Weinlese. Wenn das Laub sich rot färbt, ist es am schönsten auf Martonvásár. Die sanfte Elegie des Herbstes paßt schön zur Stimmung des späten Hochzeitspaares. Vielleicht, daß man sich dann in Ofen-Pest häuslich einrichtet und in Wien nur ein kleines

Absteigequartier unterhält für die eigentliche Saison. Arbeiten, Schaffen in der Landstille von Martonvásár; Anwenden und Erwerben in Pest und Wien. - Alte Träume und Wünsche stehen auf und werden Zwang und Wille.

Doch das Spiel dunkler Mächte setzt eine neue unbekannte Ziffer in die genaue Berechnung und verändert das Resultat.

Mitten in die Zurüstungen treten die grauen Schwestern ein, Sendbotinnen des «Dämons», und bringen üble Botschaft: «Bruder Karl liegt im Sterben!»

«O Gott, was ist denn geschehen!»

Mit fliegender Eile stürzt Ludwig ans Krankenlager des Bruders, den er schon lange Zeit nicht mehr gesehen hat. Noch findet er ihn am Leben; aber es geht zu Ende mit ihm. Ein Lungenübel, an dem er schon lange litt, Familienerbe, hat ihn hingestreckt. Aller Hader ist begraben und vergessen: die Bruderliebe Ludwigs flammt auf: er verwünscht Karls Vorgesetzte, die dem Bruder den Erholungsurlaub verweigert haben, und die er als Mörder Karls bezeichnet -

Mit erlöschender Stimme bittet ihn der Bruder: daß er sich des verwaisten Sohnes annehme und ihm Vater sei mit Rat und Tat!

«Auf Handschlag!»

Sein Familiensinn ist nicht taub für solchen Appell. Ludwig war einst den Brüdern Vater und wird es auch dem Neffen sein. Diese Dinge sind ihm hoch und heilig; vor ihnen schweigt auch sein Eigeninteresse.

Sofort läßt Karl ein Testament aufsetzen und setzt darin den Bruder Ludwig zum Vormund ein. Eine Klausel fügt er hinein: es sei gegen seinen Willen, daß sein Sohn Karl von seiner Mutter entfernt werde. Ludwig und Frau Johanna sollen sich in die Aufgabe teilen und die Vormundschaft gemeinsam führen. Seufzend lehnt sich Karl zurück; nun kann er ruhig sterben, und alsbald ist er erlöst.

Für Ludwig beginnen neue Aufregungen, Sorgen und Geschäfte. Weit, weit sind alle Hochzeitsgedanken entwichen. Von der Reise nach Martonvásár ist jetzt keine Rede mehr. Neuerlich entschwebt vor seinen Augen das Glück, das er noch einmal am Kleidersaum erfaßt hatte, wähnend, es schon in seine Arme schließen zu können.

Aber diesmal tobt er nicht gegen sein fatales Geschick. Nicht einmal ein Klagewort findet er über die abermalige Enttäuschung. Das Unglück hat keinen Stachel mehr. Er ist unverwundbar geworden. Ja, er empfindet es gar nicht als ein Unglück. Ein neues Glück ist ihm beschert, darüber ist alles andere vergessen, vorläufig wenigstens.

«Ich bin Vater geworden -!»

Er jubelt es fast; die Vormundschaft hat seine Gesinnung, Lebensverhältnisse und Ziele völlig verwandelt und in eine gänzlich andere Richtung gewendet. Weitab liegt Martonvásár.

Er hat keine Ehe, keine Familie - nur Familienlasten, und ist glücklich darüber.

«Ich bin Vater geworden -!»

Ein neuer Daseinszweck ist gefunden; er hat einen Gefährten seiner Einsamkeit gewonnen, eine Kinderseele, die er ganz an sich ziehen möchte und die er sofort zu etwas Großem bestimmt:

«Der Knabe muß Künstler werden oder Gelehrter, um ein höheres Leben zu leben und nicht ganz im gemeinen zu versinken. Nur der Künstler oder der Gelehrte tragen ihr Glück in sich.»

Dieser naive Gedanke erfüllt ihn ganz und gar; sein bisheriges Vermögen soll für den «Sohn» Karl hinterlegt und vermehrt werden durch alle weiteren Einkünfte; er legt sich persönliche Einschränkungen auf und fühlt sich dadurch wieder «arm» geworden; er verschiebt künstlerische Pläne oder gibt sie ganz auf, ebenso wie seine Heiratsgedanken und sein persönliches Glück, um sich intensiver der neuen Aufgabe zu widmen. Mit Martonvásár kann jetzt ohnehin nichts werden, schon wegen des Trauerjahres, und überdies hat er Eiligeres zu tun -

Dieses «Eiligere» ist, das Kind von der Mutter zu trennen, deren Einfluß auf den Knaben dem strengen Vormund unheilvoll erscheint.

Ein Gerichtsbeschluß ist bald erwirkt, nachdem der Meister den Beweis erbracht hat, daß die Mutter eine «unmoralische Person» sei.

Der Sohn wird von ihr weggenommen und von Onkel Ludwig in das Knabeninstitut des Kajetan Giannatasio del Rio gebracht, in dessen Familie der Meister freundschaftlich verkehrt. Die Mutter wehrt sich wie eine Löwin, der man das Junge rauben will; sie strengt einen Prozeß an, der zum offenen Skandal wird und der ganz Wien in Atem hält, bis Ludwig als Vormund den Neffen Karl endgültig zugesprochen erhält. Er glaubt einen Treffer gezogen zu haben und will nicht erkennen, daß es eine Niete ist.

Zunächst hat er den Neffen im Institut glücklich untergebracht und wähnt ihn sicher gegen «den Einfluß seiner bestialischen Mutter», dieser «Königin der Nacht», die er also nennt, nachdem er in Erfahrung gebracht hat, daß sie bis 3 Uhr früh auf einem Künstlerball gewesen sei, und zwar: «nicht allein mit ihrer Verstandesblöße, sondern auch mit ihrer körperlichen -»

Die «Königin der Nacht» läßt nicht locker; sie weiß den Knaben immer wieder zu entführen; sie steckt ihm heimlich Naschwerk und Geld zu und schürt gegen den Onkel. Der Kampf um Karl wogt hin und her und wird mit äußerster Erbitterung geführt, nicht zum Vorteil des Knaben, der naturgemäß zur Mutter neigt und als Spielball oder Zankapfel zwischen den Parteien hin- und hergeworfen wird, wobei er Dinge sieht und hört, die ihm besser erspart geblieben wären und die seiner Charakterbildung nicht förderlich sind. Der Institutsdirektor merkt auch allzubald, daß der gute Meister das Talent des Jungen viel zu stark überschätzt hat; Karl, der nur äußerst mäßig begabt ist, scheint zwar weich und gutmütig veranlagt, läßt aber schon früh einen Hang zum Leichtsinn und vor allem zur Nichtstuerei erkennen. Del Rio prophezeit dem Freund schlimme Erfahrungen, worüber der Vormund völlig aufgebracht ist.

«Karl ist ein ganz anderes Kind, wenn er einige Stunden bei mir ist!»

Und Karl versteht es bereits ganz gut, den guten Onkel bei der schwachen Seite zu nehmen, der oft ganz weich vor Rührung über die «liebe Waise» ist. So schroff und abweisend er auch sonst oft sein kann, seinem Karl gegenüber versagt der hilflose Mann in übertriebener Vaterliebe vollständig.

Wie ein Blitz aus heiterem Himmel schlägt in Martonvásár die Nachricht ein, die Ludwig vom Tode seines

Bruders und von seinen veränderten Verhältnissen gibt: «Ich bin Vater geworden -», so beginnt sein Absagebrief, der indirekt eine Entschuldigung ist, indem er Klage führt über die atemraubenden Vormundschaftspflichten, die selbst seiner Muse den Zutritt rauben. In weltschmerzlicher Stimmung klingt das Schreiben aus.

Theresa ist bestürzt über die unerklärlichen Worte: «Gott helfe, du siehst mich von der ganzen Menschheit verlassen, denn Unrechtes will ich nicht begehen; erhöre mein Flehen doch für die Zukunft nur, mit meinem Karl zusammen zu sein, da nirgends jetzt sich eine Möglichkeit dazu zeigt - o hartes Geschick, o grausames Verhängnis, nein, nein, mein unglücklicher Zustand endet nie!»

Kein Wort über das Verhältnis zu ihr und wie es damit in Zukunft sein wird.

Sie starrt in ein Rätsel. Die Zeilen erschließen einen Tiefblick in sein Inneres; sie sieht in ein düsteres Chaos von Empfindungen und kann es nicht entwirren. Denn sie weiß ja nicht, aus welchen Erfahrungen dieses schier unwillkürliche Geständnis erflossen ist. Sie weiß nichts von den Prozessen gegen Karls Mutter, die sein Leben unterwühlen und bald dem einen, bald dem anderen Teil Recht zusprechen; sie weiß nichts von den Geldsorgen, die er andeutet; sie weiß nicht, warum er sich so verlassen fühlt. - Kann sich denn eine Seele verlassen fühlen, wenn die Liebe sie nicht verlassen hat?!

«Bin ich ihm nichts mehr? Zweifelt er an meiner Liebe? Oder ist es der Zweifel an seiner Liebe? Diese Sorge und Zärtlichkeit für Karl - und ich?!»

Furchtbar quälende Fragen, die sie in der Einsamkeit des

Parks bestürmen! Sie legt die Hände in den Schoß und träumt vor sich hin.

Die Vergangenheit zieht vor ihrem träumenden Sinn vorüber: die Tage der aufkeimenden Liebe in der frühen Mädchenzeit; der Liebesstreit mit der Schwester, mit Giulietta - sie muß lächeln zu diesen Erinnerungsbildern mit ihren Herzensstürmen und Tränenfluten, aus denen ihr seltsames Glück entsproßen war; dann die seligen Tage von Martonvásár, als ihr heimliches Brautglück auf diesem Leidensplatz erblühte; die lange, bange Zeit des Harrens bis zu Ludwigs Wiederkehr mit den Festen in Ofen und der stillen innigen Seelenfeier in Martonvásár zum zweitenmal, die einer nochmaligen Verlobung glich und neue, festere Entschlüsse reifte, durch Treue und Standhaftigkeit zu siegen; die glanzvolle Kongreßzeit, die den Geliebten auf den Gipfelpunkt seines Ruhmes erhoben und zu dem Lorbeer den Brautkranz fügen wollte - um dicht vor dem Lebensziel den doppelten Kranz, der schon sichtbar über dem Haupt des Paares schwebte, wieder zu entreißen in jener unseligen Katastrophe; schließlich die Hoffnung auf eine stille Vermählung in Martonvásár, die dieser Brief zunichte gemacht hat: es ist der Genius der Jugend und ihrer Liebesideale, der in solchen Erinnerungen vorüberzieht und Abschied nimmt - Tränen entstürzen der armen Theresa; sie weint bitterlich wie um ein Verlorenes und schier Niewiederkehrendes: mit der Jugend ist die Hoffnung gegangen, und die Liebe trauert über ihrem eigenen Grabe -

Der Herbstwind weht die Blätter von den Linden; sie stehen leer und recken die nackten Äste wie hilflos flehende Arme zum ungnädigen Himmel -

«Es scheint uns nicht bestimmt, das ersehnte Land der Verheißung zu betreten; nur von ferne dürfen wir das Glück erspähen, ergreifen nie! Dein Glück, nenn es Entsagung!»

Sie erwägt den Gedanken, das Verlöbnis aufzuheben und ihm einen Abschiedsbrief zu schreiben.

«Bin ich nicht schon eine Verlassene? Er hat mich vergessen: sein dunkler Brief verrät, was er sich selbst noch kaum gesteht.»

Da kommt plötzlich wieder ein Zeichen von ihm, das alle ihre Vermutungen und Absichten widerlegt und über den Haufen wirft.

Aus Leonorens großer Arie schreibt er ihr die Worte:

Komm, Hoffnung, laß den letzten Stern des Müden nicht erbleichen,
O komm, erhell sein Ziel, sei's noch zu fern!

Und als Beweis treuen Gedenkens sendet er ihr seinen neuen Liederkreis «An die ferne Geliebte».

Die rührenden Zeugnisse eines unzerstörbaren Einklangs haben sie aus ihrer Schwermut erlöst und mit neuer Zuversicht gestärkt, so daß sie wieder vertrauensvoll in die Zukunft blickt, wo der Stern der Hoffnung nicht untergeht.

«Herr, ich will demütig sein und mich geduldig in alles schicken, was kommt! Meine Treue wankt nicht -in meinem Herzen hat kein anderes Idol Raum als er - auch im Verzicht, wenn's anders nicht sein soll, bin ich sein -!»

So entladet sie in ihrem Tagebuch ihre bedrängte Seele.

Sie fühlt sich wunderbar getröstet. Ja, eine heroisch starke Leonore will sie ihm sein, ihm, ihrem Fidelio! Sie will nicht entsagen und verzichten, sondern ihm selbst der rettende Engel der Liebe sein, der ihn aus der finsteren Kerkerhaft seiner Qualen und Mißgeschicke herausführt.

Josephine ist mit ihrem Gatten Deym auf Besuch in Martonvásár; die Schwester faßt die Sache in ihrer zupackenden Art ohne Umstände an und fragt ganz unvermittelt:

«Was ist denn eigentlich mit euch?! Du verträumst die schönsten Jahre, und ehe du denkst, bist du eine alte Jungfer!»

«Ist das ein solches Unglück?» gibt Theresa zurück.

«Nun ja, Unglück ist's ja gerade keins», meint Pipschen etwas verwundert darüber, daß man die Sache auch so ansehen könnte. «Nicht wahr, es wird ohnedies nichts aus eurer Verlobung?!»

«Das will ich nicht sagen», antwortet Theresa ausweichend.

«Aber was überlegt ihr denn so lang? Wenn's noch eine Weile so fortgeht, wird's überhaupt zu spät!»

«Zu spät? Zu was?»

«Ich mein' halt, er denkt überhaupt nicht daran im Ernst.»

«Du, sei so gut!»

«Mit seiner Taubheit soll's ganz schrecklich sein -»

«Ja, es ist recht arg damit; der Arme leidet sehr darunter.»

«Schreibt ihr euch noch?!»

«Du bist aber kindisch, Pips!»

«Na», bemerkt sie nach einigem Nachdenken, «es wär' nichts für mich! Wenn ich denk', daß ich so verschossen war einmal! Na, ich war dir nicht neidisch deswegen, das weißt du, und hab' dir's immer vergönnt, das heißt, nicht so, nein, besser: ich hab' mir doch gedacht, daß ihr leichter euer Glück finden würdet -»

«Aber Pips, ich hab's doch gefunden -»

Pips macht ein etwas ungläubiges Gesicht.

«Du bist halt eine Heilige und machst Hochzeit im Himmel!»

«Aber Pips!»

«Na ja, ich sag's halt, wie ich mir's denk'; wenn er sich gar nicht rührt! Aufriegeln möcht' ich ihn! Herrschaft noch einmal! Entweder - oder! Auf was wartet ihr denn noch!»

«Oh, Pips, wir haben Zeit!«

Josephine zuckt die Achseln.

«Mit dir kann man aber auch kein gescheites Wort reden! Was sagt denn die Mama dazu?»

«Oh, Mama! Die ist es recht zufrieden so.»

«Weiß sie überhaupt schon von eurem Verhältnis?»

«Nein, wozu auch? Sie erfährt's noch früh genug, sobald es einmal Ernst wird.»

Es ist wirklich nichts zu machen für Josephine, sie blitzt mit ihren guten Absichten immer ab.

«Reden wir von etwas Gescheiterem, Pips; kennst du schon die neuen Lieder, die er mir geschickt hat?»

Sein Fühlen, seine Sehnsucht, seine Liebe strömte in diese Lieder:

«An die ferne Geliebte», sie waren der Ausklang seines Herzens und kündeten besser als seine Worte, wie es um ihn stand. Von der «Adelaide» bis zu diesem Liederkreis hatte er die Geliebte mit einem Kranz der Huldigung umflochten in immer steigender Verklärung, bis zu diesem höchsten schmerzverklärten Sehnsuchtslaut.

Theresa setzte sich ans Klavier und sang:

Auf dem Hügel sitz' ich,
spähend in das blaue Nebelland,
Nach den fernen Triften sehend,
wo ich dich, Geliebte, fand.

Weit bin ich von dir geschieden,
trennend liegen Berg und Tal
Zwischen uns und unserm Frieden,
unserm Glück und unsrer Qual.

Ach, den Blick kannst du nicht sehen,
der zu dir so glühend eilt,
Und die Seufzer, sie verwehen
in dem Raume, der uns teilt.

Will denn nichts mehr zu dir dringen,
nichts der Liebe Bote sein?
Singen will ich, Lieder singen,
die dir klagen meine Pein!

Pips war ganz weichmütig geworden und umschlang Theresa, indem sie ihr mädchenhaft zuflüsterte wie einst: «Ach, es ist doch schön, so angehimmelt zu werden! Der Meinige ist ja ein guter Mensch, aber er tut's schon lang nimmer! Es ist doch auch wirklich was Schönes um so eine ewige Brautliebe! Bei uns geht's halt ganz hausbacken zu! Theresa, ich mein', am End hast du's doch noch besser, trotz allem!»

Sie war freilich rasch getröstet, als sie den wehen Klang

verspürte und den leisen Verzicht, der in den Versen lag:

Es kehret der Maien, es blühet die Au,
Die Lüfte, sie wehen so milde, so lau,
Geschwätzig die Bäche nun rinnen.
Die Schwalbe, die kehret zum wirtlichen Dach,
Sie baut sich so emsig ihr bräutlich's Gemach,
Die Liebe soll wohnen da drinnen.

Sie bringt sich geschäftig von kreuz und von quer
Manch weicheres Stück zu dem Brautbette her,
Manch weicheres Stück für die Kleinen.
Nun wohnen die Gatten beisammen so treu,
Was Winter geschieden, verband nun der Mai,
Was liebet, das weiß er zu einen.

Wenn alles, was liebet, der Frühling vereint,
Nur unserer Liebe kein Frühling erscheint,
Und Tränen sind all ihr Gewinnen -

Theresa erhob sich und lächelte der Schwester zu. Ein Lächeln unter Tränen.

Pipschen umarmte sie stumm. Hier gab es keine Worte. Auch Theresa sprach nicht.

Das Geheimnis von Martonvásár blieb fest verschlossen in ihrer Brust. -

Meister Ludwig hatte wieder die Wohnung gewechselt - wie oft schon? Er war aus dem Pasqualatischen Hause auf die Schottenbastei übersiedelt, von hier auf die Seilerstätte, in die Nähe der früheren Wohnung, die er dort inne hatte;

aber er war auch hier nicht lange geblieben, dann auf die Landstraße gezogen, um dem Erziehungsinstitut näher zu sein. Also Karls wegen.

In der Familie Giannatasio ist er täglich abends Gast, der häusliche Kreis, in den er nun einbezogen ist, wird für den Einsamen eine Zuflucht; die beiden Töchter Fanny und Nanny tun ihm schön. Besonders Fanny, die jüngere, ist voll zärtlicher Aufmerksamkeit für ihn. Nanny ist Braut; ihr Verlobter, der gute Schmerling, ist auch taub, das gibt Verwandtschaft.

Der Meister ladet den Direktor mit seinen Töchtern und Karl nach Baden ein, wo er sich im Sommer immer wieder aufhält; der achtsamen Fanny fällt es auf, daß er im Gasthof mit dem Kellner um jede Semmel rechnet.

Er hat ein Loch im Ellbogen und will geschwind den Überrock anziehen, aber die Mädchen lachen, und er zieht ihn wieder aus:

«Jetzt haben Sie's ja doch schon gesehen!»

Fanny erkennt, daß es mit seiner Wirtschaft schlecht stehen muß. Sie ist voll Mitleid und möchte ihm gerne helfen.

Man kann sich nur mit ihm verständlich machen, wenn man sich ganz dicht an sein Ohr hält.

Fanny ist in arger Verlegenheit wegen der wirren Haare, die sein Ohr umfluten und ganz bedecken.

«Ja, ja», sagt er, «ich muß mir die Haare schneiden lassen.» Aber es bleibt beim Vorsatz.

Sie sehen steif und struppig aus; Fanny findet, daß sie sehr fein sind, und fährt ihm mit den Fingern durch die Locken, der liebe, lose Racker.

Die Mädchen bekommen sein Klavierzimmer zur Übernachtung. Fanny durchstöbert neugierig das Notizbuch, das auf dem Tisch liegt; unter einem unleserlichen Durcheinander von wirtschaftlichen Aufzeichnungen findet sie einen Satz, der ihr viel Nachdenken verursacht:

«Mein Herz strömt über beim Anblick der schönen Natur, obschon ohne sie.»

Sie kann darüber stundenlang nicht einschlafen.

Am anderen Tag beim Spaziergang durchs Helenental hört sie den Vater zu Beethoven sagen, während beide einige Schritte voraus sind, ob er sich von den traurigen Übelständen seiner Junggesellenwirtschaft nicht durch ein eheliches Band befreien könne, ob er niemanden kenne und dergleichen.

Fanny spitzt die Ohren. Sie ist neugierig auf seine Antwort.

Richtig, ihre langgehegte Ahnung bestätigt sich: er liebt unglücklich! Vor Jahren habe er eine Person kennengelernt, eine Verbindung mit ihr hätte er für das höchste Glück seines Lebens gehalten; es war eine Schimäre, und doch ist es noch wie am ersten Tag. - Er spricht von dem Verlust seines Gehörs, von dem elenden Leben, das er nun führen müsse -

Fanny ist ganz gerührt; die Schwester Nanny gibt ihr den guten Rat, sich nicht in Beethoven zu verlieben.

Die Arme ist wirklich in Konflikt mit sich selbst.

«Es ist ein Elend mit mir!» schilt sie sich, «immer diese Gedanken, die um so zudringlicher werden, je mehr man sie abschüttelt! Du hast es gut, Nanny, du hast deinen Bräutigam, und jetzt komponiert der Meister sogar dein Hochzeitslied - und ich?!»

Sie kämpft gegen die Schwester und eigentlich gegen das widerspenstige Herz.

«Weil's auch wahr ist! Doch besser ein Leben mit Liebe verwebt, wenn es auch manche unruhige Stunde bringt, als dieses leere tote Fortvegetieren eines warmen Herzens!»

Die gute Fanny faßt es beim rechten Ende an, die Schwester neckt sie damit; Fanny leugnet indessen: «Und doch ist es nicht wahr! Ja, er könnte mir teuer, sehr teuer werden. Das soll er ja und darf es werden! Aber warum denn gleich an eine nähere Verbindung denken?!»

«Du denkst aber doch, Fanny!»

«Ach, wie könnte ich so eitel sein zu glauben, diesen Geist zu fesseln!» Diesen Geist? Oder dieses Herz? Ja, dieses vortreffliche Herz!

So streitet sie mit sich.

«Genug, genug!»

Sie will gar nicht mehr daran denken, es könnte ihr noch die Unbefangenheit rauben! Die arme Fanny. Ach, so gerne hörte sie ihn spielen! Sie deutet es oft an, ohne ihn gerade darum zu bitten; nie noch hat er ihren Wunsch erfüllt!

Daran ist der Vater Giannatasio schuld!

Hatte er doch zu Anfang der näheren Bekanntschaft zu dem Meister gesagt in der Meinung, ihm ein Kompliment zu machen:

«Meine Töchter spielen auch von Ihnen -»

Wie hat sich der Meister lustig gemacht über Eltern, von denen er so oft die Phrase hören mußte, die seine Geduld auf eine zu harte Probe stellte!

Seitdem wird kein Klavier beim Giannatasio angerührt; so schämen sich die Töchter wegen des Spottes.

Fanny ist die erste, die die Scheu überwindet; während er bei ihnen abends am runden Tische sitzt und in die Zeitung blickt, spielt sie sein «Kennst du das Land -»

Er tritt sofort näher, taktiert und gibt einige Unterweisungen. Das nächste Mal bringt er sogar seine Lieder «An die ferne Geliebte» mit.

Fanny wagt einen kühnen Vorstoß. Indem sie auf den Goldring an seinem Finger deutet, fragt sie ihn, ob er noch eine andere als die ferne Geliebte habe.

Ein Gespräch über Liebe und Ehe entspinnt sich, Fanny will ihm Herz und Nieren prüfen. Er erklärt, daß ihm jede Art gebundenes Verhältnis unangenehm sei. Fanny giftet sich über seine sonderbaren Ansichten.

Er hinwieder scheint es darauf angelegt zu haben, den Widerspruch der beiden Mädchen hervorzurufen, und erzählt ihnen, er sei sehr glücklich, daß keines der Mädchen, die er sich einmal eingebildet habe, seine Frau geworden sei; es sei ganz gut, wenn oft Wünsche nicht erfüllt werden.

«Ach, Sie werden Ihre Kunst immer mehr lieben als Ihre Frau», bemerkt darauf die Schwester Nanny. Und er sofort:

«Das ist auch ganz in Ordnung; nie könnte ich eine Frau lieben, die meine Kunst nicht zu würdigen verstände und nicht bereit wäre, vor ihr zurückzustehen und sich mit der zweiten Rolle zu begnügen oder mit der Stellung einer Hüterin meiner Muse!»

«Nun, wenn nicht anders, so wäre ich auch mit der zweiten Rolle zufrieden», denkt Fanny, und ist sehr unwillig, daß sie der Meister wegen ihres Schlüsselkorbes «Frau Äbtissin» nennt. Sie will nicht Nonne sein. Daß er das gar nicht begreift!

Im Frühling bringt er ihr Veilchen:

«Ich bringe Ihnen den Frühling», sagt er und klagt gleichzeitig über seine Koliken: «Das wird einmal mein Ende sein.»

«Nun», versetzt Fanny flink, «das wollen wir noch lange hinausschieben!»

Und er: «Ein schlechter Mann, der nicht zu sterben weiß; ich wußte es schon als Knabe von fünfzehn Jahren; freilich für die Kunst habe ich noch wenig getan!»

«Oh, deswegen können Sie keck sterben!» gibt sie schnippisch zurück.

«Auf mein Leben», äußert er, «halte ich gar nichts; nur wegen meines Neffen!»

Und er spuckt in sein Taschentuch, fürchtend, darin Blutspuren zu entdecken. Der Arzt hat ihn ängstlich gemacht, er könnte lungenkrank werden: die Mutter und Bruder Karl sind an diesem Leiden gestorben, er hatte sich in der Jugend ja auch engbrüstig gefühlt.

Um diesen Neffen kreist sein Sinnen und Denken.

Fanny ist recht böse darüber. Man könnte wirklich eifersüchtig auf den Jungen werden!

Sie redet ihm ins Gewissen; es wäre besser, wenn er ihn mit seiner Liebe weniger tyrannisieren würde!

Das Wort Tyrann hat ihn schon früher einmal tief verwundet. Er will kein Tyrann sein. «Sieht man denn nicht, daß der Neffe mich tyrannisiert?!»

«Das ist wohl wahr», gibt Fanny zu und wendet den Spieß wieder um: «So sehr, daß neben dieser Liebe für Karl jede andere in Ihnen verkümmern muß oder überhaupt gar nicht Wurzel fassen kann!»

Leider nützt das alles nichts; wie sie es auch versucht, alle Liebespfeile prallen ab oder gehen daneben.

Der Meister ist blind für die stille Liebe, die im Schatten blüht und sich vergeblich nach einem Blicke sehnt. Die kindliche Fanny ist in der Musenzahl die neunte, die ihm hold ist.

In Bonn waren es drei, die ihn umschwärmten und denen seine «Wertherliebe» galt: die Wilhelmine von Westerholt, die Jeannette von Horvath und Leonore von Breuning, die Unvergeßliche; alle drei aus dem Hof- und Beamtenadel. Eine unschuldige Zeit.

Im aristokratischen Wien waren es wieder drei, die dem Hochadel angehörten und ihn zutiefst ebenso glücklich als unglücklich machten: Giulietta, Josephine und Theresa, die Unsterbliche.

Und in der nachfolgenden romantischen Biedermeierzeit sind es abermals drei, bürgerliche Genien, die sentimentalische Gefühle nähren: Therese Malfatti, Amalie Sebald und Fanny del Rio.

Glücklicher, unglücklicher Meister! Er hatte sich immer nach treuer, aufrichtiger Liebe um seiner selbst willen gesehnt und seine Wünsche an Idealgestalten gehängt, die wieder zerfließen mußten, so daß nichts blieb als die «ferne Geliebte».

Er sehnt sich nach einem geordneten Hausstand, nach Familienglück und glaubt keine Seele zu finden, die ihn verstehen mochte. Und doch verzehrt sich die ferne Geliebte auf Martonvásár und findet eine unbewußte Fürsprecherin in Fannys stiller Liebe, obwohl diese für sich selbst wirbt und ihm alles sein möchte, was er dunkel sucht und wünscht, oder jedenfalls braucht, wie Vater Giannatasio wohlmeinend auf den Busch klopfte - und der Einsame, Schwerhörige merkt es nicht!

Aber das gehört mit zu seiner Tragik oder zur Bestimmung seines Lebens, und die kluge Fanny, die fein Erratende, wird schon recht gehabt haben, daß neben seiner Kunst keine Frau bestehen könnte, außer der «fernen Geliebten».

XX. Kapitel

Zu dem «Dämon im Ohr» sind noch zwei andere Dämonen getreten, die sein Leben zerrütten: das Wirtschafterinnenwesen und Karl -

Karl zuliebe legt er sich Entbehrungen auf; er hat den Bedienten entlassen, der zu den aristokratischen Erfordernissen seiner früheren Zeit gehörte; in dem neuen bürgerlichen Stil tut es eine Wirtschafterin auch, die zugleich kocht und die Lebensführung verbilligt. Er spart und knickert, wacht über die Butter- und Eiervorräte mit Argusaugen, wirft den Wirtschafterinnen die Rechnungsbücher an den Kopf, wenn eine Semmel mehr darin verrechnet ist; er fürchtet, kaum für seine eigenen Bedürfnisse sorgen zu können, und nun gar für des Bruders Kind, denn sein Gehör hat sich verschlechtert. Er hat wieder die Ärzte gewechselt und ist mit Malfatti und seinem Assistenzarzt Bertolini ganz auseinander; er hat ihnen Mangel an Redlichkeit und Einsicht vorgeworfen und nimmt die Bäder wieder in dem stillen, idyllischen Heiligenstadt, wo er am Pfarrplatz wohnt, in dessen Mitte eine Johannesstatue sich erhebt, von vier Akazien baldachinartig überwölbt. Der heilige Florian schaut von der Hausecke herab; ein breites Tor führt in den Hof. Wilder Wein wuchert über der freien Holztreppe; von den primitiven Zimmern, die nicht auf den Platz hinaussehen, sondern über die Donau und das Marchfeld hinüber, kann er mit den Blicken das Gut und Herrenhaus drüben wahrnehmen, wo nun die Gräfin Erdödy lebt und ihn des öfteren zu sich einladet. Er tut aber so sparsam, daß er sich erst erkundigt, was die kleine Fahrt kostet.

Er bleibt nicht lang in dem Hause am Pfarrplatz wegen der Nordseitigkeit der sonnenlosen Zimmer und nimmt schon im Juli ein anderes Quartier in der nahen Kahlenberger Straße Nummer sechsundzwanzig, einem ehemaligen kleinen Barockpalast, über dessen Estrich nun Weinhauerstiefel schreiten. Eine wehmütige, verblichene Schönheit umstrahlt das Haus, die ganz zu seiner «Resignation» paßt, deren Lied er nun dort singt, weil ihn der Gedanke an seine mißliche finanzielle und gesundheitliche Lage so ernst und traurig stimmt, daß er sich gar nicht anders der fernen Geliebten eröffnen möchte als durch Lied und Ton. Man ist ein schlechter Hochzeitsmann in solcher Lage, und «Resignation» ist nun die rechte Stimmung.

Sein körperlicher Zustand wird immer schlechter; die unwissenden Köchinnen verstehen nichts von Diät; er tobt gegen das «niederträchtige Hausgesinde», gegen die «busige Betrügerin», seine Köchin, und ihre Aushilfe Baberl, «das schlechte Schönheitsgesicht».

Nannette Streicher ist zwar in allen kritischen Fällen Wirtschaftsrat und seine «Eurykleia»; bei ihr findet er immer «etwas Tröstliches in der Koch-, Wasch- und Nähkunst»; er schickt ihr das Küchenbuch zur Kontrolle - leider ist sie gerade in Baden und kann sein zerrüttetes Hauswesen nur von ferne leiten.

Er schreibt ihr nach diesem Badeort, mit dem ihn so viele holde Erinnerungen verknüpfen: «Kommen Sie dort an die alten Ruinen, so denken Sie, daß dort Beethoven oft verweilt; durchirren Sie die heimlichen Tannenwälder, so denken Sie, daß da Beethoven oft gedichtet oder, wie man sagt, komponiert.»

Dichten nennt er sein Schaffen, als Dichter fühlt er sich in Tönen, das ist Fingerzeig. Und welch ein krasser Gegensatz zwischen der idealen Welt seines Dichtens, wo seine Liebe daheim ist, und dieser gemeinen Wirklichkeit von niedrigsten Wirtschaftssorgen, mit denen er sich herumschlagen muß. Dazu die Prozesse um Karl und der Junge selber, der ihm den größten Kummer bereitet, vor allem durch die heimlichen Zusammenkünfte mit der Mutter, wobei des Meisters Dienstpersonen Helfersrollen spielen.

Es ist ein Jammer.

In derselben Zeit arbeitet er an einer Messe; und liest täglich das Evangelium für sich. Die «Missa solemnis» ist für die Inthronisation des Erzherzogs Rudolf als Bischof von Olmütz bestimmt. Unter diesen Umständen verzögert sich die Arbeit. Sie geht überhaupt nicht vonstatten in diesem Sommer. Das ist das Kunstopfer, das er Karl bringt. Denn sein Herz ist von den immerwährenden Ärgernissen so angegriffen, daß er sich gar nicht erholen kann.

Wie es um ihn steht, weiß niemand; er greift zum Tagebuch, dieser Zuflucht der Vereinsamten, hier schüttet er sein Herz aus in Verdemütigung und Gewissenserforschung:

«Gott, o Gott, mein Schutz, mein Fels, mein Alles! Du siehst in mein Herz und kennst den Kummer, anderen weh zu tun, um an meinem Karl recht zu handeln. Höre, Du Unaussprechlicher, höre den Unglücklichsten der Sterblichen!»

Ganz blutig und wund gerissen ist seine Seele. Ganz krankhaft. Und krankhaft diese Vaterliebe! Die Tragik des Einsamen, der sich krampfhaft an die Kindesseele hängt und mit dieser tyrannischen Liebe sich zugleich das Kind entfremdet. Er vertraut ihm Gedanken und Urteile an, für die der Junge weder reif ist, noch überhaupt Interesse und Verständnis besitzt. Der Alte wird ihm immer unbegreiflicher, unausstehlicher, widerwärtiger; er sehnt sich nach der Mutter, die immer dahintersteht, heimlich schürt und die Dienstboten besticht. Und eines Tages ist Karl dem Oheim entlaufen und zur Mutter zurückgekehrt.

Weinend kommt der Meister zu Giannatasio gelaufen: «Er schämt sich meiner!» Polizei wird aufgeboten, aber die Mutter hat einen schlauen Schachzug getan, der ihr vorübergehend Erfolg bringt. Sie hat den Nachweis beim Landrecht erbracht, daß «van» kein Adelsprädikat ist, wie das Gericht irrig angenommen habe, und daß die Sache daher nicht vor das Landrecht der privilegierten Stände gehöre, sondern vor den Magistrat.

Der «Republikaner» und «Demokrat» schäumt zwar, er fühle sich als Aristokrat und gehöre nicht unter die «Plebs». Der Magistrat nimmt nun Partei gegen ihn. Erst nach langen heftigen Kämpfen, in denen auch seine moralische Qualifikation angegriffen und seine Schwerhörigkeit gegen ihn ins Feld geführt wird, gelingt es ihm, der sich mit heroischer Würde verteidigt und seine Tugend ins rechte Licht stellt, seine Ansprüche durchzusetzen und die Angelegenheit wieder vor das höhere Gericht zu bringen, wo er allerdings gewonnenes Spiel hat.

Mit der «Missa solemnis» geht es langsam, langsam vorwärts.

Der nächste Sommer findet ihn wieder in Mödling, wo er sich abermals in dem schönen Hafnerhaus, mit den italienisch anmutenden Arkaden im Hofraum, eingemietet hat und wieder an der Messe arbeitet. Das Kyriemotiv hat er im

Vorjahre in das Innere einer Brieftasche notiert.

Hier besuchen ihn heuer Schindler und der Musiker Horzalka. Der pedantische, aber grundehrliche Schindler ist seit einiger Zeit sein unbesoldeter Geheimsekretär. An Stelle des Mephisto Oliva ist dieser treue Famulus getreten; Ries ist in die Heimat zurückgekehrt und konzertiert viel in London. Der Meister kann nicht leben ohne irgendeine solche Hilfe, und Schindler, den er von der Leserunde im «Blumenstock» her kennt, ist der rechte Mann. Er erträgt geduldig alle Launen des oft ungemäßigten Herrn, der ihn zuweilen wirklich schlecht behandelt, und dient selbstlos weiter, sklavisch ergeben als einer, der seine Mission weiß, die ihn an die Seite des Genius stellt. Das macht auch den Kleinen groß.

Seit ihm Schindler nähergetreten ist, beginnen die «Conversationsbücher». Die Gehörmaschinen versagen; der Meister fängt an, seine Gespräche schriftlich zu führen, besonders wenn unliebsame Hörer in der Nähe vermutet werden. Die Unterhaltungen werden in Notizbücher von Oktav- bis Quartgröße mit oft hieroglyphisch unleserlicher Schrift geschrieben, ein kaleidoskopartiger Spiegel banalster alltäglicher Gespräche und plötzlich groß aufleuchtender Gedanken oder genialer Einfälle, ein Abbild seines mündlichen Verkehrs und einzigartiges Dokument, dem er freilich nicht sein Innenleben anvertraut, das er ja auch vor den Freunden verbirgt.

Als die Besucher am späten Nachmittag ankamen, hören sie den Meister über einer Fuge zum Credo singen, heulen, stampfen. Geradezu schauerlich. Sie horchten lange; da trat Beethoven heraus mit verstörten Gesichtszügen; seine

Reden waren konfus. Was man daraus entnahm, war dies:

«Saubere Wirtschaft, alles ist davongelaufen; ich habe seit gestern mittag nichts gegessen.»

Nach und nach ergaben sich die Zusammenhänge. Es hatte in der vergangenen Mitternacht lärmende Auftritte gegeben. Der Meister, in seine Arbeit vertieft, hatte das Abendessen übergangen, und als er endlich tief in der Nacht nach Speise und Trank rufen wollte, waren die Mägde schon zu Bette. Darüber gab es nun Zank und Streit, und am Morgen waren beide Dienerinnen davongelaufen.

Schindler besänftigte ihn und half ihm bei der Toilette, indessen der Begleiter in der Wirtschaft des Badehauses ein Essen für den ausgehungerten Meister bereiten ließ.

Es hätte eines weiblichen Schindler bedurft, um den Mißständen des Hauswesens abzuhelfen. Wie es damit wirklich stand, erzählt der Kalender des Meisters ebenso lakonisch als erschütternd. Schindler, der zufällig darin blättert, liest Sätze darin wie diese, die das ganze Elend enthüllen:

Am 31. Januar der Haushälterin aufgesagt.
Am 15. Februar die Küchenmagd eingetreten.
Am 8. März hat die Küchenmagd mit 14 Tagen aufgesagt.
Am 22. März ist die neue Haushälterin eingetreten.
Am 12. Mai in Mödling eingetroffen.
Miser et pauper sum.
So kann es nicht weiter gehen!
Elend bin ich und arm!

Jetzt ist er wirklich von aller Menschheit verlassen. Und

nicht einmal eine Seele, der er sein Leid klagen kann! Früher hatte er wenigstens die Erdödy, seinen Beichtvater.

Aber seit es mit seinem Gehör so schlimm steht, scheut er sich, selbst die alten Freunde aufzusuchen. Die Taubheit richtet eine undurchdringliche Mauer von Einsamkeit um ihn auf. Es muß schon verzweifelt um ihn stehen, daß, er, diese Scheu überwindend, eines Tages über die Donau fährt und seine alte Freundin in Jedlersee aufsucht. Er muß sie sprechen und mit ihr von dem reden können, was sein Herz mit Sehnsucht und Vorwurf aufs neue bedrängt: von Theresa. Die Erdödy ist der einzige Mensch, der versteht und an seinem tiefsten Geheimnis teilhat. Nun sitzen sie im traulichen Gespräch beisammen wie in alter Zeit und reden von dem, was war und was hätte sein sollen. Die gute Gräfin ist voll Rührung und Mitleid.

«Wenn es nach mir gegangen wäre», sagte sie, «es stände besser um euch.»

«Glauben Sie, daß es zu spät ist, Gräfin?»

«Hm! Nein! Ich meine nur, so leicht ist es nicht mehr als früher. Und damals erschien es Euch zu schwer -»

«Damals, Gräfin, fuhr ich noch mit stolzen Masten - die Zukunft lag vor uns, eine ferne Küste, darauf unser Segel gerichtet war, und solange der Mensch Zukunft hat, entbehrt er nichts, Teuerste; jetzt suche ich den Hafen wie ein Schiffsbrüchiger. Sonst gehe ich zugrunde.»

«Nun, so schlimm ist es nicht.»

«Ich brauche eine Gefährtin, und mein Karl braucht eine Mutter. So steht es in Wahrheit.»

«Ist es Ihnen nun ernst damit?»

«Heiliger Ernst.»

Sie wurde ganz ärgerlich, die herzensgute Gräfin.

«Aber so seid ihr beide! Zwei herrliche Menschen, die längst zusammengehören und sich nicht finden können, weil sie das Leben viel zu tragisch nehmen. Und dabei vergehen beide vor Sehnsucht und verpassen die schönsten Jahre. Ich bin schier verzweifelt an euch beiden. Haben Sie Theresa geschrieben, was Sie mir eben sagten?»

Er verneinte.

«Nun, da haben wir's ja! Die Arme verzehrt sich in Ungarn mit fruchtlosem Warten und Sie, lieber Meister, in Wien mit Ihrer ewigen Unentschlossenheit! Ich sehe schon, daß ich euch wieder aus dem Traum helfen muß. Aber nun beichten Sie ihr alles, und tun Sie es gleich.»

«Bedenken Sie, Gräfin, es ist heute ein größeres Opfer für Theresa als früher - darf ich es verlangen?»

«Aber sie ist Ihre Braut! Denken Sie so klein von Theresa? Lieben heißt opfern! Jetzt muß es sich zeigen, was die Liebe wert ist.»

Eilbriefe gingen nach Martonvásár.

Die Erdödy lud Theresa zu längerem Aufenthalt auf ihr Gut im Marchfeld ein. «Auch hier ist eine Schloßkapelle und ein Kaplan, und heiraten könnt ihr hier ebensogut wie in Martonvásár. Ganz abgesehen davon, daß Ihr ohnehin in Wien leben müßt.» Sie packte die Sache kurz an - das andere wird ihr schon Ludwig geschrieben haben, dachte sie.

So war es auch. Theresa war wie aus den Wolken gefallen. Sie war auf alles gefaßt, nur nicht auf das, worauf sie seit vielen Jahren gewartet hatte. Wohl war es Freude, was sie bewegte; aber es blieb dem vollen Becher der Freude mancher Tropfen Wermut beigemischt.

«Endlich! Oh, mein lieber Louis! Du bist Vater geworden - hattest Du damals nicht gedacht, daß ich Deinem Karl eine Mutter sein könnte? Wie hatte es mich gekränkt, daß Du nicht schon damals dieses gute Wort gefunden hast! Nun denn: ich will ihm eine gute Mutter sein, und Dir will ich alles sein, was ich Dir sein kann und wollte. Sprich nicht von Opfer; Liebe nimmt, indem sie gibt; sie erfüllt nur ihre Bestimmung. Nur vergiß das eine nicht: wir sind nicht mehr so jung wie einst. Es ist ein anderes, wenn man im Mai des Lebens sich vereint oder erst, wenn schon der Herbst vor der Türe steht. Wir sind ein herbstliches Paar - der Reif des Alters hat unsere Schläfen gekühlt und die Freuden versengt, aber auch die Empfindungen geklärt: mehr als Freuden des Lebens gibt es Pflichten für uns -! Wir wollen unserem Sohne leben! Welche glückliche Pflicht, die uns vereint! Unser Leben, unser Verlöbnis hat ein neues Ziel und einen neuen Sinn erhalten. Nun hat auch mein Dasein Zweck und Inhalt gefunden in Dir und in Karl, unserem Kind! Mit Freude und Stolz sage ich: unserem Kind!»

Mit der Gräfin Erdödy ordnete Theresa brieflich alle praktischen Vorbereitungen.

Nun waren alle Zurüstungen geschehen, und es blieb nichts zu tun übrig als eines, das Allerschwerste: die Gräfin-Mutter einzuweihen und sie um ihre Einwilligung zu bitten.

Die alte Gräfin saß im Lehnstuhl und hörte mit eisiger Ruhe das Geständnis ihrer Tochter an, die ihr zum Schluß die Absicht verkündete, zur Hochzeit nach Wien zu reisen und dort ihren Hausstand zu errichten. Mama möge ihr den mütterlichen Segen zur Vermählung geben. Die Alte erwiderte mit keinem Wort. Eine peinvolle Pause entstand.

«So sprich doch, Mama», drängte Theresa mit ängstlich bebender Stimme, «hast du mir nichts zu sagen?» Sie kniete vor ihr hin und stützte die Hände bittend auf ihren Schoß.

Ein bitteres Wort entfiel der alten Gräfin, es lautete: «Mesalliance!»

«Mama!» Es klang wie ein Wehruf.

«Verirrtes Kind! Zu solcher Verbindung vermag ich es nicht, meinen Segen zu geben. Niemals! Ich bin maßlos erstaunt, Theresa, ich verstehe dich wirklich nicht und begreife gar nicht -»

Theresa hatte ihr Gesicht mit beiden Händen bedeckt.

Die alte Gräfin streichelte ihr mit welken zitternden Händen das Haupthaar und sprach sanft und dringend auf die Kniende ein: «- meine Tochter ist vernünftig und wird unserem Hause nicht die Schande eines solchen unziemlichen Aufsehens, um nicht zu sagen, Skandals bereiten -»

Bei dem Worte «Schande» sprang Theresa empört auf; eine flammende Röte schoß auf in ihrem Antlitz.

«Es ist keine Schande, Mama, und keine Mesalliance! Ludwig ist geehrt vor allen Menschen, sein Adel ist älter und höher als der unsere; er ist ausgezeichnet vor allen Sterblichen durch das göttliche Adelszeichen seines Genies und seiner Kunst; Fürsten und Könige haben sich um seine Freundschaft beworben, und Rasumoffsky wollte unsere Verlobung vor allen Regenten gefeiert wissen. - Hättest du es damals für eine Schande gehalten, was fürstliche Häuser als Ehre und Auszeichnung erkannten?! O Mama, deine Tochter ist zu stolz und weiß auch zu gut, was sie sich und unserer Familie schuldig ist, um dieses harte Wort zu verdienen: nicht Schande, nein, Ehre und Glück ist es, mit dem

Genius verbunden zu sein, und der Ruhm unseres Hauses würde vor der Welt und der Geschichte gerade dadurch neuen Glanz erhalten. Aber nicht darum geht es mir, sondern vor Gott und meinem Gewissen: um ein heiliges Band, um Treue, die ich beschworen habe, nicht um Glück, sondern um eine schöne Pflicht --»

Die Gräfin-Mutter war sichtlich überrascht von der Festigkeit, mit der Theresa ihre beleidigte Würde verteidigte. Sie empfand, daß sie mit ihrem verletzenden Widerspruch zu weit gegangen war, und erwiderte im ganz veränderten Ton, weichmütig und schließlich bittend:

«Kind, vor dem Elend will ich dich bewahren! Ein taub gewordener Musikant, der unfähig geworden ist, seine Kunst auszuüben! Es wäre dein Unglück! Eine Bettelexistenz! Wie durfte der Hauslehrer meiner Töchter es wagen, seine Wünsche so hoch zu erheben! Es war unrecht von dir, mir so lange zu verschweigen, was zwischen euch vorgegangen ist. Damals, als Fürst Rasumoffsky, wie du sagst, eure Verbindung fördern wollte, war der Künstler auf der Höhe seiner Erfolge - heute ist er ein Vergessener und durch sein Gebrechen, das gewiß zu beklagen ist, auch ein Verlorener! Es ist Vermessenheit, Anspruch auf eine Tochter aus gräflichem Hause zu erheben. Er braucht eine Wirtschafterin und Pflegerin, nicht eine Gemahlin!»

«Dann ist es für mich ein Gebot der barmherzigen Liebe, ihm alles in einer Person zu sein», entschied Theresa.

«Was kümmert dich der unselige Musikant und sein fremdes Kind, das deinem Herzen nichts zu sagen hat? Ich bin alt und krank, du hast eine heilige Pflicht gegen deine Mutter, die der Pflege bedarf. Es ist mein Tod, wenn du gehst, Theresa!»

Die alte Gräfin, die zäh an den Grundsätzen der starren Hochtories hing, hätte ihre Tochter, die den freieren Auffassungen ihrer Zeit huldigte, vergebens zu überzeugen versucht. Darin war Theresa Fleisch und Blut ihres Geschlechts, daß sie ebenso unerschütterlich an ihren Überzeugungen und Grundsätzen festhielt, wie Mama an den ihrigen. Aber mit dem Appell an die Kindesliebe hatte die Gräfin-Mutter ihre Tochter ins Herz getroffen.

Wieder stand Theresa in dem schweren Kampf zwischen Pflicht und Neigung. Ihr Gewissen sagte ihr, daß es das vorzeitige Ende Mamas wäre, wenn sie so sie verlassen würde. Und wenn sie der Kindespflicht gehorchte, war es nicht Verrat an dem Geliebten, der sie in seiner Not rief? Hier Verrat an der beschworenen Liebe und Treue, dort Verrat an dem Leben der Mutter, vielleicht gar mit dem ewigen Schuldgefühl, ihr den Todesstoß gegeben zu haben?! Verstoßung und Enterbung hätte sie hingenommen und als Opfer auf den Altar der Liebe gelegt zusammen mit der eigenen persönlichen Aufopferung für den geliebten Meister - aber zu allem noch den Vorwurf des Mordes an der Mutter: das zwang zur Überlegung und reiflichen Besinnung. «Oh, unseliges, allzu tragisches, unentrinnbares Verhängnis!»

«Meine Tage sind gezählt», begann die alte Gräfin wieder im flehentlichen Ton: «wie lange habe ich noch zu leben? Nach meinem Tode bist du frei und magst tun, was du für gut und recht findest - über mein Grab hinaus will ich dich nicht binden; nur für die kurze Zeit, die mir noch beschieden ist, tue mir das nicht an, ich würde es nicht überleben. Sei mein gutes Kind, meine geliebte Theresa!»

Sie schloß die Tochter, die keinen Widerstand zu leisten vermochte, in ihre Arme. Theresa bebte im unterdrückten stoßweisen Schluchzen.

XXI. Kapitel

Mit fiebernder Ungeduld sah Ludwig der Ankunft Theresas entgegen. Früher wiegte er sich in Sicherheit einer unzweifelhaften Zukunft - sein Arkadien, Martonvásár, stand immer offen. Jetzt konnte er die Stunde nicht erwarten, da er sie endlich sein nennen dürfte.

Der Tag kam, der heiß ersehnte, da des Brunszviksche Reisewagen in den Gutshof der Erdödy hereinrollte.

Dem Wagen entstieg - nicht Theresa, sondern der Bruder, Franz Brunszvik. Er besprach sich zuerst mit der Gräfin, ehe man Ludwig bitten ließ. Das Wiedersehen war nicht fröhlich wie sonst.

«Wo ist Theresa?» war Ludwigs erste Frage, und erwartungsvoll mit halb freudig, halb ängstlich gespannter Miene sah er sich um in der Erwartung, daß sie im nächsten Augenblick aus der Nebentür treten würde, wie damals im Wiener Stadtsalon der Gräfin Erdödy. Franz war seinen suchenden Augen gefolgt und schüttelte stumm den Kopf. Er sprach von der Mutter, und daß die Liebenden sich, solange sie lebt, nicht die Hände reichen könnten.

«Oh, es ist schrecklich genug, auf den Tod der Mutter warten zu müssen!» Fassungslos sah ihn der Meister an. «Entsagen? Nein, Bruder und Schwager, nicht so; glaube mir, Theresa blutet das Herz. Nur noch ein wenig Geduld. Mama ist alt und schwach, später ist die Bahn frei für euch. Also standhaft bleiben, ausharren!»

Wie betäubt stand Ludwig da, wie damals angesichts der Brandkatastrophe. Nur das eine Wörtchen: «Zu spät!» entringt sich ihm. Es umfaßt unmeßbare Tiefen. Sein ganzes Liebesleid. Wieder stürzte ein Bau zusammen, der Tempel seines Glücks. Arkadien, das geliebte Martonvásár mit seinem Lindenraum und mit der still waltenden Geliebten, der Göttin seiner Träume, versank vor seinen schwimmenden Augen. Es war ihm, als ob das Tor seines ersehnten Paradieses krachend zugeschlagen würde; er stand draußen allein, vor ihm die wüste Erde, der rauhe Pfad, den er zu wandern hatte.

In Sehnsucht und Verlassenheit sucht der Mensch den Himmel. Still setzt sich der Meister wieder hin und arbeitet an seiner Messe. Aber das Herz liegt schwer in der Brust, wie tot.

Schindler hatte nicht unrecht: «Niemals dürfte ein so großes Kunstwerk unter widerwärtigeren Lebensverhältnissen entstanden sein als diese ‹Missa solemnis›.»

Sie bedurfte noch Jahre zu ihrer Vollendung. Diese Verschleppung war der Tribut, den er seiner unseligen Liebe für den Neffen zollte. Sie war auch der Tribut für die Versäumnisse seines Herzens, die diese letzte furchtbare Enttäuschung zur Folge gehabt haben.

Erzherzog Rudolf war längst Kardinal geworden.

Unbequeme Fragen, wann die Messe fertig werde, pflegte der Meister mit der unwilligen Bemerkung abzutun:

«Bis der Erzherzog Papst wird!»

Mit der «Missa solemnis» hat er sich in transzendente Höhen emporgesungen, dahin die Zeitgenossen dem Erdentrückten noch nicht folgen konnten. Die C-Dur-Messe war ein Anfang auf diesem Wege - die «Missa solemnis» die Erreichung.

Seine Taubheit, seine Einsamkeit, dieser Fluch seines Lebens, enthüllt nun erst seine eigentliche tiefe Segenskraft - der Sinn reiner Tragik will aus der anscheinenden Sinnlosigkeit seines Mißgeschicks plötzlich hervorleuchten:

Dem Meister war es dadurch beschieden, in Sphären hinein zu horchen, die kein leibliches Ohr je vernommen und die nur ihm, dem Lauscher in die Ewigkeit, der mit Geistesohren hörte, erschlossen waren, nachdem sein Gehörsinn den irdischen Klängen taub geworden war.

Er hört nach innen, und die Stille spricht. Überirdische Musik wird ihm zum Gnadengeschenk. Das ist die «Missa solemnis». Das ist die neunte Symphonie, die nebenher fast gleichzeitig entsteht. Die Messe ist sein Bekenntnis vor Gott, sein Dankopfer an den Schöpfer. Die Neunte ist sein Bekenntnis vor seiner unsterblichen Muse, sein Liebesopfer an Theresa, sein Seelenleben, Beichte und Lebensbeschreibung wie all sein Dichten. Der Kampf ist ausgekämpft. Er sucht nicht mehr die irdische Erfüllung seiner Sehnsucht und Herzenswünsche: er sucht das Himmlische. Er will nicht mehr erinnert sein an seinen verzweiflungsvollen Leidenszustand:

«Oh, nein, etwas Schöneres, Besseres fordere ich!» lautet seine Notiz. Und: «Ha, dieses ist es, es ist gefunden: Freude, schöner Götterfunken!» Auf dem tiefsten Grund des Leidens ist der Freudenquell aufgebrochen, auf Gottesgrund!

Gott als Schöpfer ist der Freudespender; er ist auch der Urquell der Liebe. Dorthin geht sein Sehnen, dort will er, der Heimgefundene, den Engelschöre umringen im Reich der Seligen, seine unsterbliche Geliebte finden in unlösbarer seliger Vereinigung. Ihr gilt das tiefsinnig verschlungene

Freude- und Liebesthema, das schließlich als gewaltigste hochzeitliche Hymne mit trunkener Begeisterung ins Ewige fortjubelt.

Ein Rückblick über das ganze Leben ist diese Neunte, eine Zusammenfassung, eine Klärung. Seelengeschichte, Triumph und Tragik enthüllt sich darin, Leid und Verklärung.

Aus Erinnerungstiefen wird noch einmal der Dämon beschworen, der mit furchtbarer Majestät unter schreienden Dissonanzen erscheint, wie in einer schrecklichen Walpurgisnacht. Unholdinnen sind seine Sendlinge: Sünde, Not, Verführung, Verderben. Dreimal wird die Spukphantastik dieser Beschwörungsszene wiederholt. Alle grausigen Schatten, die überwunden scheinen, stehen nochmals auf, tausend Erinnerungen seines leidvoll tragischen Seelenlebens, die den kämpfenden, leidenden Helden umgarnen und hinabzuziehen suchen.

Aber das Ewig-Weibliche in himmlischer Bedeutung zieht hinan. Die menschliche Sehnsucht bittet den wohlgerüsteten Starken, der als goldener Ritter aufrecht dasteht, daß er sie über den Berg der Sünde und des Verderbens hinwegführe in das Reich der Seligkeit, wo die ferne Geliebte thront. Die Sehnsuchtsmelodie Leonore-Adelaide-Theresa schwebt hoch wie eine weiße Taube über der Sintflut. Sphärenhafte Bläserklänge tönen herüber, Klangstrahlen aus jenem Reich. - Heilige Stimmung gewinnt Oberhand über irdische Lockung. Hoch ragt der Sinn des goldenen Ritters, weltabgewandter Einsamkeit zugekehrt. Alles, was sich je verheißungsvoll angeboten, wird abgewiesen: der dämonische Gespensterzug des Scherzo, die Zauberbotschaft der Sinnenliebe; Reminiszenzen an Giulietta, an den lockenden Reigen der Holdinnen, die ihn in Scharen umschwärmten - die Baßrezitative wie die Stimmen des innersten Gewissens erheben immer Einspruch dagegen; höher, höher steigt die Sehnsucht, empor zur Unsterblichen im jauchzenden Dithyrambus an der Schwelle der Unendlichkeit, wo Engelschöre und der Sang der Seligen die Vereinigten umschweben in der ewigen Liebesfeier, die alle Menschheit mit ihrem Glück umfassen möchte: «Seid umschlungen, Millionen», und: «Diesen Kuß der ganzen Welt!»

Aus der Versenkung, in die ihn für viele Jahre die schlechte Zeit, Krankheit, Prozesse, die Vormundschaftssorgen und ähnliche Dinge haben verschwinden lassen, so daß man sich kaum seiner allerdings oft wechselnden Adresse erinnert, taucht der alternde Meister in neuer Glorie wieder auf; die Mitwelt lernt den verklärten Beethoven nun in seiner dritten Schaffensepoche kennen, nachdem sie seine erste fröhliche Zeit bis zum Septett und seine tragische Periode vom Heiligenstädter Testament an miterlebt hatte.

Ein Kind ist es, das ihn aus Vergessen und Einsamkeit wieder herausführt. So steht es eines Tages vor ihm, eine liebliche halbwüchsige Mädchenerscheinung, mit einem Blumenstrauß in der Hand. Die Verkörperung der holdseligen Jugend, ein Märchenbild, geträumt von einem idealen Jüngling, der die blaue Blume sucht und sie in dieser Gestalt findet als Frau Poesie und als seine Braut.

Ludwig ist eigentümlich berührt; ein Nachklang ferner Zeit, ach, wie weit! Allerhand Erinnerungen drängen sich auf: die neun musenhaften Frauenwesen, die er in seinem Leben liebend gekannt hat und die sich in der einen Fernen vereinigen, der Unsterblichen! Und diese hier könnte in verjüngter Gestalt sie alle verkörpern.

«Meister, ich habe mein Debüt als Opernsängerin und mir für mein erstes Auftreten eine Rolle gewählt: Leonore! Einige Benefizianten der Oper wollen das Werk für ihren Abend geben - ich möchte in dieser Aufführung die Leonore singen! Bitte, Meister, bitte inständig!»

So süß kann dieses Kind flehen, daß es schwer ist, nein zu sagen.

Er möchte die Kleine nicht betrüben und wendet nur sein Bedenken ein: «Aber Sie sind noch ein Kind - die Partie ist viel zu schwer für Sie!»

Er sieht nur den umflorten Blick, die tiefe Wehmut, die plötzlich das reine Antlitz umschleiert, ihr kindliches Bitten.

«Ja, wer sind Sie denn?»

«Die Burgschauspielerin Wilhelmine Schröder.»

Richtig ja! Er hat schon von der jugendlichen Künstlerin gehört.

«Ja, können Sie denn singen?»

«Nein. Ich denke mir halt, daß ich es probiere. Ich möchte für mein Leben gern zur Oper. Das heißt, gesungen habe ich immer, nur für mich. Es ist halt meine Leidenschaft!»

Das ist jedenfalls neu und eigenartig. «Nun denn! Probieren können wir ja!»

Er kramt in den Noten, den Klavierauszug zu suchen, aber sie ist flink:

«Bitte, die Noten hab' ich schon mitgebracht!»

«Gut.» Er setzt sich ans Klavier und schlägt gleich die schwierige Partie auf vor dem Duett mit Florestan.

Er kann dem Gesang nur mit der Phantasie folgen: aber

welcher Ausdruck, welches Feuer, welche Leidenschaft! Das Kind ist nicht Kind - das Weib erwacht plötzlich vor ihm.

«Sapperment! Das war gut!»

Und jetzt der Aufschrei.

«Himmel, welch ein Schrei!»

O Wunder, er hat den Schrei gehört! Dieser furchtbare leidenschaftliche Aufschrei hat selbst die eherne Pforte seiner Taubheit gesprengt, welches Labsal! Der menschliche Ton ist an sein inneres Ohr gedrungen! O welche Seligkeit über ihm! So muß es dem armen Florestan in seinem unterirdischen Kerker gegangen sein, als die geliebte Stimme seines Weibes ihn rief und Erlösung winkte!

In des Meisters Herz ist der Ton gedrungen.

Leonore, seine Leonore ist gefunden! Er springt auf, und in maßloser Freude umarmt er die Kleine, die wieder bescheiden und verschämt vor ihm steht, eine zarte Mädchenblüte, die es willenlos geschehen läßt, daß er einen Kuß auf ihre Stirn drückt.

«Meine Leonore!»

Sie hat den wahren Charakter der Rolle erfaßt: die erste dramatische Sängerin ist erstanden, das Urbild aller Leonoren! Das Urbild aller jener Frauengestalten, die der Meister im Leben gekannt und geliebt hat. Sie war Dichtung geworden in jener Leonorenoper, und die Dichtung nahm Fleisch und Blut an: Leben und Erfüllung geworden, steht sie nun leibhaft vor ihm.

Kaum ist Wilhelmine Schröder fort, überfällt es den Meister mit Schmerzensgewalt. Alles, was ihm das Leben versagt hat und wonach er sich so heftig sehnte, so daß es schließlich Dichtung wurde, hat sich in diesem Mädchen gleichsam zu einem Symbol verdichtet mit der Mahnung:

«Zu spät! Zu spät!»

Wie zum Hohn besuchte ihn das Glück als Sinnbild dessen, was er im Leben vergeblich ersehnt.

«Ah, mein Dämon - was verfolgst du mich!»

In Tränenfluten löst sich der namenlose Schmerz. Jetzt erst weint er über sein Mißgeschick, über sich, über Theresa, über die Unsterbliche. Der Anblick des Mädchens hatte ihn an sie erinnert, an die holde Lenzzeit der ersten Begegnung mit ihren Blütenträumen, und darum hatte es ihn jetzt so machtvoll ergriffen. Mit diesem innigen Gedenken an Theresa.

Ihr Hoheitsbild neigt sich aus unerreichbaren Fernen liebend über ihn - ihr sanfter Geist umschwebt ihn: in seiner Neunten feiert er die selige Vereinigung mit ihr, zu spät für dieses irdische, vergängliche Leben, nie zu spät für jene höhere Welt dort, in der Liebe grenzenlosem Reich. In Tönen hat er zu ihr hingefunden, in Tönen feiert seine Liebe ihr Hochzeitsfest, in Tönen hat er das Paradies seines Glückes verewigt und der Unsterblichen einen Thron errichtet, der über unvergänglichen Sphären schwebt.

Nun soll auch die Welt erfahren - nicht von seinem Seelenleid, das er in sich verschließt, sondern von seinem Schaffensglück, das daraus geboren ist und seine Tränen verwandelt in strahlende Kleinodien und Edelsteine, damit er angetan ist wie mit einem Gewand von Herrlichkeit und mit einer leuchtenden Krone, deren Rubinglanz es nicht mehr anzumerken ist, daß sie eine Dornenkrone war.

In dieser Gloriole wollte der vergessene Meister wieder erstehen wie damals am Kongreß vor einem Fürstenparkett;

nein größer, höher noch, ohne Seitenblick auf diese Welt, das Antlitz dem Ewigen zugekehrt, davon seine «Missa solemnis», seine Neunte ein Widerklang sind, ein Tongemälde seiner unendlichen Heimat, seines himmlischen Arkadiens, seiner unsterblichen Geliebten.

Die egozentrische Welt, die seine Kanonadenmusik einst bejubelte, scheint aber vor der hohen Musik, die dem entgegengesetzten, transzendenten Pol angehört, versagen zu wollen. Die «Missa solemnis» wird in Subskriptionsexemplaren den europäischen Höfen vorgelegt, das Widmungsexemplar zu fünfzig Dukaten. Der König von Preußen schickt zwar einen Brillantring statt des erhofften Ordens, und Ludwig XVIII. von Frankreich eine goldene Medaille; aber sonst haben die regierenden Häupter, die ihm auf dem Kongreß die Cour machten, ein schwaches Gedächtnis. Das Erträgnis deckt kaum die Kosten der Kopiatur.

Goethe, dem der Meister einen demütigen Brief geschrieben hat, darin er auf seine Krankheit und seine Vaterpflichten hinweist, antwortet nicht; der Weimarer Hof hat nicht subskribiert.

Auch mit der Aufführung der beiden großen Werke steht es fragwürdig. Auf Wien ist der Meister schlecht zu sprechen; daß man hier des Großen, der hier lebt, so ganz vergessen konnte, hat ihn am meisten gekränkt.

«In Berlin soll die Erstaufführung stattfinden!»

Über diesen Entschluß sind die Freunde außer sich.

Eine Huldigungsadresse mit vielen Unterschriften wird ins Werk gesetzt, den Meister umzustimmen. Man rührt sich jetzt, ein wenig spät zwar und auch nur aus Eifersucht; Berlin soll nicht den Vorzug haben.

Der Meister zögert noch; halb stimmt er zu, halb lehnt er ab; zum Schluß droht die Sache doch zu scheitern.

Franz Brunszvik ist zufällig in Wien und wird von den Intimen ins Vertrauen gezogen. Er möge doch seinen Einfluß auf den Genius aufbieten.

Es gibt nur einen Menschen, der Ludwig bewegen könnte: Theresa! Darauf baut Franz seine diplomatische Mission bei dem Freund und Bruder, der doch Schwager in spe ist! Das Zauberwort hat gewirkt.

«Theresa?! Natürlich findet die Akademie statt!» entscheidet der Meister, nachdem er eben vorher energisch dagegen war; «wem könnte», so denkt er, «die ‹Missa solemnis› als Krönungsmesse unserer himmlischen Vermählung und besonders die Neunte als unsere himmlische Hochzeitsmusik denn sonst gelten als ihr?!»

Nun wird das Werk mit Feuereifer in Szene gesetzt, darin Ludwig seiner Unsterblichen den höchsten Thron der Verklärung erbaut hatte, sakrale Musik, ein Himmelsdom dieser einzigen Liebe, für die die Welt nicht Raum hat und die weit über die Sterne reicht.

Alles freut sich darauf: «Es wird herrlich gehen!»

Das Haus ist dicht gefüllt am 7. Mai. Man ist gespannt auf die «interessante Persönlichkeit», deren Unnahbarkeit sprichwörtlich ist. In Wien ist man auch in der Kunst immer auf die Person neugierig, um so mehr, je weniger man sich aus ihr machen kann. Der Meister ist bereits zur Legende geworden, und das gibt immer Relief. Man munkelt dies und das über den tauben, finster blickenden Musiker; das Seltsame wie das Seltene ist stets begehrt. Jedenfalls gibt es eine Sensation.

Knapp vor Beginn nimmt eine dicht verschleierte große Dame im Hintergrund einer Loge Platz, wo sie von niemandem gesehen wird. Theresa. Sie ist einige Stunden vorher in Wien angekommen.

Der Meister erscheint am Dirigentenpult, vom Beifallslärm begrüßt, hinter ihm Kapellmeister Umlauf. Die Ovation nimmt kein Ende - der Meister steht am Pult mit dem Rücken gegen das Publikum, er hört das Toben nicht; die Raserei nimmt zu, bis endlich der Polizeimeister abwinkt.

«Mein Gott! Wie ist der liebe gute Ludwig gealtert! Das Haar ergraut, die Züge gramvoll gefurcht!»

Auf Martonvásár lebt sein Bildnis in unverwelkbarer Frische und Idealität fort, und so in ihrem Herzen; die Liebe kennt kein Altern. Nur die Wirklichkeit zeigt jetzt mit grausamer Deutlichkeit, daß die Zeit nicht spurlos vorübergeht.

Tiefe Wehmut beschleicht die Gräfin; sie hat sich vor diesem Augenblick fast gefürchtet.

Sie geht seltsame Gedankenwege. Sie empfindet plötzlich, daß auch sie nicht mehr im Rosenhauch der Jugend steht und dem Bild nicht voll entspricht, das der Meister von ihr besitzt und verehrt. Sie ist nicht eitel; aber sie will ewig schön und ewig jung in seinen Augen bleiben, ein unzerstörbar Ideal - wie schrecklich, wenn er durch die Wirklichkeit, durch das Altern und das Abblühen aus der Illusion gestürzt und an das Allzuvergängliche des Lebens erinnert würde. -

«Dann wäre es besser, sich nicht zu sehen! Nur im Geiste leben die Ideale in unverminderter Jugendschöne fort!»

Unter der sphärenhaften Wirkung der Musik ist diese

Empfindsamkeit gewichen. Und sie erkennt in dieser verklärenden Musik das Urbild der idealen Himmelsliebe, gegen das alle Wirklichkeit verblaßt. Sie erkennt ihre Züge, wie sie der Meister als seine unsterbliche Muse anschaut - kein Wirklichkeitsbild kann neben dieser übersinnlichen Schönheit bestehen.

Die Klänge sind verrauscht, man war in eine andere, wunderbare, kaum geahnte Welt erhoben und findet sich nur schwer zurück.

Ein Orkan von Beifall reißt die Sinne wieder aus ihrer Entrücktheit herab in diese Welt des Scheins.

Aber nicht ihn, den Meister!

Er hört den Lärm nicht und bleibt mit dem Rücken gegen das Publikum gewandt.

Das Orchester schweigt, der Meister dirigiert weiter vor einem unsichtbaren Musikerchor!

Er hatte längst die Fühlung mit dem Musikapparat verloren, den Umlauf heimlich ans Ziel geführt hat - ratlos, entsetzt sehen die Spieler auf den Meister hin, der einen Geisterchor mit dem Taktstock befehligt, von Harmonien umrauscht, die kein irdisches Ohr hört und die nur er vernimmt.

Atemlose Stille tritt ein nach dem ersten Beifallssturm; eine Stille der Ergriffenheit und der Tränen. - Verwundert schaut der Meister auf und sieht, daß die Instrumente in den Händen ruhen; diesen Augenblick erfaßt die Sängerin Karoline Unger und dreht den Meister nach dem Publikum um, das nun mit verdoppelter Gewalt in Beifallsfreude ausbricht. Und wären es Donnergewalten, der Meister hört sie nicht!

Die Tragik des tauben Meisters stand an diesem ergreifenden Schluß so deutlich vor aller Augen, daß es wie eine heftige Gemütserschütterung durch das ganze Haus ging.

Er sieht das Tücher- und Hüteschwenken und lächelt; aber dieses Lächeln schneidet ins Herz und entlockt noch mehr der Tränen.

Eine Menschenwoge brandet zu dem Meister empor, als wollten sie ihn in der Raserei des Jubels und Schmerzes hinwegheben. Alle drängen sich hinzu und wollen etwas sagen: vergebens - er hört sie nicht!

Schindler und die anderen Freunde müssen einen Wall um ihn bilden und retten ihn endlich in das Künstlerzimmer, wo nur die Intimsten Einlaß finden.

Eine Gestalt hat ihren Platz verlassen und strebt, bebend vor Schluchzen, dem Ausgang zu: Theresa. Ihn jetzt zu sehen und ihm ihre Tränen zu zeigen - unmöglich! Aufgelöst in Schmerz und weher Seligkeit, wäre sie schluchzend keines Wortes fähig. Nur fort, fort!

Schuppanzigh und Umlauf bringen den Meister heim und warten noch die Ankunft Schindlers ab, der den Kassenrapport bringen soll. Ludwig hat alle drei Helfer zu einer kleinen Nachfeier, einem Frühstück im Prater, das in den nächsten Tagen stattfinden soll, eingeladen.

Endlich kommt Schindler. Aber ach! ein allzu bitterer Tropfen in den vollen Becher der Freude! Der Kassenrapport weist einen so geringen Überschuß aus, daß der Arme aus allen Himmeln der Erwartung stürzt. Er hatte eine hohe Einnahme erwartet; das Konzert sollte ihn auf lange Zeit aller Sorgen entheben, die er sich Karls wegen macht, und für viele still ertragene Entbehrungen entschädigen. Und gerade diese Hoffnung ist zerronnen. Wie vernichtet ist der erschöpfte Meister zusammengebrochen. Man mußte ihn auf das Sofa bringen. Dort blieb er lautlos liegen, ohne Speise und Trank zu verlangen. Spät nachts gingen die Freunde weg, als sie sahen, daß er über seinen Schmerz und Kummer fest eingeschlafen war. Am anderen Morgen fanden ihn seine Dienstleute noch in Konzerttoilette auf derselben Stelle.

Unterdessen weilte Theresa zu Besuch bei der Vertrauten ihres Herzens, der Gräfin Erdödy, die infolge ihres Fußleidens verhindert war, an dem Ehrentag Ludwigs teilzunehmen, und sich den schmerzlichen Triumph des Meisters von der Freundin erzählen ließ.

«Ist es wahr, daß seine Musik infolge seiner vollständigen Gehörlosigkeit gelitten hat und unverständlich geworden ist», wollte die Erdödy wissen.

«Das ist gewiß nicht wahr, und ich bin glücklich darüber», erklärte ihr Theresa. «Im Fortschreiten seines Geistes ist seine Musik übersinnlich geworden; sie hat den höchsten Grad der Verklärung erreicht und lebt schon in jenseitigen Gefilden, in ewiger Glorie, die durch diese beiden Werke hindurchstrahlt wie durch ein Transparent. Allerdings glauben manche, ich habe es auch schon gehört, für das, was sie nicht verstehen, seinen Gehörmangel und sein entschwindendes Tongedächtnis verantwortlich machen zu müssen; in der Tat aber sind gerade diese Werke ein Beweis, daß sein Tonsinn und seine Vorstellungskraft eine Feinheit und Schärfe erlangt hat, die über alles hinausreicht, was der menschliche Genius bisher errungen hat. Er ist in Sphären vorgedrungen, wohin ihm der Verstand mit allen seinen bisherigen Erfahrungen nicht folgen kann. Er ist ein auserwähltes Werkzeug Gottes geworden; ihm hat der Himmel seine Gnadenfülle erschlossen, um ihn desto reicher für alle Entbehrungen des Daseins zu entschädigen, und ich fühle mich darüber wunderbar getröstet. Ihm folgen zu dürfen und Seele in Seele mit ihm in jenem Reiche einzuziehen, das er prophetisch unserem ahnenden Sinn erschlossen hat, ist wahrhaft ein hohes, unsagbares Glück und eine Auserwählung, die über alles erhaben ist, was das Leben an gewöhnlichen Freuden bieten kann. Was können denn wir beide, er und ich, vom Leben noch erwarten? Wir sind alt geworden. Und wenn du einmal hörst, daß ich den Schleier genommen oder mich in strengster Zurückgezogenheit einer betrachtenden Lebensweise gewidmet habe, so denke, daß es nur ein Schritt ist, näher unserem gemeinsamen großen Ziel, und daß es der Brautschleier ist, der mir diesseits versagt war -»

«Ihr seid doch das seltsamste Liebespaar, das je auf Erden war», rief die Freundin. «Hast du denn schon abgeschlossen mit dem Leben?»

Die Freundin klopfte mit dieser Frage vorsichtig auf den Busch. Sie wollte Näheres über das eigentliche Geheimnis Theresas wissen und scheute sich, direkt zu fragen, wie es innerlich um die beiden zueinander stehe.

Theresa erwiderte ausweichend: «Nichts erwarten, nichts verlangen! Irdische Wünsche müssen fortan schweigen. Resignation ist unser Los. Doch bleibt alles, wie es war. Die Zeit kann unserem Ideal nichts anhaben. Wir altern, unsere Liebe nicht, die sich den Himmel verdient, die Ewigkeit und darum die Vereinigung um so sicherer erhofft. Seine Musik hat mir diese Zuversicht gegeben. Ich habe sie verstanden - es war eine Botschaft seiner Seele an meine Seele!»

«Nun, was das Altern betrifft, so straft dein Aussehen deine Worte Lügen!»

«Gestern abend bei der Aufführung habe ich plötzlich erkannt, daß ich alt geworden bin, und heute früh hat mir's der Spiegel bestätigt», sagte Theresa mit einem Anflug von Trauer.

«Ach, der Spiegel lügt -»

«Nein», erwiderte Theresa bewegt, «der Spiegel, in 'den ich gestern blickte, lügt nicht. Der Spiegel war Ludwig, sein Gesicht! Es war erschütternd -» Ihre Stimme zitterte; sie mußte innehalten, um Tränen zu bekämpfen; dann fügte sie hinzu: «Wie kann ich glauben, daß ich selbst jung geblieben bin -»

«Nun aber, das ist doch etwas anderes», bemerkte die Erdödy. «Er - hat sehr gelitten; seine Krankheiten, dann der Kummer, den ihm sein Neffe bereitet, der ein Lumperl geworden sein soll; ich habe Ludwig schon lange nicht gesehen; es ist ja so schwer mit ihm, seine völlige Taubheit macht jede Unterhaltung mit ihm fast unmöglich; man kann nur schriftlich mit ihm verkehren, durch Zettel oder durch sein unförmliches Konversationsbuch, das er einem mit der traurigsten Miene von der Welt hinlegt. - Das macht einem einen tieferen Gedankenaustausch wirklich schwer. - Ein Glück für ihn, daß er sein Faktotum Schindler hat, den er übrigens schlecht behandelt und dem er mißtraut - er hätte einen weiblichen Schindler gebraucht, aber das hat sich nicht gefunden, zu seinem Unglück. Schindler ist übrigens wirklich rührend in seiner unbedingten Anhänglichkeit und

Treue. Es scheint, er möchte in der Ewigkeit einen Ehrenplatz neben dem Meister haben; jedenfalls ist er auf dieser Welt sein Schutzengel.»

Wie Messer fuhren diese unabsichtlichen Worte der Freundin in Theresas Herz. Hinter jedem der Sätze erhob sich riesenhaft der Vorwurf, daß sie versäumt hatte, dem Geliebten das zu sein, wozu sie nicht nur im Reich der Muse, sondern auch im Leben berufen war.

Erstaunt, erschrocken hielt die Erdödy inne, als sie das heimliche Schluchzen bemerkte, das Theresa verbergen wollte, indem sie ihr Tüchlein an das Gesicht und an den Mund preßte und mit den Zähnen krampfhaft daran riß.

Ganz bestürzt zog die Gräfin die Weinende an sich und versuchte, sie zu trösten.

«Stand es denn in deiner Macht, anders zu handeln, du törichtes Kind?» schalt sie liebevoll. «Bist du ihm nicht mehr gewesen, indem du ihm ein Ideal geblieben bist, an dem seine Kunst höher und höher wuchs über alles Vergängliche hinaus? Unendlich mehr hast du ihm damit gegeben, als wenn du im gewöhnlichen Sinne seine Helferin und Dienerin geworden wärst. Du hättest ja doch nichts ändern können an seinem traurigen Geschick - ihr hättet beide nicht gewonnen, sondern nur verloren. Bei seinem galligen Temperament wäre im zermürbenden Kleinkrieg des Alltags auch die ideale Liebe zerrieben worden und damit auch das reine Bild, das du ihm als Muse für seine Kunst geworden bist. Er, gerade er braucht diesen Aufblick zu einem hohen, unerreichbaren Ideal, das seine Kraft und Sehnsucht emporzieht; in dem heiligen Feuer dieser fast überirdischen Liebe hat sich sein Geist und seine Seele geläutert, von den

Schlacken befreit und verklärt, und wer weiß, ob ihm das Höchste gelungen wäre, ohne sein Leiden, zu dem auch diese einzigartige Künstlerliebe gehört. So blieb wenigstens diese Liebe über allem Erdenschmutz - wahrhaftig ein glückliches Leid! Die Vorsehung hat es gut mit euch gemeint, besser als wir Menschen mit unseren kurzsichtigen, allzu kleinen Wünschen es ahnen. Der Himmel schenkt Gnaden, auch in dem, was er versagt, und dann oft am meisten - »

Sie war eine liebe Trösterin, die gute Erdödy, und schließlich mußte man glauben, daß alles Unglück und Mißgeschick - ein Glück war.

«Ich wußte nicht, daß das Glück so aussieht», sagte Theresa einigermaßen wieder gefaßt; «wenn ich denke, wieviel Tränen ich darum schon geweint habe, dann möchte ich es alles andere eher nennen.»

Vor einer Stunde noch hatte sie dem Gedanken an ein Wiedersehen mit dem Meister keinen Raum gegeben; seit gestern abend stand der Entschluß fest, eine persönliche Begegnung zu vermeiden, die für beide nur schmerzlich sein könne.

Jetzt dachte sie anders darüber. War es nicht eine mattherzige Ausflucht gewesen und die Sorge um ihr eigenes Ich, daß sie der Peinlichkeit eines solchen Wiedersehens ausweichen wollte? Fort war das Gefühl von Kleinlichkeit - sie schämte sich nun solcher Empfindelei - vielmehr: wie wehe müßte es dem vereinsamten Geliebten tun, wenn sie fortginge, ohne ihn mit ihrem Besuch beglückt und getröstet zu haben. Mitleidige Liebe überwand alle Bedenken - ein glühendes Verlangen wurde mächtig, sofort zu ihm zu eilen und das teure Haupt zu umfangen. Was bedurfte es dazu der Worte, denen sein Ohr verschlossen war? Liebe spricht zum Herzen - dieser Sprache war er nicht taub!

Theresa erhob sich. Sie brannte vor Ungeduld und fühlte mit einem Male die Jugend der ersten Liebe, wie in jenen frühen kindischen Tagen.

Ein Kurier sauste in den Hof und verlangte die Gräfin Brunszvik sogleich zu sprechen.

«Komtesse belieben gnädigst sofort nach Martonvásár heimzukehren; der gnädigsten Frau Mama ist nach dero Abreise sehr schlecht geworden; das Schlimmste steht zu befürchten - der Wagen wartet unten, ich soll Komtesse unverzüglich heimbringen, damit es nicht zu spät ist.»

Theresa wurde zur Bildsäule.

«Gut», sagte sie ruhig, «wir reisen sofort.»

Und dann zur Freundin, indem sie die Hand an die Brust preßte:

«Also werde ich diesmal Ludwig doch nicht sehen. Indessen: die Bahn wird frei! Schmerzlich zwar, aber ich darf sagen: ich habe meine Pflicht bis zur völligen Selbstentäußerung getan. Jetzt gehöre ich wieder mir. Und darf an Pflichten denken, die mir nicht weniger heilig waren und die ich versäumen mußte - ich denke, sie gut zu machen, wenn es dem Himmel gefällt, der nun wieder anders lenkt, als wir denken mochten.»

Die Freundin faßte Theresa an beiden Händen.

«Laß mich nun offen reden als erfahrene Frau, bevor wir uns trennen. Du weißt, wie ich dich liebe und ihn, euch beide, und wie sehr ich euer Glück wünschte. Und weil ich es wünsche, so bitte ich dich heute: tu's nicht! Die Zeit ist vorbei - vielleicht war's gut so, wie ich vorhin schon sagte. - Und nun reise gut und leb' wohl! Ich gedenke eurer guten Mama und bin somit bei euch in Trauer und Liebe!»

Schmerz lag wieder in den Zügen Theresas, und diese schmerzliche Schönheit, die ihr gewohnter Ausdruck war, das wundersam Rührende, Ergreifende, fast ebenso ergreifend wie die stille Trauer in dem tragischen Antlitz des Meisters.

«Seltsam, die Ähnlichkeit der beiden, bei aller sonstigen Gegensätzlichkeit, ein tragisches Liebespaar», mußte die Erdödy denken, als Theresa fort war; das Herz tat ihr wehe; sie litt um beide, während sie im stillen Rückerinnern Bild um Bild vorüberziehen ließ, wie alles geschehen war und kommen mußte, wie es gekommen ist. Zwei ideale Menschen, die nicht zueinander kommen konnten trotz alles Ringens: «Ach, man ahnt ja gar nicht, welche Macht die Konvention ist!» Nun wollte ihr im Vergleich mit der Tragik dieser Edlen ihr eigenes Leid: das Unglück der eigenen Ehe, der Tod eines geliebten Kindes, im milderen Lichte erscheinen.

«Wer Trost sucht, blicke in fremdes Leid!»

In diesem Gedanken ahnte sie plötzlich den tiefen Sinn eines solchen Schicksals. Und dahinter leuchtete ein Ursinn auf.

«Ja, ja», seufzte sie, «es ist ein Kreuz! Jeder muß seines tragen. Aber der das größte getragen hat, der hat den meisten Trost gegeben!» Nach wenigen Wochen kam die Nachricht, daß die alte Gräfin das Zeitliche gesegnet hatte. Nun war die Bahn wirklich frei. Doch da stand zunächst die totenstille Zeit des Trauerjahres auf Martonvásár, in der alle

Wünsche schlafen gehen. Und da stand noch manches andere. War die Bahn wirklich frei?

Da stand ein graues Gespenst: Alter und Krankheit. Resignation und Verzicht. Ludwig schrieb nach Martonvásár in jener trüben Zeit:

Ich bin elend und krank, mehr als je nach den aufreibenden Tagen seit meiner großen Akademie, wo ich vergebens wartete, daß du kommen würdest. Ein Dämon hat mein Leben zerstört. Wie glücklich hätten wir sein können! Hatten wir zuwenig Vertrauen in unser Glück? Ich weiß es nicht. Aber könnte unser Glück je größer sein, als es wirklich ist im Hinblick auf unsere Liebe, die im Ewigen begründet ist? Ich fühle mich heute nur als Asche; ja, Asche bin ich geworden durch meinen traurigen Zustand, und nichts als Asche könnte ich dir sein! Du wärest enttäuscht - und diese Enttäuschung wäre erst mein Ende, das Ende des einzigen Glücks, das mir unzerstört geblieben ist. Denke an Adelaide und denke dich dabei! Wie eine Blume entblüht das Wunder der Asche meines Herzens, und auf jedem Purpurblättchen schimmert dein Name, Adelaide - Theresa! So bleibe es, Geliebte; in Ewigkeit mein!

Nach dem Zusammenbruch am Abend nach der Aufführung seiner Neunten fühlte sich der Meister schier am Ende. Der Verfall bedrohte sein sichtbar schwaches Lebenshaus.

XXII. Kapitel

Die Jahre hinken mühselig hin; und die paar Lichtblicke, die auf den Pfad des einsamen Dulders fallen, sind Almosen für den armen Pilger nach einem unbekannten fernen Ziel.

Er denkt an eine Symphonie, an ein Requiem, an ein Oratorium «Sieg des Kreuzes», denn er fühlt zu tief, daß die Erde im Zeichen des Kreuzes steht und daß das Kreuz siegen müsse über alles, was vergänglich ist; aber ihm graut vor dem Anfang so großer Werke - irgendwie ist etwas am Sterben, und dagegen sind die sommerlichen Kuraufenthalte in Baden machtlos.

Stephan Breuning ist erschrocken über das Aussehen des Meisters, als er ihn nach längerer Zeit wieder zu Gesicht bekommt. Der körperliche Verfall ist beängstigend: ein schwerkranker Mann tritt ihm entgegen, kaum zu erkennen; der einst so kraftvoll, selbstbewußte Meister - innerlich gebrochen und früh gealtert!

In der Nähe des Jugendfreundes, der sich mit seiner Frau und seinem Söhnchen Gerhard, Beethovens «Ariel», des Leidenden annimmt und ihm das fehlende Familienleben einigermaßen ersetzt, hat der Meister eine schöne geräumige Wohnung in der Schwarzspanierstraße, in dem ehemaligen Klostergebäude der spanischen Benediktiner, bezogen: selbst Theresa hätte diese Behausung nicht für zu gering befinden können; sie ist mit leidlichem Wohlstand ausgestattet: hier meint der kranke Meister «wie ein altes Kind unter guten Menschen seine irdische Laufbahn zu beschließen» - doch denkt er, dazu ist noch lange Zeit.

Wien, das leichtlebige, schnell vergeßliche, hat seinen großen Genius alsbald wieder aus den Augen und mehr noch aus dem Sinn verloren, bis eines Tages wieder die Alarmnachricht durch die Stadt läuft: Beethoven schwer erkrankt - in materiellen Sorgen - die Engländer haben eine große Sammlung eingeleitet -

Darüber ist man in begreiflicher Aufregung, besonders wegen der Engländer. - Man schämt sich ein bißchen, daß man wieder einmal vor dem Ausland blamiert ist; man will sich beeilen, das Versäumte nachzuholen - aber ein Größerer ist all den verspäteten Liebeserweisen zuvorgekommen, der «Dämon», der dem Meister schon seit dessen Jugendtagen dunkle Sendboten schickte und nun in höchsteigener Person ans Tor klopft: der Tod -

In anscheinender Bewußtlosigkeit, nur von wenigen Getreuen umgeben, liegt der Meister auf dem Schmerzenslager. Während seine Augen geschlossen sind und die Umstehenden seine Auflösung erwarten, umgaukeln ihn freundliche Bilder. Sein Geist wandert umher an den geliebten Stätten seiner Bonner Jugend; die ernste schöne Frau, seine Mutter, neigt sich zu ihm und will ihn in ihre Arme schließen, es ist ihm, als ob er heimgekehrt wäre, ein müder Wanderer, um auszuruhen bei den Seinen. Er sieht sich wieder mitten im Freundeskreise des Hauses der Hofrätin Breuning; der Schattenriß Leonorens, der ihm kürzlich noch einmal in die Hände gekommen ist, gewinnt Leben und Gestalt in voller Jugendanmut, wie er sie immer vor Augen gehabt hat seit damals, als er in die Fremde ging, um niemals wiederzukehren. Sie faßt ihn an beiden Händen wie in jener Stunde und nimmt Abschied von ihm, er sieht wieder die heimliche Träne, die sie verstohlen fortwischt, und dann zerfließt die Gestalt - weiter, weiter geht die Wanderung, und er spürt, daß sie ungesehen an seiner Seite wandelt. Er fühlt, daß er an der Hand eines Liebesengels geht, der ihn weiterführt, höher und höher empor wie durch ein steiles Gebirge, fern und hoch über Wolken; in den Tälern wallen Nebelgestalten, unholde Gesichter, dämonische Fratzen grinsen herauf und wollen ihn fassen, ein dissonanzenreicher Geisterchor zieht hinter ihm her und will den Geängstigten umringen und in die Tiefe ziehen - die Angst schnürt ihm die Kehle zu, er will schreien: «Halte mich, ich stürze!», und zugleich fühlt er eine grausende Sehnsucht, in der Nacht, die ihn umklammert, zu versinken; wohlig weiche Arme umschlingen ihn: Lorelei - Giulietta! Vier klopfende Töne hämmern in sein Ohr, das Zaubergesicht der Holden verzerrt sich höhnisch, Abscheu erregend - ein kaltes satanisches Antlitz starrt ihm an ihrer Statt medusenhaft entgegen. Und immer dieses wahnsinnige Pochen und Hämmern, als ob die Hölle unter ihm entfesselt wäre, anzuhören wie Meeressturm, wie das Brechen und Bersten am beginnenden Weltgericht: jetzt erkennt er das furchtbare Gesicht: mein Dämon im Ohr! Dunkel wird es vor dem Blick, Finsternis deckt ihn zu; er fühlt die Hand, die ihn nicht losläßt: er hebt die Augen empor zu dem Genius, der ihn gehalten und geführt hat, und sieht ihm voll in das leuchtende Gesicht, das so freundlich mild herabblickt wie das liebliche Venusgestirn zwischen zerfetzten schwarzen Wetterwolken - es ist nicht Leonore, die er zu grüßen glaubte, es sind die Züge Theresas. - Weiter führt ihn dieser Genius zwischen hohen ernsten Bäumen an den still ruhenden Teich, darin der Abendhimmel glänzt, weiter nach dem Hintergrund, wo die marmorweiße griechische Traumgöttin thront und über den niederen Mauersockel die Schattenhäupter der alten Linden hinaussehen in ein arkadisches Land voll Hirtenfrieden: Martonvásár. - Dort sitzen sie am Mauerrand im flüsternden Gespräch von Seele zu Seele, schier ohne Worte. Sein unruhiges Herz fühlt sich jetzt erst ruhig und geborgen in dem Gedanken an die Unsterbliche, der ihm in schlimmen Zeiten, als ihn die Verzweiflung übermannen wollte, Halt und Trost gegeben hat, der ihn den Weg führte nach der Liebe grenzenlosem Reich, ins Elysium. - Nun erst wird ihm ganz selig zu Sinn, wie einem, der das verheißungsvolle Ziel seines Wanderns und Sehnens bereits grüßt, und seine Seele spricht: «Wohl mir, daß es nun doch erreicht ist!» Eine plötzliche Angst will ihn erfassen: «Laß mich nur nicht zurück in jene dunkle Welt der Leiden unter mir, der ich kaum entronnen bin - noch läßt sie mich nicht los und ruft mich: hörst du das Donnern, das Schicksalspochen, das mir solange im Ohr und in der Seele hämmerte - der Dämon will mich wieder haben, ich will nicht mehr zurück - ach, noch bin ich nicht befreit -» «Fürchte nichts!» antwortet mild und ruhig der sanfte Genius des Todes, der ihn heimführt in die ewige Heimat «ich halte dich -«

Ein starkes Gewitter ging um die fünfte Stunde des 26. März nieder - ein Blitz fährt prasselnd mit furchtbarem Donnerschlag herab und erleuchtet geisterhaft das Sterbezimmer. Ein dichtes Schneegestöber draußen, zuckende Blitze und fortrollende Donnerschläge -

«So pocht das Schicksal an die Pforte -»

Der Meister, der seit dem vorigen Nachmittag nicht mehr erwacht ist, öffnet plötzlich die Augen, erhebt die rechte Hand mit geballter Faust und blickt mehrere Sekunden lang starr in die Höhe mit ernster, drohender Miene, als wollte er sich noch einmal mit dem Dämon messen Aug in Auge, mit dem Schicksal, das er in seinen Symphonien immer wieder zum Kampf aufgerufen bis zum endlichen Sieg.

«Komme, wann du willst, ich gehe dir mutig entgegen!»

Seine erhobene geballte Rechte sinkt wieder nieder; die Augen schließen sich zur Hälfte. Nach wenigen Augenblicken läuft die Kunde durch die Stadt: «Beethoven ist nicht mehr!»

Der Himmel hatte sein Akkompagnement zu dem Heimgang eines ganz Großen gegeben, ähnlich dem Trauermarsch auf den Tod eines Helden in der «Eroika». Wie Elias auf dem Donnerwagen war die Seele des großen Meisters in seine ewige Heimat entschwebt, die er in seiner Neunten, auf den Flügeln seines Genius vorauseilend erahnt, erspäht, erlauscht hatte, und dahin seine Sehnsucht an der Hand des Liebesengels ging.

Wie ein Held wurde er zu Grabe getragen. Diesmal säumte Wien nicht und war auf den Beinen wie immer, wenn es eine «große Leich» gab. Die Stadt ehrte ihre Großen; besonders wenn sie tot sind.

Zwanzigtausend Menschen folgten dem Leichenzug; zweihundert Wagen fuhren hinter dem Sarg hinaus zu dem Zyklopentor des stimmungsvollen Währinger Friedhofs, mehrere Hofwagen darunter, und in einem ein tiefverschleiertes Frauenbild: Theresa - als Stiftsdame. Sie hatte sich von aller Welt zurückgezogen und lebte in frommer Abgeschlossenheit dem Vergangenen und seligerer Zukunft. Martonvásár stand seitdem öde und verlassen; nur der Geist der Liebenden zog wie ein seufzender Hauch um die alten Linden und um das Marmorbild der Göttin der Träume -

Was irdisch und vergänglich ist, verweht. Die Erdenspur verwischt. Nur der Geist bleibt, der brausend durch seine Musik fährt und die Hörer im Innersten aufrüttelt. Es ist wie Pfingstwehen.

Auch die geringe irdische Habe des Meisters ging alsbald in alle Winde wie Spreu. Der Jugendfreund Steffen Breuning ordnete den Nachlaß. Einer Kassette, die er öffnet, entfällt ein altes zusammengefaltetes, beschriebenes Blatt.

Ein Liebesbrief.

Die Freunde stehen vor einem Rätsel.

«Wer ist die unsterbliche Geliebte?»

Keiner weiß es.

So tief hat der verewigte Meister sein Geheimnis gehütet.

Die Musik allein trägt das Geheimnis weiter. Oh, wer's doch verstände! Die Neunte! Ein einziger Hymnus an die Unsterbliche!

Und das Lied:

Einst, o Wunder! entblüht auf meinem Grabe
Eine Blume der Asche meines Herzens -

Der Ton und das Lied verwehen nicht.

Und auch dieses vergilbte Blatt nicht. Zeugnis tragischer Liebe. Neben dem Heiligenstädter Testament ein Dokument dieses Herzens. Und ein Vermächtnis an die Menschheit.

Ein kongenialer Dichter, Franz Grillparzer, gibt diesem Vermächtnis aus leidverwandtem Schicksal Wort und Deutung, als dem Meister ein Grabmal am Währinger Friedhof gesetzt wird - das Dichterwort klingt fort durch alle Zeiten mit der Mahnung an die Menschheit:

«Selten sind sie, die Augenblicke der Begeisterung in dieser geistesarmen Zeit - Heiliget euch! Der hier liegt, war ein Begeisterter. Nach einem trachtend, um eines sorgend, für eines dürstend, alles hingebend für eines: so ging dieser Mann durchs Leben. Nicht Gattin hat er gekannt, noch Kind; kaum Freude, wenig Genuß. Ärgerte ihn ein Auge, er riß es aus und ging fort, fort, fort bis ans Ziel. Wenn noch Sinn für Ganzheit in uns ist, in dieser zersplitterten Zeit, so laßt uns sammeln an seinem Grab. Darum sind ja von jeher Dichter gewesen und Helden, Sänger und Gotterleuchtete, daß an ihnen die armen zerrütteten Menschen sich aufrichten, ihres Ursprungs gedenken und ihres Zieles -!»